Detlef Ke

Europäische Antidiskriminierung und kirchliches Selbstbestimmungsrecht

Zur Auslegung von Art. 13 EG und Art. 4 der Richtlinie 2000/78/EG

PETER LANG
Europäischer Verlag der Wissenschaften

Bibliografische Information Der Deutschen Bibliothek
Die Deutsche Bibliothek verzeichnet diese Publikation in der Deutschen Nationalbibliografie; detaillierte bibliografische Daten sind im Internet über <http://dnb.ddb.de> abrufbar.

Zugl.: Halle-Wittenberg, Univ., Diss., 2003

3
ISSN 1437-3149
ISBN 3-631-51595-2

www.peterlang.de

Meinem Vater

„Art. 13 EGV eröffnet der Union eine neue Agenda. Er gibt uns die Gelegenheit, wirklich etwas zu verändern und Politiken zu verfolgen, die gerecht und fair sind – ein Europa der Chancengleichheit für alle zu schaffen. Dies ist ein guter Schritt ins neue Jahrtausend."

(Padraig Flynn, vormaliger Kommissär für Arbeit und Soziales, Brüssel, auf der Europäischen Konferenz vom 3./4. Dezember 1998 in Wien zum Thema: "Bekämpfung der Diskriminierungen: Orientierungen für die Zukunft.")

Vorwort

Die vorliegende Arbeit wurde im Sommersemester 2003 von der rechtswissenschaftlichen Fakultät der Martin-Luther-Universität Halle-Wittenberg als Dissertation angenommen. Das Manuskript wurde im November 2002 abgeschlossen.

Besonderen Dank schulde ich meinem Doktorvater Prof. Dr. Heinrich de Wall, der die Arbeit stets mit Interesse verfolgt und durch vielfältige Anregungen und konstruktive Kritik gefördert hat. Mein Dank gilt auch Herrn Prof. Dr. Michael Germann für die Erstellung des Zweitgutachtens.

Ich danke ferner den Herren Professoren Dr. Christoph Link und Dr. Axel Frh. von Campenhausen für die Aufnahme meiner Dissertation in die Reihe „Schriften zum Staatskirchenrecht“.

Als Zeichen meiner Dankbarkeit ist die Arbeit meinem verstorbenen Vater Prof. Dr. Horst Kehlen gewidmet.

Merseburg, im Juli 2003

Detlef Kehlen

Inhaltsübersicht

Inhaltsverzeichnis

Abkürzungsverzeichnis

aaO	am angeführten Orte
a. E.	am Ende
AblEG	Amtsblatt der EG
Abs.	Absatz
Akf	Arnoldshainer Konferenz (Arbeitsgemeinschaft der EKD)
Anh.	Anhang
AnwBl	Anwaltsblatt
AöR	Archiv des öffentlichen Rechts
AP	Nachschlagewerk des Bundesarbeitsgerichts (Arbeitsgerichtliche Praxis) Die Rechtsprechung des Bundesarbeitsgerichts und die arbeitsrechtlich bedeutsamen Entscheidungen anderer Gerichte mit erläuternden Anmerkungen
Art.	Artikel
Aufl.	Auflage
AuR	Arbeit und Recht
BAG	Bundesarbeitsgericht
BayVBl	Bayerische Verwaltungsblätter
Bd.	Band, Bände
BfA	Bundesversicherungsanstalt für Angestellte
BGB	Bürgerliches Gesetzbuch
BGBl	Bundesgesetzblatt
BGH	Bundesgerichtshof
BR-Dr.	Bundesratsdrucksache
BVerfG	Bundesverfassungsgericht
BVerfGE	Entscheidungen des Bundesverfassungsgerichts
BVerwGE	Entscheidungen des Bundesverwaltungsgerichts
CIC	Codex Iuris Canonici
CMLRev	Common Market Law Review
COM	European Commission
ders.	derselbe
dies.	dieselbe
DÖV	Die Öffentliche Verwaltung
DVBl	Deutsches Verwaltungsblatt
E.	Entscheidung
ebda	ebenda
EEA	Einheitliche Europäische Akte
EG	Europäische Gemeinschaft
EGKS	Europäische Gemeinschaft für Kohle und Stahl

EGV..........................	Vertrag zur Gründung der Europäischen Gemeinschaft
EKD..........................	Evangelische Kirche in Deutschland
EKMR.......................	Europäische Kommission für Menschenrechte
ELRev.......................	European Law Review
EMRK.......................	Europäische Menschenrechtskonvention
ENAR........................	Europäisches Netz gegen Rassismus
endg.	endgültig
EssG..........................	Essener Gespräche
EU.............................	Europäische Union
EuGH.........................	Europäischer Gerichtshof (= Gerichtshof der Europäischen Gemeinschaften)
EuGMR.....................	Europäischer Gerichtshof für Menschenrechte
EuGRZ......................	Europäische Grundrechte Zeitschrift
EuR...........................	Europarecht
EUV..........................	Vertrag über die Europäische Union
EuZW.......................	Europäische Zeitschrift für Wirtschaftsrecht
EWG.........................	Europäische Wirtschaftsgemeinschaft
FAZ...........................	Frankfurter Allgemeine Zeitung
Fn.............................	Fußnote
GASP........................	Gemeinsame Außen- und Sicherheitspolitik
GD............................	Generaldirektion(en) der Europäischen Kommission
GG............................	Grundgesetz
ggf.	gegebenenfalls
GrOKK.....................	Grundordnung des kirchlichen Dienstes im Rahmen kirchlicher Arbeitsverhältnisse der Katholischen Kirche in Deutschland
G/T/E........................	Groeben/Thiesing/Ehlermann [Hrsg.] Handbuch des Europäischen Rechts (Losebl.) bzw. Kommentar zum EU- und EG-Vertrag
h. M.	herrschende Meinung
Hrsg.	Herausgeber
HS............................	Halbsatz
ILO...........................	International Labour Organisation
IPBPR......................	Internationaler Pakt über bürgerliche und politische Rechte
i. V. m.	in Verbindung mit
JuS...........................	Juristische Schulung
JZ.............................	Juristenzeitung
KOM........................	Europäische Kommission
KSchG......................	Kündigungsschutzgesetz
KuR..........................	Kirche und Recht
lit.	litera

LPartG	Gesetz zur Beendigung der Diskriminierung gleichgeschlechtlicher Gemeinschaften: Lebenspartnerschaften
LS	Leitsatz
MDR	Monatsschrift Deutsches Recht
MJ	Maastricht Journal
m. w. N.	mit weiteren Nachweisen
NGO	Nichtregierungsorganisation(en)
NJW	Neue Juristische Wochenschrift
NVwZ	Neue Zeitschrift für Verwaltungsrecht
NZA	Neue Zeitschrift für Arbeits- und Sozialrecht
öarr	Österreichisches Archiv für Recht und Religion
o. V.	ohne Verfasser
PersR	Der Personalrat
Rdnr.	Randnummer
RIW	Recht der internationalen Wirtschaft
RL	Richtlinie
Rs.	Rechtssache
Rspr.	Rechtsprechung
vgl.	vergleiche
Slg.	Sammlung des Gerichtshofes der Europäischen Gemeinschaften
st. Rspr.	ständige Rechtsprechung
u. a.	unter anderem bzw. und andere
UAbs.	Unterabsatz
VO	Verordnung
WRV	Weimarer Reichsverfassung
ZAS	Zeitschrift für Arbeits- und Sozialrecht
z. B.	zum Beispiel
ZEuS	Zeitschrift für europäische Studien
ZevKR	Zeitschrift für evangelisches Kirchenrecht
ZfRV	Zeitschrift für Rechtsvergleichung, Internationales Privatrecht und Europarecht
zit.	zitiert (als)
ZRP	Zeitschrift für Rechtspolitik
ZTR	Zeitschrift für Tarif-, Arbeits- und Sozialrecht des öffentlichen Dienstes

Einleitung:

A. Problemstellung

Diskriminierung (lat. *discrimino* – trennen, absondern[1]) ist die Ächtung und Absonderung von Gruppen oder Individuen aus menschlichen Verbänden, die mit herabsetzenden Verhaltensweisen, ungleicher Behandlung sowie Benachteiligung verbunden ist.[2]

Die sozialpsychologischen Hintergründe sind diffizil und können hier nur grob angerissen werden. Die besondere Problematik liegt vor allem in der tiefen Verwurzelung sozialer und gesellschaftlicher Diskriminierung im *(Unter-) Bewußtsein eines Menschen.*[3] Grundlage und Nährboden für Diskriminierungen sind im Regelfall rational nur schwer angreifbare *Vorurteile* oder *Stereotype*[4], die aufgrund eines sog. *inneren sozialen Kategorisierungsprozesses*[5] eines Individuums entstanden sind, häufig an leicht erkennbare Merkmale (z. B. Hautfarbe, Behinderung) anknüpfen und zumeist außerordentlich *emotional* mit

---

[1] Vgl. Langenscheidts Großwörterbuch Lateinisch unter Berücksichtigung der Etymologie, Teil I: Lateinisch-Deutsch; Stichwort: „discrimino"

[2] Vgl. *Brockhaus*, Die Enzyklopädie, fünfter Band, Stichwort: „Diskriminierung" m. w. N.; *Zuleeg*, in: Bekämpfung der Diskriminierungen, S. 104; *Creifelds*, Rechtswörterbuch, S. 285

[3] Vgl. *Pelinka*, in: Bekämpfung der Diskriminierungen, S. 114, 115

[4] *Vorurteile* werden allgemein definiert als unzutreffende negative Einstellungen gegenüber Außengruppen bzw. Minoritäten. *Stereotype* sind durch Übergeneralistion entstandene Simplifizierungen, durch die z. B. allen Angehörigen einer Außengruppe aufgrund ihrer ethnischen Zugehörigkeit mehr oder minder dieselben Merkmale zugeschrieben werden (dazu näher *Fischer/Wiswede*, Grundlagen der Sozialpsychologie, S. 258).

[5] So die wohl herrschende Theorie der sozialen Identität nach *Tajfel & Turner* (1979) / *Tajfel* (1982), wonach folgende psychologische Kernprozesse diskriminierenden Verhaltens einer Einzelperson bzw. Gruppe zugrunde zu legen sind:

1. Es besteht ein Bedürfnis nach positiver Selbstbewertung.
2. Die subjektive Zugehörigkeit zu einer Gruppe erlaubt eine Ableitung positiver oder negativer Bewertungen der eigenen sozialen Identität in Abhängigkeit von der relativen Bewertung dieser (Bezugs-)Gruppe in der Gesellschaft.
3. Um eine positive soziale Identität herzustellen bzw. zu erhalten, werden soziale Vergleiche zwischen der eigenen und fremden Gruppe durchgeführt.
4. Der soziale Wahrnehmungsprozess eines Individuums führt zur *sozialen Kategorisierung* menschlicher Gruppen. Andere Gruppen werden als sehr viel andersartig eingeschätzt und entsprechend distanzierter behandelt als Mitglieder der eigenen Gruppe.
5. Das Streben nach positivem Selbstwert beinhaltet das Bemühen, die eigene Person bzw. Gruppe positiv von anderen Vergleichsgruppen abzuheben. Zu diesem Zwecke wählen Gruppenmitglieder Strategien, die das Ziel haben, die Eigengruppe in günstiger Weise von der Fremdgruppe unterscheiden zu können.

   (Vgl. *Fischer/Wiswede*, Grundlagen der Sozialpsychologie, S. 624.)

stark negativen Affekten behaftet sind.[6] Wenn sich diesbezüglich ein Individuum in einer bestimmten Situation einer bestimmten Gruppe zugehörig fühlt, ist damit gleichzeitig eine latente *subjektive Abgrenzung* gegenüber den Angehörigen einer anderen (andersartigen) Gruppe verbunden („Wir-Gefühl"), um das natürliche Streben nach (überlegenem) positivem Selbstwert zu befriedigen, wobei naturgemäß vereinfachte Schemata im Wahrnehmungskontext bevorzugt werden.[7] Die diesem Gruppendifferenzierungsprozess immanente Diskriminierungstendenz kann unter bestimmten Rahmenbedingungen (soziale Abstiegsängste; Arbeitsplatzkonkurrenz etc.) eine besondere Verstärkung erfahren[8] und im Extremfall zu pogromartigen Erscheinungsformen führen. Diskriminierung ist damit in erheblichem Maße Ausdruck und Folge eines gesellschaftlichen „Bedürfnisses" nach Konstruktion und Bewertung von Differenz.[9]

Obgleich die gravierenden Beispiele der jüngeren Vergangenheit angehören,[10] sind auch im Bereich der Europäischen Union Diskriminierungen Einzelner oder ganzer Gruppen aus den verschiedensten Diskriminierungsgründen ein nach wie vor ungelöstes Problem, welches auch mit dem Voranschreiten des europäischen Integrationsprozesses nur wenig an Brisanz verloren hat:

So ergab eine anläßlich des Europäischen Jahres gegen den Rassismus 1997 durchgeführte Eurobarometer-Meinungsumfrage[11], bei der gut sechzehntausend Personen in den 15 EU-Mitgliedstaaten befragt wurden, dass sich 33 %[12] der Befragten offen als „stark rassistisch" oder „ziemlich rassistisch" bezeichneten.[13] Dabei wurde festgestellt, dass die Rassismusgefühle durchaus parallel zu einem starken Glauben an das demokratische System und der Achtung der Grundrechte und sozialen Rechte und Freiheiten bestehen

---

[6] Ausführlich zum Themenkomplex und m. w. N. *Fischer/Wiswede*, Grundlagen der Sozialpsychologie, S. 257 ff.

[7] Vgl. *Fischer/Wiswede*, Grundlagen der Sozialpsychologie, S. 624 f.

[8] *Fischer/Wiswede*, Grundlagen der Sozialpsychologie, S. 626

[9] *Pelinka*, in: Bekämpfung der Diskriminierungen, S. 114, 116

[10] Man denke nur an den jahrhundertealten religiös (vgl. dazu *Seibt*, Päpste und Publizisten, in: Süddeutsche Zeitung Nr. 248 (27./28. 10. 2001), S. V) und den „modernen" rassebiologisch motivierten europäischen Antisemitismus, der in Deutschland im Holocaust gipfelte. Weltweit wären aus jüngerer Zeit etwa das gerade überwundene Apartheit-Regime in Südafrika oder die Segregation in den USA im 19 Jahrhundert zu nennen.

[11] Vgl. ausführlich *Commission européenne*, 1997 Année européenne contre le racisme, Racisme et Xénophobie en Europe, Sondage d'opinion Eurobaromètre 47.1, S. 6 ff.

[12] Diese 33 % neigten stärker als die übrigen Befragten dazu, mit ihren Lebensumständen unzufrieden zu sein, Arbeitslosigkeit zu fürchten, Unsicherheitsgefühle gegenüber der Zukunft zu hegen und wenig Vertrauen in die Arbeitsweise der öffentlichen Behörden und des politischen Establishments ihres Landes zu setzen.

[13] Weitere 33 % der Befragten bezeichneten sich als kaum rassistisch und 24 % als gar nicht rassistisch.

können.[14] Welches Negativpotential diesbezüglich noch immer abrufbar ist, zeigen die zahlreichen, keineswegs aus dem Alltagsleben verschwundenen Gewalttätigkeiten gegen Immigranten und Angehörige ethnischer Minderheiten.[15]
Mit latenten xenophoben Tendenzen korrespondieren die negativen Erwerbstätigenquoten von Angehörigen ethnischer Minderheiten, die beispielsweise im Falle von Zuwanderern aus Afrika, Asien bzw. Mittel-/Südamerika um bis zu 49 % schlechter einzustufen sind als die der einheimischen Bevölkerung.[16] Untersuchungen haben ferner gezeigt, dass Angehörige von Minderheiten in den Leitungsebenen europäischer Wirtschaftsunternehmen nahezu nicht vertreten sind.[17]

Nach Schätzungen von Eurostat, die auf nationalen Erhebungen in zehn Mitgliedstaaten der Gemeinschaft basieren, sind ca. 12 % der Unionsbürger behindert.[18] Die Wahrscheinlichkeit, von (Langzeit-)Arbeitslosigkeit betroffen zu werden, ist bei dieser Bevölkerungsgruppe um ca. 50 % höher als bei der übrigen Erwerbsbevölkerung.[19] Wesentliche Ursachen sind vor allem die arbeitgeberseits fehlende Bereitschaft zur Anpassung von Arbeitsplätzen und der Arbeitsorganisation an die Bedürfnisse behinderter Menschen.[20]

---

[14] Vgl. *Commission européenne*, 1997 Année européenne contre le racisme, Racisme et Xénophobie en Europe, Sondage d'opinion Eurobaromètre 47.1, S. 6 ff.; *Europäische Kommission*, 1997 Europäisches Jahr gegen Rassismus, Bericht der Abschlusskonferenz, S. 5; Bericht über die Durchführung des Europäischen Jahres gegen den Rassismus, KOM (1999) 268 endg., S. 24: Im Gegensatz zu der geäußerten rassistischen Einstellung sind 70 % der Unionsbürger der Meinung, dass Zuwanderer und Mitglieder ethnischer Minderheiten die gleichen sozialen Rechte haben sollten wie gebürtige Europäer. 76 % der Befragten waren ferner der Ansicht, dass eine Gesellschaft aus Menschen unterschiedlicher Herkunft „eine gute Sache" ist, und 84 % der Befragten sprechen sich schließlich für eine Stärkung der Rolle der europäischen Institutionen im Kampf gegen Rassismus aus.

[15] Vgl. *Estivill/Friedrich/Zeroulou*, European Year against Racism, Evaluation Report, 1 f.; Bericht über die Durchführung des europäischen Jahres gegen den Rassismus, KOM (1999) 268 endg., S. 24; ferner *Schlötzer*, Politiker fürchten um den Ruf Deutschlands, in: Süddeutsche Zeitung Nr. 175 (1. 8. 2000), S. 6

[16] Vgl. *Europäische Kommission*, Ethnische Minderheiten auf dem Arbeitsmarkt, ELC/007/99/DE, S. 13

[17] Vgl. *Foroohar*, Race in the Boardroom, in: Newsweek (18. 2. 2002), S. 34 ff.

[18] Vgl. *European Foundation for the Improvement of Living and Working Conditions*, The Employment of People with Disabilities in Small & Medium-sized Enterprises, S. 23 ff.

[19] Vgl. *Europäische Kommission*, Beschäftigung und Integration von Menschen mit Behinderungen, S. 12 ff.; Mitteilung der Kommission zur Chancengleichheit für behinderte Menschen, KOM (1996) 406 endg., S. 3, 5 ff.; Vorschlag für eine Richtlinie des Rates zur Festlegung eines allgemeinen Rahmens für die Verwirklichung der Gleichbehandlung in Beschäftigung und Beruf, KOM (1999) 565 endg., S. 3 f.

[20] Mitteilung der Kommission zur Chancengleichheit für behinderte Menschen, KOM (1996) 406 endg., S. 6

Die in den letzen Dekaden erheblich gestiegene Lebenserwartung der Unionsbürger sowie rückläufige Geburtenraten bewirken eine dramatische Änderung der demographischen Altersstruktur innerhalb der Gemeinschaft.[21] Mit der Überalterung der erwerbsfähigen Bevölkerung stellen sich zunehmend Beschäftigungsfragen, die hinsichtlich der Aufrechterhaltung der Arbeitsmarktfähigkeit und verlängerter Lebensarbeitszeiten künftig flexibler Lösungen bedürfen, welche im Interesse der grundsätzlichen Beibehaltung bewährter Renten- und Sozialsysteme keine Benachteiligung älterer Menschen – insbesondere in Arbeits- und Beschäftigungsfragen – zulassen.[22]

Weitere diskriminierungsrelevante Konfliktsituationen der näheren Zukunft, beispielsweise aufgrund der geplanten EU-Osterweiterung, verstärkter innereuropäischer bzw. interkontinentaler Zuwanderung, des Aufbrechens der herkömmlichen religiösen Strukturen des „christlichen Abendlandes" zu Gunsten vordringender Religionspluralität[23] bzw. Säkularisation oder weltweiter, zunehmend auch Europa tangierender ethnischer Konflikte, suchen nach adäquater Bewältigung.[24]

Europäische Antidiskriminierungsbemühungen stellen in verstärktem Maße die Frage nach der künftigen Handhabung bisher aufgrund einzelner mitgliedstaatlicher Rechtsordnungen als zulässig erachteter Ungleichbehandlungen. Diesbezüglich ist es etwa innerhalb des hier exemplarisch herauszugreifenden deutschen Staatskirchenrechts seit jeher anerkannt, dass Religions- und Weltanschauungsgemeinschaften im Rahmen ihres grundgesetzlich garantierten Selbstbestimmungsrechts[25] spezifische Anforderungen an ihre Mitarbeiter stellen dürfen, die aus europarechtlichem Blickwinkel den Tatbestand einer Diskriminierung erfüllen könnten. Derartige Kollisionen bedürfen eines angemessenen Ausgleichs, welcher gegebenenfalls regionale Besonderheiten hinreichend berücksichtigt.

Da Diskriminierungen als Verstöße gegen Menschenwürde, Gleichheit und Freiheit von Menschen „allen Werten zuwiderlaufen, auf denen das Projekt der europäischen Integration beruht"[26], stellt die Eindämmung bestehender sowie die Bekämpfung künftiger Diskriminierungen eines der beherrschenden, aber

---

[21] Danach wird die Altersklasse der 50- bis 64-jährigen in den nächsten 20 Jahren um mehr als 26 % wachsen, während sich gleichzeitig die Gruppe der 15- bis 29-jährigen um 16 % verringert. Daneben wird die Zahl der Menschen im Ruhestand (über 65 Jahre) um 30 % und der Hochbetagten (über 80 Jahre) um 40 % zunehmen (vgl. ausführlich *Europäische Kommission*, Forum spezial „Aktives Altern", S. 4).

[22] Vgl. *Europäische Kommission*, Forum spezial „Aktives Altern", S. 5 ff

[23] Vgl. dazu *Kreye*, In Gottes Namen, in: Süddeutsche Zeitung Nr. 78 (4. 4. 2002), S. 13

[24] Vgl. auch *Shaw*, in: Bekämpfung der Diskriminierungen, S. 98

[25] Art. 140 GG i. V. m. 137 Abs. 3, 7 WRV

[26] *Quintin*, in: Bekämpfung der Diskriminierungen, S. 73

gleichwohl auch konfliktträchtigsten Themen der kommenden Jahre und Jahrzehnte dar.[27]

B. Die Entwicklung der europäischen Antidiskriminierungspolitik

Das Engagement der Europäischen Gemeinschaft gegen jegliche Formen von Diskriminierungen steht noch am Anfang seiner Entwicklung und wird in den nächsten Jahren im Zuge des fortschreitenden europäischen Einigungsprozesses weitere entscheidende Ausprägungen erhalten. Die *Meilensteine* der bisherigen Entwicklung beinhalten überblickshalber im Wesentlichen die nachfolgenden Maßnahmen:

Mit dem Erlass der Richtlinie zur Gleichbehandlung von Männern und Frauen im Jahre 1976[28] sowie den zu diesem Themenkreis gehörigen Folgerichtlinien[29] hatte die E(W)G bereits frühzeitig den Kampf gegen die Diskriminierung aufgrund des Geschlechts aufgenommen. Aber auch die Bemühungen der Gemeinschaft nach Etablierung von allgemeinem Grundrechtsschutz wurden mit der Unterzeichnung der Gemeinsamen Grundrechtserklärung des Europäischen Parlaments, des Rates sowie der Kommission vom 5. April 1977 intensiviert.[30]

Seit Beginn der achtziger Jahre wurde auf europäischer Ebene das Augenmerk verstärkt auch auf den Kampf gegen Rassismus und Fremdenfeindlichkeit (Xenophobie) gelegt, wobei sich die Maßnahmen der E(W)G zunächst nur auf Erklärungen und Empfehlungen beschränkten.[31] Dieser Prozess wurde jedoch in den Folgejahren erweitert, und der Kampf gegen Diskriminierungen, insbesondere gegen Rassismus, Fremdenfeindlichkeit und Antisemitismus, hatte im Programm der europäischen Institutionen, insbesondere des Europäischen Parlaments, einen immer wichtigeren Platz eingenommen. Die Verabschiedung

---

[27] Vgl. dazu *Quintin*, in: Bekämpfung der Diskriminierungen, S. 73; Zuleeg, in: Bekämpfung der Diskriminierungen, S. 104

[28] Richtlinie 76/207/EWG des Rates vom 9. 2. 1976 zur Verwirklichung des Grundsatzes der Gleichbehandlung von Männern und Frauen (AblEG 1976 Nr. L 39/40)

[29] Z. B. RL 86/613/EWG vom 11. 12. 1986 (AblEG 1986 Nr. L 359/56) und RL 97/80/EG vom 15. 12. 1997 (AblEG 1998 Nr. L 14/6)

[30] Gemeinsame Grundrechtserklärung (Europ. Parlament, Rat, Kommission), AblEG 1977 Nr. C 103/1

[31] Vgl. insbesondere die Gemeinsame Erklärung des Europäischen Parlaments, des Rates und der Kommission gegen Rassismus und Fremdenfeindlichkeit (AblEG 1986 Nr. C 158/1); Entschließung des Rates und der im Rat vereinigten Vertreter der Regierungen der Mitgliedstaaten vom 29. 5. 1990 zur Bekämpfung von Rassismus und Fremdenfeindlichkeit (AblEG 1990 Nr. C 157). Eine Aufstellung zu den wesentlichen Maßnahmen findet sich im *Anhang II* der Mitteilung der Kommission an den Rat, das Europäische Parlament, den Wirtschafts- und Sozialausschuss und den Ausschuss der Regionen über bestimmte Maßnahmen der Gemeinschaft zur Bekämpfung von Diskriminierungen vom 25. 11. 1999, KOM (1999) 564 endg.

der Gemeinschaftscharta der sozialen Grundrechte der Arbeitnehmer im Jahre 1989 verdeutlichte nochmals das Bedürfnis, jegliche Formen von Diskriminierungen zu bekämpfen.[32]

Die erste Hälfte der neunziger Jahre war gekennzeichnet durch eine intensive Erörterung der Diskriminierungsproblematik innerhalb des europäischen Parlaments, welche zu verschiedenen Erklärungen führte, die konkrete Maßnahmen der Gemeinschaft gegen Diskriminierungen einforderten.[33] Der beständige Druck des Parlaments sowie zahlreicher Nicht-Regierungsorganisationen (NGO's) auf die Politik der Gemeinschaft blieb nicht ohne Folgen. Im Oktober 1995 verabschiedeten der Rat und das Europäische Parlament eine Datenschutzrichtlinie, in welcher die Verarbeitung personenbezogener Daten untersagt wird, aus denen die rassische und ethnische Herkunft, politische Meinungen, religiöse oder philosophische Überzeugungen oder die Gewerkschaftszugehörigkeit sowie Daten über Gesundheit oder Sexualleben hervorgehen.[34]

Im Januar 1997 wurde das „Europäische Jahr gegen den Rassismus“[35] offiziell in Den Haag eröffnet.[36] Das Jahr war begleitet von zahlreichen Aktionen, Gemeinschaftsinitiativen sowie einem im Folgejahr veröffentlichten Aktionsprogramm.[37] Ferner wurde die Einrichtung einer „Europäischen Stelle zur Beobachtung von Rassismus und Fremdenfeindlichkeit“ in Wien beschlossen.[38] Zur Verknüpfung und verbesserten Koordination der Tätigkeiten verschiedener nationaler und europäischer NGO's wurde das „Europäische Netz gegen Rassismus (ENAR)“ gegründet.[39]

---

[32] Vgl. die Gemeinschaftscharta der sozialen Grundrechte der Arbeitnehmer (Sartorius II, Nr. 190), deren Präambel, Abs. 8 lautet: *„Zur Wahrung der Gleichbehandlung ist gegen Diskriminierungen jeglicher Art, insbesondere aufgrund von Geschlecht, Hautfarbe, Rasse, Meinung oder Glauben, vorzugehen;...“*

[33] Vgl. die Erklärungen des Europäischen Parlaments zu Rassismus und Fremdenfeindlichkeit (AblEG 1993 Nr. C 342, 19, 21 und AblEG 1994 Nr. C 323, 154, 156)

[34] Vgl. Art. 8 der Richtlinie 95/46 EG (AblEG 1995 Nr. L 281/31-50)

[35] Dazu *Europäische Kommission*, 1997 Europäisches Jahr gegen Rassismus, Bericht der Abschlußkonferenz, S. 3 ff.; *Estivill/Friedrich/Zeroulou*, European Year against Racism, Evaluation Report, 1 f.; *Europäische Kommission*, Die europäischen Institutionen im Kampf gegen Rassismus: ausgewählte Texte, S. 1 ff.;

[36] Zu vorherigen Ereignissen vgl. u.a. *European Foundation for the Improvement of Living and Working Conditions*, European Conference on Preventing Racism at the Workplace, Proceedings

[37] Vgl. Ein Aktionsplan gegen Rassismus, KOM (1998) 183 endg.

[38] Vgl. deren websites im Internet: http://www.eumc.at

[39] Dazu vgl. *Kommission der Europäischen Gemeinschaften*, Bericht der Kommissionsdienststellen zur Durchführung des Aktionsplans gegen Rassismus, Rassismusbekämpfung als Querschnittsaufgabe, S. 18

Verschiedene weitere Maßnahmen des „soft law" wurden während dieses Zeitraums ferner auch zur Bekämpfung anderer Diskriminierungsformen – z. B. Behinderung[40] und sexuelle Ausrichtung[41] – getroffen.

Nach zahlreichen vorausgegangenen Regierungskonferenzen wurde am 2. 10. 1997 schließlich der 571 Seiten zählende Vertrag von Amsterdam[42] von den Staats- und Regierungschefs der Mitgliedstaaten der EU verabschiedet,[43] der mit Art. 13 EG[44] – erstmalig auf europäischer Ebene – eine *allgemeine Antidiskriminierungsvorschrift* beinhaltet. Am 3./4. Dezember 1998 fand hierzu die Europäische Konferenz „Bekämpfung der Diskriminierungen: Orientierung für die Zukunft" in Wien statt, die zum ersten Mal alle diesbezüglichen namhaften Experten Europas, Vertreter europäischer Institutionen sowie NGO's versammelte, um das Thema Antidiskriminierung zu erörtern und zentrale Fragen weiterer, im Rahmen von Art. 13 EG zu setzender politischer Maßnahmen zu definieren.[45] Am 1. Mai 1999 trat der Vertrag von Amsterdam in allen Mitgliedstaaten der EU in Kraft.

Am 25. 11. 1999 schlug die Kommission zwei Richtlinienentwürfe[46] zu Art. 13 EG sowie ein Aktionsprogramm[47] mit sechsjähriger Laufzeit vor, welches von einem umfassenden Kompendium[48] durchzuführender, konkreter Projekte begleitet wurde.
Bereits am 29. 6. 2000 wurde die *Richtlinie zur Anwendung des Gleichbehandlungsgrundsatzes ohne Unterschied der Rasse oder der ethnischen*

---

[40] Z. B. Entschließung des Rates und der im Rat vereinigten Vertreter der Regierungen der Mitgliedstaaten vom 20. 12. 1996 zur Chancengleichheit für Behinderte (AblEG 1997 Nr. C 12); Beschluss 93/136/EWG vom 25. 2. 1993 über ein drittes Aktionsprogramm der Gemeinschaft zu Gunsten der Behinderten (HELIOS II 1993-1996; AblEG 1993 Nr. L 234).

[41] Z. B. Entschließung des Europäischen Parlaments zur Gleichberechtigung von Schwulen und Lesben in der EG (AblEG 1994 Nr. C 61)

[42] Vertragstext abgedruckt in AblEG 1997 Nr. C 340, S. 1

[43] Zur Vorgeschichte des Amsterdamer Vertrages vgl. die Denkschrift der Bundesregierung zum Vertrag von Amsterdam, BR-Dr. 784/97, S. 139 f.

[44] Zur Handhabung der Vertragsbezeichnungen nach Inkrafttreten des Vertrags von Amsterdam vgl. die Pressemitteilung des Gerichtshofes Nr. 74/98 vom 2. 12. 1998.

[45] Dazu vgl. *Europaforum Wien*, Bekämpfung der Diskriminierungen: Orientierungen für die Zukunft, S. 67 ff.

[46] Vorschlag für eine Richtlinie des Rates zur Anwendung des Gleichbehandlungsgrundsatzes ohne Unterschied der Rasse oder der ethnischen Herkunft (KOM (1999) 566 endg.) *sowie* Vorschlag für eine Richtlinie des Rates zur Festlegung eines allgemeinen Rahmens für die Verwirklichung der Gleichbehandlung in Beschäftigung und Beruf (KOM (1999) 565 endg.)

[47] Vorschlag für einen Beschluss des Rates über ein Aktionsprogramm der Gemeinschaft zur Bekämpfung von Diskriminierungen (2001 – 2006), KOM (1999) 567 endg.

[48] *Europäische Kommission*, Kompendium: Vorbereitende Maßnahmen zur Bekämpfung und Vermeidung von Diskriminierungen gemäß Art. 13 des Vertrages, Januar 2000

Herkunft verabschiedet.[49] Am 27. 11. 2000 folgten die *Richtlinie zur Festlegung eines allgemeinen Rahmens für die Verwirklichung der Gleichbehandlung in Beschäftigung und Beruf*[50] sowie das *Aktionsprogramm der Gemeinschaft zur Bekämpfung von Diskriminierungen (2001-2006).*[51] Im Dezember 2000 wurde schließlich die *Charta der Grundrechte der Europäischen Union* feierlich von den Regierungschefs der Mitgliedstaaten der EU auf der Europäischen Konferenz in Nizza proklamiert, die umfangreiche Gleichbehandlungsbestimmungen enthält.[52]

Zahlreiche weitere Maßnahmen zur Bekämpfung von Diskriminierungen jeglicher Art im Bereich der Europäischen Union sind bereits auf den Weg gebracht[53] oder geplant. Angesichts des eingeschlagenen Weges ist von einer konsequenten Weiterverfolgung und ggf. Intensivierung der europäischen Antidiskriminierungspolitik in der gerade angebrochenen Dekade des neuen Jahrtausends auszugehen.

C. Ziel der Arbeit und Vorgehensweise

Die vorliegende Arbeit wird im Folgenden in *Teil 1* Umfang und Grenzen der Befugnis zum Erlass von Antidiskriminierungsmaßnahmen aufgrund des Art. 13 EG innerhalb des Gemeinschaftsrechts in allgemeingültiger, die wesentlichen Aspekte berücksichtigender Form untersuchen und anschließend in *Teil 2* das potentielle Spannungsverhältnis zum Spezialgebiet des deutschen Staatskirchenrechts, insbesondere seinem zentralen Aspekt des Selbstbestimmungsrechts der Religionsgemeinschaften, näher betrachten und konkrete Auswirkungen aufzeigen. Abschließend erfolgt eine zusammenfassende Schlussbetrachtung der Gesamtproblematik.

---

[49] Richtlinie 2000/43/EG vom 29. 6. 2000; AblEG 2000 Nr. L 180, S. 22
[50] Richtlinie 2000/78/EG vom 27. 11. 2000; AblEG 2000 Nr. L 303, S. 16
[51] Beschluss 2000/750/EG vom 27. 11. 2000; AblEG 2000 Nr. L 303, S. 23
[52] Allgemein dazu vgl. *Bolesch*, Keine Kraft für die Charta, in: Süddeutsche Zeitung Nr. 282 (7. 12. 2000), S. 8; *o. V.*, Die Grundrechte-Charta der Europäischen Union, in: Süddeutsche Zeitung Nr. 283 (8. 12. 2000), S. 11; vgl. ferner und m.w.N. die Ausführungen in Teil 1, F. und Teil 2, C. dieser Arbeit
[53] Dazu gehören auch notwendige (Folge-)Änderungen bereits bestehender Richtlinien, die durch Art. 13 EG sowie seiner Sekundärmaßnahmen erforderlich werden, vgl. z. B. den Vorschlag der Kommission zur Änderung der Gleichbehandlungsrichtlinie 76/207/EWG, KOM (2000) 334 endg.

Teil 1: ALLGEMEINER TEIL

A. Die rechtspolitische Bedeutung des Art. 13 EG

I. Art. 13 EG und der Vertrag von Amsterdam

1. Mit der Unterzeichnung des Amsterdamer Vertrages und seinem Inkrafttreten am 1. 5. 1999 hat das *dritte große Reformwerk* der Gründungsverträge der Europäischen Gemeinschaften bzw. der Europäischen Union Geltung erlangt.[1] Der Vertrag bildet damit zunächst eine weitere „Zwischenetappe“ auf dem steinigen Pfad „hin zu einer immer engeren Union der Völker Europas“[2], die seit dem Beitritt Österreichs, Finnlands und Schwedens am 1. 1. 1995 über momentan 15 Mitglieder verfügt. Der Vertrag ist im Wesentlichen das Ergebnis der in Art. N Abs. 2 EUV enthaltenen Verpflichtung zur Überprüfung und Revision des Vertragswerkes, welche die Union für künftige Aufgabenbereiche, insbesondere die Aufnahme neuer Mitglieder, die die Kriterien gem. Art. 49 EU erfüllen, vorbereiten soll.[3]

Im Gegensatz zu den beiden vorangegangenen Reformwerken – der Einheitlichen Europäischen Akte (EEA)[4] sowie dem Vertrag über die Europäische Union[5] – enthält der Amsterdamer Vertrag (wie auch der ihm nachfolgende Vertrag von Nizza)[6] jedoch nach genauer Betrachtung kein besonderes, weiterführendes Zukunftsprojekt, welches mit der Herstellung des europäischen Binnenmarktes oder mit der Einführung einer Wirtschafts- und Währungsunion vergleichbar wäre.[7] Neben einer redaktionellen Überarbeitung des Vertragswerkes betreffen die wesentlichen Neuerungen nach *Hilf/Pache*[8] vor allem folgende Bereiche: (1) Stärkung des Europäischen Parlaments; (2) Überführung weiter Teile

---

[1] Vgl. hierzu insbesondere *Ukrow*, ZEuS 1998, S. 141 ff.; *Lecheler*, JuS 1998, S. 392 ff.; *Hilf/Pache*, NJW 1998, S. 705 ff; *Bergmann*, in: Bergmann/Lenz, Der Amsterdamer Vertrag, S. 29 ff.; *Thun-Hohenstein*, Der Vertrag von Amsterdam, S. 1 ff; *Hilf*, EuR 1997, S. 347 ff.; *Ehlermann*, EuR 1997, S. 362 ff.; *Langrish*, ELRev 1998, S. 3 ff.; *Israël*, MJ 2000, S. 81 ff.; *Bardenhewer*, in: Vertrag von Amsterdam, Text und konsolidierte Fassungen des EU- und EG-Vertrags, S. 14 ff.

[2] Vgl. Präambel, Abs. 12 EU; Art. 1 Abs. 2 EU; *Lecheler*, JuS 1998, S. 392, 393

[3] Art. N Abs. 2 EUV enthielt die Verpflichtung zur Einberufung einer Regierungskonferenz im Jahre 1996; vgl. *Lecheler*, JuS 1998, S. 392, 393

[4] Einheitliche Europäische Akte (EEA) vom 17./28. 2. 1986 (Sartorius II Nr. 151)

[5] Vertrag über die Europäische Union (Vertrag von Maastricht) vom 7. 2. 1992 (Sartorius II Nr. 152)

[6] Zu den sich hieraus ergebenden Vertragsänderungen vgl. *Fischer*, Der Vertrag von Nizza, S. 23 ff.

[7] Vgl. *Ukrow*, ZEuS 1998, S. 141, 143

[8] *Hilf/Pache*, NJW 1998, S. 705, 706

der „Dritten Säule“ des EUV (polizeiliche und justizielle Zusammenarbeit) in den EGV; (3) Verbesserung der außenpolitischen Handlungsfähigkeiten der EU im Rahmen der GASP; (4) verbesserte Koordination der nationalen Beschäftigungs- und Sozialpolitiken; (5) Flexibilisierung der Integration.[9] Ferner wurde die Stellung des Europäischen Gerichtshofes gestärkt[10] und erstmalig ein Sanktionsmechanismus gegenüber Mitgliedstaaten vorgesehen[11]. Vorrangiges Ziel des Vertrages bildete damit insbesondere die Sanierung einer Vielzahl von Schwachstellen des Maastrichter Vertrages.[12] Er stellt damit insgesamt weniger eine neue Integrationsstufe der Gemeinschaft, als eine „konsolidierende Abrundung des integrationspolitischen Besitzstandes auf hohem Niveau dar.“[13]

2. Auch der Amsterdamer Vertrag enthält wie seine Vorgänger – allen Hoffnungen im Vorfeld zum Trotz[14] – keinen eigenen Grundrechtskatalog.[15] Dessen Ausarbeitung blieb, bei unverbindlicher Wirkung, der u. a. von *Roman Herzog* geleiteten Expertenkommission für die Schaffung der Europäischen Grundrechtscharta vorbehalten.[16] Bereits auf den ersten Blick ersichtlich sind jedoch einige punktuelle Neuerungen in EUV und EGV, in denen der aufgrund der oben bereits beschriebenen Entwicklung von Union und Gemeinschaften erhöhte Stellenwert der *Grundrechte* und *grundrechtsgleichen Rechte* zum Ausdruck kommt. Im Wesentlichen sind zu nennen:

---

[9] Umfassend hierzu *Hilf/Pache*, NJW 1998, S. 705, 706 ff.; *Bergmann*, in: Bergmann/Lenz, Der Amsterdamer Vertrag, S. 29 ff.; *Thun-Hohenstein*, Der Vertrag von Amsterdam, S. 4 ff.; Geiger, EUV/EGV, Präambel EG, Rdnr. 13 ff.

[10] Art. 46 lit. d) EU bestimmt nun, dass die in Art. 6 Abs. 2 EU angeordnete Achtung der Grundrechte der Nachprüfung durch den EuGH unterliegt.

[11] So sieht Art. 7 EU Sanktionsmaßnahmen gegenüber Mitgliedstaaten vor, die eine schwerwiegende und anhaltende Verletzung von in Art. 6 Abs. 1 EU genannten Grundsätzen begehen.

[12] *Thun-Hohenstein*, Der Vertrag von Amsterdam, S. 3

[13] *Ukrow*, ZEuS 1998, S. 141, 143

[14] Ein bereits im März 1996 von der Europäischen Kommission eingesetztes „Komitee der Weisen“ hatte die Notwendigkeit dargelegt, eine Reihe von politischen und sozialen Grundrechten anzuerkennen, was von zahlreichen NGO´s unterstützt wurde.

[15] Eine diesbezügliche Analyse, verbunden mit zehn Empfehlungen, erfolgte jedoch durch die von der Kommission eingesetzte, unabhängige Expertengruppe unter dem Vorsitz von *Spiros Simitis*; vgl. hierzu *Europäische Kommission*, Die Grundrechte in der Europäischen Union verbürgen: Zeit zum Handeln, Bericht der Expertengruppe „Grundrechte“.

[16] AblEG 2000 Nr. C 364/01; *o. V.*, Die Grundrechte-Charta der Europäischen Union, in: Süddeutsche Zeitung Nr. 283 (8. 12. 2000), S. 11; vgl. zum Meinungsbildungsprozess die zahlreichen Entwürfe der Charta der Grundrechte der Europäischen Union, z. B. Charte 4112/2/00 REV 2; Charte 4137/00 Convent 8; Charte 4149/00 Convent 13; Charte 4192/00 Convent 18; Charte 4193/00 Convent 19

a) Die Bemühungen um *Gleichstellung der Geschlechter* wurden durch Aufnahme eines entsprechenden Halbsatzes in den Zielkatalog des Art. 2 EG konsequent fortgesetzt. In Art. 3 Abs. 2 EG wurde eine „Querschnittsklausel" eingefügt, die bewirkt, dass bei allen Aufgaben die Gemeinschaft darauf hinwirkt, Ungleichheiten zu beseitigen und die Gleichstellung von Männern und Frauen zu fördern. Die neuen Abs. 3 und 4 des Art. 141 EG legen darüber hinaus das Fundament für weitere Maßnahmen, die auf eine effektive Gleichstellung der Geschlechter abzielen.[17]

b) Die Bedeutung der *sozialen Grundrechte*, wie sie in der am 18. 10. 1961 in Turin unterzeichneten Europäischen Sozialcharta und in der Gemeinschaftscharta der sozialen Grundrechte der Arbeitnehmer von 1989 festgelegt sind[18], wird im neuen Abs. 4 der Präambel zum EUV bestätigt.[19] Entsprechend wird auch im neuen Art. 136 EG auf die sozialen Grundrechte hiernach Bezug genommen.

c) Das Bekenntnis der Union zu den *Grundsätzen der Freiheit, der Demokratie, der Achtung der Menschenrechte und Grundfreiheiten sowie der Rechtsstaatlichkeit* wurde durch eine entsprechende Neuformulierung in Art. 6 Abs. 1 EU gestärkt.[20]

d) Durch Einfügen des Art. 286 EG sind nunmehr die gemeinschaftlichen Rechtsakte zum *Datenschutz*, die bislang lediglich die Mitgliedstaaten verpflichteten, für den Bereich des EGV auch für die Organe und Einrichtungen der Gemeinschaft verbindlich.[21] Damit gilt innerhalb der Gemeinschaft nunmehr ein einheitliches Datenschutzniveau.

e) Die mit Abstand bemerkenswerteste Neuerung in diesem Zusammenhang stellt jedoch die unter dem Kapitel „Freiheit, Sicherheit, Recht" in den Amsterdamer Vertrag eingefügte Vorschrift des *Art. 13 EG* dar. Die in der Öffentlichkeit bisher wenig, in Fachkreisen jedoch von Beginn an stark beachtete und diskutierte Vorschrift lautet in Absatz 1:

---

[17] Vgl. *Europäische Kommission*, Die Grundrechte in der Europäischen Union verbürgen: Zeit zum Handeln, Bericht der Expertengruppe „Grundrechte", S. 11; weiterführend *Ellis*, CMLRev 1998, S. 379 ff.

[18] Zu weiteren Grundsatzdokumenten im Bereich der Sozialpolitik vgl. *Oppermann*, Europarecht, Rdnr. 1642

[19] Vgl. *Geiger*, EUV/EGV, Präambel EU, Rdnr. 11

[20] Näher hierzu *Geiger*, EUV/EGV, Art. 6 EU, Rdnr. 4 ff.

[21] Datenschutz-Richtlinie 95/46/EG und Telekommunikations-Datenschutzrichtlinie 97/66/EG; *Geiger*, EUV/EGV, Art. 286 EG, Rdnr. 1 ff. m. w. N.

„Unbeschadet der sonstigen Bestimmungen dieses Vertrages kann der Rat im Rahmen der durch den Vertrag auf die Gemeinschaft übertragenen Zuständigkeiten auf Vorschlag der Kommission und nach Anhörung des Europäischen Parlaments einstimmig geeignete Vorkehrungen treffen, um Diskriminierungen aus Gründen des Geschlechts, der Rasse, der ethnischen Herkunft, der Religion oder der Weltanschauung, einer Behinderung, des Alters oder der sexuellen Ausrichtung zu bekämpfen."[22]

In engem Zusammenhang zu den Diskriminierungsformen „Behinderung" sowie „Religion/Weltanschauung" des Art. 13 EG stehen ferner die *Erklärung Nr. 22 der Schlussakte zum Amsterdamer Vertrag* zu Personen mit einer Behinderung[23] sowie die *Erklärung Nr. 11 der Schlussakte zum Amsterdamer Vertrag* zum Status der Kirchen und weltanschaulichen Gemeinschaften.[24]

Bereits aufgrund der gegenständlichen Aufnahme des Art. 13 EG in den Amsterdamer Vertrag wird dreierlei deutlich:

- Unabhängig von der noch zu untersuchenden Reichweite und Geltung der Bestimmung existiert damit zum *ersten Mal* im Bereich der Gemeinschaft eine kodifizierte *allgemeine, über die Gleichstellung von Männern und Frauen hinausgehende Antidiskriminierungsvorschrift*, die zur Bekämpfung aller praktisch wesentlichen Diskriminierungsformen geeignet erscheint.

---

[22] Durch den Vertrag von Nizza wurde ein Absatz 2 an Art. 13 EG angefügt, der ein abweichendes Verfahren für gemeinschaftliche Fördermaßnahmen regelt. Absatz 2 lautet: *„Abweichend von Absatz 1 beschließt der Rat gemäß dem Verfahren des Art. 251, wenn er gemeinschaftliche Fördermaßnahmen unter Ausschluss jeglicher Harmonisierung der Rechts- und Verwaltungsvorschriften der Mitgliedstaaten zur Unterstützung der Maßnahmen annimmt, die die Mitgliedstaaten treffen, um zur Verwirklichung der in Absatz 1 genannten Ziele beizutragen."*

[23] Erklärung Nr. 22 (Behinderung) lautet: *„Die Konferenz kommt überein, dass die Organe der Gemeinschaft bei der Ausarbeitung von Maßnahmen nach Art. 95 des Vertrages zur Gründung der Europäischen Gemeinschaft den Bedürfnissen von Personen mit einer Behinderung Rechnung tragen."*

[24] Erklärung Nr. 11 (Kirchen u. weltanschauliche Gemeinschaften) lautet: *„Die Europäische Union achtet den Status, den Kirchen und religiöse Vereinigungen oder Gemeinschaften in den Mitgliedstaaten nach deren Rechtsvorschriften genießen, und beeinträchtigt ihn nicht. Die Europäische Union achtet den Status von weltanschaulichen Gemeinschaften in gleicher Weise."*

- Zum *ersten Mal* sind die Bereiche *„Religion und Weltanschauung"*[25], sowie *„Rasse"* und *„sexuelle Ausrichtung"* in einem der Gründungsverträge der Europäischen Gemeinschaften ausdrücklich genannt.[26]

- Mit der Erklärung Nr. 11 wird *erstmals* im Europarecht das Verhältnis von Union und den *Kirchen* bzw. *weltanschaulichen Gemeinschaften* unmittelbar angesprochen.

Durch die Einfügung der vorgenannten grundrechtsrelevanten Regelungen in die Verträge erneuert der Amsterdamer Vertrag das Bekenntnis von Union und Gemeinschaft zu den Grundrechten und grundrechtsgleichen Rechten und bekräftigt damit die Verpflichtung, Vorstellungen zu entwickeln und Maßnahmen zu treffen, die den effektiven Schutz dieser Rechte künftig garantieren.[27] Nicht zuletzt aufgrund der durch Art. 13 EG bewirkten Neuerungen und Veränderungen ist der Vertrag von Amsterdam trotz des Fehlens einer neuen „Integrationsstufe" als ein „entscheidender Schritt auf dem Weg zu einer immer deutlicheren Verbürgung der Grundrechte durch die Europäische Union"[28] zu bezeichnen.

II. Art. 13 EG als Beitrag für ein Europa „der Freiheit, der Sicherheit und des Rechts"

Art. 13 EG ist Bestandteil der bereits seit längerem geführten Verfassungsdiskussion[29] innerhalb der Europäischen Union, die im Bereich der Diskriminierungsbekämpfung nunmehr durch Kodifizierung der ersten allgemeinen Antidiskriminierungsvorschrift innerhalb des EGV zu einem sichtbaren Zwischenergebnis geführt hat und die in der Proklamation der

---

[25] Eine weitere Erwähnung religiöser Aspekte findet sich im Protokoll Nr. 33 zum EG-Vertrag über den Tierschutz und das Wohlergehen der Tiere, welches gem. Art. 311 EG Bestandteil des EG-Vertrags ist, hinsichtlich der Berücksichtigung *religiöser Riten*.
[26] Enthalten waren derartige Merkmale bisher nur (teilweise) in Art. 9 und 14 EMRK, der Europäischen Sozialcharta (Präambel, Abs. 3) und in der Gemeinschaftscharta der sozialen Grundrechte (Präambel, Abs. 8).
[27] *Europäische Kommission*, Die Grundrechte in der Europäischen Union verbürgen: Zeit zum Handeln, Bericht der Expertengruppe „Grundrechte", S. 9 ff.
[28] *Europäische Kommission*, Die Grundrechte in der Europäischen Union verbürgen: Zeit zum Handeln, Bericht der Expertengruppe „Grundrechte", S. 11
[29] Vgl. *Peter Hort*; Fleißwerk, in Stein gemeißelt, in: FAZ Nr. 62 (14. 3. 2000), S. 16 oben

Europäischen Grundrechtscharta, welche (noch unverbindliche) allgemeine Diskriminierungsverbote[30] enthält, ihre Fortsetzung gefunden hat.

Durch Aufnahme der Bestimmung in den EGV postulieren die Mitgliedstaaten abermals ihren Willen, die Gemeinschaft von einem reinen Wirtschaftsverband hin zu einem alle Lebensbereiche umfassenden politischen System zu entwickeln.[31] Die verstärkte Integrationspolitik, verbunden mit neuen Aufgaben und Kompetenzen, fordert künftig nach Ansicht von *Flynn* aufgrund stetig wachsender Pluralität nachhaltige Antidiskriminierungsmaßnahmen in Union und Gemeinschaft, um das ungehinderte Funktionieren des Binnenmarktes, den Erfolg der europäischen Beschäftigungsstrategie sowie die geeignete Anwendung gemeinschaftlicher EU-Politiken auch in Zukunft sicherzustellen.[32] Die Förderung der Chancengleichheit für alle und der Kampf gegen jegliche Form von Diskriminierung sind deshalb nach *Hostasch* zwei der wichtigsten Elemente eines erfolgreichen europäischen Integrationsprozesses, da nur eine solidarische und gerechte Union realistischerweise die Basis für nachhaltigen sozialen Frieden, Demokratie und Stabilität in Europa sein könne.[33] Maßnahmen nach Art. 13 EG sollten deshalb hierfür und für die gesamte sozialpolitische Zusammenarbeit innerhalb der Union und Gemeinschaft einen entscheidenden Beitrag leisten (*Integrationsfunktion*).

Ferner können vorausschauende und mit Bedacht angewandte Antidiskriminierungsmaßnahmen auf Gemeinschaftsebene nach Ansicht der Kommission[34] helfen, schrittweise das Bewußtsein in Gesellschaft und Arbeitswelt dahingehend zu verändern, dass angesichts der Globalisierung der Weltwirtschaft, den technologischen Veränderungen des „Informationszeitalters" sowie des teilweise rasanten Aufholprozesses sog. „Schwellenländer" die Nutzung *aller* verfügbaren personellen Ressourcen erforderlich ist, um im künftigen weltweiten Wettbewerb erfolgreich bestehen zu können (*Bewusstseinsbildungsfunktion*). Ein ausgeklügeltes Antidiskriminierungsrecht, verstärkt durch unterstützende Aktionen von NGO's, ist infolgedessen nach *Shaw*[35] in der Lage, eine neue Organisationskultur innerhalb der Arbeitswelt zu entwickeln, in der die besten Leute, gleich welcher Herkunft, ausgebildet, eingestellt und befördert werden, Unterschiede als Bereicherung geschätzt werden und derjenige zum Arbeitgeber der Wahl wird, der das demographische

---

[30] Kapitel III: „Gleichheit", Art. 20 - 26, AblEG 2000 Nr. C 364/01; vgl. zum Entwicklungsprozess der Bestimmungen Art. 19 des Entwurfs der Charta der Grundrechte der Europäischen Union vom 24. 2. 2000, Charte 4137/00 (Convent 8)

[31] Vgl. den Zielkatalog des Art. 2 EU sowie die Präambel zum EU

[32] Vgl. *Flynn*, in: Bekämpfung der Diskriminierungen, S. 126, 128

[33] Vgl. *Hostasch*, in: Bekämpfung der Diskriminierungen, S. 130 ff.

[34] Vgl. etwa Ziff. 10 f. der Begründungserwägungen des Beschlusses 2000/750/EG vom 27. 11. 2000; AblEG 2000 Nr. L 303, S. 23 ff.

[35] Vgl. *Shaw*, in: Bekämpfung der Diskriminierungen, S. 98 ff.; *Brittan*, ebda., S. 120 ff.

Profil der ihn umgebenden Gemeinschaft auch widerspiegelt. In einer globalisierten, multikulturellen und von Zuwanderung geprägten (Arbeits-) Welt ist demnach kein Platz mehr für Diskriminierungen.

Durch die gem. Art. 13 EG ermöglichten Maßnahmen wird die Gemeinschaft nun technisch in die Lage versetzt, eine Führungsposition und Vorbildfunktion[36] im Kampf gegen Diskriminierungen einzunehmen (*Vorreiterfunktion*). Sie kann ferner die Bemühungen anderer Akteure (z. B. Mitgliedstaaten, NGO's), die auf verschiedenen Ebenen bereits heute auf diesem Gebiet engagiert sind, verstärkt fördern und unterstützen.[37]

Diesbezügliche Gemeinschaftskompetenzen fördern ferner die Schaffung einer einheitlichen europäischen Grundlage und eines annähernd gleichförmigen Niveaus der Rechte auf Gleichbehandlung und Nichtdiskriminierung, was einer etwaigen sozialen Wanderung innerhalb der Gemeinschaft aufgrund unterschiedlicher Gleichbehandlungsstandards in den Mitgliedstaaten nachhaltig entgegenwirken kann (*Harmonisierungsfunktion*).[38]

Eine nachhaltige Antidiskriminierungspolitik auf europäischer Ebene kann nach *Niven* grundsätzlich dazu beitragen, die gemeinsamen europäischen Grund- und Wertvorstellungen deutlicher als bisher herauszustellen und dadurch die Identifikation der Bürgerinnen und Bürger mit der Union, insbesondere im Zusammenhang mit sozialen und die Grundrechte betreffenden Fragen, zu stärken und ein wahrnehmbares - weil alle betreffendes - politisches Fundament zu schaffen (*Identifikationsfunktion*).[39] Dieses würde eine klare Orientierung für künftige Beitrittskandidaten bilden.

Schließlich dürfte die erfolgreiche Implementierung des Art. 13 EG einen gewichtigen Schritt hin zur notwendigen Weiterentwicklung der bisher noch recht spärlich ausgeprägten Unionsbürgerschaft[40] zu einem Status umfassender Gleichheit, Freiheit und Teilhabe *aller* EU-Bürger darstellen.[41]

---

[36] Hierzu und weiterführend *Niven*, in: Bekämpfung der Diskriminierungen, S. 91 ff.

[37] Vgl. *Niven*, in: Bekämpfung der Diskriminierungen, S. 91, 93

[38] Unterschiedliche Standards im Antidiskriminierungsrecht der Mitgliedstaaten sind ohne weiteres dazu geeignet, den Willen potentiell diskriminierungsgefährdeter Unionsbürger zum (beruflichen) Wechsel in andere Mitgliedstaaten einzuschränken und damit faktisch die Grundfreiheiten der Arbeitnehmerfreizügigkeit oder der Niederlassungsfreiheit zu beeinträchtigen; vgl. *Bell*, MJ 1999, S. 6.

[39] Vgl. *Niven*, in: Bekämpfung der Diskriminierungen, S. 91, 93

[40] Art. 17 – 22 EG

[41] Zur Unionsbürgerschaft allgemein und den Perspektiven nach dem Vertrag von Amsterdam ausführlich *Hilf*, EuR 1997, S. 347 ff.; *Reich*, Bürgerrechte in der Europäischen Union; *Matutes*, in: The Philip Morris Institute for public policy Research, Wie stark stützt die Öffentlichkeit die EU?, April 1997, S. 47 ff.; *Lurger*, ZfRV 2000, S. 71 ff. mit Bezug auf den

Angesichts der bisherigen Beschränkung von Gemeinschaftsaktionen vor allem auf den Kampf gegen geschlechtsbezogene Diskriminierungen am Arbeitsplatz und in der Ausbildung[42] ist Art. 13 EG aufgrund seiner wohl alle praktisch wesentlichen Aspekte umfassenden Ausprägung und des damit einhergehenden Potentials durchaus ein kleiner, neuerlicher „Meilenstein" auf dem Weg zum „schrittweisen Aufbau eines Raums der Freiheit, der Sicherheit und des Rechts" in Europa.[43] Wird dieser grundrechts- und freiheitsoptimierende Weg künftig nachhaltig und durchdacht beschritten, sollte die Vision des „einigen Europas" ein zukunftsträchtiges und erfolgversprechendes Modell für die kommenden Jahrhunderte darstellen.[44] Es bleibt dabei abzuwarten, ob der europäische Gesetzgeber der Versuchung widersteht, Art. 13 EG zum Zwecke einer übermotivierten „Gleichmacherei" zu instrumentalisieren, in der die jeweiligen „Quotenregelungen", nicht aber vernünftige Erwägungen Basis der Entscheidungsfindung sind.

III. Spezifisch „Europäische Lösung" des Diskriminierungsproblems

Antidiskriminierung und diesbezügliche Gleichstellungsbestimmungen sind ein aus dem angloamerikanischen Rechtskreis wohlbekanntes Kapitel der „political correctness"-Debatte, in welcher umfangreiche und jahrzehntelange Erfahrungen insbesondere bei der Bekämpfung der Rassendiskriminierung existieren. Die etablierten amerikanischen Modelle der sog. „affirmative action" oder „reversed discrimination" sollten dementsprechend im Hinblick auf eine potentielle Vorbildfunktion in Ursache und Wirkung analysiert werden, wobei aufgrund der unterschiedlichen Ausgangssituationen eine allzu kritiklose Übernahme in den europäischen Rechtskreis kaum in Betracht kommen dürfte.

Jochum[45] sieht etwa das europäische Rassismusproblem deshalb diffiziler als das amerikanische[46], da in den USA mit den Afroamerikanern als einer relativ klar abgrenzbaren Gruppe seit Jahrhunderten eine rassische Minderheit im eigenen Staatsvolk existierte, während sich der Rassismus in Europa mit seinen historisch recht homogenen Einzelstaaten dagegen zumeist gegen zugewanderte Ausländer aus allen Teilen der Welt als einer sehr gemischten und deshalb schwerer greifbaren Gruppe richte. Dem dürfte zwar entgegenzuhalten sein, dass

---

Kommissionsbericht v. 27. 5. 1997: Danach soll die Unionsbürgerschaft den Prozess der europäischen Integration bedeutsamer für den einzelnen Bürger machen, indem sie die Partizipation vermehrt, den Schutz seiner individuellen Rechte verstärkt und den Gedanken einer europäischen Identität fördert.

[42] Vor allem gem. Art. 119 EGV bzw. Art. 141 EG

[43] Vgl. Präambel, Abs. 11 EU; *Hilf/Pache*, NJW 1998, S. 705, 707

[44] Vgl. auch *Dickey/McGuire*, Founding Fathers, in: Newsweek (4. 3. 2002), S. 8 ff.

[45] *Jochum*, ZRP 1999, S. 279, 280

[46] Zum Diskriminierungsmerkmal „Sexuelle Orientierung" in den USA vgl. *Faßbender*, EuGRZ 1997, 608 ff.

die USA das letztere Phänomen als „klassisches Einwanderungsland" sehr wohl auch kennen, welches seit Beginn seiner Geschichte von Zuwanderern aus aller Welt bevölkert wurde[47] und welches stetig eine aktive Einwanderungspolitik betrieben hat. Der Kern der Problematik dürfte deshalb eher in den vielbeschworenen Mentalitätsunterschieden zwischen Europäern und Amerikanern, einem anderen Verhältnis der Bürger zum Staat sowie grundverschiedenen Sozialsystemen zu suchen sein.

Die Entwicklung Europas im oben bezeichneten Sinne erfordert deshalb eine auf die europäischen Besonderheiten angelegte Eigenkonstruktion und mithin auch im Antidiskriminierungsbereich eine deutliche Emanzipation von diversen amerikanischen Vorgaben.

---

[47] Zu den neueren Entwicklungen in den USA vgl. *Campo-Flores*, Brown Against Brown, in: Newsweek (18. 9. 2000), S. 50 ff.; *Breslau*, Tomorrowland, Today, ebda, S. 64 ff.

B. Der Anwendungsbereich des Art. 13 EG

Art. 13 EG ermächtigt als allgemeine Antidiskriminierungsvorschrift den Rat zur Bekämpfung bestimmter, einzeln aufgeführter Diskriminierungsformen im Rahmen des Gemeinschaftsrechts, indem er den Erlass geeigneter Vorkehrungen gestattet. Vor diesem Hintergrund ist zunächst der gegenständliche Anwendungsbereich des Art. 13 EG in *sachlicher* und *persönlicher* Hinsicht zu klären, ohne jedoch die Erörterung des Wirkungsgrades und des konkreten Inhalts der Bestimmung vorwegnehmen zu wollen.[48]

I. Sachlicher Anwendungsbereich

Der Wortlaut hinsichtlich des *sachlichen Anwendungsbereichs* des Art. 13 EG ist im ersten Halbsatz seines Absatz 1 enthalten und läßt sich in zwei Teilsätze aufspalten, deren rechtlicher Umfang zweckmäßigerweise getrennt zu untersuchen ist: **1.** *„unbeschadet der sonstigen Bestimmungen dieses Vertrags"* und **2.** *„im Rahmen der durch den Vertrag auf die Gemeinschaft übertragenen Zuständigkeiten."*

1. *„Unbeschadet der sonstigen Bestimmungen dieses Vertrags"*

Art. 13 EG erteilt dem Rat die Befugnis zum Erlass von Antidiskriminierungsmaßnahmen *„unbeschadet der sonstigen Bestimmungen dieses Vertrags."* Durch den Teilsatz wird die Frage der Normkonkurrenz direkt angesprochen und eine Anwendbarkeitsregelung für Art. 13 EG im Verhältnis zu den restlichen Bestimmungen des EG-Vertrags aufgestellt, die es im Folgenden zu konkretisieren gilt.

a) Meinungsstand

Trotz der erst relativ kurzen Geltungsdauer des Amsterdamer Vertrags[49] hat sich hierzu im Schrifttum bereits eine einschlägige Kasuistik herausgebildet, die sich durch zwei differierende Lösungsvorschläge kennzeichnen lässt:

aa) Nach der Ansicht von *Holoubek*[50] stellt Art. 13 EG eine *kumulativ* neben sämtlichen anderen Bestimmungen des EGV anwendbare Norm dar. Begründet wird dies vor allem mit dem Wortlaut der Bestimmung im Vergleich zu Art. 12 EG: Während letzterer mit der Wendung *„unbeschadet besonderer Bestimmungen dieses*

---

[48] Dazu dann ausführlich in Teil 1, C. und D.

[49] Vgl. Einleitung, B. und Teil 1, A. I. m.w.N.

[50] Vgl. dazu *Holoubek*, in: Schwarze, EU-Kommentar, Art. 13 EG, Rdnr. 3 f. m. w. N.

Vertrags" die Subsidiarität des allgemeinen Diskriminierungsverbots aufgrund der Staatsangehörigkeit gegenüber besonderen, einschlägigen Diskriminierungsverboten zum Ausdruck bringe, bedeute im Gegensatz dazu die anderslautende Formulierung der „*sonstigen Bestimmungen*" in Art. 13 EG, dass dieser gerade keine subsidiäre Stellung zu anderen Antidiskriminierungsnormen einnehmen solle.[51] Vielmehr sei die Bestimmung dahingehend zu verstehen, dass sie zu spezifischen Vorkehrungen ermächtige, es aber *gleichzeitig* möglich bleibe, gestützt auf sonstige Rechtsgrundlagen des EGV im Rahmen der dort erfassten Sachbereiche Regelungen zu erlassen, die *auch* der Zielsetzung des Art. 13 EG dienen.[52] Diese These wird ferner mit der Konstellation des Art. 95 EG und der Erklärung Nr. 22 der Schlussakte zum Amsterdamer Vertrag[53] zu Art. 13 EG sowie mit systematischen und teleologischen Argumenten begründet, ohne dass letztere jedoch näher ausgeführt werden.

bb) Die mittlerweile wohl *herrschende Meinung*[54] wählt demgegenüber einen umgekehrten Lösungsansatz: Da Art. 13 EG – im Gegensatz zu Art. 12 EG – nicht nur die „*besonderen Bestimmungen*", sondern allgemein alle „*sonstigen Bestimmungen*" vorbehalte, könne die Vorschrift nur dann zum Zuge kommen, wenn die übrigen Vertragsbestimmungen den Erlass der entsprechenden Maßnahmen gegen Diskriminierungen nicht erlauben.[55] Art. 13 EG greife damit lediglich *subsidiär* ein.[56] Nach *Bell* bedeute der erste Teilabschnitt der Bestimmung, „*that nothing within Article 13 should be taken as constraining the scope or effects of any other provisions of the Treaty. In other words, Article 13 shall not act to the detriment of other Treaty articles.*"[57]

Die subsidiäre Rechtsnatur des Art. 13 EG wird – neben dem Wortlautargument – vor allem mit seinem Konkurrenzverhältnis zu Art. 141 Abs. 3 EG und den dabei bestehenden unterschiedlichen

---

[51] *Holoubek*, in: Schwarze, EU-Kommentar, Art. 13 EG, Rdnr. 3

[52] *Holoubek*, in: Schwarze, EU-Kommentar, Art. 13 EG, Rdnr. 3

[53] Dazu vgl. Teil 1, A. I. 2. e)

[54] Vgl. *Bell*, MJ 1999, S. 5, 8 f.; *Waddington*, ebda, S. 1, 3 f.; *Flynn*, CMLRev 1999, S. 1126, 1133 f.; *Zuleeg*, in: Bekämpfung der Diskriminierungen, S. 104, 105 f; *Allen*, ebda, S. 77, 79; *Lenz*, in: Lenz, EG-Vertrag Kommentar, Art. 13 EG, Rdnr. 6 ff; *Epiney*, in: Calliess/Ruffert, Kommentar EUV/EGV, Art. 13 EG, Rdnr. 4; *Geiger*, EUV/EGV, Art. 13 EG, Rdnr. 7; *Langrish*, ELRev 1998, S. 15; wohl auch *Jochum*, ZRP 1999, 279, 280 und *Whittle*, ELRev 1998, S. 52 ff.; *Urlesberger*, ZAS 2001, S. 72, 73

[55] *Epiney*, in: Calliess/Ruffert, Kommentar EUV/EGV, Art. 13 EG, Rdnr. 4

[56] *Geiger*, EUV/EGV, Art. 13 EG, Rdnr. 7

[57] *Bell*, MJ 1999, S. 5, 8

Verfahrensbestimmungen begründet.[58] Eine Ausnahme bestehe lediglich im Hinblick auf Art. 308 EG, da Art. 13 EG wegen seiner Kompetenzzuweisungen insoweit eine Spezialvorschrift darstelle, welche die bloße Kompetenzergänzungsvorschrift[59] des Art. 308 EG verdränge.[60] Art. 13 EG könne damit als eine „*spezielle subsidiäre Rechtsgrundlage*" bezeichnet werden.[61] [62]

b) Stellungnahme – Juristische Analyse der Regelung

Zentrale Punkte der juristischen Hermeneutik des Art. 13 EG stellen neben der Auslegung seines Wortlauts die Entstehungsgeschichte, seine systematische Stellung im Gefüge des EG-Vertrags sowie maßgeblich teleologische Argumente dar.[63] Im Rahmen der hierbei vorzunehmenden Analyse der Normkonkurrenz ist zu entscheiden, ob die generalisierend angesprochenen „sonstigen Bestimmungen" des EGV gegenüber Art. 13 EG Anwendungsvorrang, -gleichrang oder gar -nachrang entfalten. Simultan stellt sich die Frage, inwieweit dabei eine Reduktion der für das Konkurrenzverhältnis beachtlichen Vertragsbestimmungen vorzunehmen ist.

aa) Wortlautanalyse

Zunächst ist der Wortlaut der Vorschrift zu extrahieren. Unabdingbar für diese Auslegungsart ist dabei ein Rückgriff auf anderssprachige Versionen des EGV, vor allem jedoch auf die englische Sprachfassung, in

---

[58] Vgl. *Lenz*, in: Lenz, EG-Vertrag Kommentar, Art. 13 EG, Rdnr. 10

[59] Dazu vgl. *Geiger*, EUV/EGV, Art. 308 EG, Rdnr. 1

[60] *Zuleeg*, in: Bekämpfung der Diskriminierungen, S. 104, 105 f.; *Epiney*, in: Calliess/Ruffert, Kommentar EUV/EGV, Art. 13 EG, Rdnr. 4; *Lenz*, in: Lenz, EG-Vertrag Kommentar, Art. 13 EG, Rdnr. 13

[61] *Epiney*, in: Calliess/Ruffert, Kommentar EUV/EGV, Art. 13 EG, Rdnr. 4

[62] Einen ergänzenden Lösungsansatz deutet dabei noch *Flynn*, CMLRev 1999, S. 1126, 1133 f., an, indem er der Formulierung des ersten Teilsatzes des Art. 13 EG die vornehmliche Intention eines „*Mainstreaminganasatzes*" entnimmt: „*...the formula used in Article 13 EC may be intended to allow non-discrimination clauses to be inserted in legal instruments adopted on the basis of other Treaty provisions whose subject-matter, while relevant in the pursuit of equality, does not have this goal as their objective. This approach would allow requirements that measures adopted on the basis of the Treaty provisions ... be applied in a non-discriminatory fashion.*"

[63] Zur Auslegung von Gemeinschaftsrecht vgl. *Oppermann*, Europarecht, Rdnr. 680 ff.; *Bleckmann*, Europarecht, Rdnr. 537 ff.; *Epiney*, Umgekehrte Diskriminierungen, S. 79 ff.

welcher der Amsterdamer Vertrag entstanden ist[64] und die noch keine Übersetzungsdivergenzen enthält.

(1) Begriff: *„unbeschadet“*

(a) Der Wortlaut der deutschen Formulierung *„Unbeschadet...“* lässt keine sicheren Rückschlüsse auf das Verhältnis des Art. 13 EG zu den *„...sonstigen Bestimmungen“* des EGV zu.[65]

Bei der Auslegung des Begriffs *„Unbeschadet“* sind grundsätzlich zwei gegensätzliche Alternativen denkbar:

Zum einen kann die Präposition im Sinne von *„ohne Rücksicht auf...* [die sonstigen Bestimmungen]“ verstanden werden[66]. Dies hätte zur Folge, dass Art. 13 EG eine übergeordnete oder zumindest die von Holoubek angedachte gleichgeordnete, nicht verdrängbare Stellung gegenüber den sonstigen Vertragsbestimmungen einnehmen würde, sodass die Bestimmung ohne jegliche Rücksichtnahme auf andere Regelungen eine eigenständige Durchsetzung beanspruchen könnte. Hierbei wäre ggf. eine Beeinträchtigung anderer Vertragsbestimmungen durch Art. 13 EG möglich, um das Ziel der angestrebten Antidiskriminierungsmaßnahmen in geeigneter Weise zu erreichen (*hervorgehobener Anwendungsbereich*).

Zum anderen wäre eine Auslegung im Sinne von *„ohne Nachteil für...*[die sonstigen Bestimmungen]“ möglich.[67] Hier würde eine Nachrangigkeit bzw. Subsidiarität des Art. 13 EG gegenüber den sonstigen Bestimmungen nahe liegen, da eine Beeinträchtigung anderer Regelungen durch Art. 13 EG - gleich welcher Art - in diesem Falle gerade nicht erfolgen dürfte. Um dies sicherzustellen, wäre stets die Anwendbarkeit anderer (einschlägiger) Normen zu

---

[64] Dessen ungeachtet sind jedoch alle zwölf Sprachfassungen des Amsterdamer Vertrags gleichermaßen authentisch und verbindlich (Art. 15 des Amsterdamer Vertrags; vgl. auch Art. 314 EG); dazu auch *Thun-Hohenstein*, Der Vertrag von Amsterdam, S. X.

[65] Insofern ist einigen deutschen Autoren innerhalb der herrschenden Meinung zu widersprechen, die teilweise den Wortlaut der Vorschrift ohne nähere Begründung zur Konstruktion eines Subsidiaritätsverhältnisses heranziehen; vgl. z. B. *Epiney*, in: Calliess/Ruffert, Kommentar EUV/EGV, Art. 13 EG, Rdnr. 4; *Geiger*, EUV/EGV, Art. 13 EG, Rdnr. 7.

[66] Vgl. *Duden*, Das große Wörterbuch der deutschen Sprache, Band 7, Stichwort: „unbeschadet“

[67] Vgl. *Duden*, Das große Wörterbuch der deutschen Sprache, Bd. 7, Stichwort: „unbeschadet“; *Brockhaus Wahrig*, Deutsches Wörterbuch, Bd. 6, Stichwort: „unbeschadet“

prüfen und erst bei deren Nichteingreifen Art. 13 EG anwendbar (*nachgeordneter Anwendungsbereich*).

(b) Klarer wird das Verhältnis, wenn man die englische (Original-) Sprachfassung des ersten Teilsatzes des Art. 13 EG heranzieht. Diese lautet:

„*Without prejudice to the other provisions of this Treaty....*"

Angesichts der isolierten Bedeutung des Wortes „*prejudice*" als „*Schaden, Nachteil bzw. beeinträchtigen*"[68] kann die Kombination „*Without prejudice to*" (= unbeschadet) konsequenterweise nur im Rahmen der vorbezeichneten zweiten (deutschsprachigen) Alternative ausgelegt werden.[69] Art. 13 EG könnte nach diesem Wortlaut nur insoweit Anwendung finden, als sonstige Bestimmungen des Vertrages nicht in ihrem Regelungsgehalt beeinträchtigt („beschadet") und eingeschränkt werden.[70] Eine derartige Beziehung legt ein Spezialitäts- bzw. ein Subsidiaritätsverhältnis zwischen Art. 13 EG und den „sonstigen Bestimmungen" nahe. Da die englische Sprachversion die Ausgangsformulierung des Art. 13 EG enthält, in welcher der Gestaltungswille der Mitgliedstaaten am unverfälschsten zum Ausdruck kommt, hat dieses Auslegungskriterium besondere Bedeutung für das Verständnis des Anwendungsbereichs des Art. 13 EG.

(c) Dieser Schluss wird durch den französischen Wortlaut des Art. 13 EG bestätigt:

„*Sans préjudice des autres dispositions du présent traité....*"

In Verbindung mit der Bedeutung des Wortes „*préjudice*" = „*Nachteil, Schaden*"[71] ist auch hier der Satzbeginn „*Sans préjudice des...*" (= unbeschadet) im Sinne einer Nichtbeeinträchtigung sonstiger Vertragsbestimmungen durch Art. 13 EG zu deuten,

---

68 *Simpson/Weiner*, The Oxford English Dictionary, Bd. 12, Stichwort: „prejudice"

69 Vgl. *Simpson/Weiner*, The Oxford English Dictionary, Bd. 12, Stichwort: „prejudice": „without detriment to any existing right or claim; without damage to one's own right; without detracting from one's own rights or claims";
vgl. ferner *Auswärtiges Amt der Bundesrepublik Deutschland*, Standardformulierungen für deutsche Vertragstexte, S. 111 für „to be without prejudice" (= nicht berühren, unberührt lassen)

70 Vgl. dazu auch *Bell*, MJ 1999, S. 5, 8

71 *Centre National de la Recherche Scientifique*, Trésor de la Langue Française, Bd. 13, Stichwort: „préjudice"

sodass eine nachgeordnete bzw. subsidiäre Anwendbarkeit der Norm postuliert wird.[72]

Der Begriff *„unbeschadet"* ist deshalb nach seiner Wortbedeutung im Sinne von *„ohne Nachteil für"* bzw. *„vorbehaltlich"* auszulegen, was vornehmlich für das von der herrschenden Meinung vertretene Subsidiaritätsverhältnis spricht.

(2) Begriff: *„sonstige Bestimmungen"*

(a) Der Begriff der *„sonstigen Bestimmungen"* ist im Sinne von *„sonst noch vorhandene, anderweitige Vorschriften"* des EGV (= *„dieses Vertrags"*) zu verstehen.[73] Das sind der Wortbedeutung nach zunächst alle nicht näher bestimmten Vorschriften, die in keine spezielle Kategorie einzuordnen sind.[74] Somit verweist Art. 13 EG aufgrund dieser Begriffswahl zunächst ohne weitere Differenzierungen auf *sämtliche restlichen Vorschriften des EGV.*

(b) Fraglich ist, ob sich durch eine Gegenüberstellung wortlaut-ähnlicher Bestimmungen mit Art. 13 EG Rückschlüsse hinsichtlich einer näheren Eingrenzung der etwaig anwendungsvorrangigen Vertragsbestimmungen herleiten lassen.

Die Formulierung *„unbeschadet.........Bestimmungen"* ist im EGV außerhalb des Art. 13 EG in verschiedenen Variationen und u. a. in den Artikeln 12, 14, 22, 179 und 280 EG enthalten.[75] Im Einzelnen bestimmen diese Vorschriften:

Art. 12 EG: „Unbeschadet *besonderer* Bestimmungen...";
Art. 14 Abs. 1 EG: „...unbeschadet der *sonstigen* Bestimmungen...";
Art. 22 EG: „...unbeschadet der *anderen* Bestimmungen...";
Art. 179 EG: „Unbeschadet der *übrigen* Bestimmungen...";
Art. 280 Abs. 3 EG: „...unbeschadet der *sonstigen* Vertragsbestimmungen..."

[72] Vgl. *Paul Robert*, Le Grand Robert de la Langue Française, Bd. 7, Stichwort: „préjudice": „sans porter atteinte à, sans renoncer à"
[73] Vgl. *Brockhaus Wahrig*, Deutsches Wörterbuch, Bd. 5, Stichwort: „sonstig"; *Duden*, Das große Wörterbuch der deutschen Sprache, Bd. 1, Stichwort: „Bestimmung"
[74] Vgl. *Brockhaus Wahrig*, Deutsches Wörterbuch, Bd. 5, Stichwort: „sonstig"; *Duden*, Das große Wörterbuch der deutschen Sprache, Bd. 1, Stichwort: „Bestimmung"
[75] Vgl. *Flynn*, CMLRev 1999, S. 1127, 1133

Es stellt sich die Frage, ob die Mitgliedstaaten durch die unterschiedliche Ausgestaltung der bezeichneten Vorschriften diesen auch tatsächlich jeweils unterschiedliche Reichweiten im Rahmen ihres sachlichen Anwendungsbereichs verleihen wollten. Klarheit schafft hier wiederum ein Rückgriff auf die englische und französische Sprachfassung. An diesen wird deutlich, dass eine Wortlautabweichung lediglich zwischen Art. 12 EG einerseits und den übrigen genannten Bezugsbestimmungen andererseits besteht und die verwirrende deutsche Begriffsvielfalt eher eine Ausnahmestellung einnimmt:

Art. 12 EG

„...without prejudice to any special provisions contained therein..."
bzw.
„...sans préjudice des dispositions particulières qu'il prévoit..."

Art. 13, 14 Abs. 1, 22, 179 280 Abs. 3 EG

„...without prejudice to the other provisions of this Treaty...."
bzw.
„...sans préjudice des autres dispositions du présent traité...."

Angesichts dieser Zweiteilung ist zum einen auf die *gleiche* Wortbedeutung der Begriffe *„sonstigen, übrigen, anderen* [Bestimmungen]" zu schließen, sodass eine einheitliche Interpretation dieser Begriffe innerhalb des EGV geboten ist.[76]
Die unterschiedliche Wortwahl zwischen Art. 12 EG und 13 EG deutet jedoch auf der anderen Seite darauf hin, dass in Abgrenzung zum deutlich restriktiver[77] zu verstehenden Begriff der *„besonderen Bestimmungen"* ein Unterschied zwischen beiden Vorschriften hinsichtlich ihres Verhältnisses zu den restlichen Vertragsbestimmungen beabsichtigt ist, denn andernfalls hätte - gerade im Hinblick auf den engen räumlichen und sachlichen Zusammenhang der beiden Bestimmungen - auch eine von Anfang an gleiche Formulierung gewählt werden können.[78]

---

[76] Die genannten Bezugsbestimmungen Art. 14, 22, 179 und 280 EG werden im Rahmen der im vorangehenden Gliederungspunkt erörterten Problematik einhellig als *nachrangig* bzw. *subsidär* gegenüber (spezielleren) Vertragsbestimmungen angesehen; vgl. statt aller *Kahl*, in: Calliess/Ruffert, Kommentar EUV/EGV, Art. 14 EG, Rdnr. 12; *Kluth*, ebda, Art. 22 EG, Rdnr. 7; *Schmalenbach*, ebda, Art. 179 EG, Rdnr. 3; *Waldhoff*, ebda, Art. 280 EG, Rdnr. 14 jeweils m. w. N.
[77] Vgl. *Duden*, Das große Wörterbuch der deutschen Sprache, Bd. 2, Stichwort: „besondere"
[78] So auch *Flynn*, CMLRev 1999, S. 1126, 1133 f.; *Bell*, MJ 1999, S. 5, 8 f.

Der Wortlaut des ersten Teilsatzes von Art. 13 Abs. 1 EG indiziert damit eine lediglich nachgeordnete, subsidiäre Anwendbarkeit der Norm in Relation zu den sonstigen Vertragsbestimmungen, wobei Anhaltspunkte bestehen, dass diesbezüglich anwendungsvorrangige Vorschriften extensiver zu bestimmen sind, als im Rahmen des Art. 12 EG.[79]

bb) Entstehungsgeschichte des Art. 13 EG

Der letztere Aspekt wird gestützt, wenn man die Entstehungsgeschichte der Bestimmung, insbesondere den vormaligen ersten Formulierungsvorschlag, betrachtet.

Verhandlungsgrundlage während der Anfang Dezember 1996 unter irischer Präsidentschaft in Dublin abgehaltenen Regierungskonferenz zum Amsterdamer Vertrag war folgender Wortlaut:

„*Unbeschadet besonderer Bestimmungen dieses Vertrags......*" bzw. „*...without prejudice to any special provisions......*",[80]

was verdeutlicht, dass ursprünglich der Wortlaut für Art. 13 EG anhand der Formulierung des Art. 12 EG entworfen wurde, während der Vertragsverhandlungen der folgenden Monate aber nicht vollumfänglich Bestand hatte und in einer abweichenden Endfassung in den Amsterdamer Vertrag Aufnahme fand.[81] Die Begriffsänderung „*besondere Bestimmungen*" in die ihrem Wortsinn nach weiter zu verstehende Endfassung „*sonstige Bestimmungen*" durch die Vertragsparteien gewährt jedoch einen weiteren Anhaltspunkt dafür, dass die in Art. 13 EG letztendlich benutzte Formulierung eine andere Reichweite entfalten soll, als der augenscheinlich als Refenzbestimmung verwendete Art. 12 EG, ohne jedoch ggf. beabsichtigte Divergenzen näher zu konkretisieren. Letztendlich müssen aufgrund dessen systematische und teleologische Argumente über die konkrete Ausgestaltung der Normkonkurrenz und die Anwendbarkeit anderer Bestimmungen neben Art. 13 EG abschließend entscheiden.

---

[79] Dazu sogleich in diesem Kapitel, Unterpunkt cc) (2).

[80] Vgl. CONF/2500/96, S. 15; vom 5. 12. 1996

[81] Gestrichen wurde ferner der Diskriminierungsgrund „*soziale Herkunft*"; erweitert wurde der Diskriminierungsgrund „*Religion*" in „*Religion oder der Weltanschauung*".

cc) Systematische und teleologische Argumente

Entfaltet die grammatikalische Auslegung aufgrund der gemeinschaftsinternen Sprachenvielfalt und die Entstehungsgeschichte der Norm angesichts des einer Normschöpfung immanenten politischen Kompromisstextes nur eher tendenzielle Bedeutung für das Verständnis einer Vertragsvorschrift, so kommt der Auslegung nach systematischen und teleologischen Gesichtspunkten erhebliche praktische Bedeutung bei der Ermittlung der Tragweite einer europarechtlichen Primärbestimmung zu.[82] Nach der gefestigten Rechtsprechung des EuGH ist dabei der Sinn einer Norm zunächst aus dem Gesamtzusammenhang des Vertrages zu erschließen, wobei insbesondere die Vertragsstellung sowie eine vergleichende Analyse mit anderen Vertragsbestimmungen von Interesse ist.[83] Schlussendlich ist der Sinn und Zweck der Norm als solcher maßgeblich unter der Prämisse ihrer vollen Sinnentfaltung sowie Erzielung ihrer „nützlichsten Wirksamkeit“ (effet utile) zu ermitteln.[84]

(1) Stellung im ersten Teil des EGV „Grundsätze“

Art. 13 EG befindet sich im ersten Teil des EGV, welcher mit „Grundsätze“ überschrieben ist. Dieses Kapitel enthält insbesondere die Aufgaben und Ziele der Gemeinschaft, die Grundsätze der Wirtschafts- und Währungspolitik, Fundamentalprinzipien für das Handeln der Gemeinschaft wie das Diskriminierungsverbot des Art. 12 EG oder das Subsidiaritätsprinzip des Art. 5 EG sowie Querschnittsbestimmungen.[85] Die Inkludierung von Art. 13 EG in diesen Teil des Vertrages und die systematische Eingliederung nach Art. 12 EG verleiht der Bestimmung infolgedessen eine grundsätzliche und den Charakter des (überarbeiteten) Vertrages mitprägende, mitbeherrschende Bedeutung. Hieraus lässt sich das Gebot ableiten, dass die Intention des Art. 13 EG unabhängig von ggf. anwendungsvorrangigen Vertragsklauseln erhalten bleiben muss und jegliche Einschränkungen des Anwendungsbereichs der Bestimmung restriktiv zu handhaben sind.

---

[82] Vgl. *Epiney*, Umgekehrte Diskriminierungen, S. 81 f.

[83] Vgl. *Oppermann*, Europarecht, Rdnr. 684

[84] Vgl. *Oppermann*, Europarecht, Rdnr. 528, 685 f. Der EuGH führt dabei in der Regel keine strikte Trennung der systematischen und teleologischen Auslegung durch, sodass beide Auslegungsmethoden ineinander übergehen. Ferner dazu *Bleckmann*, Europarecht, Rdnr. 559, 1318 ff; *Emmert*, Europarecht, § 15, Rdnr. 8 ff.; *Koenig/Haratsch*, Einführung in das Europarecht, Rdnr. 64; *Lenz/Erhard*, in: Lenz, EG-Handbuch, Recht im Binnenmarkt, S. 85 ff.

[85] Z. B. Art. 3 Abs. 2 EG (Gleichbehandlung); Art. 6 EG (Umweltschutz)

(2) Systematische Anlehnung an Art. 12 EG

Da die Mitgliedstaaten bei der Schöpfung des Art. 13 EG augenscheinlich auf die sachlich und räumlich nahestehende Vorschrift des Art. 12 EG Bezug genommen haben[86], könnten sich weitere Erkenntnisse aus einer Analyse der gefestigten Anwendungsgrundsätze dieser Norm und einem anschließenden Vergleich beider Bestimmungen ergeben.

(a) Art. 12 EG weist grundrechtsrelevanten Charakter[87] auf und verbietet jegliche Ungleichbehandlungen aus Gründen der Staatsangehörigkeit *„unbeschadet besonderer Bestimmungen“* des Vertrages. Nach der Rechtsprechung des EuGH und dem herrschenden Schrifttum verweist Art. 12 EG mit dieser Wendung *„...insbesondere auf andere Bestimmungen des Vertrages, in denen das allgemeine Verbot des Artikels 7*[88] *für besondere Fälle konkretisiert ist. So verhält es sich unter anderem mit den Bestimmungen über die Freizügigkeit der Arbeitnehmer, das Niederlassungsrecht und den freien Dienstleistungsverkehr.“*[89] Die „besonderen Bestimmungen“ umfassen danach insbesondere die Grundfreiheiten, die in ihrem Anwendungsbereich zumindest auch Diskriminierungen aufgrund der Staatsangehörigkeit verbieten[90], jedoch auch andere Bestimmungen des EGV, die Diskriminierungsverbote wegen der Staatsangehörigkeit enthalten.[91] Die Bestimmungen müssen sich nicht in einem Diskriminierungsverbot erschöpfen, sondern können auch darüber hinausgehen.[92] Wo immer eine solche „besondere Bestimmung“ in ihrem spezifischen Anwendungsbereich ein Diskriminierungsverbot aus Gründen der Staatsangehörigkeit festlegt, kommt dieses zur Anwendung, sodass Art. 12 EG in direkter Anwendung vollständig *verdrängt* wird.[93]

---

[86] Vgl. auch *P. E. Herzog*, in: Smit/Herzog, The Law of the European Community, § 13.01, A13-1, der Art. 13 EG als *„sister provision“* zu Art. 12 EG bezeichnet.

[87] *Oppermann*, Europarecht, Rdnr. 490 m.w.N.; *Pernice*, Grundrechtsgehalte im europäischen Gemeinschaftsrecht, S. 196 ff.

[88] = Art. 12 EG

[89] EuGH Rs. 186/87 vom 2. 2. 1989, Slg. 1989, 195, 220, Rdnr. 14 (Cowan ./. Trésor public)

[90] *Zuleeg*, in: G/T/E, Handbuch des Europäischen Rechts, Art. 6 EGV, Rdnr. 19; *Geiger*, EUV/EGV, Art. 12 EG, Rdnr. 1; EuGH Rs. 13/76 vom 14. 7. 1976, Slg. 1976, 1333, 1339, Rdnr. 6/7 (Donà ./. Mantero); Rs. 305/87 vom 30. 5. 1989, Slg. 1989, 1461, 1476, Rdnr. 12 ff. (Kommission ./. Griechenland)

[91] *Holoubek*, in: Schwarze, EU-Kommentar, Art. 12 EG, Rdnr. 9

[92] *Epiney*, in: Calliess/Ruffert, Kommentar EUV/EGV, Art. 12 EG, Rdnr. 8

[93] *Streinz*, Europarecht, Rdnr. 668; *Holoubek*, in: Schwarze, EU-Kommentar, Art. 12 EG, Rdnr. 12; *Zuleeg*, in: G/T/E, Handbuch des Europäischen Rechts, Art. 6 EGV, Rdnr. 19;

Art. 12 EG bleibt daneben nur (mittelbar) zu *Auslegungszwecken* dieser besonderen Diskriminierungsverbote anwendbar.[94] Existiert dagegen keine „besondere Bestimmung" im EGV oder ist deren Anwendungsbereich unklar, ist Art. 12 EG vollumfänglich anwendbar.[95] Die Vorschrift stellt damit lediglich ein *allgemeines Diskriminierungsverbot* (aus Gründen der Staatsangehörigkeit) dar und ist gegenüber den besonderen Diskriminierungsverboten des EGV, welche die Staatsangehörigkeit betreffen, *subsidär.*[96]

(b) Fraglich ist, ob und inwieweit die vorstehenden zu Art. 12 EG durch den EuGH etablierten systematischen Grundsätze auch im Rahmen des Art. 13 EG Anwendung finden können und auf dessen Normkonkurrenz zu anderen Vertragsbestimmungen übertragbar sind.

(aa) Aus allgemeinen Spezialitätsgrundsätzen[97] folgt bereits, dass im Falle des Vorliegens speziellerer Rechtsnormen, welche im Anwendungsbereich der allgemeineren Norm zusätzliche Voraussetzungen enthalten, diese *Anwendungsvorrang* vor der allgemeineren Bestimmung beanspruchen.[98] Speziellere Rechtsgrundlagen zur Diskriminierungsbekämpfung im EGV werden infolgedessen auch im Rahmen des Art. 13 EG Vorrangigkeit entfalten und letzteren verdrängen,[99] soweit ihr Anwendungs-

---

Geiger, EUV/EGV, Art. 12 EG, Rdnr. 1; *Epiney*, in: Calliess/Ruffert, Kommentar EUV/EGV, Art. 12 EG, Rdnr. 9; *Keersmaeker/Pauwels*, in: Smit/Herzog, The Law of the European Community, Article 12.02, A12-5
In einigen (früheren) Fällen hatte der EuGH allerdings Art. 12 EG neben der „besonderen Bestimmung" angewandt und die Vertragsverletzung auf beide Vorschriften gestützt; vgl. EuGH Rs. 175/78 vom 28. 3. 1979, Slg. 1979, 1129, 1134, Rdnr. 8 ff. (Saunders); *Epiney*, in: Calliess/Ruffert, Kommentar EUV/EGV, Art. 12 EG, Rdnr. 9 m. w. N.

[94] EuGH Rs. 136/78 vom 7. 2. 1979, Slg. 1979, 437, 448, Rdnr. 14 ff. (Auer) für Art. 43 EG; *Holoubek*, in: Schwarze, EU-Kommentar, Art. 12 EG, Rdnr. 12; *Epiney*, in: Calliess/Ruffert, Kommentar EUV/EGV, Art. 12 EG, Rdnr. 9 m. w. N.

[95] *Geiger*, EUV/EGV, Art. 12 EG, Rdnr. 1

[96] *Holoubek*, in: Schwarze, EU-Kommentar, Art. 12 EG, Rdnr. 8; *Geiger*, EUV/EGV, Art. 12 EG, Rdnr. 1; *Zuleeg*, in: G/T/E, Handbuch des Europäischen Rechts, Art. 6 EGV, Rdnr. 19; *Keersmaeker/Pauwels*, in: Smit/Herzog, The Law of the European Community, Article 12.02, A12-5; Abweichend dagegen *Reitmaier*, Inländerdiskriminierungen nach dem EWG-Vertrag, S. 71/72: Danach sei eine Subsidiarität nur dann sinnvoll, wenn die im Subsidiaritätsverhältnis stehenden Normen zu unterschiedlichen Rechtsfolgen führen.

[97] Lex specialis derogat legi generali

[98] Vgl. dazu *Schmalz*, Methodenlehre für das juristische Studium, Rdnr. 76 ff. m.w.N.

[99] So wohl auch *Bell*, MJ 1999, S. 5, 9: *„Article 13 EC .... tends to support the view that where a more specific legal base exists, an alternative to the general powers provided under Article 13 EC, then this should be used."*

bereich reicht.[100] Gegen eine daneben bestehende *subsidäre* Anwendbarkeit der allgemeinen Antidiskriminierungsbestimmung würden dann keine systematischen Bedenken bestehen, wenn die jeweils eingreifende speziellere Vorschrift keine abschließende[101] Regelung enthält.[102]

(bb) Art. 13 EG beinhaltet eine allgemeine Rechtsgrundlage zur Diskriminierungsbekämpfung aus den verschiedensten Gründen, die als Grundsatzbestimmung den spezielleren Kapiteln des EGV vorgeschaltet ist. Ähnlich wie Art. 12 EG und einmal losgelöst von einer unmittelbaren oder mittelbaren Anwendbarkeit ist sie damit in der Lage, die Basis für ein vergleichbares System zum Zwecke der aktiven Diskriminierungsbekämpfung zu bilden, in der spezifische, bestimmte Diskriminierungskriterien normierende Rechtsgrundlagen im Sinne des Eingreifens der auf den Einzelfall besser abgestimmten Regelung zur vorrangigen Anwendung gelangen. Soweit diese keine abschließenden Eingriffsvoraussetzungen des Rates im Einzelfall normieren, entspricht es Sinn und Zweck des Art. 13 EG, diesem als „kleiner magna charta"[103] daneben subsidäre Geltung zu belassen. Durch ein solches, abgestuftes Diskriminierungsbekämpfungssystem könnte Art. 13 EG bei entsprechendem Willen der Vertragsparteien tatsächlich seine „nützlichste Wirksamkeit" entfalten und die angestrebte lückenlose Antidiskriminierungsermächtigung auf allen entscheidenden Gebieten gewährleisten.

(cc) Problematisch ist dabei jedoch, dass Art. 13 EG im Rahmen seiner Normkonkurrenz und im Gegensatz zu Art. 12 EG nicht nur auf Spezialbestimmungen („besondere Bestimmungen") Bezug nimmt, sondern ausdrücklich und unterlegt durch grammatikalische und historische Argumente sämtliche Vertragsbestimmungen vorbehält. Durch diese systematisch nicht einleuchtende Regelungsweise könnte man leicht auf die Idee kommen, dass Art. 13 EG nur dann eine Anwendungsberechtigung haben soll, wenn Sinn und Zweck der anderen (neutralen) Bestimmungen des EGV dies zulassen und keine irgendwie gearteten „hindernden Gegeneinwände" aufstellen.

---

[100] Vgl. *Schmalz*, Methodenlehre für das juristische Studium, Rdnr. 81

[101] Die Feststellung der abschließenden Wirkung einer Spezialnorm im Wege der Auslegung ist insbesondere dann gerechtfertigt, wenn in die speziellere Vorschrift ein *„nur"* hineingelesen werden kann; vgl. *Schmalz*, Methodenlehre für das juristische Studium, Rdnr. 80 ff.

[102] Vgl. *Schmalz*, Methodenlehre für das juristische Studium, Rdnr. 82

[103] Vgl. zu Art. 12 EG *Ipsen*, Europäisches Gemeinschaftsrecht, Rdnr. 592

In einem „worst-case-Szenario" könnte Art. 13 EG dann beispielsweise nicht mehr zur Anwendung gelangen, wenn kraft einer anderen Vorschrift ein entfernterer diskriminierungsrelevanter Sachverhalt (Altersgrenzen, Behindertenregelung etc.) im Einzelfall geregelt würde und dieser Regelung abschließender Charakter zuzuerkennen wäre.[104] Art. 13 EG käme bei dieser Betrachtung nicht viel mehr als eine Alibifunktion zu, die nicht den Vertrag prägt, sondern umgekehrt von diesem maßgeblich in ihrem Anwendungsbereich eingeschränkt und letztlich zu einem Schattendasein gedrängt würde.

Gegen eine solche Betrachtungsweise sprechen jedoch gewichtige teleologische Argumente. Die Einfügung einer allgemeinen Antidiskriminierungsvorschrift zur Bekämpfung aller praktisch relevanten Ungleichbehandlungen erfolgte gerade zum Zwecke der Stärkung grundrechtsrelevanter Positionen innerhalb der Gemeinschaft und der Prägung der künftigen Vertragsanwendung im Sinne einer intensivierten Berücksichtigung von Gleichbehandlungsaspekten.[105] Zu diesem Schluss gelangt man ferner, wenn man die Querschnittsbestimmung Art. 3 Abs. 2 EG betrachtet, die im Rahmen der Ziele des EGV die Beseitigung von Ungleichbehandlungen zur Gemeinschaftsverpflichtung macht. Nimmt man diesen Auftrag ernst, muss man konsequenterweise auch der hierzugehörigen „Waffe", nämlich Art. 13 EG, entsprechend umfangreichen Handlungsspielraum einräumen. Art. 3 Abs. 2 EG ist deshalb mit Art. 13 EG zu verknüpfen und bewirkt eine im Zweifel extensive Auslegung des Anwendungsbereichs der Bestimmung.
Mit der Zielrichtung des Art. 13 EG und den neuen Gleichbehandlungsbestrebungen der Gemeinschaft ist deshalb nur eine Normkonkurrenzregelung vereinbar, die zwar speziell auf *bestimmte* Ungleichbehandlungssituationen abgestimmten, besonderen Bestimmungen den Vortritt überlässt,[106] daneben jedoch ergänzend *subsidär* zur Anwendung gelangt, wenn diesbezüglich Gestaltungsspielraum verbleibt. Dabei entspricht es aber auch bei dessen (ausnahmsweiser) Verneinung dem Sinn und Zweck der

---

[104] Denkbar wäre dies z. B. im Rahmen der umfassenden Art. 94 EG und 95 EG. Hinsichtlich letzterer Bestimmung sind gemäß der Erklärung Nr. 22 zur Schlussakte des Amsterdamer Vertrags den Bedürfnissen Behinderter Rechnung zu tragen, was den Regelungskreis des Art. 13 EG tangiert.

[105] Dazu vgl. Teil 1, A. m.w.N.

[106] Idealerweise werden dies Bestimmungen sein, die eine im Spezialfall effizientere, verfahrenserleichternde Regelung bezwecken.

Bestimmung, ihren grundlegenden Wirkungsgehalt im Wege der Nutzung als *Auslegungshilfe* zu perpetuieren.
Existieren dagegen Spezialbestimmungen nicht, die einen *synonymen Normzweck* wie die allgemeine Antidiskriminierungsvorschrift verfolgen, muss Art. 13 EG vollends und ohne Beeinträchtigung durch andere Vertragsbestimmungen zur Anwendung gelangen.

(dd) Entgegen der in Wortlaut und Entstehungsgeschichte des Art. 13 EG enthaltenen Tendenz ist deshalb der Begriff der „sonstigen Bestimmungen" kraft aussagekräftigerer systematischer und teleologischer Argumente *einschränkend* dahingehend auszulegen, dass nur „besondere Bestimmungen" im seitens des EuGH zur Referenzvorschrift Art. 12 EG bezeichneten Sinne, die im folgenden noch näher zu konkretisieren sind, eine Anwendbarkeit des Art. 13 EG beschränken können.

Der erste Teilsatz von Art. 13 EG ist deshalb folgendermaßen zu lesen:

„Vorbehaltlich der besonderen Bestimmungen dieses Vertrags zum Erlass spezifischer Antidiskriminierungsmaßnahmen kann der Rat...."

(3) Verhältnis zu anderen Bestimmungen des EGV

Im genannten Sinne ist im Folgenden das Verhältnis des Art. 13 EG zu anderen, einen Bezug zu den in ihm aufgeführten Diskriminierungskriterien aufweisenden Vorschriften des Vertrages zu konkretisieren. Dabei sind die aktuell im Vertrag existierenden und für die Normkonkurrenz alleinig interessanten *„besonderen Bestimmungen"* herauszuarbeiten.

(a) Art. 141 EG

Art. 141 EG[107] gebietet die Gleichbehandlung von Männern und Frauen in Bezug auf das Arbeitsentgelt. Die Vorschrift ordnet dabei den Grundsatz des gleichen Entgelts für gleiche Arbeit in privaten

[107] Weiterführend beispielsweise *Oppermann*, Europarecht, Rdnr. 1660 ff.; *Ellis*, CMLRev 1998, S. 379 ff.; *Listl-Knopik*, ZRP 1992, S. 181 ff.; *European Commission*, Sexual Harrassment at the Workplace in the European Union; *Europäische Kommission*, Handbuch Gleichbehandlung von Frauen und Männern in der EU; *Hervey/o'Keefe*, Sex Equality Law in the European Union, 1996

und öffentlichen Dienstverhältnissen an[108] und gestattet darüber hinaus Maßnahmen zur Gewährleistung der Anwendung des Grundsatzes der Chancengleichheit und der Gleichbehandlung von Männern und Frauen in *Arbeits- und Beschäftigungsfragen.*[109]
Art. 13 EG nimmt dagegen *Globalbezug* auf Diskriminierungen aus Gründen des Geschlechts, gleich in welchem Bereich. Damit ist der Anwendungsbereich des Art. 141 EG deutlich *enger* als der des Art. 13 EG[110]. *Insoweit* ist nach den soeben vorgenommenen Überlegungen Art. 141 EG als *„besondere Bestimmung"* des EGV zu klassifizieren, die Art. 13 EG systematisch vorgeht und ihn in ihrem Anwendungsbereich verdrängt. Soweit allerdings geschlechtsspezifische Diskriminierungen vorliegen, die *nicht* auf Arbeits- und Beschäftigungsfragen bzw. das Arbeitsentgelt beschränkt sind, kommt Art. 13 EG vollumfänglich zur Entfaltung, da Art. 141 EG insoweit keine Spezialregelung mehr beinhaltet.[111]
Dieser Schluss wird auch durch den Verfahrensvergleich zwischen beiden Vorschriften bestätigt, wonach für Art. 141 Abs. 3 EG das weniger restriktive Kodezisionsverfahren[112] gem. Art. 251 EG gilt. Dieser erst durch den Amsterdamer Vertrag neu eingefügte Verfahrensverweis hätte andernfalls keinen Anwendungsbereich.[113]

(b) Art. 137 EG (i. V. m. Art. 136 EG)

Art. 137 EG beinhaltet die zentrale Kompetenzvorschrift für Maßnahmen der Gemeinschaft auf dem Gebiet der Sozialpolitik.[114]
Die Vorschrift unterscheidet zwei Sachbereiche, für die mittels Richtlinien Mindestvorschriften in unterschiedlichen Verfahren erlassen werden können (Abs. 1/2 und 3).
In Abs. 1, 5. Spglstr. werden der Gemeinschaft Kompetenzen zur Verwirklichung der Chancengleichheit von Männern und Frauen auf dem Arbeitsmarkt und Gleichbehandlung am Arbeitsplatz

---

[108] Vgl. *Geiger*, EUV/EGV, Art. 141 EG, Rdnr. 2

[109] Art. 141 EG ist damit die zentrale Bestimmung zur *geschlechtsspezifischen* Gleichbehandlung im *Arbeitsrecht*, vgl. *Krebber*, in: Calliess/Ruffert, Kommentar EUV/EGV, Art. 141 EG, Rdnr. 1

[110] Vgl. auch die Formulierung der Kommission in KOM (2000) 334 endg.: „...*spezifische Rechts-grundlage* in Bezug auf sämtliche von der RL 76/207EWG abgedeckten Bereiche."

[111] In diesem Sinne auch *Lenz*, in: Lenz, EG-Vertrag Kommentar, Art. 13 EG, Rdnr. 6 ff.; *Zuleeg*, in: Bekämpfung der Diskriminierungen, S. 104, 105 f.; *Geiger*, EUV/EGV, Art. 13 EG, Rdnr. 7; *Bell*, MJ 1999, S. 5, 9

[112] Dazu *Oppermann*, Europarecht, Rdnr. 269

[113] Vgl. *Lenz*, in: Lenz, EG-Vertrag Kommentar, Art. 13 EG, Rdnr. 6 ff.

[114] Vgl. *Geiger*, EUV/EGV, Art. 137 EG, Rdnr. 1; *Oppermann*, Europarecht, Rdnr. 1639; *Krebber*, in: Calliess/Ruffert, Kommentar EUV/EGV, Art. 137 EG, Rdnr. 1 ff.

übertragen. Das beinhaltet eine konkrete Regelungskompetenz hinsichtlich der Diskriminierungsform „Geschlecht" i. S. d. Art. 13 EG, sodass die Teilkompetenz innerhalb des Art. 137 EG insofern – isoliert betrachtet – als „*besondere Bestimmung*" einzustufen wäre, die unter Verdrängung des Art. 13 EG per Richtlinien Mindestvorschriften der Gemeinschaft gestatten würde (Art. 137 Abs. 2 EG).[115] Allerdings ist dieser Sachbereich bereits vollständig und mit weiterreichenden Kompetenzen von Art. 141 Abs. 3 EG erfasst.[116] Aufgrund dessen ist eine Notwendigkeit und ein von Art. 141 EG isolierter Anwendungsbereich der Vorschrift nicht erkennbar.[117] Art. 141 Abs. 3 EG *verdrängt* deshalb insofern den Art. 137 Abs. 1 EG vollständig, da nicht angenommen werden kann, dass erstere Vorschrift durch letztere eingeschränkt werden soll.[118] Dies widerspräche auch Art. 3 Abs. 2 EG.
Art. 137 Abs. 1, 5. Spglstr. EG verdrängt demzufolge Art. 13 EG *nicht*. Es bleibt somit im Bereich der Geschlechterdiskriminierung bei dem bezeichneten Konkurrenzverhältnis des Art. 13 EG zu Art. 141 EG.

Der restliche Teil des Art. 137 EG, insbesondere Abs. 1, 4. Spglstr. und Abs. 2 UAbs. 3, beinhalten die Thematik des Art. 13 EG zwar am Rande, enthalten aber keine direkten Kompetenzen zur Regelung seiner Diskriminierungsformen. Art. 13 EG gelangt mithin zur uneingeschränkten Anwendung.

(c) Art. 308 EG

Art. 308 EG ist die allgemeine Kompetenzergänzungsvorschrift des EGV, welche dem Rat den Erlass von Rechtsakten zwecks Verwirklichung der Vertragsziele gestattet, auch wenn der Vertrag

---

[115] Dabei würde sich die Frage nach einer abschließenden Regelung stellen, die wegen des klaren Verweises auf Mindestvorschriften wohl zu bejahen wäre. Art. 13 EG wäre in diesem Falle tatsächlich verdrängt und auch nicht mehr subsidär anwendbar.

[116] Art. 141 Abs. 3 EG gestattet die gesamte Bannbreite europarechtlicher *Maßnahmen*, Art. 137 EG dagegen nur per *Richtlinien* erlassene *Mindestvorschriften*; hinsichtlich des Verfahrens ist der Ausschuss der Regionen bei letzterer Vorschrift zusätzlich beteiligt.

[117] Vgl. *Geiger*, EUV/EGV, Art. 137 EG, Rdnr. 10; *Oppermann*, Europarecht, Rdnr. 1661

[118] Nicht überzeugend dagegen *Krebber*, in: Calliess/Ruffert, Kommentar EUV/EGV, Art. 141 EG, Rdnr. 98, der Art. 137 Abs. 1, 5. Spstr. i. V. m. Abs. 2 EG anwenden will, wenn der Rat per Richtlinien Mindestvorschriften zur Unterstützung der Mitgliedstaaten erlässt, während der Beschluss aller anderen Maßnahmen einschließlich von Richtlinien auf Art. 141 Abs. 3 EG gestützt werden soll.

keine spezielle Rechtsgrundlage bereitstellt.[119] Auf seiner Grundlage sind in der Vergangenheit zahlreiche Richtlinien zur Gleichbehandlung von Männern und Frauen ergangen.[120] Per definitionem ist die Bestimmung allerdings nur anwendbar, wenn *„die hierfür erforderlichen Befugnisse“*[121] im Vertrag nicht anderweitig vorgesehen sind. Mit Einfügung von Art. 13 EG in den EGV bestehen jedoch mittlerweile im Bereich der Diskriminierungsbekämpfung umfassende Gemeinschaftsbefugnisse, die eine Anwendbarkeit von Art. 308 EG schon nach den Tatbestandsvoraussetzungen ausschließen. Die Bestimmung ist damit auch in Relation zu Art. 13 EG lediglich *Auffangvorschrift*,[122] die allenfalls dann zur Anwendung gelangen könnte, wenn *andere* als die in Art. 13 EG normierten Diskriminierungskriterien zu regeln sind.[123]

(d) Art. 95 EG i. V. m. d. Erklärung Nr. 22 d. Schlussakte zum Amsterdamer Vertrag

Art. 95 EG enthält die Rechtsangleichungsvorschriften und Regelungskompetenzen für den Binnenmarkt (Art. 14 EG), bei welchen gem. der Erklärung Nr. 22 den besonderen Bedürfnissen von Personen mit einer Behinderung Rechnung zu tragen ist.[124] Art. 95 EG ist damit keine Rechtsgrundlage zum Erlaß von

---

[119] Vgl. *Hartley*, The Foundations of European Community Law, S. 111 ff.; *Geiger*, EUV/EGV, Art. 308 EG, Rdnr. 1 ff.; *Schreiber*, in: Schwarze, EU-Kommentar, Art. 308 EG, Rdnr. 2

[120] Vgl. RL 76/207/EWG v. 9. 2. 1976 zur Verwirklichung des Grundsatzes der Gleichbehandlung von Männern und Frauen hinsichtlich des Zugangs zur Beschäftigung, zur Berufsbildung und zum beruflichen Aufstieg sowie in Bezug auf die Arbeitsbedingungen; RL 79/7/EWG v. 19.12.1978 zur schrittweisen Verwirklichung des Grundsatzes der Gleichbehandlung von Männern und Frauen im Bereich der sozialen Sicherheit; RL 86/378/EWG v. 24. 7. 1986 zur Verwirklichung des Grundsatzes der Gleichbehandlung von Männern und Frauen bei den betrieblichen Systemen der sozialen Sicherheit (vgl. Sartorius II, Ziff. 187 a-c).

[121] Eine anderweitige Befugnis i. S. d. Art. 308 EG liegt vor, wenn sie sich aus der Auslegung einer vorhandenen Kompetenznorm im Sinne des effet utile oder als implizite Kompetenz („implied powers“) ergibt; vgl. *Geiger*, EUV/EGV, Art. 308 EG, Rdnr. 10

[122] Ganz h. M., vgl. *Lenz*, in Lenz, EG-Vertrag Kommentar, Art. 13 EG, Rdnr. 13; *Geiger*, EUV/EGV, Art. 13 EG, Rdnr. 7; *Zuleeg*, in: Bekämpfung der Diskriminierungen, S. 104, 105; *Epiney*, in: Calliess/Ruffert, Kommentar EUV/EGV, Art. 13 EG, Rdnr. 4; *Holoubek*, in: Schwarze, EU-Kommentar, Art. 13 EG, Rdnr. 4

[123] Diesbezüglich ist wegen Art. 3 Abs. 2 EG nicht davon auszugehen, dass Art. 13 EG seinerseits eine abschließende Regelung zu bekämpfender Diskriminierungsformen bilden soll.

[124] Dazu bereits oben Teil 1, A. I. e)

Antidiskriminierungsmaßnahmen im Regelungsbereich des Art. 13 EG und entsprechendem synonymen Normzweck, sondern dient ausschließlich dem neutralisierten Harmonisierungsbedürfnis der Gemeinschaft auf den verschiedensten Sachgebieten, wobei allerdings die Belange behinderter Menschen zu berücksichtigen sind.[125] Insofern stellt die Norm wegen der geringen rechtlichen Wirkung der Erklärung[126] keine *„besondere Bestimmung“* dar, welche als Spezialvorschrift die Kraft besäße, im Falle der (Mit-) Regelung eines Behindertensachverhaltes Art. 13 EG zu verdrängen.
Die Erklärung Nr. 22 ihrerseits ist keine Rechtsgrundlage zum Erlass von Antidiskriminierungsmaßnahmen und umfasst allenfalls eine den Art. 13 EG *unterstützende*, nicht jedoch eine ihn verdrängende Wirkung.[127]

(e) Art. 12 EG

Grundsätzlich haben Art. 12 EG, einschließlich der für ihn besondere Bestimmungen darstellenden Grundfreiheiten, und Art. 13 EG und auf seiner Grundlage erlassene Maßnahmen von vornherein *getrennte* Anwendungsbereiche, die sich nicht überschneiden.[128] Auch ist Diskriminierung aus Gründen der Staatsangehörigkeit von derjenigen der ethnischen Herkunft strikt zu unterscheiden, da erstere auf eine formale Rechtsposition, letztere auf die kraft Abstammung immanente Volkszugehörigkeit abstellt, wenngleich beides oftmals in einem Abhängigkeitsverhältnis stehen wird. In Grenzfällen könnte sich aufgrund des Verwandtschaftsverhältnisses zwischen beiden Normen u. U. eine *parallele* und sich ergänzende Anwendung beider Bestimmungen anbieten, soweit Spezialvorschriften nicht vorhanden sind.[129]

c) Ergebnis zu 1.

Im Ergebnis ist damit festzuhalten, dass Art. 13 EG im Rahmen der Normkonkurrenz ein mit der anerkannten Rechtslage bei Art. 12 EG durchaus vergleichbares Verhältnis beansprucht und nur gegenüber

---

[125] Vgl. *Bergmann*, in: Bergmann/Lenz, Der Amsterdamer Vertrag, S. 38
[126] Vgl. *Becker*, in: Schwarze, EU-Kommentar, Art. 311 EG, Rdnr. 9; *Geiger*, EUV/EGV, Art. 311 EG, Rdnr. 4
[127] Vgl. *Zuleeg*, in: Bekämpfung der Diskriminierungen, S. 104, 106
[128] Vgl. *Zuleeg*, in: Bekämpfung der Diskriminierungen, S. 104, 105; *Lenz*, in Lenz, EG-Vertrag Kommentar, Art. 13 EG, Rdnr. 17
[129] Anders jedoch *Lenz*, in: Lenz, EG-Vertrag Kommentar, Art. 13 EG, Rdnr. 17, der Art. 12 EG insoweit stets den Vorrang einräumen will

„besonderen Bestimmungen", die diskriminierungsspezifische Spezialregelungen enthalten, lediglich subsidiäre Rechtswirkungen, bei Weiterbestand als Auslegungsmaxime, entfaltet. Mit diesen Einschränkungen kann der herrschenden Meinung gefolgt werden. Als „besondere Bestimmung" existiert dabei aktuell nur Art. 141 Abs. 3 EG. Alle übrigen Bestimmungen des EGV haben somit keinen Einfluss auf den Anwendungsbereich des Art. 13 EG.

2. *„im Rahmen der durch den Vertrag auf die Gemeinschaft übertragenen Zuständigkeiten"*

Die dem Rat durch Art. 13 EG verliehene Befugnis zur Diskriminierungsbekämpfung besteht *„im Rahmen der durch den Vertrag auf die Gemeinschaft übertragenen Zuständigkeiten.*" Dieser Teilsatz nimmt auf die Regelungskompetenzreichweite der allgemeinen Antidiskriminierungsvorschrift Bezug und bestimmt damit das nach der Normkonkurrenz zweite Element des sachlichen Anwendungsbereichs von Art. 13 EG.

a) Meinungsstand

Ähnlich wie im Falle des Verhältnisses der Norm zu den sonstigen Vertragsbestimmungen hat das bisherige Schrifttum zu der Problematik eingehend Stellung bezogen und die nachfolgenden Lösungsansätze entwickelt, die von einer *kompetenzerweiternden* oder von einer lediglich *vertragsbezogenen* Anwendbarkeit der Bestimmung ausgehen.

aa) Nach *Chopin/Niessen*[130] beinhaltet Art. 13 EG eine *Kompetenzerweiterung* zu Gunsten der Gemeinschaft um das Sachgebiet „allgemeine Diskriminierungsbekämpfung", die unabhängig vom bisherigen Geltungsbereich des EGV Anwendung beansprucht:[131] *„In amending the Treaty to provide a power to take appropriate action to combat racial and religous discrimination, the member states have provided a new power to the Community to combat racial and religous discrimination, and thereby widening the scope of the Treaty to include action in this field. Such action is not limited to the 'scope' of the Treaty*

---

130 Vgl. *Chopin/Niessen* („Starting-Line-Group"), Proposals for Legislative Measures to Combat Racism and to Promote Equal Rights in the European Union, S. 21 f.

131 Ähnlich wohl auch *Allen*, in: Bekämpfung der Diskriminierungen, S. 77, 80, der anführt, dass sich Art. 13 EG eng an internationale Menschrechtsnormen anlehnt (Art. 14 EMRK; Art. 26 IPBPR) und der Anwendungsbereich letztlich durch einstimmigen Ratsbeschluss festgesetzt würde.

as applicable before the amendment, as the introduction of the provision itself has the effect of extending that scope to the new field of combating discrimination."[132] Gestützt wird diese Sichtweise insbesondere auf einen Vergleich mit Art. 308 EG und Art. 12 EG in ihren englischen Versionen und die vergleichende Auslegung der in diesen Vorschriften enthaltenen Begriffe „*power*" und „*scope*".

Nach dieser Ansicht würde Art. 13 EG künftig Maßnahmen in jedwedem denkbaren Anwendungsbereich und losgelöst vom bisherigen Regelungskreis des EGV gestatten.

bb) Die inzwischen *herrschende Meinung*[133] interpretiert Art. 13 EG dagegen übereinstimmend als lediglich in solchen Bereichen anwendbar, in denen die Gemeinschaft aufgrund des Vertrages (zumindest auch) zuständig ist. Die Möglichkeit, dass die Vorschrift eine eigenständige Kompetenz-*erweiterung* zu Gunsten der Gemeinschaft bewirkt und damit eine unabhängige Befugnis zur Bekämpfung der aufgeführten Diskriminierungsformen enthält, wird insoweit einhellig abgelehnt. Zur Begründung wird insbesondere der Wortlaut der Bestimmung sowie abermals eine vergleichende Analyse des Diskriminierungsverbots gem. Art. 12 EG herangezogen. Im Rahmen dieser vertragsbezogenen Auslegung ist allerdings umstritten, wie *weit* der potentielle Wirkungskreis von Art. 13 EG *innerhalb* des EGV im Einzelfall zu ziehen ist:

(1) Nach *Holoubek*[134] ist Art. 13 EG im Vergleich zu Art. 12 EG, der lediglich einen Zusammenhang mit einer gemeinschaftsrechtlich geregelten Situation erfordere, *zuständigkeitsbegrenzend* auszulegen und nur dort anwendbar, wo die Gemeinschaft *tatsächlich* über (echte) *Rechtssetzungsbefugnisse* verfügt.[135] Nur in den Bereichen, wo die Gemeinschaft zur Regelung des jeweiligen Sachgebiets (zumindest auch) selbst zuständig sei, könne der Rat (gestützt auf

---

[132] *Chopin/Niessen*, Proposals for Legislative Measures to Combat Racism and to Promote Equal Rights in the European Union, S. 21

[133] Vgl. *Bergmann*, in: Bergmann/Lenz, Der Amsterdamer Vertrag, S. 37 f.; *Thun-Hohenstein*, Der Vertrag von Amsterdam, S. 25 f.; *Flynn*, CMLRev 1999, S. 1126, 1134 f.; *Bell*, MJ 1999, S. 5, 9 ff.; *Holoubek*, in: Schwarze, EU-Kommentar, Art. 13 EG, Rdnr. 6; *Jochum*, ZRP 1999, S. 279, 280; *Robbers*, KuR 1999, S. 87, 90; *Epiney*, in: Calliess/Ruffert, Kommentar EUV/EGV, Art. 13 EG, Rdnr. 5; *Lenz*, in: Lenz, EG-Vertrag Kommentar, Art. 13 EG, Rdnr. 25; *Whittle*, ELRev 1998, S. 53; *Zuleeg*, in: Bekämpfung der Diskriminierungen, S. 104, 105

[134] Vgl. *Holoubek*, in: Schwarze, EU-Kommentar, Art. 13 EG, Rdnr. 5 f.

[135] So wohl auch *Zuleeg*, in: Bekämpfung der Diskriminierungen, S. 104, 105: „*Es muss .... eine Ermächtigungsgrundlage im Vertrag vorhanden sein, die für ein bestimmtes Sachgebiet gilt.*"

Art. 13 EG) auch entsprechende Vorkehrungen zur Bekämpfung von Diskriminierungen treffen.[136] Eine eigenständige Bedeutung von Art. 13 EG sei bei dieser einschränkenden Sichtweise deshalb nicht obsolet, da aufgrund anderer Ermächtigungsgrundlagen gerade umstritten sein könne, ob sie auch zu Antidiskriminierungsmaßnahmen ermächtigen.[137]

(2) Wohl *überwiegend*[138] wird jedoch Formulierung und systematische Stellung der Vorschrift als Hinweis auf den bereits im Wortlaut des Art. 12 EG enthaltenen *„Anwendungsbereich des Vertrags"* verstanden. Insofern komme die *weite Auslegung* des Zuständigkeitsbereichs der Gemeinschaft nach den vom EuGH entwickelten Grundsätzen zu Art. 12 EG in Betracht und ermögliche eine innerhalb des Vertrags entsprechend weitreichende Antidiskriminierungsbefugnis im Rahmen der aufgeführten Diskriminierungskriterien. Insbesondere müsse eine EG-Zuständigkeit nicht zeitlich vorab ausgeübt worden sein, bevor Maßnahmen zur Bekämpfung von Diskriminierungen zulässig seien.

b) Stellungnahme – Juristische Analyse der Regelung

Der durch Art. 13 EG letztlich abgedeckte – kompetenzerweiternde oder vertragsbezogene – Anwendungsbereich kann wiederum nur durch eine kumulative Analyse von Wortlaut, Entstehungsgeschichte, Systematik sowie Sinn und Zweck der Bestimmung nach den anerkannten Grundsätzen des EuGH ermittelt werden.[139]

---

[136] Diese Unterscheidung habe insbesondere Auswirkungen auf den Erlass von Rechtsakten im Bereich mitgliedstaatlicher Zuständigkeiten, die Auswirkungen auf Sachverhalte im Regelungsbereich der Gemeinschaft haben. Daher bestehe gem. Art. 13 EG beispielsweise keine Zuständigkeit, in diesem Bereich allgemeine verfahrensrechtliche oder organisatorische Vorschriften zu erlassen. Allein die Tatsache, dass das Gemeinschaftsrecht auf das mitgliedstaatliche Verfahrensrecht in vielfältiger Weise einwirke, reiche insofern nicht aus; vgl. *Holoubek*, in: Schwarze, EU-Kommentar, Art. 13 EG, Rdnr. 5.

[137] Vgl. *Holoubek*, in: Schwarze, EU-Kommentar, Art. 13 EG, Rdnr. 5

[138] Vgl. insbesondere *Bergmann*, in: Bergmann/Lenz, Der Amsterdamer Vertrag, S. 37 f.; *Thun-Hohenstein*, Der Vertrag von Amsterdam, S. 25 f.; *Okresek*, in: Bekämpfung der Diskriminierungen, S. 96; wohl auch *Heinig*, in: Haratsch u.a., Religion und Weltanschauung im säkularen Staat, S. 215, 217 ff., der von einer geschriebenen Annexkompetenz spricht

[139] Dazu vgl. bereits Teil 1, B. 1. b) m. w. N.

aa) Wortlautanalyse

Ansatzpunkt für das Verständnis der Textpassage ist wiederum die Erforschung der gemeinschaftsrechtlichen Wortbedeutung nach verschiedenen Amtssprachen der Gemeinschaft, aus denen – soweit möglich – der wirkliche Wille der Mitgliedstaaten als Normurheber herauszukristallisieren ist.[140]

(1) Deutsche Sprachfassung

Nach deutschem Wortlaut ist der Rat berechtigt, „*im Rahmen der durch den Vertrag auf die Gemeinschaft übertragenen Zuständigkeiten*" zu agieren.

(a) Angesichts der unmissverständlichen Festlegung, dass Maßnahmen nur im Bereich (= „*im Rahmen*") der mittels des EGV (= „*durch den Vertrag*") durch die Mitgliedstaaten der Gemeinschaft zugewiesenen (= „*übertragenen*") Zuständigkeiten statthaft sind, kann zunächst *kein* Wille der Vertragsparteien zur Etablierung einer neuen Gemeinschaftskompetenz auf dem Gebiet der allgemeinen Diskriminierungsbekämpfung entnommen werden. Der deutsche Wortlaut lässt insoweit klar und deutlich nur eine Anwendbarkeit der Bestimmung *innerhalb* der bereits bestehenden bzw. künftigen Gemeinschaftskompetenzen im Rahmen des EGV zu.

(b) Problematisch ist allerdings, welche Bedeutung dem Begriff „*Zuständigkeiten*" beizumessen ist.

„Zuständigkeit" ist die Berechtigung und Verpflichtung zur Wahrnehmung einer Aufgabe.[141] Synonym werden in diesem Zusammenhang auch die Begriffe „*Befugnis, Geschäftsbereich, Kompetenz* oder *Ressort*" gebraucht.[142] Der Begriff könnte zum einen restriktiv im Sinne einer Fixierung des Art. 13 EG auf echte Vertragskompetenzen verstanden werden, was zu einer maßgeblichen Einschränkung des Anwendungsbereichs der Bestimmung führen würde. Mangels näherer Erläuterungen oder sonstiger Anhaltspunkte im Wortlaut ist „Zuständigkeit" aber demgegenüber und entgegen der Ansicht von Holoubek auch als neutraler Oberbegriff auslegbar, der sowohl im institutionellen, als auch im

---

[140] Vgl. *Oppermann*, Europarecht, Rdnr. 683

[141] *Köbler/Pohl*, Deutsch-Deutsches Rechtswörterbuch, Stichwort: „Zuständigkeit"

[142] *Duden*, Das große Wörterbuch der deutschen Sprache, Bd. 8, Stichwort: „Zuständigkeit"; *Brockhaus Wahrig*, Deutsches Wörterbuch, Bd. 6, Stichwort: „Zuständigkeit"

materiellen Sinne gebräuchlich und in seiner tatsächlichen Reichweite ein übertragenes „Ganzes" meint.

(2) Englische (Original-)Sprachfassung

Der englische Vertragstext wählt in dem vorbezeichneten Zusammenhang die Formulierung:

„...*within the limits of the powers conferred by* [this Treaty] *upon the community*..."

Schlüsselwort bildet hierbei der Begriff „*powers*", der anstatt des eigentlich für Zuständigkeit stehenden Begriffs „*competence*"[143] verwendet wurde. Ersterer ist jedoch tendenziell weiterreichender als letzterer, da er, neben der gemeinsamen Bedeutung „*legal capacity*"[144], auch als „*Machtbefugnis, Ermächtigung*"[145] bzw. „*Ability to act or affect strongly*" interpretierbar ist.[146]
Die englische Version des Art. 13 EG spricht daher eher für eine *weitreichende* Anwendbarkeit der Bestimmung. Für die von *Chopin/Niessen* vertretene Kompetenz*erweiterung* gibt der englische Wortlaut allerdings in Anbetracht der Formulierung „...*within the limits*..." gleichfalls keinerlei Anhaltspunkte.

(3) Andere Sprachfassungen

Die englische Version steht jedoch in diesem Zusammenhang allein auf weiter Flur, da auch weitere Sprachfassungen (französisch, italienisch, spanisch) des EGV abermals den bereits in der deutschen Sprachfassung verwendeten Begriff „Zuständigkeit" gebrauchen.
Im Ergebnis betrachtet ist damit einerseits die These der Kompetenzerweiterung mittels Art. 13 EG anhand seines Wortlauts nicht nachvollziehbar sowie andererseits die konkrete Reichweite innerhalb des EGV hiernach nicht mit Sicherheit bestimmbar, wobei allerdings die englische Sprachfassung auf eine eher extensive Auslegbarkeit des Begriffs „Zuständigkeit" hindeutet.

---

143 *Von Beseler/Jacobs-Wüstefeld*, Law Dictionary, English-German, Stichwort: „competence"

144 *Simpson/Weiner*, The Oxford English Dictionary, Bd. 12, Stichwort: „power" und Bd. 4, Stichwort: „competence"

145 *Von Beseler/Jacobs-Wüstenfeld*, Law Dictionary, English-German, Stichwort: „power"

146 *Simpson/Weiner*, The Oxford English Dictionary, Bd. 12, Stichwort: „*power*"

bb) Entstehungsgeschichte des Art. 13 EG

Hinsichtlich der Entstehungsgeschichte der Norm gilt zunächst im Wesentlichen das bereits zum Verhältnis von Art. 13 EG zu den anderen Vertragsbestimmungen Gesagte entsprechend.[147] Auch im Falle der Reichweite der Regelungskompetenz des Rates wurde die an die Formulierung von Art. 12 EG angelehnte englische Entwurfsfassung von

„Within the scope of application of this Treaty...“

in die vorbezeichnete Endformulierung des Art. 13 EG abgeändert und in dieser Form in den Amsterdamer Vertrag aufgenommen. Diese Änderung der Schlüsselbegriffe „Anwendungsbereich“ bzw. „scope“ in „Zuständigkeiten“ bzw. „powers“ könnte als Wille der Vertragsparteien verstanden werden, Art. 13 EG eine vom Umfang der Referenzvorschrift des Art. 12 EG zu differenzierende (extensivere oder restriktivere) Anwendbarkeit zu verleihen. Der direkte Vergleich beider Begriffe lässt nach deutscher Sprachfassung den Schluss zu, dass insoweit Art. 13 EG ein *engerer* Sinngehalt verliehen werden sollte.[148] Die englische Sprachfassung spricht hingegen für eine *extensivere* Auslegung. Ob und inwieweit mithin Abweichungen der Anwendungsbereiche beider Bestimmungen tatsächlich durchdringen, können wiederum nur systematische und teleologische Argumente zeigen.

cc) Systematische Argumente

Aufgrund der immanenten Ambivalenz der vorausgegangenen Auslegungsmethoden ist im Folgenden die Reichweite der Bestimmung aus dem Zusammenhang des Vertrags unter der Berücksichtigung der „économie générale“[149] sowie einer Analyse vergleichbarer Bestimmungen zu ermitteln.

(1) Stellung im EGV

Wie bereits oben angesprochen, kommt Art. 13 EG aufgrund seiner Vertragsstellung eine grundsätzliche Bedeutung innerhalb des Gemeinschaftsrechts zu, die ihm – im Verbund mit Art. 3 Abs. 2 EG – eine die übrigen Vertragsbestimmungen prägende, möglichst

[147] Vgl. Teil 1, B. I. 1. b) bb)
[148] So auch *Heinig*, in: Haratsch u.a., Religion und Weltanschauung im säkularen Staat, S. 215, 221 f.
[149] Vgl. *Bleckmann*, Europarecht, Rdnr. 542

umfassend zu berücksichtigende Stellung verleiht.[150] Als insoweit neu in das Kapitel „Grundsätze" eingefügtem Fundamentalprinzip der Gemeinschaft kann der Bestimmung kraft dieser Vertragsstellung zumindest die Intention entnommen werden, eine möglichst weiträumige Anwendbarkeit *innerhalb* des EGV sicherstellen zu wollen. Infolgedessen spricht die Verortung von Art. 13 EG *gegen* eine restriktive Auslegung des Begriffs „Zuständigkeiten".

Darüber hinaus ist es in systematischer Hinsicht nicht offensichtlich ausgeschlossen, dass aufgrund der Vertragsstellung die Gemeinschaftskompetenzen auf den Zuständigkeitsbereich „Diskriminierungsbekämpfung" ausgedehnt werden sollten.[151] Hierfür könnte man die benachbarte Vorschrift des Art. 14 EG argumentativ heranziehen, welcher der Gemeinschaft Kompetenzen zur schrittweisen Verwirklichung des Binnenmarktes verleiht.[152]
Gegen eine kompetenzerweiternde Funktion lässt sich allerdings die bereits mehrfach angesprochene und gleichfalls benachbarte Norm des Art. 12 EG anführen, die trotz entsprechender Vertragsstellung und Bedeutung als „Leitmotiv"[153] oder „Magna Charta"[154] des EGV ausdrücklich im „Anwendungsbereich des Vertrags" gilt, nicht aber neue, allgemeine Vertragskompetenzen im Bereich der Diskriminierungsbekämpfung beinhaltet. In Anbetracht der inhaltlichen Nähe von Art. 12 EG und Art. 13 EG sowie der historisch-genetischen Entwicklung letzterer Bestimmung aus Art. 12 EG

---

[150] Vgl. Teil 1, B. 1. b) cc) (1)

[151] In seinem Gutachten 2/94 vom 28. 3. 1996, Slg. 1996, I-1763, Rdnr. 23 ff. zur Möglichkeit eines Beitritts der Gemeinschaft zur EMRK hat der EuGH festgestellt, dass die „...*Änderung des Systems der Menschenrechte in der Gemeinschaft, die grundlegende institutionelle Auswirkungen sowohl auf die Gemeinschaft als auch die Mitgliedstaaten hätte, wäre von verfassungsrechtlicher Dimension und ginge daher ihrem Wesen nach über die Grenzen des Art. 235* [=Art. 308 neu] *hinaus. Sie kann nur im Wege einer Vertragsänderung vorgenommen werden.*"
Art. 13 EG stellt seinerseits eine solche, kurz darauf vorgenommene Vertragsänderung im Grund- und Menschenrechtsbereich dar. Isoliert betrachtet, könnte dieser Sachverhalt für einen Kompetenz-schöpfungswillen der Mitgliedstaaten sprechen, um die vom Gerichtshof bis dato noch verneinten Zuständigkeiten zur Stärkung der Menschenrechte wenigstens teilweise zu schaffen; vgl. auch *Flynn*, CMLRev 1999, S. 1126, 1135.

[152] Hierzu auch *Bell*, MJ 1999, S. 5, 10 (Fn. 23), der allerdings auch das Gegenargument anführt, dass Art. 14 EG durch zahlreiche, detailliertere Bestimmungen im EGV ergänzt wird.

[153] Vgl. *Epiney*, in: Calliess/Ruffert, Kommentar EUV/EGV, Art. 12 EG, Rdnr. 1; *Holoubek*, in: Schwarze, EU-Kommentar, Art. 12 EG, Rdnr. 4; *v. Bogdandy*, in: Grabitz/Hilf, Das Recht der Europäischen Union, Art. 6 EGV, Rdnr. 1

[154] *Ipsen*, Europäisches Gemeinschaftsrecht, Rdnr. 592

dürfte das durchsetzungsfähigere Argument *gegen* eine kompetenzerweiternde Funktion des Art. 13 EG sprechen.

(2) Vergleich mit anderen Vertragsbestimmungen

Der maßgebliche Anwendungsbereich von Art. 13 EG könnte sich wiederum aufgrund eines systematischen Vergleichs mit anderen Vertragsbestimmungen ergeben, wobei unter Berücksichtigung des Harmonisierungsgedankens[155] eine möglichst symmetrische Lösung für Art. 13 EG zu finden ist.

(a) Systematische Argumente gegen eine kompetenzerweiternde Wirkung

(aa) Art. 308 EG

Chopin/Niessen ziehen maßgeblich Art. 308 EG zur Begründung ihrer extensiven, die Gemeinschaftskompetenzen erweiternden Auslegung des Art. 13 EG heran.[156] Dabei wird auf den englischen Wortlaut der Norm Bezug genommen, wonach die Gemeinschaft rechtssetzend tätig werden kann, um die Vertragsziele zu verwirklichen, wenn der Vertrag *„...has not provided the necessary powers....“* Aufgrund der insofern identischen Wortwahl zwischen beiden Vorschriften schließen *Chopin/Niessen*, dass mit Inkludierung des Art. 13 EG eine solche Ermächtigung (= „power“) in diesem Sinne von den Mitgliedstaaten bereitgestellt wurde, um künftig Antidiskriminierungsmaßnahmen in jedem möglichen Bereich, auch außerhalb des bisherigen EGV, zu gestatten. Andernfalls hätte eine Begrenzung von Art. 13 EG durch den Begriff *„scope“*[157] erfolgen müssen.[158]
Diese Argumentationsweise ist abzulehnen. Zwar ist es richtig, dass der Begriff *„power“* tendenziell weiter auslegbar ist als die Begriffe *„scope“* oder *„competence“*.[159] Ein alleiniges Abstellen auf die Einzelwortwahl geht jedoch fehl und missachtet, dass der maßgebliche Wortsinn eines Begriffs gerade aus seinem

---

[155] Vgl. *Bleckmann*, Europarecht, Rdnr. 542, wonach aufgrund des inneren Zusammenhangs der Vertragsbestimmungen diese so auszulegen sind, dass sie miteinander harmonieren.
[156] *Chopin/Niessen* („Starting-Line-Group“), Proposals for Legislative Measures to Combat Racism and to Promote Equal Rights in the European Union, S. 21
[157] „Scope“ = Anwendungsbereich, Rahmen; vgl. *von Beseler/Jacobs-Wüstefeld*, Law Dictionary, English-German, Stichwort: „scope“
[158] Vgl. den engl. Wortlaut von Art. 12 EG
[159] Vgl. *Bell*, MJ 1999, S. 5, 10 ff.

unmittelbaren Zusammenhang des Satzes zu ermitteln ist.[160] Insoweit ist jedoch klar formuliert, dass Maßnahmen des Rates nur „...*within the limits of the powers*..." des EGV stehen dürfen. Sind die Befugnisse gem. Art. 13 EG jedoch von vornherein derartig in den Vertrag eingebunden und begrenzt, kann die Norm nicht gleichzeitig selbst eine Kompetenzerweiterung bewirken. Andernfalls wäre der einschränkende Verweis schlicht sinnlos. Die anderen Sprachfassungen des EGV geben aufgrund anderer Wortwahl hierfür ohnehin nichts her.

(bb) Art. 5 EG

Die Formulierung von Art. 13 EG kann auch nicht lediglich als Hinweis auf die Beachtung der allgemeinen (Vertrags-)Grenzen des Subsidiaritätsprinzips oder des Grundsatzes der Verhältnismäßigkeit gem. Art. 5 EG gedeutet werden.[161] Diese Grenzen sind innerhalb des EGV bei jeder Rechtsanwendung zu beachten und bedürfen keiner gesonderten Erwähnung, was im Vertrag dementsprechend auch an keiner Stelle extra praktiziert wird.[162] Weiterhin findet auch dieser Gedanke keine Anhaltspunkte in den nichtenglischen Sprachfassungen des Vertrags.[163]

Die Ansicht von *Chopin/Niessen* findet demzufolge auch in systematischer Hinsicht keine Stütze im EGV.

(b) Systematische Argumente für einen vertragsbezogenen Anwendungsbereich

Fraglich ist, ob auch für Art. 13 EG eine Geltung im „Anwendungsbereich des Vertrags" in Betracht kommt oder ob sein Geltungsbereich auf „echte Ermächtigungsgrundlagen" des EGV zu reduzieren ist. Aufgrund des inhaltlichen, räumlichen und historisch-genetischen Verwandtschaftsverhältnisses zu Art. 12 EG liegt wie schon bei der Frage der Normkonkurrenz eine entsprechende Koordination der Anwendungsbereiche beider Bestimmungen nahe.

---

[160] Vgl. *Oppermann*, Europarecht, Rdnr. 682

[161] Diese Möglichkeit denkt *Flynn*, CMLRev 1999, S. 1126, 1135 wegen der gleichen Wortwahl „powers" an.

[162] So zurecht *Flynn*, CMLRev 1999, S. 1126, 1135

[163] Die deutsche Formulierung spricht beispielsweise von „*zugewiesenen Befugnissen*" (Art. 5 Abs. 1 EG).

(aa) Anwendungsbereich des Art. 12 EG

Art. 12 EG nutzt einen von Art. 13 EG zunächst abweichenden Wortlaut und bezieht sich auf den *„Anwendungsbereich des Vertrags“*. Der EuGH sowie zahlreiche Autoren im Schrifttum haben diesen Bereich seit jeher *weit* ausgelegt. Danach ist der Anwendungsbereich des EGV bereits dann eröffnet, wenn eine *„gemeinschaftsrechtlich geregelte Situation“*[164] vorliegt bzw. ein Sachverhalt, auch wenn er nicht zu den Materien gehört, die der Vertrag der (echten) Zuständigkeit der Gemeinschaftsorgane unterworfen hat, *„nicht außerhalb des Gemeinschaftsrechts“*[165] liegt.[166] Das Diskriminierungsverbot gilt damit auch in den Bereichen, die rechtlich durch den EGV nur *ganz punktuell geregelt* sind.[167] In diesem Sinne hat der EuGH auch mitgliedstaatliche Vorschriften, die sich nicht unmittelbar auf die Ausübung von Grundfreiheiten bezogen, aber *mittelbar* zu einer Beschränkung der Ausübung der Grundfreiheiten führen können, an Art. 12 EG im Sinne einer *akzessorischen Freiheitsssicherung* gemessen.[168] Ungeklärt und umstritten[169] ist im Schrifttum, inwieweit die Rechtsangleichungsvorschriften der Art. 94 und Art. 95 EG geeignet sind, den Anwendungsbereich des EGV zu bestimmen.

---

[164] EuGH Rs. 186/87 vom 2. 2. 1989; Slg. 1989, 195, 219, Rdnr. 10 (Cowan ./. Trésor public)

[165] EuGH Rs. 293/83 vom 13. 2. 1985; Slg. 1985, 593, 612, Rdnr. 19 (Gravier ./. Stadt Lüttich)

[166] So hat der EuGH beispielsweise entschieden, dass sich eine nationale Verfahrensvorschrift, die bei einer Klage die Leistung einer Prozesskostensicherheit vorschreibt, - wenn auch nur mittelbar – auf den innergemeinschaftlichen Austausch von Waren und Dienstleistungen auswirken kann, sodass sie in den Anwendungsbereich des EGV fällt (EuGH Rs. C-122/96 vom 2. 10. 1997; Slg. 1997, I-5325, 5343 f., Rdnr. 20 (Saldanha ./. Hirros Holding AG)). Der Zugang zur Berufsausbildung fällt in den Anwendungsbereich des Vertrags, da er geeignet ist, die Freizügigkeit innerhalb der gesamten Gemeinschaft zu fördern (EuGH Rs. 293/83 vom 13. 2. 1985; Slg. 1985, 593, 613, Rdnr. 24 (Gravier ./. Stadt Lüttich)). Ferner ist es zwingende Folge der Freizügigkeit bzw. Dienstleistungsfreiheit, dass aus der Staatskasse eines Mitgliedstaats finanzierte Entschädigungen für Gewalttaten auch an Angehörige anderer Mitgliedstaaten zu zahlen sind, da Leib und Leben in allen Mitgliedstaaten in gleicher Weise geschützt sind (EuGH Rs. 186/87 vom 2. 2. 1989; Slg. 1989, 195, 219, Rdnr. 17 (Cowan ./. Trésor public)). Gewerbliche Schutzrechte, obwohl sie in den nationalen Rechtsvorschriften geregelt sind, fallen in den Anwendungsbereich des Vertrags, da sie den Austausch von Gütern und Dienstleistungen sowie die Wettbewerbsverhältnisse innerhalb der Gemeinschaft berühren (EuGH verb. Rs. C-92/92 und C-326/92 vom 20. 10. 1993, Slg. I-5145, 5179, Rdnr. 22 (Phil Collins u. a.)).

[167] *Bleckmann*, Europarecht, Rdnr. 1765; *Zuleeg*, in: G/T/E, Handbuch des Europäischen Rechts, Art. 6 EGV, Rdnr. 12

[168] Vgl. *Holoubek*, in: Schwarze, EU-Kommentar, Art. 12 EG, Rdnr. 29 m. w. N.

[169] Zum Meinungsstand vgl. *Epiney*, in: Calliess/Ruffert, Kommentar EUV/EGV, Art. 12 EG, Rdnr. 21 m. w. N.

Während teilweise Art. 94 EG als *Einfallstor für einen fast grenzenlosen Anwendungsbereich des Art 12 EG* bezeichnet wird,[170] führen nach anderer Ansicht weit gefasste Ermächtigungsnormen wie Art. 94 und 95 EG die Geltung des Diskriminierungsverbots *ohne einen darauf gestützten Rechtsakt* nicht herbei.[171]
Ungeachtet dieser hier nicht zu diskutierenden Meinungsverschiedenheiten kann aufgrund der heutigen, auf nahezu alle Lebensbereiche abzielenden Abdeckung des EGV die Reichweite des Kriteriums „Anwendungsbereich des Vertrags" wohl als umfassend bezeichnet werden. Konsequenterweise ist deshalb der Anwendungsbereich nach jetzigem Integrationsstand nur in den Fällen nicht eröffnet, wenn keine gemeinschaftsrechtlichen Berührungspunkte vorhanden sind (z. B. bei rein mitgliedstaatlichen Sachverhalten).[172]

(bb) Systematische Koordinierung der Anwendungsbereiche zwischen Art. 12 EG und Art. 13 EG

(α) *Art. 3 Abs. 2 EG*

Argumentativ für einen der Sichtweise bei Art. 12 angenäherten, vertragsbezogenen Anwendungsbereich spricht wiederum deutlich die bereits im Rahmen der Normkonkurrenz angesprochene Querschnittsbestimmung des Art. 3 Abs. 2 EG, wonach bei der Verfolgung der konkreten Gemeinschaftsaufgaben gem. Art. 3 Abs. 1 EG (i. V. m. Art. 2 EG) auf die *„Beseitigung von Ungleichheiten hinzuwirken"* und darüber hinaus die Gleichstellung von Männern und Frauen zu fördern ist. Die effektive Umsetzungsnorm zur Erreichung dieses Ziels im Rahmen der katalogisierten Gemeinschaftsaufgaben stellt insbesondere Art. 13 EG dar, der konkrete gemeinschaftliche Gleichbehandlungsmaßnahmen ermöglicht und zeitgleich mit der Querschnittsbestimmung in den EGV Einzug fand. Insoweit drängt sich eine Parallele zur aus dem deutschen Sicherheitsrecht bekannten Zweiteilung von Aufgabe und Befugnis auf, im Rahmen derer Art. 3 Abs. 2 EG Gemeinschaftsaufgabe und Handlungsziel bereitstellt und Art. 13 EG die

---

[170] *Bleckmann*, Europarecht, Rdnr. 1766, wonach statt Anwendungsbereich zu lesen ist: *„Soweit sich Maßnahmen auf die Errichtung oder das Funktionieren des Gemeinsamen Marktes unmittelbar auswirken, dürfen sie hinsichtlich der Staatsangehörigkeit nicht diskriminieren."*

[171] *Zuleeg*, in: G/T/E, Handbuch des Europäischen Rechts, Art. 6 EGV, Rdnr. 13

[172] Vgl. *Holoubek*, in: Schwarze, EU-Kommentar, Art. 12 EG, Rdnr. 31 m. w. N.

zur Umsetzung erforderliche Befugnisnorm hinzufügt. Aufgrund der umfassenden Ausgestaltung der Gemeinschaftsaufgaben, bei denen insgesamt Antidiskriminierungsaspekte verstärkt berücksichtigt werden sollen, ist eine restriktive, nicht mit der Aufgabeneröffnung gleichlaufende Beurteilung von Art. 13 EG widersprüchlich und kaum sachlich darstellbar. Die „Befugnis" zur allgemeinen Antidiskriminierung kann Aufgabe und Intention nur dann gerecht werden, wenn der gesamte Anwendungsbereich des EGV eröffnet wird. Für diese Sichtweise spricht überdies auch das Einstimmigkeitserfordernis als hohe formelle Hürde und Korrektiv einer „Übergleichstellung".

(*β*) *Mittelbare Beschränkung von Grundfreiheiten*

Die weitreichende Rechtsprechung des EuGH zur Sicherung der Grundfreiheiten und des Art. 12 EG kann auch für die Auslegung des Art. 13 EG nutzbar gemacht werden, da die maßgeblichen, für die Norminterpretation entscheidenden Umstände zwischen beiden Bestimmungen durchaus vergleichbar sind. Unterschiedliche Antidiskriminierungsstandards in den Mitgliedstaaten sind geeignet, die Freizügigkeit oder Niederlassungsfreiheit derjenigen Unionsbürger, die potentielle Diskriminierungsopfer nach den Kriterien des Art. 13 EG darstellen, in ähnlicher Weise negativ zu beeinflussen, wie eine Diskriminierung aus Gründen der Staatsangehörigkeit.[173] Ein Homosexueller, der in einem Mitgliedsstaat eine nicht diskriminierte Stellung innehat, wird (faktisch) stets daran gehindert sein, in einen anderen, weniger „fortschrittlichen" Mitgliedstaat der Gemeinschaft zu wechseln, um dort seine Arbeitskraft anzubieten oder sich gewerblich niederzulassen.[174] Insofern ist aber eine vergleichbar schwere (mittelbare) Verletzung von Grundfreiheiten zu bejahen, wie wenn der Umzug bzw. die Niederlassung gleich aufgrund seiner Staatsangehörigkeit be- oder verhindert wäre. Die Faktizität bzw. Subtilität des Eingriffs rechtfertigt insoweit keine unterschiedliche Behandlung, die angesichts der strengen, apodiktischen Rechtsprechung des EuGH im Anwendungsbereich des Art. 13 EG nicht schwächer sanktioniert werden kann, als in demjenigen von Art. 12 EG (wo eine akzessorische Freiheitssicherung des EuGH greifen

[173] Das deutet auch *Bell*, MJ 1999, S. 5, 6 kurz an.

[174] Umgedreht ist ein europaweit umfassendes Antiskriminierungsrecht geeignet, die Freizügigkeit innerhalb der gesamten Gemeinschaft zu fördern. Letzteres hat der EuGH zur Eröffnung des Anwendungsbereichs des Vertrages ausreichen lassen (vgl. EuGH Rs. 293/83 vom 13. 2. 1985; Slg. 1985, 593, 613, Rdnr. 24 (Gravier ./. Stadt Lüttich)).

würde).[175] Der Rat muss deshalb konsequenterweise im Falle des Art. 13 EG die Möglichkeiten haben, im „*Anwendungsbereich des Vertrags*" und nicht lediglich im Bereich „echter" Zuständigkeiten der Gemeinschaft zu agieren.

(γ) *Herstellung von Systemkonformität*

Angesichts der insoweit vergleichbaren Interessenlage zwischen Art. 12 und 13 EG besteht die systematische Notwendigkeit, die Anwendungsbereiche beider Bestimmungen – losgelöst vom noch zu prüfenden Wirkungsgrad – entsprechend zu koordinieren und dadurch ein möglichst gleichförmiges, mit Art. 12 EG abgestimmtes System zum Zwecke des umfassenden Diskriminierungsschutzes auf europarechtlicher Basis zu etablieren:

Art. 12 EG ist danach das allgemeine Diskriminierungsverbot aus Gründen der Staatsangehörigkeit, welches insbesondere von den Grundfreiheiten als besondere Bestimmungen konkretisiert und verstärkt wird[176] und vom Normzweck her gesehen in erster Linie „Leitmotiv" im Hinblick auf die *wirtschaftliche* Zusammenführung der Mitgliedstaaten der Gemeinschaft darstellt.[177]

Der neue Art. 13 EG etabliert seinerseits – auf der Grundlage (künftiger) verfassungsrechtlicher Diskriminierungsverbote[178] – als allgemeine Rechtsgrundlage für Antidiskriminierungsmaßnahmen ein ähnliches System mit bereits bestehenden (Art. 141 EG) bzw. etwaigen künftigen besonderen Bestimmungen, welches einen Beitrag für die Fortentwicklung der *Grund- und Menschenrechte* innerhalb der Gemeinschaft leistet. In Anbetracht der systematischen Gemeinsamkeiten der Bestimmungen und der Entwicklungsrichtung des Gemeinschaftsrechts ist es nicht einsehbar, dass im Bereich der Menschenrechte (die sich auf die wirtschaftliche Harmonisierung mittelbar auswirken) engere Grenzen gezogen werden sollen, als im Bereich der maßgeblich wirtschaftlich motivierten (Gleicheits-) Rechte. Ein anderes Ergebnis ist mit der gerade begonnenen Intensivierung von Grundrechtspositionen innerhalb der Europäischen Union nicht zu vereinbaren.

---

[175] Vgl. *Holoubek*, in: Schwarze, EU-Kommentar, Art. 12 EG, Rdnr. 29 m.w.N.
[176] Dazu ausführlich oben Teil 1, B. 1. b) cc) (2) (a)
[177] Vgl. *v. Bogdandy*, in: Grabitz/Hilf, Das Recht der Europäischen Union, Art. 6 EGV, Rdnr. 1; *Holoubek*, in: Schwarze, EU-Kommentar, Art. 12 EG, Rdnr. 4
[178] Vgl. Art. 21 der Grundrechtscharta, der offensichtlich mit Art. 13 EG korrespondiert.

dd) Teleologische Argumente

Neben der systematischen Auslegung kommt nach ständiger Rechtsprechung des EuGH der Auslegung nach den Vertragszielen die entscheidende Bedeutung zu.[179] Hierbei ist dem Charakter der Verträge als dynamischen „Planverfassungen" Rechnung zu tragen, die globale, zukunftsorientierte Ziele beinhalten und fördern.[180] Im Hinblick auf die Verwirklichung der Vertragsziele kann deshalb nur eine dynamische Auslegung des EGV unter Berücksichtigung des Effektivitätsprinzips sachgerecht sein.[181]

(1) Globalziele der Union

Betrachtet man zunächst die Globalziele der Union, so kann kein Zweifel daran bestehen, dass die „Verwirklichung einer immer engeren Union der Völker Europas" (Art. 1 Abs. 2 EU) und die Stärkung der Rechte und Interessen der Unionsbürger gem. Art. 2, 2. Spglstr. EU[182] nur dann erreicht werden können, wenn man den

---

[179] *Bleckmann*, Europarecht, Rdnr. 547; *Oppermann*, Europarecht, Rdnr. 685

[180] Vgl. *Epiney*, Umgekehrte Diskriminierungen, S. 82

[181] Vgl. *Epiney*, Umgekehrte Diskriminierungen, S. 82; einschränkend jedoch BVerfGE 89, 155, 210, wonach bei einer (dynamischen) Vertragsauslegung im Sinne der größtmöglichen Ausschöpfung der Gemeinschaftsbefugnisse („effet utile") zu beachten ist, „*...dass der Unions-Vertrag grundsätzlich zwischen der Wahrnehmung einer begrenzt eingeräumten Hoheitsbefugnis und der Vertragsänderung unterscheidet, seine Auslegung deshalb in ihrem Ergebnis nicht einer Vertragserweiterung gleichkommen darf; eine solche Auslegung von Befugnisnormen würde für Deutschland keine Bindungswirkung entfalten.*"
Dem ist jedoch zu Recht entgegenzuhalten, dass gerade die Beachtung globaler Vertragsziele, die dieser Grundsatz ermöglicht, entscheidendes Kriterium für die Entwicklung von Union und Gemeinschaft als „dynamische Gebilde" sind. Eine ständige Anpassung der Auslegung an den aktuellen Intergrationsstand ist hierfür unabdingbar. Die Ansicht des BVerfG würde Union und Gemeinschaft zu einem statischen, den Vertragszielen widersprechenden Gebilde verdammen; vgl. dazu *Epiney*, Umgekehrte Diskriminierungen, S. 83.

[182] Die Verknüpfung der Ziele von Union und Gemeinschaft zur Auslegung einer Gemeinschaftsbestimmung ist nicht unproblematisch, da Art. 47 EU zunächst ausdrücklich bestimmt, dass das (supranationale) Gemeinschaftsrecht durch das (intergouvernementale) Unionsrecht unberührt bleibt. Insoweit stellt Art. 47 EU eine Vorrangklausel zu Gunsten des Gemeinschaftsrechts dar, die nur an wenigen, ausdrücklich geregelten Stellen durchbrochen wird (z. B. Art. 6 Abs. 2, 8-10, 46-53 EUV); dazu *Geiger*, EUV/EGV, Art. 47 EU, Rdnr. 1 ff.
Bei der Auslegung des EGV ist jedoch das in Art. 1 Abs. 3 und Art. 3 EU enthaltene *Kohärenz- und Kontinuitätsgebot* zu beachten. Dieses Gebot erfordert die gegenseitige bereichsübergreifende Abstimmung der Entscheidungsträger auf die gemeinsamen Ziele und die widerspruchsfreie Gestaltung ihrer Politiken; vgl. *Geiger*, EUV/EGV, Art. 3 EU, Rdnr. 2. Es wäre danach lebensfremd, wenn die im EUV postulierten Ziele der Union nicht auch bei der Auslegung des Gemeinschaftsrechts Anwendung finden würden, zumal die Union ausdrücklich als *neue Stufe* in dem mit der Gründung der Europäischen Gemeinschaften

noch recht spärlich gesäten grundrechtsrelevanten, über vornehmlich wirtschaftliche Belange hinausgehenden Bestimmungen entsprechende Bedeutung verleiht und sie als notwendige Impulse zur Intensivierung dieses dynamischen Entwicklungsprozesses begreift.[183] Art. 13 EG bietet insofern als Ermächtigungsgrundlage im Teilbereich „Gleichstellung" weitreichende Möglichkeiten zur Harmonisierung bestehender mitgliedstaatlicher Bestimmungen und aktiven Gestaltung eines modernen europäischen Antidiskriminierungsrechts, welches ein wirksames Instrument zur Bekräftigung künftiger verfassungsrechtlich niedergelegter Gleichbehandlungsgebote darstellt. Die Reduzierung von Art. 13 EG auf eine bloße Bekräftigungsfunktion bereits vorhandener Ermächtigungsgrundlagen zur Diskriminierungsbekämpfung wäre in Anbetracht der vorbezeichneten Unionsziele nicht darstellbar und würde den durch die Verträge von Amsterdam und Nizza (noch recht zaghaft) eingeschlagenen Weg verlassen.

(2) Verwirklichung der konkreten Vertragsziele gem. Art. 2 und 3 EG

Bei der teleologischen Auslegung von Einzelbestimmungen des EGV sind insbesondere die Zielvorschriften der Art. 2 und 3 EG als „Grundsatznormen"[184] heranzuziehen.[185] Der Anwendungsbereich der Einzelbestimmungen kann dabei richtigerweise durch die Berücksichtigung der Zielvorschriften im Sinne einer *inhaltlichen Erweiterung* beeinflusst werden, sodass *über* den sich aus Wortlaut, Sinn und Zusammenhang *allein* ergebenden Gehalt der einzelnen Bestimmungen *hinausgegangen* werden kann, *sofern* hierfür ent-

---

eingeleiteten Prozess der europäischen Integration bezeichnet wird (vgl. Präambel, Abs. 1 EU). Demgemäß sind die allgemeinen Ziele des EGV, nämlich die nachhaltige, harmonische und ausgewogene Entwicklung des Wirtschaftslebens sowie die Förderung des wirtschaftlichen und sozialen Zusammenhalts (vgl. Art. 2 EG) durch die Ziele der Union (vgl. Art. 2 EU) zu ergänzen. Dies korrespondiert im übrigen mit der in den EGV eingeführten Unionsbürgerschaft (Ziel des EUV gem. Art. 2, 3. Spiegelstrich EU) und dem erklärten Gemeinschaftsziel, die Grundlagen für einen immer engeren Zusammenschluss der europäischen Völker zu schaffen (Präambel, Abs. 1 EG).

[183] Vgl. *Calliess*, in: Calliess/Ruffert, Kommentar EUV/EGV, Art. 1 EU, Rdnr. 6 ff.

[184] Art. 2 EG ist die Grundnorm des Integrationsprogramms (*Ukrow*, in: Calliess/Ruffert, Kommentar EUV/EGV, Art. 2 EG, Rdnr. 4), während Art. 3 EG eine Ausführungs- und Erläuterungsvorschrift hierzu darstellt (*Ukrow*, in: Calliess/Ruffert, Kommentar EUV/EGV, Art. 3 EG, Rdnr. 1).

[185] Vgl. *Epiney*, Umgekehrte Diskriminierungen, S. 84 ff. m.w.N.

sprechende grammatikalische[186] oder systematische *Anhaltspunkte* bestehen.[187]

Durch Art. 13 EG ermöglichte Antidiskriminierungsmaßnahmen zur Verhinderung von Benachteiligungen bestimmter Personen(-gruppen) sind durchaus eng mit den gem. Art. 2 und 3 EG postulierten Zielen des gemeinsamen Marktes, eines hohen Beschäftigungsniveaus und sozialen Schutzes sowie der Hebung von Lebenshaltung und Lebensqualität verknüpft. Die Gleichstellung von Männern und Frauen ist als weiteres Vertragsziel ausdrücklich aufgeführt, die Gleichstellung aus anderen Gründen lässt sich unschwer unter die Querschnittsklausel „Ungleichheiten zu beseitigen" gem. Art. 3 Abs. 2 EG subsumieren.

Die Erreichung des Ziels „Gemeinsamer Markt" – umrahmt durch die anderen Zielvorgaben – erfordert als konstituierende Elemente *individuelle Handlungsfreiheit* und *wirtschaftliche Chancengleichheit* aller Marktteilnehmer.[188] Hiermit verträgt sich jedoch eine Diskriminierung bestimmter Bevölkerungsteile aus den in Art. 13 EG aufgeführten Gründen genausowenig wie eine Benachteiligung aus Gründen der Staatsangehörigkeit. Im Ergebnis werden in beiden Fällen potentielle Marktteilnehmer von vornherein an einer entsprechenden Partizipierung ausgeschlossen oder zumindest nachhaltig behindert. Deshalb gebietet wirtschaftliche Chancengleichheit im Rahmen des Gemeinsamen Marktes die grundsätzlich unterschiedslose Teilnahmemöglichkeit aller vom EGV erfassten Personen. Dieses Ziel kann effektiv jedoch nur durch – wenn erforderlich – umfassende Antidiskriminierungsmaßnahmen im *gesamten Anwendungsbereich* des EGV erreicht werden.

Eine kompetenz*erweiternde* Auslegung ist hingegen ausgeschlossen, da hierfür – wie dargelegt – keinerlei Anhaltspunkte in Wortlaut oder Systematik zu finden sind.

---

[186] Die Grenzen des Wortlauts sind im Primärrecht deshalb immer beachtlich; dazu vgl. *Bleckmann*, Europarecht, Rdnr. 548; allg. *Zippelius*, Juristische Methodenlehre, § 9 II.

[187] *Epiney*, Umgekehrte Diskriminierungen, S. 86 m.w.N.; *Bleckmann*, Europarecht, Rdnr. 548

[188] Vgl. (zu Art. 7 EGV [alt]) *Reitmaier*, Inländerdiskriminierungen nach dem EWG-Vertrag, S. 26 m. w. N., was mit der durch den Vertrag begründeten, liberalen und auf dem System der freien Marktwirtschaft beruhenden Wirtschaftsverfassung begründet wird. Ökonomisch entscheidend kann deshalb nur der Status des Marktteilnehmers als solcher sein.

(3) Förderung der Akzeptanz der EG durch die Unionsbürger

Schließlich sind im Rahmen des EGV uneingeschränkte Antidiskriminierungsmaßnahmen zweifellos geeignet, die Akzeptanz der Gemeinschaft durch die Unionsbürger nachhaltig zu stärken.[189] Es wäre kaum erklärbar, wenn eine als allumfassend und „regelungswütig" empfundene Gemeinschaft, die sonst eine Vielzahl an „Kleinigkeiten" normiert („EG-Einheitsgurke"), im wichtigen Bereich des Abbaus bestehender Benachteiligungen bestimmter Bevölkerungsteile – trotz einer entsprechend in den EGV neu eingefügten Bestimmung – nur letztlich eingeschränkte Tätigkeiten („echte EG-Zuständigkeiten") entfalten können soll. Die Integration Europas sowie die Ausfüllung des Begriffs „Unionsbürgerschaft" erfordern gerade in diesem wichtigen Bereich durchgreifende Maßnahmen.[190]

ee) Art. 13 EG und der „Anwendungsbereich des Vertrags"

Im Ergebnis bestätigen teleologische Argumente das bereits nach systematischen Kriterien ermittelte Auslegungsergebnis, wonach Art. 13 EG zwar nicht gemeinschaftskompetenzerweiternd wirkt, aber innerhalb des EGV eine extensive Auslegung beansprucht. Die Klausel „*...im Rahmen der durch den Vertrag auf die Gemeinschaft übertragenen Zuständigkeiten...*" ist deshalb zu lesen:

„*...im Anwendungsbereich des Vertrags....*"[191]

Die Anwendungsbereiche von Art. 12 EG und Art. 13 EG sind deshalb auch insoweit kongruent. *Das bedeutet, dass der Rat im Rahmen des Art. 13 EG grundsätzlich rechtssetzend tätig werden kann, wenn eine „gemeinschaftsrechtlich geregelte Situation"*[192] *zu bejahen ist.*[193] Wie weit der Anwendungsbereich des EGV und damit auch die Befugnis des Rates gem. Art. 13 EG im einzelnen letztlich zu ziehen ist, dürfte

---

[189] Dazu *Niven*, in: Bekämpfung der Diskriminierungen, S. 91 ff.; vgl. auch *Reitmaier*, Inländerdiskriminierungen nach dem EWG-Vertrag, S. 28 mit Bezug auf Art. 7 EGV [alt] (= 6 EGV bzw. 12 EG)

[190] Allgemein zu diesem Thema vgl. *Matutes*, in: The Philip Morris Institute for public policy Research, Wie stark stützt die Öffentlichkeit die EU ?, April 1997, S. 47 ff.

[191] So im Ergebnis auch *Bergmann*, in: Bergmann/Lenz, Der Amsterdamer Vertrag, S. 37 f.; *Thun-Hohenstein*, Der Vertrag von Amsterdam, 1997, S. 25 f.

[192] EuGH Rs. 186/87 vom 2. 2. 1989; Slg. 1989, 195, 219, Rdnr. 10 (Cowan ./. Trésor public)

[193] Dies umfasst ohne Zweifel und nur stellvertretend die folgenden wichtigen Bereiche: *Arbeitsmarkt; (Aus-)Bildung; Sozialpolitik; Wohnungsmarkt; Gesundheitspolitik; Gemeinsamer Markt etc.*

angesichts der Komplexität des Vertrags sowie der noch bestehenden Streitfrage, inwieweit die Rechtsangleichungsvorschriften der Art. 94 und 95 EG anwendungsbereichserweiternd wirken können, jedoch kaum abstrakt-generell festzulegen sein.[194] *Epiney* schlägt deshalb vor, auf eine solche Festlegung gänzlich zu verzichten und stattdessen den Anwendungsbereich des Vertrags in Bezug auf den *jeweiligen Einzelfall* zu definieren, um so alle in seinem Rahmen eine Rolle spielenden Gesichtspunkte, insbesondere den jeweiligen Stand der Integration, berücksichtigen zu können.[195]

Dem ist zumindest in Fallgruppen, in denen eine objektive Bestimmung des Anwendungsbereichs des EGV tatsächlich Schwierigkeiten bereitet, zuzustimmen. Bei dieser Sichtweise ist gewährleistet, dass auch Grenzfälle sachgerecht für Maßnahmen gem. Art. 13 EG geöffnet werden und der dynamischen Entwicklung des Gemeinschaftsrechts hinreichend Rechnung getragen wird. Andererseits können durch eine Einzelfallprüfung fernliegende, wenn auch nicht völlig ohne Bezug zum EGV stehende Sachverhalte[196] ausgeschieden werden, deren Berücksichtigung einer gerade nicht intendierten kompetenzerweiternden Wirkung des Art. 13 EG gleichkäme. Dabei ist im Rahmen des als Ermächtigungsnorm erscheinenden Art. 13 EG allerdings relativierend anzumerken, dass dieses Problem hier im Vergleich zu Art. 12 EG wesentlich „entschärft" und kaum praktisch relevant sein dürfte. Da Art. 13 Abs. 1 EG einen einstimmigen Beschluss im Rat voraussetzt, erscheint es als recht unwahrscheinlich, dass die hierdurch resultierenden Maßnahmen jemals wirksam mit dem Argument angefochten werden könnten, sie gingen über den Anwendungsbereich des Vertrags hinaus.[197] Letztlich dürfte deshalb auch der politische Wille diesen Bereich nicht unmaßgeblich bestimmen.[198]

---

[194] Vgl. *Epiney*, Umgekehrte Diskriminierungen, S. 122 für Art. 12 EG

[195] *Epiney*, Umgekehrte Diskriminierungen, S. 122 f.; *dies.*, in: Calliess/Ruffert, Kommentar EUV/EGV, Art. 12 EG, Rdnr. 22

[196] Mittlerweile sind beinahe sämtliche Politikfelder zumindest teilweise oder ergänzend auf die Gemeinschaft übertragen worden; vgl. *Bergmann*, in: Bergmann/Lenz, Der Amsterdamer Vertrag, S. 38.

[197] Vgl. *Allen*, in: Bekämpfung der Diskriminierungen, S. 80

[198] Vgl. *Allen*, in: Bekämpfung der Diskriminierungen, S. 80

II. Persönlicher Anwendungsbereich

Im Rahmen des persönlichen Anwendungsbereichs des Art. 13 EG ist zu klären, wer *Berechtigter* und wer *Verpflichteter* von Antidiskriminierungsmaßnahmen des Rates sein kann. Anders als im Falle des sachlichen Anwendungsbereichs enthält der Wortlaut der Bestimmung hierzu keine näheren Anhaltspunkte, sodass letztlich auf allgemeine (Grundrechts-)Lehren zurückzugreifen ist.

1. Die *Berechtigten* von Vorkehrungen gem. Art. 13 EG

Berechtigte von Maßnahmen gem. Art. 13 EG sind diejenigen Personen, die potentiell Opfer von Diskriminierungen aus den aufgeführten Gründen und dementsprechend – den Erlass einer entsprechenden Maßnahme vorausgesetzt – Träger von subjektiven Rechten auf Gleichbehandlung sein können. Diesbezüglich ist zwischen den *Gemeinschaftsangehörigen* einerseits und den *Drittstaatsangehörigen* andererseits zu differenzieren.

a) Gemeinschaftsangehörige

Als Berechtigte von Antidiskriminierungsmaßnahmen kommen grundsätzlich natürliche und juristische Personen des Privatrechts sowie die einzelnen Mitgliedstaaten nebst ihren Untergliederungen in Betracht.

aa) Natürliche Personen

Berechtigte von Antidiskriminierungsmaßnahmen im Rahmen des Art. 13 EG können zunächst unproblematisch die *Unionsbürger* gem. Art. 17 Abs. 1 EG - also die Staatsangehörigen eines Mitgliedstaates der Gemeinschaft[199] - als „klassische" Grundrechtsträger sein, auf deren Schutz die Bestimmung wegen ihrer personenbezogenen Differenzierungskriterien erkennbar abzielt.[200] Hierzu gehören auch die Unionsbürger mit doppelter Staatsbürgerschaft (= *Doppelstaatsbürger*), da allein durch die Tatsache, dass ein Bürger auch zugleich die Staatsangehörigkeit eines Drittstaats besitzt (und etwa dort wohnhaft ist), der Rechtsstatus der Unionsbürgerschaft nicht verloren geht.[201]

---

[199] Vgl. *Oppermann*, Europarecht, Rdnr. 210 ff.; 1552 ff.; *Hatje*, in: Schwarze, EU-Kommentar, Art. 17 EG, Rdnr. 4; *Geiger*, EUV/EGV, Art. 17 EG, Rdnr. 2

[200] Das ergibt sich auch unschwer aus der Entstehungsgeschichte des Art. 13 EG, die in engem Zusammenhang mit dem Kampf gegen die Rassendiskriminierung auf europäischer Ebene steht.

[201] EuGH, Rs. C-122/96 vom 2. 10. 1997, Slg. 1997, I-5325, 5342, Rdnr. 15 (Saldanha) für Art. 12 EG

bb) Juristische Personen des Privatrechts

Problematisch ist dagegen, ob der Rat auch geeignete Vorkehrungen treffen kann, um Diskriminierungen von juristischen Personen[202] im Rahmen des Art. 13 EG zu bekämpfen. Dies hätte vor allem den Effekt, dass entsprechende sekundärrechtliche Diskriminierungsverbote dann von diesen aus *eigenem Recht* und nicht lediglich im Rahmen eines etwaigen Verbandsklagerechts (für ihre Mitglieder) geltend gemacht werden könnten.

(1) Anhaltspunkte im Schrifttum und in gesetzgeberischen Erwägungen

Ob auch juristische Personen in den persönlichen Anwendungsbereich des Art. 13 EG einzubeziehen sind, ist bisher – soweit ersichtlich – im Schrifttum nur vereinzelt angesprochen worden. Nach *Heymann-Doat* ist die Bestimmung so auszulegen, „*...als ob er für Individuen und nicht für Gruppen bestimmt wäre, um nicht Gefahr zu laufen, dass er von Gruppen, wie z. B. Sekten, geltend gemacht wird.*“[203] Nach dem Erwägungsgrund (16) der Richtlinie 2000/43/EG sollten demgegenüber die Mitgliedstaaten auch „*...den Schutz juristischer Personen vorsehen, wenn diese aufgrund der Rasse oder der ethnischen Herkunft ihrer Mitglieder Diskriminierungen erleiden.*“[204]

(2) Juristische Analyse

(a) *Wortlaut* und *Entstehungsgeschichte* des Art. 13 EG können zur Klärung der Frage kaum fruchtbar gemacht werden. Die weitreichende Formulierung der Bestimmung dürfte allerdings im Zweifel auch juristische Personen mit einbeziehen, da Diskriminierungen als solche kein alleiniges Phänomen zulasten natürlicher Personen sind. Der obige Erwägungsgrund weist hierbei eine gewisse Indizwirkung auf.

---

202 Der Begriff der „juristischen Person“ ist in diesem Zusammenhang untechnisch zu verstehen und weit auszulegen, sodass hierunter auch teilrechtsfähige Personenzusammenschlüsse fallen. Lediglich sog. schlichte Personenmehrheiten scheiden als Rechtsträger von vornherein aus; vgl. für das deutsche Recht *Pieroth/Schlink*, Staatsrecht II, Rdnr. 170.

203 *Heymann-Doat*, in: Bekämpfung der Diskriminierungen, S. 88

204 Richtlinie 2000/43/EG vom 29. 6. 2000; AblEG 2000 Nr. L 180, S. 22. Die Parallelrichtlinie 2000/78/EG vom 27. 11. 2000; AblEG 2000 Nr. L 303, S. 16, enthält einen solchen Erwägungsgrund hingegen nicht.

(b) Im Gemeinschaftsrecht ist die grundsätzliche Einbeziehung juristischer Personen in den Anwendungsbereich zahlreicher Antidiskriminierungvorschriften anerkannt. Dies wird für das Niederlassungs- und Dienstleistungsrecht in Art. 48 und Art. 55 EG ausdrücklich formuliert. Art. 12 EG bezieht nach allgemeiner Meinung auch juristische Personen in seinen Schutzbereich mit ein, soweit sie die Staatszugehörigkeit zu einem Mitgliedstaat aufweisen.[205] Der vom EuGH entwickelte allgemeine Gleichheitssatz findet gleichermaßen auf natürliche und juristische Personen Anwendung.[206]
Im sonstigen Grundrechtsbereich geht der Gerichtshof meist ohne nähere Erörterung von einer Berechtigung juristischer Personen aus.[207] Die EMRK nimmt ebenfalls eine grundsätzliche Konventionsrechtsfähigkeit von juristischen Personen an.[208] Im deutschen Recht findet sich in Art. 19 Abs. 3 GG eine entsprechende Regelung.[209]

Berechtigte von Antidiskriminierungsmaßnahmen können juristische Personen allerdings nur dann sein, wenn die in Rede stehende Vorkehrung (z. B. Diskriminierungsverbot) ihrem Wesen nach auf eine solche anwendbar ist,[210] sprich die juristische Person gerade selbst (auch) diskriminiert werden kann. Diese „Fähigkeit" erscheint im Falle der Diskriminierungsformen des Art. 13 EG, die ausnahmslos an menschliche Eigenschaften anknüpfen, zunächst abwegig. Eine GmbH hat keine „Rasse" und ein Behindertenverein ist nicht selbst „behindert". Im Gegensatz dazu hat allerdings streng genommen auch eine Religionsgemeinschaft selbst keine „Religion", wobei hier jedoch auch europarechtlich Einigkeit besteht, dass sich diese aus eigenem Recht auf die Gedanken-,

---

[205] Vgl. *Zuleeg*, in: G/T/E, Handbuch des Europäischen Rechts, Art. 6 EGV, Rdnr. 11; Holoubek, in: Schwarze, EU-Kommentar, Art. 12 EG, Rdnr. 17; *v. Bogdandy*, in: Grabitz/Hilf, Das Recht der Europäischen Union, Art. 6 EGV, Rdnr. 32
[206] Vgl. *Mohn*, Der Gleichheitssatz im Gemeinschaftsrecht, S. 35
[207] Z. B. EuGH, Rs. 265/87 vom 11. 7. 1989, Slg. 1989, 2237, 2268, Rdnr. 15 (Schräder ./. Hauptzollamt Gronau); Rs. 11/70 vom 17. 12. 1970, Slg. 1970, 1125, 1135, Rdnr. 4 ff. (Internationale Handelsgesellschaft)
[208] Vgl. *Conring*, Korporative Religionsfreiheit in Europa, S. 335 m.w.N.
[209] Dazu näher *Jarass*, in: Jarass/Pieroth, GG, Art. 19 GG, Rdnr. 12 ff.
[210] Vgl. *Kingreen*, in: Calliess/Ruffert, Kommentar EUV/EGV, Art. 6 EU, Rdnr. 53; *Conring*, Korporative Religionsfreiheit in Europa, S. 335 (für die EMRK); *Pieroth/Schlink*, Staatsrecht II, Rdnr. 169 ff. (für das deutsche Recht)

Gewissens- und Religionsfreiheit gem. Art. 9 EMRK berufen kann (korporativer Schutzbereich).[211]

Im deutschen Recht ist die Problematik anhand des Art. 3 Abs. 3 Satz 1 GG vielfach erörtert worden. Überwiegend besteht hier Einigkeit, dass auch juristische Personen Träger der Rechte dieser Bestimmung sein können.[212] Zumeist wird allerdings verlangt, dass sich die Mitglieder der Vereinigung gerade wegen der Diskriminierungsmerkmale zusammengeschlossen haben (z. B. Religionsgemeinschaften; pol. Parteien).[213]

Art. 13 EG ist in Anbetracht der im Rahmen des sachlichen Anwendungsbereichs bereits dargelegten, extensiven Auslegung generell unter der Prämisse zu verstehen, dass *sämtliche* einschlägigen Diskriminierungen im Anwendungsbereich des Vertrags bekämpft werden sollen, da diese in keiner Form und gegenüber keinem Subjekt akzeptabel sind.[214] Werden somit juristische Personen in ihrer Eigenschaft als Korporation selbst diskriminiert, weil ihre Mitglieder die Kriterien des Art. 13 EG erfüllen, müssen sie nach der Wertentscheidung des Gesetzgebers den Vorkehrungen der Bestimmung grundsätzlich genauso offenstehen wie die einzelnen Mitglieder selbst.

Relativ unproblematisch ist dies zunächst im Rahmen der Diskriminierungskriterien „Religion" und „Weltanschauung" für die *Religions- und Weltanschauungsgemeinschaften*, die mittler-

---

[211] Dazu *Frowein*, in: Frowein/Peukert, EMRK, Art. 9, Rdnr. 9; *van Dijk/van Hoof*, Theory and Practice of the European Convention on Human Rights, Article 9, Chapter VII, 9.5.3; *Schäfer*, Das kirchliche Arbeitsrecht in der europäischen Integration, S. 3 ff; *Conring*, Korporative Religionsfreiheit in Europa, S. 338; 358, 363 m. w. N.: Jedenfalls sei die Kirche berechtigt, ihre Religion auszuüben, Riten, Gebräuche und Lehre zu pflegen, Gottesdienste zu organisieren und schließlich auch eine gewisse Einheitlichkeit zu fördern (S. 363).

[212] Vgl. *Dürig*, in: Maunz/Dürig, Grundgesetz, Art. 3 Abs. 3 GG, Rdnr.163 ff.; *Starck*, in: v. Mangoldt/Klein/Starck, Das Bonner GG, Art. 3 Abs. 3 GG, Rdnr. 259; *Rüfner*, in: Bonner Kommentar, Art. 3 Abs. 1 GG, Rdnr. 140

[213] Vgl. *Dürig*, in: Maunz/Dürig, Grundgesetz, Art. 3 Abs. 3 GG, Rdnr.166; *Starck*, in: v. Mangoldt/Klein/Starck, Das Bonner GG, Art. 3 Abs. 3 GG, Rdnr. 259; wohl auch *Rüfner*, in: Bonner Kommentar, Art. 3 Abs. 1 GG, Rdnr. 140. A. A. *Osterloh*, in: Sachs, Grundgesetz-Kommentar, Art. 3 GG, Rdnr. 238, wonach Art. 3 Abs. 3 GG aufgrund seiner höchstpersönlichen Merkmale überwiegend nicht auf Personenvereinigungen anwandbar ist. Nur wenn die Merkmale unmittelbar grundrechtlich geschütztes Verhalten benennen (Religion, pol. Anschauungen) sind die diesbezüglichen Vereinigungen auch Träger des Grundrechts. Dem hat sich *Jarass*, in: Jarass/Pieroth, GG, Art. 3 GG, Rdnr. 73 angeschlossen.

[214] Zur Rechtfertigung von Diskriminierungen vgl. Teil 1, D. II.

weile wohl unstreitig[215] über entsprechende Rechte betreffend die korporative Religionsfreiheit verfügen, was auch einen Schutz vor Diskriminierungen aufgrund der Religion oder der Weltanschauung indiziert.[216] [217]

Daneben muss dieses Recht konsequenterweise auch anderen Vereinigungen zustehen, deren Mitglieder sich gerade *wegen bestimmter Diskriminierungsgründe* vereinigt haben. Insofern stellen sich deren nach Art. 13 EG diskriminierungsfähige Mitglieder wie „ein Mann" - in der Rechtsform einer juristischen Person - nach außen dar (z. B. Frauen- oder Behindertenorganisationen; Schwulen- oder Lesbenvereine).

Aber auch darüber hinaus und unabhängig vom Zweck des Zusammenschlusses der Mitglieder sind Diskriminierungen *sonstiger juristischer Personen* vielfältig denkbar. Beispielsweise könnte eine in Deutschland niedergelassene, ausschließlich aus türkischstämmigen Gesellschaftern und Arbeitnehmern bestehende Baufirma in der Rechtsform einer GmbH aus Gründen der Rasse bzw. ethnischen Herkunft und/oder Religion ihrer Mitglieder bei der Vergabe öffentlicher Aufträge nicht berücksichtigt und damit aufgrund dieser Kriterien selbst diskriminiert werden, obwohl sich deren „Mitglieder" aus rein wirtschaftlichen Zwecken zusammengeschlossen haben.[218] In diesem Falle ist nach Sinn und Zweck des Art. 13 EG kein Grund ersichtlich, warum Vorkehrungen gegen solche Diskriminierungen nicht gleichfalls statthaft sein sollen. Vielmehr dient eine Einbeziehung derartiger juristischer Personen durchaus den Zielen der Bestimmung, da durch die Beseitigung etwaiger (wirtschaftlicher) Benachteiligungen auch eine Verbesserung der Lebens- und Arbeitsbedingungen sowie des sozialen

---

[215] Vgl. auch Teil 2, C. I. 1. a)

[216] Das Argument, eine potentielle Geltendmachung des Art. 13 EG durch „Sekten" zu verhindern, kann in diesem Zusammenhang kaum als sachdienlich anerkannt werden, da die Bestimmung deren Diskriminierung möglicherweise gerade verhindern will. Die Ausfilterung gefährlicher, menschenverachtender Vereinigungen ist vielmehr ein Problem der Rechtfertigung einer Diskriminierung, nicht jedoch ein solches des persönlichen Anwendungsbereichs.

[217] Diesbezüglich dürfte allerdings die Begrenzung des Art. 13 EG auf den Anwendungsbereich des Vertrags gewichtige Einschränkungen bewirken, da das Staatskirchenrecht wohl unstreitig nicht von diesem umfasst ist; vgl. *de Wall*, ZevKR 2000, S. 159 ff.; *Link*, ZevKR 1997, S. 130 ff.; *v. Campenhausen*, Staatskirchenrecht, S. 408 ff.; *Robbers*, in: Handbuch des Staatskirchenrechts, Bd. I, S. 315 ff.; *Turowski*, KuR 1/1995, S. 13 ff. und 3/1995, S. 13 ff.; *Hollerbach*, ZevKR 1990, S. 250 ff.

[218] Derartige Diskriminierungen dürften noch nicht einmal selten vorkommen.

Schutzes ihrer Mitglieder (insbesondere ihrer Arbeitnehmer) erreicht und damit zur Entwicklung des Arbeitskräftepotentials beigetragen werden kann.[219]
Allerdings bringt diese Fallgruppe gewisse Abgrenzungsprobleme mit sich, etwa wenn sich eine juristische Person auf Antidiskriminierungsmaßnahmen beruft, weil sie *auch* Mitarbeiter anderer Rassen oder Homosexuelle beschäftigt oder sich für Minderheitenrechte engagiert und sich aufgrund dessen diskriminiert wähnt. Um eine „prophylaktische Geltendmachung" zu verhindern dürften deshalb im Bereich der sonstigen juristischen Personen generell *strenge Maßstäbe* an den Nachweis einer Diskriminierung gerade aus den Gründen des Art. 13 EG seitens des Diskriminierten zu stellen sein.[220]

Nach den vorgenannten *systematischen* und *teleologischen Argumenten* sind somit grundsätzlich auch juristische Personen in den persönlichen Anwendungsbereich des Art. 13 EG als Berechtigte einzubeziehen. Dies betrifft dementsprechend auch solche, deren Mitglieder sich nicht gerade wegen der Diskriminierungskriterien vereinigt haben. Ist vielmehr hinreichend nachgewiesen, dass sie – aufgrund ihrer Mitglieder – aus den Gründen der Bestimmung diskriminiert werden, entspricht es einer effizienten Diskriminierungsbekämpfung, Maßnahmen zu ihren Gunsten bzw. das Berufen auf bereits getroffene Maßnahmen zu ermöglichen.

(c) Unproblematisch und von der soeben erörterten Problematik zu trennen ist dagegen die Möglichkeit, es im Rahmen des Art. 13 EG juristischen Personen zu gestatten, die Rechte ihrer benachteiligten Mitglieder als deren *Sachwalter* (Verbandsklagerecht, Prozessstandschaft) wahrzunehmen.[221] In diesem Falle werden keine *korporativen* Rechte geltend gemacht, sondern ausschließlich die Individualrechte der Mitglieder.

cc) Mitgliedstaaten und ihre Untergliederungen

Fraglich ist weiterhin, ob auch die Mitgliedstaaten selbst, sowie ihre Untergliederungen, insbesondere die juristischen Personen des

---

[219] Vgl. zu den Zielen des Art. 13 EG *Koukoulis-Spiliotopoulos*, in: Bekämpfung der Diskriminierungen, S. 108

[220] Etwa durch Ausschluss einer Beweislastumkehr für die „sonstigen juristischen Personen".

[221] Dies ist in den Richtlinien 2000/43/EG und 2000/78/EG auch so vorgesehen.

öffentlichen Rechts, Berechtigte von Antidiskriminierungsmaßnahmen gem. Art. 13 EG sein können.

(1) Prinzipiell können auch *Mitgliedstaaten* der Gemeinschaft aus den gleichen Erwägungen wie die juristischen Personen des Privatrechts selbst Opfer von Diskriminierungen sein, wofür allerdings nur die Diskriminierungsgründe Rasse und ethnische Herkunft sowie Religion und Weltanschauung in Betracht kommen. Insofern ist es theoretisch nicht von vornherein ausgeschlossen, dass ein Mitgliedstaat von den Gemeinschaftsorganen aufgrund eines im Anwendungsbereich des EGV vielfach bestehenden Subordinationsverhältnisses zur Gemeinschaft gegenüber anderen Mitgliedstaaten benachteiligt wird,[222] weil die Mehrheit seiner Staatsangehörigen einer bestimmten Rasse oder Religion angehört. Dass auch die Mitgliedstaaten selbst vor Diskriminierungen durch die Gemeinschaftsorgane geschützt werden müssen, ist im Rahmen des allgemeinen Gleichheitssatzes grundsätzlich anerkannt.[223] Neben den Gemeinschaftsorganen können Diskriminierungen auch gleichermaßen direkt durch andere Mitgliedstaaten hervorgerufen werden, etwa wenn diese in einer nach Art. 13 EG zu mißbilligenden Weise „gemeinsame Sache machen“, um einen Mitgliedstaat in einer bestimmten Sachfrage zu isolieren. Angesichts des weiten Anwendungsbereichs des Art. 13 EG ist es deshalb konsequent, in beiden Fällen Diskriminierungsschutz für die Mitgliedstaaten zuzulassen, obgleich die Bestimmung ersichtlich und vordringlich zum Individualschutz konzipiert wurde. Allerdings dürften Diskriminierungen von Mitgliedstaaten aus den Gründen des Art. 13 EG kaum wahrscheinlich sein, obwohl im Zuge einer weiteren Vergrößerung der Gemeinschaft durch Osterweiterung oder Beitritt von Staaten, die nicht dem abendländischen Kulturkreis angehören (z. B. Türkei), das Problem an Brisanz gewinnen könnte.

(2) Für die *juristischen Personen des öffentlichen Rechts* gilt im Wesentlichen das Gleiche wie bei denjenigen des Privatrechts. Im Rahmen der Diskriminierungsproblematik kann die Rechtsform nicht für die Berechtigtenstellung entscheidend sein, zumindest soweit keine öffentliche Gewalt ausgeübt wird.[224] Paradebeispiel

---

[222] Zu dieser Problematik im Rahmen des allgemeinen Gleichheitssatzes vgl. *Mohn*, Der Gleichheitssatz im Gemeinschaftsrecht, S. 35 ff. m.w.N.

[223] Vgl. *Mohn*, Der Gleichheitssatz im Gemeinschaftsrecht, S. 40

[224] Im Rahmen des Niederlassungs- und Dienstleistungsrechts sind ausdrücklich auch die juristischen Personen des öffentlichen Rechts mit einbezogen; vgl. Art. 48 und 66 EG.

hierfür sind die Kirchen, die nach deutschem Recht Körperschaften des öffentlichen Rechts sind und wie die Religionsgemeinschaften des Privatrechts ihre Mitglieder gerade zum Zwecke der Ausübung des Diskriminierungskriteriums „Religion" vereinigen.[225]
Wie die Mitgliedstaaten selbst sind auch die juristischen Personen des öffentlichen Rechts, die hoheitlich tätig sind und öffentliche Aufgaben erfüllen, trotz ihrer potentiellen Verpflichtetenstellung prinzipiell diskriminierungsfähig (z. B. durch Rechtsakte der Gemeinschaftsorgane), sodass auch sie (in Grenzfällen) Vorkehrungen gem. Art. 13 EG grundsätzlich offenstehen müssen. Das ist aber gleichfalls ein wohl rein theoretisches Problem.

b) Drittstaatsangehörige

Neben den Gemeinschaftsangehörigen kommen auch *Drittstaatsangehörige* (und gleichzusetzen *Staatenlose*)[226], die sich legal innerhalb der Gemeinschaft aufhalten bzw. ansässig sind, als Berechtigte von Maßnahmen nach Art. 13 EG in Betracht.[227]

aa) Meinungsstand

Von den Autoren, die zu diesem Problem Stellung beziehen, wird Art. 13 EG einhellig als so weitreichend interpretiert, dass Drittstaatsangehörige als zum Anwendungsbereich der Bestimmung zugehörig einzubeziehen sind.[228] Hergeleitet wird dies vor allem aus der Entstehungsgeschichte und der Zielrichtung der Bestimmung.[229] *Bell* führt zu Gunsten einer weiten Auslegung auch die Anwendungsbereiche von Art. 141 EG und Art. 137 Abs. 3 EG an,[230] die jeweils Drittstaatsangehörige in ihren Schutzbereich einbeziehen. Nach *Holoubeck* ist eine Begrenzung des persönlichen Anwendungsbereichs der Bestimmung allenfalls dann möglich, wenn der

---

[225] Zur Grundrechtsträgerschaft bei Art. 3 GG vgl. *Rüfner*, in: Bonner Kommentar, Art. 3 Abs. 1 GG, Rdnr. 146.
[226] Im Folgenden nur als Drittstaatsangehörige bezeichnet.
[227] Etwa 10 Mio. Staatsbürger aus Drittstaaten (ca. 2,8 %) leben legal in der Gemeinschaft. Ihre Rechtsstellung hängt im Wesentlichen von der nationalen Gesetzgebung der Mitgliedstaaten und zahlreichen, mit den Herkunftsländern abgeschlossenen Abkommen ab; dazu umfassend *Bleckmann*, Europarecht, Rdnr. 2605 ff. m.w.N.; *Oppermann*, Europarecht, Rdnr. 1557 ff. m.w.N; bzgl. Asylbewerber-Gesamtzahlen vgl. *Klos*, AnwBl 8+9/2000, S. 496, 499 ff.
[228] Dazu Holoubek, in: Schwarze, EU-Kommentar, Art. 13 EG, Rdnr. 7; *Bell*, MJ 1999, S. 5, 19 ff.; *Flynn*, CMLRev 1999, S. 1126, 1137 ff.; *Herzog*, in: Smit/Herzog, The Law of the European Community, § 13.02, A13-4
[229] Vgl. *Holoubek*, in: Schwarze, EU-Kommentar, Art. 13 EG, Rdnr. 7
[230] Vgl. *Bell*, MJ 1999, S. 5, 20

Vertrag selbst bestimmte Rechte ausdrücklich den Unionsbürgern vorbehält.[231]

bb) Stellungnahme

(1) Aufgrund des allgemeinen *Wortlauts* von Art. 13 EG und dem Fehlen einer näheren Spezifizierung seiner Anwendbarkeit, wie dies an anderen Stellen des Vertrags praktiziert wird,[232] spricht zumindest nichts gegen die Einbeziehung von Drittstaatsangehörigen. Dies gilt umso mehr, als die Diskriminierungsformen der Bestimmung unterschiedslos an spezifische personengebundene Merkmale anknüpfen, jedoch keinerlei Bezug zur Gemeinschaftsangehörigkeit aufweisen.

(2) Die *Entstehungsgeschichte* der Bestimmung ist eng mit dem Kampf der Gemeinschaftsorgane gegen Rassismuss und Rassendiskriminierung in den 80er und 90er Jahren verknüpft.[233] Eine Differenzierung zwischen Gemeinschafts- und Drittstaatsangehörigen ergibt hierbei keinen Sinn, da Rassismus unterschiedlos gegenüber beiden Gruppen praktiziert wird.

(3) Eine weite Auslegung wird ferner bestätigt, wenn man den Sinn der Norm aus der *Systematik des Vertrages*, insbesondere der vergleichenden Heranziehung verwandter Bestimmungen, herleitet.

Die für Art. 13 EG eine besondere Bestimmung darstellende Vorschrift des Art. 141 EG[234] ist nicht auf Staatsangehörige eines Mitgliedstaats der EG beschränkt.[235] Die Sozialvorschriften der Art. 137 i. V. m. 136 EG (i. V. m. d. Sozialcharta und d. Gemeinschaftscharta d. soz. Grundrechte), die aufgrund ihres Regelungsbereichs eine gewisse Nähe zu Art. 13 EG aufweisen,[236] bezwecken die Verbesserung der sozialen Sicherheit *aller* auf dem

---

[231] *Holoubek*, in: Schwarze, EU-Kommentar, Art. 13 EG, Rdnr. 7

[232] Z. B. Art. 56 EG erwähnt Mitgliedstaaten und dritte Länder; Art. 49 EG bezieht sich zunächst nur auf die Angehörigen der Mitgliedstaaten, kann aber auch auf Staatsangehörige von Drittstaaten ausgedehnt werden (Abs. 2); Art. 43 EG begünstigt natürliche Personen, die Staatsangehörige eines Mitgliedstaats sind

[233] Dazu oben Einleitung, B.

[234] Vgl. oben Teil 1, B. I. 1. b) cc) (3) (a)

[235] *Krebber*, in: Calliess/Ruffert, Kommentar EUV/EGV, Art. 141 EG, Rdnr. 17; *Curall*, in: G/T/E, Kommentar zum EU- und EG-Vertrag, Art. 119 EGV, Rdnr. 31; *Bell*, MJ 1999, S. 5, 20 mit Bezug auf KOM (1988) 743 endg.

[236] Vgl. oben Teil 1, B. I. 1. b) cc) (3) (b)

Gebiet der EG lebenden Menschen.[237] Schließlich ist mehrheitlich auch im Rahmen des Art. 12 EG eine (teilweise) Einbeziehung von Drittstaatsangehörigen anerkannt.[238] Nach herrschender Ansicht im Schrifttum ist ferner der überwiegende Teil der Gemeinschaftsgrundrechte – wozu auch der allgemeine Gleichheitssatz zählt – zu Gunsten von Drittstaatsangehörigen anwendbar.[239]
Darüber hinaus ist es seit langem erklärte und praktizierte Politik der Gemeinschaft, im Rahmen von Assoziations- und Kooperationsabkommen mit Drittländern die Rechtsposition und Integration legaler Zuwanderer zu stärken und Benachteiligungen zu bekämpfen (insbesondere im Sozialversicherungsrecht).[240] Unter diesem Tenor stehen auch verschiedene EuGH-Entscheidungen sowie Rats- und Kommissionsmaßnahmen.[241]
Die Vorgehensweise der Gemeinschaft zur Angleichung der sozialen Rechte von Gemeinschafts- und Drittstaatsangehörigen indiziert die Übertragbarkeit dieser Grundsätze auf den Anwendungsbereich des Art. 13 EG, da dieser hierzu in einem *Funktionszusammenhang* steht.[242]

(4) *Sinn und Zweck* der Bestimmung ist es schließlich, Benachteiligungen von Personen unterschiedslos aufgrund bestimmter, personengebundener Merkmale zu beseitigen. Eine Nichtberücksichtigung von Drittstaatsangehörigen in diesem Zusammenhang wäre gekünstelt und würde den Wirkungsbereich der Norm unvertretbar einengen, da gerade die Drittstaatsangehörigen als zumeist schwächste Glieder im sozialen Kontext die Opfer von Anfeindungen und Diskriminierungen sind, die Art. 13 EG gerade effektiv verhindern will.[243] Die Nichteinbeziehung der Drittstaatsangehörigen würde damit eine Zwei-Klassen-Gesellschaft innerhalb Europas mit all den daraus resultierenden politischen und sozialen Spannungen „zementieren“. Es versteht

---

[237] Art. 137 Abs. 3, 4. Spiegelstrich EG führt die Regelungskompetenz der Gemeinschaft bzgl. der Beschäftigungsbedingungen der Staatsangehörigen dritter Länder explizit auf.

[238] Dafür: *Zuleeg*, in: G/T/E, Handbuch des Europäischen Rechts, Art. 6 EGV, Rdnr. 16; *Geiger*, EUV/EGV, Art. 12 EG, Rdnr. 5; dagegen: *Holoubek*, in: Schwarze, EU-Kommentar, Art. 12 EG, Rdnr. 19 ff.

[239] Vgl. *Kingreen*, in: Calliess/Ruffert, Kommentar EUV/EGV, Art. 6 EU, Rdnr. 51 f.

[240] Dazu ausführlich *Gutmann*, AnwBl 8+9/2000, S. 482 ff.; *Bleckmann*, Europarecht, Rdnr. 2605 ff.; *Oppermann*, Europarecht, Rdnr. 1544 ff. m.w.N.; *Morgan*, CMLRev 1987, S. 483 ff. und CMLRev 1988, S. 391 ff.

[241] Vgl. *Bleckmann*, Europarecht, Rdnr. 2615 ff. m.w.N.

[242] Im Ergebnis auch *Koukoulis-Spiliotopoulos*, in: Bekämpfung der Diskriminierungen, S. 108.

[243] So auch *Bell*, MJ 1999, S. 5, 20 f.

sich von selbst, dass dies nur für die sich *legal* im Gemeinschaftsgebiet aufhaltenden Drittstaatsangehörigen gelten kann.[244]
Allerdings ist es den gesetzgebenden Institutionen der Gemeinschaft unbenommen, besondere Bestimmungen im Rahmen des Art. 13 EG zu schaffen, die eine Einbeziehung von Drittstaatsangehörigen (partiell) ausschließen[245]. Ratsam ist dies allerdings aus den genannten Gründen nicht.
Den vorgenannten Ansichten in der Literatur hinsichtlich einer Einbeziehung von Drittstaatsangehörigen in den Anwendungsbereich des Art. 13 EG ist deshalb vorbehaltlos zuzustimmen.

2. Die Verpflichteten von Vorkehrungen gem. Art. 13 EG

Verpflichtete (= Adressaten) von Maßnahmen gem. Art. 13 EG sind generell diejenigen, die nach seinen Differenzierungskriterien andere Personen diskriminieren oder über diesbezügliche Diskriminierungsmöglichkeiten verfügen. Wer letztlich im Einzelfall Verpflichteter ist, hängt – wie die Berechtigtenstellung – entscheidend von der Art und Zielrichtung der „geeigneten Vorkehrungen" des Rates ab, der im Rahmen der Bestimmung über einen „bunten Strauß der Optionen"[246] zur Diskriminierungsbekämpfung verfügt.[247] Im Zweifelsfall obliegt die Auslegung des Verpflichtetenkreises dem Gerichtshof.[248]

a) Organe der Gemeinschaft

Die Organe der Gemeinschaft sind „klassische" Adressaten von Antidiskriminierungsbestimmungen.[249] Aufgrund der Ausübung hoheitlicher Gewalt innerhalb der Gemeinschaft haben sie in besonderem Maße Gleichheitssätze zu beachten und Diskriminierungen, gleich aus welchem

---

[244] Zum Kampf der Union gegen die illegale Einwanderung vgl. *Bleckmann*, Europarecht, Rdnr. 2619.
[245] So zu Recht *Holoubeck*, in: Schwarze, EU-Kommentar, Art. 13 EG, Rdnr. 7
[246] Vgl. allgemein *Streinz*, Europarecht, Rdnr. 375 ff.; *Lenz/Erhard*, in: Lenz, EG-Handbuch Recht im Binnenmarkt, S. 63 ff.; *Huber*, Recht der Europäischen Integration, Rdnr. 48 ff.; *Koenig/Haratsch*, Einführung in das Europarecht, Rdnr. 230 ff.; *Zacker*, Kompendium Europarecht, S. 45 ff.; *Emmert*, Europarecht, Rdnr. 12 ff.; *Bleckmann*, Europarecht, Rdnr. 400 ff.
[247] Zu den von Art. 13 EG im Einzelnen umfassten Rechtsakten vgl. Teil 1, D. IV.
[248] *Zuleeg*, in: Bekämpfung der Diskriminierungen, S. 104, 105
[249] Zum allgemeinen Gleichheitssatz vgl. *Mohn*, Der Gleichheitssatz im Gemeinschaftsrecht, S. 41; für Art. 12 EG vgl. *Holoubek*, in: Schwarze, EU-Kommentar, Art. 12 EG, Rdnr. 21; *Geiger*, EUV/EGV, Art. 12 EG, Rdnr. 3

Grunde, zu verhindern. Insofern kommt den Gemeinschaftsorganen auch eine gewichtige „Vorreiterrolle“ zu.

b) Mitgliedstaaten und ihre Untergliederungen

Verpflichtete von Antidiskriminierungsmaßnahmen können im Anwendungsbereich des Vertrags ferner die Mitgliedstaaten und ihre Untergliederungen sein. Hauptanwendungsfall sind hierfür (Harmonisierungs-)Richtlinien, die nur in ihren Zielen verbindlich sind und die Mitgliedstaaten entsprechend ihres Regelungsinhalts zum Tätigwerden (z. B. Erlass harmonisierter nationaler Diskriminierungsverbote; Etablierung und Überwachung gemeinschaftsweiter Antidiskriminierungsstandards) verpflichten.

c) Privatpersonen

Anders als bei den Gemeinschaftsgrundrechten oder den nationalen Grundrechten können im Anwendungsbereich des Vertrags ohne weiteres auch Privatpersonen (natürliche und juristische Personen) von Vorkehrungen gem. Art. 13 EG verpflichtet werden.[250] Sinn und Zweck der Bestimmung ist die alle Lebensbereiche mit gemeinschaftsrechtlichem Bezug umfassende Diskriminierungsbekämpfung. Folglich müssen vom Anwendungsbereich *alle* Personen umfasst sein, die (potentiell) in der Lage sind, andere aus den Gründen des Art. 13 EG zu diskriminieren.[251] Andernfalls würden Kernziele der Gemeinschaft – z. B. höheres Beschäftigungsniveau, hohes Maß an sozialem Schutz sowie die Beseitigung von Ungleichheiten (Art. 2 und 3 Abs. 2 EGV) – zum Teil leerlaufen, wenn etwa einflussreiche Großunternehmen oder Interessensverbände der Privatwirtschaft mit diskriminierenden Praktiken nicht direkt verpflichtet werden könnten.

---

[250] Die „klassische“ Drittwirkungsproblematik stellt sich vorliegend somit nicht.

[251] Eine besondere Regelungsmacht der Privatperson, deren Erforderlichkeit etwa im Rahmen des Diskriminierungsverbots aus den Gründen der Staaatsangehörigkeit gem. Art. 12 EG diskutiert wird (Nachweise bei *Holoubek*, in: Schwarze, EU-Kommentar, Art. 12 EG, Rdnr. 26 f.; Geiger, EUV/EGV, Art. 12 EG, Rdnr. 4), kann deshalb bei Art. 13 EG keine Rolle spielen, zumal die Bestimmung erkennbar auch den ungehinderten Zugang zu privaten Gütern und Dienstleistungen, die der Öffentlichkeit zur Verfügung stehen, einschließlich Wohnraum oder Finanzmittel, erfasst; vgl. KOM (1999) 566 endg., S. 6. Damit verträgt sich eine Eingrenzung des Kreises des Verpflichteten im obigen Sinne jedoch nicht.

C. Die (un)mittelbare Anwendbarkeit des Art. 13 EG

Nach der Ermittlung des sachlichen und persönlichen Anwendungsbereichs von Art. 13 EG schließt sich die Frage an, ob die Bestimmung ihrem Wortlaut folgend ausschließlich als Ermächtigungsgrundlage Rechtswirkungen entfaltet oder ob sie darüber hinaus bereits ein *unmittelbar anwendbares allgemeines Diskriminierungsverbot* enthält, welches die Adressaten losgelöst von spezifischen Antidiskriminierungsmaßnahmen verpflichtet, im Anwendungsbereich des Vertrags nicht aus den aufgeführten Gründen ungleich zu behandeln. Fraglich ist ferner die Eignung des Art. 13 EG, im konkreten Fall (korrespondierende) *subjektive Rechte*[252] des geschützten Berechtigtenkreises auf Gleichbehandlung unmittelbar und ohne Vermittlung abgeleiteten Rechts zu normieren. In diesem Falle könnten sich die Berechtigten direkt auf Art. 13 EG berufen, ohne Umsetzungsakte des Rates abwarten zu müssen.

I. Meinungsstand

Mangels spezifischer EuGH-Entscheidungen zu diesem Themenkreis stehen sich in der Literatur vereinzelte Befürworter einer unmittelbaren Anwendbarkeit des Art. 13 EG sowie die dies einhellig ablehnende herrschende Meinung gegenüber.

1. Nach der Ansicht von *Holoubek*[253] sowie einigen anderen Autoren im Schrifttum[254] kann Art. 13 EG durchaus und trotz seines Wortlauts als ein zumindest gegenüber Maßnahmen der Gemeinschaft[255] *unmittelbar anwendbares Diskriminierungsverbot* verstanden und vom EuGH dementsprechend ausgelegt werden. Dem liegt nach Holoubek der Gedanke zugrunde, dass Art. 13 EG ungeachtet seines Charakters als Ermächtigungsnorm sehr wohl zugesonnen werden könne, ein solches Diskriminierungsverbot zu normieren, da die Ermächtigung zur Bekämpfung bestimmter Diskriminierungsformen ein korrespondierendes Diskrimi-nierungsverbot voraussetze. Der Bestimmung sei insofern nicht zu unterstellen, dass bis zum Erlass spezifischer Sekundärakte Diskriminierungen im Anwendungsbereich des Art. 13 EG zulässig sein sollen. Die durch die Bestimmung normierte Ermächtigungsgrundlage diene dabei nur dem Zweck, die effektive Durchsetzung des

[252] Dazu vgl. *Bleckmann*, Europarecht, Rdnr. 1172 ff.; *Badura*, Staatsrecht, C. Rdnr. 2 ff.; *Pieroth/Schlink*, Staatsrecht II, Rdnr. 195 ff.

[253] Vgl. *Holoubek*, in: Schwarze, EU-Kommentar, Art. 13 EG, Rdnr. 8 ff.

[254] Vgl. *Cirkel*, NJW 1998, S. 3332, 3333; *Szczekalla*, EuZW 1998, S. 215, 216

[255] Gegenüber *mitgliedstaatlichen Maßnahmen* soll dies dagegen nur dann gelten, wenn diese sich „im Rahmen der durch den Vertrag auf die Gemeinschaft übertragenen Zuständigkeiten" bewegen, vgl. *Holoubek*, in: Schwarze, EU-Kommentar, Art. 13 EG, Rdnr. 10

entsprechenden Diskriminierungsverbots sicherzustellen. Damit stünden lediglich *weitergehende* Maßnahmen zur Bekämpfung bestimmter Diskriminierungsformen im Ermessen des Rates, nicht jedoch das (zugrunde liegende) Diskriminierungsverbot als solches.
Nach dieser Ansicht käme auch eine Begründung subjektiver Rechte durch Art. 13 EG selbst bzw. des immanenten Verbots in Frage.

2. Die ganz *herrschende Meinung*[256] betrachtet demgegenüber eine unmittelbare Anwendbarkeit von Art. 13 EG unabhängig von der Verpflichtetenstellung als abwegig und mit seinem klaren Wortlaut, der Entstehungsgeschichte sowie dem Regelungsinhalt nicht vereinbar. Dabei erweise sich bereits die systematische Ausgestaltung als *Kann-Bestimmung* als nicht kompatibel für eine Norm mit direkter Wirkung. Ferner zeige insbesondere der Vergleich zu ähnlich gelagerten (echten) Diskriminierungsverboten, z. B. Art. 12, 141 EG, dass diese den Verbotstatbestand stets (auch) explizit normieren, während Art. 13 EG lediglich das Handeln nach Ermessen gestatte.[257] Auch sei die nur geringe Funktion des Europäischen Parlaments (Anhörung) innerhalb des Rechtssetzungsverfahrens ein wichtiges Indiz für eine nur mittelbare Anwendbarkeit der Bestimmung, da dieses sich im Vorfeld für eine größere Verpflichtung der Gemeinschaft im Rahmen des Kampfes gegen die Diskriminierungen engagiert hatte.[258]
Schließlich wird auf die kurze Stellungnahme des EuGH in der Entscheidung *Lisa Grant ./. South-West Trains Ltd*[259] verwiesen[260], in welcher der Gerichtshof zum Vertrag von Amsterdam ausführt, dass dieser „*...die Einfügung eines Artikels 6a*[261] *in den EG-Vertrag vorsieht, der es nach dem Inkrafttreten dieses Vertrages dem Rat ermöglichen wird,*

---

[256] Dazu *Lenaerts/De Smijter*, CMLRev 2001, S. 284; *Bell*, MJ 1999, S. 5, 8; *Flynn*, CMLRev 1999, S. 1126, 1132 f., *Duvigneau*, Legal issues of European Integration 1998, S. 75; *Jochum*, ZRP 1999, S. 279, 280; *Robbers*, KuR 1999, S. 87; *Lenz*, in: Lenz, EG-Vertrag Kommentar, Art. 13 EG, Rdnr. 24 ff.; *Epiney*, in: Calliess/Ruffert, Kommentar EUV/EGV, Art. 13 EG, Rdnr. 2; *Reich*, Bürgerrechte in der Europäischen Union, S. 66; *Whittle*, ELRev 1998, S. 53; *Bergmann*, in: Bergmann/Lenz, Der Amsterdamer Vertrag, Rdnr. 30; *Thun-Hohenstein*, Der Vertrag von Amsterdam, S. 26; *Zuleeg*, in: Bekämpfung der Diskriminierungen, S. 105; *Koukoulis-Spiliotopoulos*, ebda, S. 109; *Bardenhewer*, Vertrag von Amsterdam, Text und konsolidierte Fassungen des EU- und EG-Vertrags, S. 16; *Chopin/Niessen*, Proposals for Legislative Measures to Combat Racism and to Promote Equal Rights in the European Union, S. 10; *Urlesberger*, ZAS 2001, S. 72, 73; *Hanau/Thüsing*, Europarecht und kirchliches Arbeitsrecht, S. 27; *Herzog*, in: Smit/Herzog, The Law of the European Community, § 13.01, A13-2
[257] Vgl. *Flynn*, CMLRev 1999, S. 1126, 1132 f.
[258] Dazu *Bell*, MJ 1999, S. 5, 8
[259] EuGH Rs. C-249/96 vom 17. 2. 1998; Slg. 1998, I-621 ff. (Grant ./. South West Trains)
[260] Vgl. *Bell*, MJ 1999, S. 5, 8
[261] Art. 6a EGV = Art. 13 EG

unter bestimmten Voraussetzungen ...... die zur Beseitigung verschiedener Formen von Diskriminierungen, insbesondere derjenigen aufgrund der sexuellen Ausrichtung, geeigneten Vorkehrungen zu treffen."[262] Insofern sei dies bereits eine gewichtige (Vorab-)Stellungnahme des Gerichtshofes zur Anwendbarkeit der Bestimmung im Sinne eines Ausschlusses direkter Wirkung.[263]
Nach diesen Ansichten beinhaltet Art. 13 EG auch kein subjektives Recht benachteiligter Individuen auf Gleichbehandlung. Derartige Rechte können demnach erst aufgrund von Sekundärmaßnahmen entstehen.

II. Stellungnahme

Fraglich und zu prüfen ist demzufolge im Rahmen einer erneuten Heranziehung verschiedener Auslegungsmethoden, ob Art. 13 EG neben seinem Charakter als Ermächtigungsnorm auch die Voraussetzungen erfüllt, die eine unmittelbare Anwendbarkeit der Vorschrift gestatten sowie die Ableitung subjektiver Rechte aufgrund eines individualisierbaren Schutzauftrags[264] für die Begünstigten ermöglichen.

1. Wortlaut

Nach Art. 13 EG „*... kann der Rat ...... geeignete Vorkehrungen treffen, um Diskriminierungen ..... zu bekämpfen.*" Der aus sich heraus verständliche Wortlaut lässt keinen Zweifel daran, dass die Bestimmung lediglich ein Entschließungs- und Auswahlermessen des Rates beinhalten soll, um das Problem der Diskriminierung bestimmter Personen anzugehen. Schlüssel bildet hierfür die Wortverknüpfung „*... kann ... bekämpfen*"[265], die deutlich darauf hinweist, dass hinsichtlich eines bestimmten Problems Handlungsbedarf bestehen muss, welches das Problem beseitigende Maßnahmen zwecks Gegensteuerung erfordert. Ein explizites *Verbot* bestimmter Diskriminierungsformen („Diskriminierungsverbot") oder ein entsprechender Gleichbehandlungsgrundsatz wird dadurch jedoch ausdrücklich nicht ausgesprochen. Vielmehr soll das Vorgehen der Gemeinschaft zur „Problemlösung" erst anhand der Vorgaben des Rates und abgestimmt mit dem jeweiligen Willen der

---

262 EuGH Rs. C-249/96 vom 17. 2. 1998, Slg. 1998, I-621, 651, Rdnr. 48 (Grant ./. South West Trains)
263 So wohl im Ergebnis auch *Bell*, MJ 1999, S. 5, 8
264 Vgl. *Badura*, Staatsrecht, C. Rdnr. 5
265 Bekämpfen bedeutet nach seinem Wortsinn „*etwas zu überwinden suchen, indem man [energische] Maßnahmen dagegen ergreift*" ; vgl. *Duden*, Das große Wörterbuch der deutschen Sprache, Band 1, Stichwort: „bekämpfen".
Dem entsprechen auch die englische Sprachfassung „*combat*" und die französische Sprachfassung „*combattre*" sowie die italienische Sprachfassung: „*combattere*".

Mitgliedstaaten erfolgen. Würde der Norm dagegen ein spezifischer Verbotstatbestand im Sinne eines subjektiven Rechtes zugedacht sein, wären zweckmäßigerweise nur (noch) Maßnahmen zur *Regelung und Umsetzung des bestehenden Verbots* durch den Rat erforderlich[266], nicht jedoch – wie in Art. 13 EG formuliert – solche, die originär auf eine *Bekämpfung* von Diskriminierungen ausgerichtet sind.
Für eine unmittelbare Anwendbarkeit der Bestimmung fehlen damit anhand ihres klaren Wortlauts jegliche Anhaltspunkte. Insofern ist es nach den Grundsätzen des „*acte clair*"[267] bereits fraglich, ob überhaupt noch auf andere Auslegungsprinzipien einzugehen ist.[268]

2. Systematische Argumente

Gewichtige, den Wortlaut ggf. (in Grenzen) überspielende Indizien für eine unmittelbare Anwendbarkeit des Art. 13 EG müssten sich deshalb zumindest aus der Systematik des Vertrages sowie aus diesbezüglichen Rechtsgrundsätzen des EuGH herleiten lassen.

a) Voraussetzungen für die unmittelbare Geltung primärrechtlicher Normen

Primärrechtliche Bestimmungen können nach ständiger Rechtsprechung des EuGH unmittelbar Rechte und Pflichten von Individuen begründen, *wenn sie ohne jede weitere Konkretisierung anwendbar und unbedingt sind, in einer Handlungs- oder Unterlassungspflicht für die Mitgliedstaaten bestehen, keine weiteren Vollzugsmaßnahmen erfordern und den Mitgliedstaaten keinen Ermessensspielraum lassen.*[269] Entscheidend ist dabei nicht der Wortlaut der Norm, sondern eine funktionale Betrachtungsweise.[270]
Zu seiner unmittelbaren Anwendbarkeit müsste Art. 13 EG damit eine solche, der Sache nach abschließende, vollständige und rechtlich perfekte Norm sein, die keiner weiteren Ausführungsakte bedürfte.[271] Aufgrund der lediglich ausgesprochenen Ermächtigung an den Rat zum Tätigwerden

---

[266] Vgl. die Formulierung in Art. 12 Abs. 2 EG
[267] Vgl. EuGH Rs 79/77 vom 9. 3. 1978, Slg 1978, 611, 619, Rdnr. 6 (Kühlhaus Zentrum ./. Hauptzollamt Hamburg-Harburg)
[268] Die Grenze des möglichen Wortsinns ist zumindest im Primärrecht auch die Grenze der Auslegung, vgl. *Epiney*, Umgekehrte Diskriminierungen, S. 86 f. m. w. N.
[269] „Doktrin der unmittelbaren Anwendbarkeit", vgl. *Streinz*, Europarecht, Rdnr. 349; *Oppermann*, Europarecht, Rdnr. 385, 629 ff.; st. Rspr. seit EuGH Rs 26/62, Slg. 1963, 24 ff. (van Gend & Loos); weiterführend *Prechal*, CMLRev 2000, S. 1047 ff.
[270] Dazu *Oppermann*, Europarecht, Rdnr. 629
[271] Vgl. *Oppermann*, Europarecht, Rdnr. 630 – direkte Wirksamkeit entfalten z. B. Art. 39 EG (Freizügigkeit), Art. 43 EG (Niederlassungsfreiheit), Art. 49 EG (Dienstleistungsfreiheit)

nach Ermessensausübung ist dies bereits bei oberflächlicher Betrachtungsweise gerade nicht der Fall. Art. 13 EG ermöglicht und erfordert seiner Rechtsnatur nach Ausführungsakte eines Gemeinschaftsorgans mit erheblicher Gestaltungsfreiheit, stellt aber keine *abschließenden* Handlungs- oder Unterlassungs*pflichten* auf.

b) Vergleich mit anderen, unmittelbar anwendbaren Antidiskriminierungsvorschriften

Stichhaltige Argumente zur unmittelbaren Anwendbarkeit könnten sich ferner aus einem Vergleich mit ähnlich gelagerten, *unmittelbar anwendbaren Antidiskriminierungsbestimmungen* des Vertrages ergeben. Hierzu kommen insbesondere Art. 141 EG und Art. 12 EG in Betracht.

aa) Art. 141 EG

Wie bereits erörtert, ist Art. 141 EG eine „besondere Bestimmung" für Art. 13 EG nach der hier vertretenen Auslegungsvariante, die diesen in ihrem Anwendungsbereich verdrängt.[272] Das Gleichbehandlungsgebot gem. Abs. 1 (i. V. m. Abs. 2) ist nach ständiger Rechtsprechung des EuGH *unmittelbar anwendbar*[273], soweit Verstöße gegen den Grundsatz des gleichen Entgelts für gleiche Arbeit vorliegen, sodass sich ein Diskriminierungsopfer insofern *direkt* auf die Bestimmung berufen kann.[274] Art. 141 EG erfasst dabei nicht nur Rechtsakte der

[272] Vgl. oben Teil 1, B. I. 1.

[273] Art. 141 Abs. 1 EG erfüllt insoweit die Voraussetzungen für die unmittelbare Geltung primärrechtlicher Normen, da er sich an die Mitgliedstaaten wendet und entsprechende Handlungspflichten ohne Ermessensspielraum, nämlich den Grundsatz gleichen Entgelts bei gleicher oder gleichwertiger Arbeit, verlangt; vgl. *Streinz*, Europarecht, Rdnr. 912.

[274] *Streinz*, Europarecht, Rdnr. 912 ff.; *Zacker*, Kompendium Europarecht, Kap. 20 II. b.; *Ringler*, Die Europäische Sozialunion, S. 76 ff.; *Bleckmann*, Europarecht, Rdnr. 2513 ff.; *Beutler/ Bieber/Pipkorn/Streil*, Die europäische Union, S. 454 ff.; *Koenig/Pechstein*, Die Europäische Union, Kap. 8 Rdnr. 4;
EuGH in: Rs 43/75 vom 8. 4. 1976, Slg. 1976, 455 ff. (Defrenne II ./. Sabena); Rs 12/81 vom 9. 2. 1982, Slg. 1982, 359 ff. (Garland ./. British Rail Ltd.); Rs 143/83 vom 30. 1. 1985, Slg. 1985, 427 ff. (Kommission ./. Dänemark) – Ein umfassender Überblick nebst Erläuterungen über die zum Thema ergangenen Entscheidungen des EuGH befindet sich in *Kommission der Europäischen Gemeinschaften*, Handbuch Gleichbehandlung von Frauen und Männern in der Europäischen Union, S. 5 ff.;
Zu Kritikpunkten an diesem Ansatz des EuGH vgl. *Krebber*, in: Calliess/Ruffert, Kommentar EUV/EGV, Art. 141 EG, Rdnr. 5 f.

Mitgliedstaaten, sondern bindet auch im Verhältnis zwischen Arbeitgebern und Arbeitnehmern (*unmittelbare Drittwirkung*).[275]

Im Vergleich dazu, enthält Art. 13 EG gerade kein dem Art. 141 Abs. 1 EG entsprechendes, an die Mitgliedstaaten adressiertes (Gleichbehandlungs- oder Antidiskriminierungs-)*Gebot*, sondern weist ausdrücklich nur eine mit Art. 141 Abs. 3 EG vergleichbare Rechtsgrundlage auf. Dies indiziert, dass ohne ausdrücklichen Hinweis auf ein entsprechendes Gebot oder Verbot in einer Antidiskriminierungsbestimmung keine unmittelbare Anwendbarkeit einer solchen Bestimmung bzw. die Zugrundelegung eines entsprechenden Diskriminierungs*verbots* in Betracht kommt.[276]

bb) Art. 12 EG

Ähnlich wie Art. 141 EG ist auch das Diskriminierungsverbot des Art. 12 EG mit unmittelbarer Wirkung ausgestaltet, welches ein korrespondierendes subjektives Recht Dritter enthält.[277] Nach der Rechtsprechung des EuGH vermittelt es dem begünstigten Personenkreis einen *Anspruch* darauf, nicht gegenüber Angehörigen eines anderen Staates[278] ungleich behandelt zu werden.[279] Eine Übertragung dieser

---

[275] EuGH Rs 143/83 vom 30. 1. 1985, Slg. 1985, 427 ff. (Kommission ./. Dänemark); *Oppermann*, Europarecht, Rdnr. 1663; *Ringler*, Die Europäische Sozialunion, S. 76 ff., S. 82; *Zacker*, Kompendium Europarecht, Kap. 20 II. b.

[276] Dies steht mit den vorbezeichenten, vom EuGH entwickelten Grundsätzen zur unmittelbaren Anwendbarkeit primärrechtlicher Normen in Übereinstimmung.

[277] *Bleckmann*, Europarecht, Rdnr. 1778; *Epiney*, in: Calliess/Ruffert, Kommentar EUV/EGV, Art. 12 EG, Rdnr. 2; *Keersmaeker/Pauwels*, in: Smit/Herzog, The Law of the European Community, § 12.01, A12-4; *Holoubek*, in: Schwarze, EU-Kommentar, Art. 12 EG, Rdnr. 14; *Zuleeg*, in: G/T/E, Handbuch des europäischen Rechts, Art. 6 EGV, Rdnr. 14; *Geiger*, EUV/EGV, Art. 12 EG, Rdnr. 15; EuGH Rs 293/83 vom 13. 2. 1985, Slg. 1985, 593 ff. (Gravier); Rs C-357/89 vom 26. 2. 1992 Slg. 1992, I-1054 ff. (Raulin);

A. A. *Reitmaier*, Inländerdiskriminierungen nach dem EWG-Vertrag, S.68 f., die Art. 7 EGV [alt] = 12 EG isoliert betrachtet für nicht unmittelbar anwendbar hält, sondern nur die konkretisierenden Grundfreiheiten als „besondere Bestimmungen“, was aber im Ergebnis letztlich keinen Unterschied mache.

[278] Zum Problem der sog. „Inländerdiskriminierung“ werden in Rspr. und Literatur unterschiedliche Ansichten vertreten:

Während der EuGH in st. Rspr. die Anwendbarkeit des Art. 12 EG und der Grundfreiheiten auf nicht grenzüberschreitende Sachverhalte ablehnt (vgl. Rs. 168/86 vom 25. 2. 1987, Slg. 1987, 995 ff., Rdnr. 7 ff. (Procureur Général ./. Rousseau); Rs. C-332/90 vom 28. 1. 1992, Slg. 1992, I-341 ff., Rdnr. 9 ff. (Steen ./. Dt. Bundesbahn); Rs. C-29/94 vom 16. 2. 1995, Slg. 1995, I-301 ff., Rdnr. 9 ff. (Aubertin)) vertreten Teile des Schrifttums die Ansicht, dass angesichts des Gemeinsamen Marktes sowie des Systems unverfälschten Wettbewerbs, verbunden mit dem Gebot wirtschaftlicher Chancengleichheit, Art. 12 EG und die Grundfreiheiten auch im innerstaatlichen Bereich volle Geltung beanspruchen müssen (dazu *Reich*, EuZW 1991, 203 ff.;*Geiger*, EUV/EGV, Art. 12 EG, Rdnr. 11 ff.; teils differenzierend:

Grundsätze auf Art. 13 EG scheitert allerdings wiederum daran, dass Art. 12 EG ein entsprechendes Verbot ausdrücklich normiert (Abs. 1) und (zusätzlich) eine Ermächtigungsgrundlage für das Verbot von Diskriminierungen aus Gründen der Staatsangehörigkeit bereithält (Abs. 2). Art. 13 EG weist im Gegensatz dazu nur letztere auf, was abermals deutlich gegen die Möglichkeit einer direkten Wirkung spricht.

cc) Zugrundeliegendes (ungeschriebenes) Diskriminierungsverbot

Art. 13 EG ermächtigt den Rat zur Bekämpfung bestimmter, praktisch relevanter Diskriminierungsformen. Daraus könnte man zunächst durchaus mit Holoubek schließen, dass aufgrund dessen die Existenz eines entsprechenden, europarechtlichen Diskriminierungsverbots aus den aufgeführten Diskriminierungsgründen *vorausgesetzt* wird, zu dessen konkreter Ausformung der Erlass weiterer Maßnahmen gestattet wird. Ein solcher Grundsatz könnte dann unmittelbar anwendbar sein und subjektive Rechte des Einzelnen begründen.

Das europäische Primärrecht kennt ein unmittelbar wirksames Diskriminierungsverbot aus Gründen des Geschlechts, der Rasse, der ethnischen Herkunft, der Religion und Weltanschauung, der Behinderung, des Alters und der sexuellen Ausrichtung (noch) nicht[280] ausdrücklich.[281] Diskutiert wird in diesem Zusammenhang lediglich die Existenz eines allgemeinen, arbeitsrechtlichen Gleichbehandlungsgrundsatzes aus Gründen des Geschlechts, der sich auf entsprechende Formulierungen in Art. 141 Abs. 3 und 4 EG („Grundsatz der Gleichbehandlung") stützt und über den ein subjektives Recht vermittelnden Entgeltgleichheitssatz hinausgeht.[282]

Trotz des Charakters des Art. 13 EG als eine reine Ermächtigungsgrundlage ist die Herleitung eines *ungeschriebenen*, europarechtlichen Diskriminierungsverbots aus Gründen der bezeichneten

---

Epiney, in: Calliess/Ruffert, Kommentar EUV/EGV, Art. 12 EG, Rdnr. 24 ff.; *Epiney*, Umgekehrte Diskriminierungen, S. 205 ff.

[279] Vgl. EuGH Rs C-274/96, Slg. 1998, I-7637, 7655, Rdnr. 16 (Bickel)

[280] Vgl. jedoch Art. 21 der Grundrechtscharta

[281] Anerkannte Diskriminierungsverbote des EGV sind z. B.: Art. 12 (Diskriminierungsverbot aus Gründen d. Staatsangehörigkeit), Art. 34 Abs. 2 UAbs. 2 (Diskriminierungsverbot zw. Erzeugern und Verbrauchern); Art. 28 (Verbot mengenmäßiger Einfuhrbeschränkungen); Art. 29 (Verbot mengenmäßiger Ausfuhrbeschränkungen); Art. 31 (staatliche Handelsmonopole); Art. 39 Abs. 2 (Freizügigkeit); Art. 43 (Niederlassungsfreiheit); Art. 50 (Dienstleitungsfreiheit); Art. 72 (Verkehrspolitik); Art. 90 (Abgabengleichheit); vgl. *Kischel*, EuGRZ 1997, S. 1 ff.

[282] Dazu *Krebber*, in: Calliess/Ruffert, Kommentar EUV/EGV, Art. 141 EG, Rdnr. 75 ff.

Diskriminierungskriterien durchaus denkbar. Hierfür könnte beispielsweise auf den seitens des EuGH seit langem anerkannten *Allgemeinen Gleichheitssatz*[283] zurückgegriffen werden, der die Art. 13 EG sachlich nahestehenden Art. 12 EG und Art. 141 EG als seine besonderen Ausprägungen sieht. Ein möglicherweise Art. 13 EG zugrundeliegendes Diskriminierungsverbot könnte insofern gleichfalls als weitere, ungeschriebene Ausprägung dieses Gleichheitssatzes verstanden werden.
Allerdings ist dabei zu beachten, dass Art. 12 EG und Art. 141 EG – wie gezeigt – *ausdrücklich* ein derartiges *Verbot* bzw. einen *Grundsatz* normieren, was Art. 13 EG im Gegensatz dazu als Ermessensnorm gerade nicht beinhaltet.[284] Diesbezüglich stellt sich die Frage, warum ein entsprechendes, von Holoubek vorausgesetztes Diskriminierungsverbot nicht durch den Amsterdamer Vertrag in den EGV eingefügt wurde,[285] obwohl man das Problem bedachte, was die Existenz von Art. 3 Abs. 2 EG beweist.[286] Diese Bestimmung wurde jedoch (lediglich) als „Querschnittsbestimmung" und Aufgabenzuweisung bei der Verwirklichung der Ziele der Gemeinschaft ausgestaltet. Ferner zeigt die bisher nur mittelbare Wirkung der Grundrechtscharta, dass in ihr enthaltene, von der Rechtsprechung des EuGH losgelöste Grundrechte und damit auch das mit Art. 13 EG korrespondierende Diskriminierungsverbot Art. 21 gerade (noch) nicht europarechtlich festgeschrieben werden sollen.
Selbst wenn man trotz dieser Gegenindizien Art. 13 EG ein ungeschriebenes, europarechtliches Diskriminierungsverbot zugrundelegen würde, käme wohl mangels hinreichender inhaltlicher Bestimmtheit des Verbots – es fehlt jegliche Konkretisierung auf diesem Sachgebiet im EGV außerhalb des Merkmals „Geschlecht" – keine unmittelbare Anwendbarkeit und keine Verleihung von subjektiven Rechten für die Betroffenen in Betracht.

Mangels entsprechender Anhaltspunkte ist deshalb nach derzeitiger Situation die unmittelbare Berufung von Individuen auf ein ungeschriebenes, Art. 13 EG zugrundeliegendes Diskriminierungsverbot ausgeschlossen. Diesbezüglich hätte es jedoch der EuGH durchaus in der

---

[283] EuGH verb. Rs. 117/76 und 16/77, Slg. 1977, 1753, 1769 ff. (Ruckdeschel); verb. Rs. 124/76 und 20/77, Slg. 1977, 1795, 1812 (Moulins Pont-à-Mousson); Rs. 1322/79, Slg. 1981, 127, 138 (Votera); Rs. 147/79, Slg. 1980, 3005, 3019 (Hochstrass); verb. Rs. 201/85 und 202/85, Slg. 1986, 3477, 3507 ff. (Klensch); *Kewenig*, JZ 1990, S. 20 ff., *Bleckmann*, Europarecht, Rdnr. 111; *Kischel*, EuGRZ 1997, S. 1 ff.
[284] Vgl. den vorangegangenen Gliederungspunkt
[285] Z. B. in einem der Ermächtigungsgrundlage in Art. 13 Abs. 1 EG vorgeschalteten Absatz
[286] Danach „....*wirkt die Gemeinschaft darauf hin, Ungleichheiten zu beseitigen*....."

Hand, mittels richterlicher Rechtsfortbildung[287] eine entsprechende Ausgestaltung der Bestimmung zu schaffen,[288] etwa wenn die endgültige Etablierung einer europäischen Verfassung mittelfristig nicht zustande kommt.

c) Teleologische Argumente

Die durch grammatikalische und systematische Auslegung erzielten Ergebnisse werden bestätigt, wenn man Art. 13 EG mit Blick auf die Vertragsziele betrachtet.

Wie bereits oben erörtert, gestattet und gebietet der Entwicklungsprozess von Union und Gemeinschaft, verbunden mit der Zielsetzung gem. Art. 3 Abs. 2 EG „Ungleichheiten zu beseitigen" nach Maßgabe des Effektivitätsprinzips („effet utile") eine möglichst weitreichende Auslegung der gem. Art. 13 EG dem Rat übertragenen Kompetenzen.[289] Zweifellos wäre auf diesem Wege eine unmittelbare Anwendbarkeit der Bestimmung zu Gunsten betroffener Individuen von Vorteil und würde dem Entwicklungsprozess zusätzliche grundrechtsintensivierende Dynamik verleihen.

Allerdings ist dabei zu beachten, dass Zielförderung allein nicht dazu berechtigt, die Grenzen des Wortlauts und der Systematik aufzubrechen, da auch der europäische Rechtsanwender dem objektivierten Willen des Gesetzes unterworfen ist.[290] Angesichts der vorstehenden Analyse und des Fehlens jeglicher, auf eine Unmittelbarkeit hindeutender Anhaltspunkte ist deshalb eine Auslegung der Bestimmung als (echtes) Diskriminierungsverbot mit der herrschenden Meinung im Schrifttum abzulehnen.

Eine (konstruierte) unmittelbare Anwendbarkeit des Art. 13 EG ist zur Erreichung der Vertragsziele und zur Verleihung der notwendigen „Integrationsimpulse" auch nicht zwingend notwendig. In Anbetracht der Proklamation der Europäischen Grundrechtscharta und der damit

[287] Der EuGH hat in der Vergangenheit bereits im Wege der richterlichen Rechtsfortbildung zahlreiche *Grundrechte* entwickelt, die die Handlungen der Gemeinschaft binden. Hierdurch wird maßgeblich der Schutz der Grundrechte im Gemeinschaftsrecht gewährleistet; dazu vgl. Teil 2, C. I. 1. b); ferner *Lenz*, NJW 1997, S. 3289 ff.; *Kühling*, EuGRZ 1997, S. 296 ff.; *Oppermann*, Europarecht, Rdnr. 491 ff.; *Bleckmann*, Europarecht, Rdnr. 99 ff.; Streinz, Europarecht, Rdnr. 372 ff.; *Kokott*, AÖR 1996, S. 599 ff.; *Iglesias*, EuGRZ 1996, S. 125 ff.; *Ruffert*, EuGRZ 1995, S. 518 ff.; *Zuleeg*, DÖV 1992, S. 937 ff.

[288] In dieser Richtung auch *Zuleeg*, in: Bekämpfung der Diskriminierungen, S. 104, 105.

[289] Dazu vgl. Teil 1, B. 1. und 2.

[290] *Oppermann*, Europarecht, Rdnr. 685

zusammenhängenden Bemühungen zur Schaffung einer künftigen, einheitlichen europäischen Verfassung[291] ist es nicht Sache des Art. 13 EG, voreilig und quasi „durch die Hintertür“ direkt wirkende Grundrechtspositionen zu schaffen, die angesichts der (vorerst) nur mittelbaren Geltung der Grundrechtscharta erkennbar nicht dem Willen (aller) europäischen Mitgliedstaaten entsprechen.[292]

Unmittelbar geltende (Gleichheits-)Grundrechte sind mitsamt allen damit typischerweise verbundenen Rechtswirkungen Aufgabe einer künftigen europäischen Verfassung. Funktion des Art. 13 EG ist es dagegen, im Bedarfsfalle möglichst energische und rasche Maßnahmen gegen bestehende und künftige Diskriminierungen und damit eine aktive Gestaltung des Gemeinschaftsrechts zu ermöglichen. Beide Bereiche sind deshalb durchaus verschieden und auf gegenseitige Ergänzung angelegt.[293]

III. Ergebnis

Art. 13 EG erfüllt als „klassische“ Ermächtigungsgrundlage auf Ermessensbasis nicht die Voraussetzungen zur unmittelbaren Bindung seiner Adressaten und ist nicht geeignet, subjektive Individualrechte auf Gleichbehandlung für die Berechtigten ohne entsprechende Sekundärmaßnahmen einzuräumen. Ein die entsprechende Wirkung beinhaltendes ungeschriebenes, zugrundeliegendes Diskriminierungsverbot ist abzulehnen. Die Schaffung echter (Gleichheits-) Grundrechte ist Aufgabe einer künftigen europäischen Verfassung.

---

[291] AblEG 2000, Nr. C 364/01; *o. V.*, Die Grundrechte-Charta der Europäischen Union, in: Süddeutsche Zeitung Nr. 283 (8. 12. 2000), S. 11

[292] Während sich insbesondere Deutschland und Italien für eine unmittelbare Anwendbarkeit der Grundrechtscharta einsetzten, hatten andere EU-Staaten (z. B. Großbritannien) ihre Zustimmung zur Charta von einem lediglich unverbindlichen Rechtsstatus abhängig gemacht. Auch die Kommission konnte sich im Rahmen ihrer Bemühungen für eine direkte Wirkung der Charta nicht durchsetzen; vgl. Mitteilung der Kommission zur Grundrechtscharta der Europäischen Union, 13. 9. 2000, KOM (2000) 559 endg.

[293] So auch *Heinig*, in: Haratsch u.a., Religion und Weltanschauung im säkularen Staat, S. 218, Fn. 12

D. Der Inhalt des Art. 13 EG

Art. 13 EG beinhaltet als Ermächtigungsgrundlage die Befugnis, *Diskriminierungen* aus Gründen des Geschlechts, der Rasse, der ethnischen Herkunft, der Religion oder der Weltanschauung, einer Behinderung, des Alters oder der sexuellen Ausrichtung zu bekämpfen. Im Folgenden ist deshalb zu untersuchen, wann „bekämpfungsfähige" Diskriminierungen in diesem Zusammenhang vorliegen sowie in welchem Umfang und mit welcher Reichweite hierauf gestützte Maßnahmen vom Regelungsgehalt der Bestimmung erfasst sind.

I. Tatbestandlich erfasste Diskriminierungen

Zunächst ist fraglich, unter welchen Voraussetzungen der *Tatbestand* einer Diskriminierung erfüllt ist.

1. Der Begriff „Diskriminierungen"

Zentraler Ansatzpunkt von Art. 13 EG sind *Diskriminierungen.* Dieser Begriff ist im EG-Vertrag nicht definiert. Im Rahmen des als Diskriminierungsverbot anerkannten Art. 39 Abs. 2 EG (Freizügigkeit) ist allerdings von der Abschaffung einer *„unterschiedlichen Behandlung"* die Rede.[294] Der EuGH hat ferner im Rahmen seiner Judikatur zum Allgemeinen Gleichheitssatz[295] Lösungsansätze entwickelt. Danach untersagt der Allgemeine Gleichheitssatz bzw. der Grundsatz der Nichtdiskriminierung,[296] „... *vergleichbare Sachverhalte unterschiedlich und unterschiedliche Sachverhalte gleich zu behandeln* ...."[297] An anderer Stelle erwähnt er, dass „... *nach ständiger Rechtsprechung eine Diskriminierung nur darin bestehen kann, dass unterschiedliche Vorschriften auf vergleichbare Situationen angewandt werden oder dass*

[294] Vgl. *Brechmann*, in: Calliess/Ruffert, Kommentar EUV/EGV, Art. 39 EG, Rdnr. 45

[295] Dazu ausführlich *Mohn*, Der Gleichheitssatz im Gemeinschaftsrecht, S. 6 ff.; *Kischel*, EuGRZ 1997, S. 1 ff.; EuGH verb. Rs. 117/76 und 16/77, Slg. 1977, 1753, 1769 ff. (Ruckdeschel); verb. Rs. 124/76 und 20/77, Slg. 1977, 1795, 1812 (Moulins Pont-à-Mousson); Rs. 1322/79, Slg. 1981, 127, 138 (Votera); Rs. 147/79, Slg. 1980, 3005, 3019 (Hochstrass); verb. Rs. 201/85 und 202/85, Slg. 1986, 3477, 3507 ff. (Klensch);

[296] Der EuGH verwendet die Begriffe insofern synonym, vgl. Rs. 125/77 vom 25. 10. 1978; Slg. 1978, 1991, 2003, Rdnr. 23 (Koninklijke Scholten-Honig). *Bleckmann* verwendet auch den Begriff „Allgemeines Diskriminierungsverbot"; vgl. *Bleckmann*, Europarecht, Rdnr. 110.

[297] EuGH Rs. 203/86 vom 20. 9. 1988, Slg. 1988, 4563, 4602, Rdnr. 25 (Spanien ./. Rat); ähnlich Rs. 125/77 vom 25. 10. 1978, Slg. 1978, 1991, 2003, Rdnr. 25/27 (Koninklijke Scholten-Honig); verb. Rs. 117/76 und 16/77 vom 19. 10. 1977, Slg. 1977, 1753, 1770, Rdnr. 7 (Ruckdeschel ./. Hauptzollamt)

dieselbe Vorschrift auf unterschiedliche Situationen angewandt wird."[298] Weiterhin ist aus dem Wortlaut und der Verwendung des Begriffs im Rechtsverkehr zu schließen, dass Ungleichbehandlungen nur dann auch diskriminierend sein können, wenn sie *benachteiligende*[299] Wirkungen aufweisen und auf menschliches Handeln[300] (Maßnahmen der öffentlichen Gewalt oder von Privaten) zurückgehen.[301] Generell kann der Begriff „Diskriminierung" deshalb tatbestandlich[302] i. S. einer benachteiligenden ungleichen Behandlung[303] vergleichbarer Sachverhalte[304] bzw. in umgekehrter Hinsicht als benachteiligende Gleichbehandlung nicht vergleichbarer Sachverhalte verstanden werden.

Hauptintention des Art. 13 EG ist die Herstellung von Statusgleichheit[305] zwischen den von seinen Diskriminierungskriterien betroffenen und nicht betroffenen Individuen mit der Maßgabe, (faktisch) an sich verschiedene Sachverhalte als gleich anzusehen und auszugestalten. Im Falle des Art. 13 EG liegt eine Diskriminierung deshalb insbesondere vor, wenn

---

[298] EuGH Rs. C-279/93 vom 14. 2. 1995, Slg. I-1995, 225, 259, Rdnr. 30 (Schumacher)

[299] Danach sollen nur Ungleichbehandlungen beseitigt werden, die die Betroffenen definitiv schlechter stellen und ihre Position aktuell oder künftig beeinträchtigen, vgl. *Mohn*, Der Gleichheitssatz im Gemeinschaftsrecht, S. 103 f.; ferner vgl. *Brockhaus/Wahrig*, Deutsches Wörterbuch, Zweiter Band, Stichwort: diskriminieren; *Kingreen*, in: Calliess/Ruffert, Kommentar EUV/EGV, Art. 6 EU, Rdnr. 180; ähnlich *Reitmaier*, Inländerdiskriminierungen nach dem EWG-Vertrag, S. 13, 30 m. w. N., die den Begriff als *„unterschiedliche Behandlung im negativen, pejorativen Sinne"* versteht; vgl. auch BVerfGE 67, 239, 244, wonach nur eine *benachteiligte* Personengruppe von einer Ungleichbehandlung beschwert sein kann.

[300] Diskriminierend kann dabei ein *Tun* und ein *Unterlassen* wirken. Im Falle des Unterlassens dürfte allerdings eine entsprechende Handlungspflicht vorauszusetzen sein; vgl. *Zuleeg*, in: G/T/E, Handbuch des Europäischen Rechts, Art. 6 EGV, Rdnr. 8.

[301] EuGH Rs. 52/79 vom 18. 3. 1980, Slg. 1980, 833, 858, Rdnr. 21 (Debauve), wonach auf natürliche Erscheinungen zurückzuführende Unterschiede nicht als „Diskriminierung" im Sinne des Vertrages angesehen werden können; vgl. auch *Jarass*; in: Jarass/Pieroth, GG, Art. 1 GG, Rdnr. 15 ff. für das deutsche Recht.

[302] Zum Problem der *Rechtfertigung* einer tatbestandlich vorliegenden „Diskriminierung" vgl. unten Teil 1, D. II.

[303] Der Begriff der „Ungleichbehandlung" ist zunächst wertneutral und verschuldensunabhängig, es kommt allein auf die Ungleichbehandlung als solche an.

[304] Vergleichbare Sachverhalte setzen voraus, dass sich zwei oder mehrere Vergleichsobjekte in einigen Merkmalen gleichen müssen, in anderen aber unterscheiden können. Vergleichbarkeit ist dann gegeben, wenn zwei Sachverhalte in Merkmalen übereinstimmen, die *wesentlich* sind und sie *entscheidend prägen*. Letzteres bestimmt sich nach einer wertenden Beurteilung des Einzelfalls, wobei die Vertragsziele, deren Verwirklichung die Gleichbehandlung dient, heranzuziehen sind; vgl. dazu ausführlich *Mohn*, Der Gleichheitssatz im Gemeinschaftsrecht, S. 52 ff. m.w.N.

[305] Vgl. dazu allg. *Kirchhof*, in: Isensee/Kirchhof, Handbuch des Staatsrechts, § 124, Rdnr. 194 ff.; ferner vgl. *Kischel*, EuGRZ 1997, S. 1, 4 für Art. 12 EG und 141 EG

Individuen wegen der begrifflich aufgeführten Kriterien gegenüber den übrigen, vergleichbaren und *gleichgestellten* Individuen, bei denen diese Kriterien nicht vorliegen, mit benachteiligender Wirkung ungleich behandelt werden.[306]

2. Formelle (direkte, unmittelbare, offene) Diskriminierungen

Art. 13 EG erfasst damit unproblematisch alle formellen Diskriminierungen,[307] d. h. solche Ungleichbehandlungen, die *ausdrücklich* das Merkmal Geschlecht, Alter, Rasse, ethnische Herkunft, Religion, Weltanschauung, Behinderung und/oder sexuelle Ausrichtung erwähnen.[308]

3. Materielle (indirekte, mittelbare, versteckte) Diskriminierungen

Fraglich ist, ob Art. 13 EG darüber hinaus auch Maßnahmen gegen Ungleichbehandlungen gestattet, die zwar auf *andere Merkmale* abstellen,[309] jedoch dieselbe oder eine gleichartige diskriminierende Wirkung entfalten.[310]

a) Der *Wortlaut* der Bestimmung unterscheidet nicht zwischen den verschiedenen Graden einer Diskriminierung. Vielmehr sollen diese als solche wirkungsvoll bekämpft werden. Hierfür ist es aus Opfersicht aber gleichgültig, ob Diskriminierungen direkt oder indirekt erfolgen. Im Ergebnis liegt in beiden Fällen eine zu mißbilligende Ungleichbehandlung vor.

---

[306] Art. 13 EG könnte auch umgekehrt formuliert werden: „... *geeignete Vorkehrungen treffen, um die Gleichbehandlung aus Gründen des Geschlechts ..... sicherzustellen.*“ (vgl. auch Art. 3 Abs. 2 EG; EuGH Rs. 186/87 vom 2. 2. 1989, Slg. 1989, 195, 219, Rdnr. 10, 11 (Cowan ./. Trésor public))

[307] Zum Begriff vgl. *Epiney*, Umgekehrte Diskriminierungen, S. 98 (Fn 47)

[308] Eine Legaldefinition des Begriffs enthalten nunmehr die Richtlinien 2000/43/EG vom 29. 6. 2000 (AblEG 2000 Nr. L 180, S. 22) und 2000/78/EG vom 27. 11. 2000 (AblEG 2000 Nr. L 303, S. 16) - jeweils Art. 2 Abs. 2 a) - wonach eine unmittelbare Diskriminierung vorliegt, wenn eine Person aufgrund der in Art. 13 EG genannten Gründe in einer vergleichbaren Situation eine weniger günstige Behandlung erfährt, als eine andere Person erfährt, erfahren hat oder erfahren würde.

[309] Zum Begriff vgl. *Epiney*, Umgekehrte Diskriminierungen, S. 98 (Fn 48)

[310] Vgl. die Definition in den Richtlinien 2000/43/EG vom 29. 6. 2000 (AblEG 2000 Nr. L 180, S. 22) und 2000/78/EG vom 27. 11. 2000 (AblEG 2000 Nr. L 303, S. 16) - jeweils Art. 2 Abs. 2 b) - wonach eine mittelbare Diskriminierung vorliegt, wenn dem Anschein nach neutrale Vorschriften, Kriterien oder Verfahren Personen aufgrund eines der in Art. 13 EG genannten Gründe benachteiligen können, es sei denn, die betreffenden Vorschriften, Kriterien oder Verfahren sind durch ein rechtmäßiges Ziel sachlich gerechtfertigt, und die Mittel sind zur Erreichung dieses Ziels angemessen und erforderlich.

b) *Systematische Argumente* zur Behandlung mittelbarer Diskriminierungen lassen sich insbesondere aus der Rechtsprechung des Gerichtshofes zum allgemeinen Gleichheitssatz bzw. zu den besonderen Diskriminierungsverboten zahlreich entnehmen. Danach hat der EuGH mehrfach klargestellt, dass Art. 12 EG auch mittelbare Diskriminierungen erfasst.[311] Weiterhin verbietet der in Art. 39 EG (und in Art. 7 der Verordnung Nr. 1612/68[312]) niedergelegte Gleichbehandlungsgrundsatz auch alle versteckten Formen der Diskriminierung, die zwar unabhängig von der Staatsangehörigkeit gelten, aber im Wesentlichen oder ganz überwiegend Wanderarbeitnehmer betreffen oder von inländischen Arbeitnehmern leichter zu erfüllen sind als von Wanderarbeitnehmern.[313] Schließlich ist im Rahmen der auch in Art. 13 EG enthaltenen Diskriminierungsform „Geschlecht" eine Einbeziehung mittelbarer Diskriminierungen seit langem Regelungsgegenstand verschiedener Richtlinien[314] und Inhalt zahlreicher Entscheidungen des Gerichtshofes.[315] Eine Nichteinbeziehung mittelbarer Diskriminierungen bei Art. 13 EG wäre insofern ein nicht zu rechtfertigender Systembruch.

c) Für eine Einbeziehung materieller Diskriminierungen sprechen auch *teleologische Erwägungen* und das Effektivitätsprinzip, da der Anwendungsbereich der Bestimmung ansonsten durch Herausfallen zahlreicher, aufgrund ihrer indirekten, subtilen Art besonders gefährlicher Diskriminierungen zu stark eingeengt würde.[316]

---

311 Vgl. EuGH Rs. 22/80 vom 29. 10. 1980, Slg. 1980, 3427, 3436, Rdnr. 9 (Boussac ./. Gerstenmeier): „*Diese Bestimmung verbietet nicht nur offensichtliche Diskriminierungen aufgrund der Staatsangehörigkeit, sondern auch alle versteckten Formen der Diskriminierung, die durch die Anwendung anderer Unterscheidungsmerkmale tatsächlich zu dem gleichen Ergebnis führen.*"; ferner Rs. 313/86 vom 27. 9. 1988, Slg. 1988, 5391, 5423, Rdnr. 14 (Lenoir); Rs. C-398/92 vom 10. 2. 1994, Slg. I-467, 479, Rdnr. 14 (Mund & Fester)

312 Verordnung (EWG) Nr. 1612/68 vom 15. 10. 1968 über die Freizügigkeit der Arbeitnehmer in der Gemeinschaft; AblEG 1968 Nr. L 257/2; geändert durch Verordnung (EWG) Nr. 2434/92 vom 27. 7. 1992, AblEG 1992 Nr. L 245/1

313 EuGH Rs. C-237/94 vom 23. 5. 1996, Slg. 1996, I-2631, 2637, Rdnr. 17 ff. (O'Flynn ./. Adjudication Officer)

314 Vgl. z. B. Richtlinie vom 9. 2. 1976 zur Verwirklichung des Grundsatzes der Gleichbehandlung von Männern und Frauen, 76/207/EWG (AblEG 1976 Nr. L 39/40) und Richtlinie über die Beweislast bei Diskriminierungen aufgrund des Geschlechts, 97/80/EG vom 15. 12. 1997 (AblEG 1998 Nr. L 14/6)

315 Z. B. EuGH Rs. 96/80 vom 31. 3. 1981, Slg. 1981, 911, 925 ff., Rdnr. 9 ff. (Jenkins ./. Kingsgate) zur Teilzeitarbeit, wenn prozentual erheblich mehr Frauen teilzeitbeschäftigt sind; ferner Rs. 170/84 vom 13. 5. 1986, Slg. 1986, 1607, 1626 ff., Rdnr. 24 ff. (Bilka ./. Weber von Hartz)

316 Zu Recht beziehen deshalb die aufgrund Art. 13 EG erlassenen Richtlinien 2000/43/EG vom 29. 6. 2000 (AblEG 2000 Nr. L 180, S. 22) und 2000/78/EG vom 27. 11. 2000 (AblEG 2000 Nr. L 303, S. 16) auch *Belästigungen* erniedrigender Art in den Diskriminierungsbegriff

Art. 13 EG erlaubt deshalb auch Maßnahmen gegen indirekte Diskriminierungen.[317] [318]

4. Kausale und finale Diskriminierungen

Fraglich ist ferner, ob Art. 13 EG eine bestimmte Art der Herbeiführung einer Diskriminierung verlangt (kausal oder final).

Art. 13 EG gestattet Vorkehrungen gegen Diskriminierungen *aus Gründen* bestimmter Diskriminierungsformen. Im Rahmen des Art. 12 EG wird aus dieser Formulierung teilweise geschlossen, dass somit nur *zweckgerichtete* Diskriminierungen bekämpfungsfähig seien, da eine lediglich *kausale* Verknüpfung zwischen Rechtsakt und Diskriminierung auch rein zufällige Diskriminierungen einschließen würde.[319] Um dies zu vermeiden, sei ein finaler Zusammenhang erforderlich.[320] Aufgrund der insofern identischen Wortwahl stellt sich das Problem auch bei der Diskriminierungsbekämpfung nach Art. 13 EG.

Die Unterscheidung nach verschiedenen Arten einer Diskriminierungsherbeiführung ist im Rahmen des Art. 13 EG (als auch bei Art. 12 EG) nicht überzeugend und von Sinn und Zweck der Bestimmung nicht gedeckt. Art. 13 EG erfasst die Diskriminierungsbekämpfung als solche,

---

mit ein (jeweils Art. 2 Abs. 3), da es sich hier um eine besonders subtile und schwer angreifbare Benachteiligungsform handelt.

[317] So auch *Epiney*, in: Calliess/Ruffert, Kommentar EUV/EGV, Art. 13 EG, Rdnr. 7

[318] Dabei stellt sich allerdings die Frage nach der Bemessungsgrundlage der *gleichartigen diskriminierenden Wirkung* einer materiellen Diskriminierung. Diesbezüglich differiert die Rechtsprechung des EuGH: Zum einen hat er die Feststellung ausreichen lassen, dass die betreffende diskriminierende Vorschrift *geeignet* ist, einen wesentlich größeren Anteil der diskriminierten Gruppe (Wanderarbeiter) zu betreffen, sodass es einer genauen Feststellung nicht bedürfe (EuGH Rs. C-237/94 vom 23. 5. 1996, Slg. 1996, I-2631, 2637, Rdnr. 21 (O'Flynn ./. Adjudication Officer)). Zum anderen hat er jedoch die diskriminierende Wirkung einer Vorschrift davon abhängig gemacht, dass ein erheblich geringerer *Prozentsatz* der weiblichen Arbeitnehmer als der männlichen Arbeitnehmer vollzeitbeschäftigt ist, um eine mit der Teilzeitbeschäftigung verknüpfte Benachteiligung wegen des Geschlechts zu begründen (EuGH Rs. 96/80 vom 31. 3. 1981, Slg. 1981, 911, 925 ff., Rdnr. 13 (Jenkins ./. Kingsgate). Vorzugswürdig und dem Effektivitätsprinzip angemessen dürfte es sein, die *Geeignetheit* bzw. *Wahrscheinlichkeit* einer materiell diskriminierenden Wirkung ausreichen zu lassen, um Diskriminierungsschutz zu begründen (so *Allen*, in: Bekämpfung der Diskriminierungen, S. 81 f.).

[319] Vgl. *Reitmaier*, Inländerdiskriminierungen nach dem EWG-Vertrag, S. 47 ff.

[320] Wobei im Falle lediglich materieller Diskriminierungen ein objektiv vorhersehbarer Kausalverlauf als ausreichend angesehen wird; vgl. *Reitmaier*, Inländerdiskriminierungen nach dem EWG-Vertrag, S. 50.

d. h. *jede* Diskriminierung[321] aus den aufgezählten Diskriminierungsgründen. Insofern ist es gleichgültig, ob diese bewusst und zweckgerichtet oder rein zufällig herbeigeführt wurde. Art. 13 EG ist keine (Straf-) Vorschrift gegen unerwünschte Gesinnungen/Absichten/Zwecke, sondern will *ergebnisorientiert* bestehende Ungleichbehandlungen beseitigen, indem er diesbezügliche Maßnahmen dagegen erlaubt. Etwas anderes ließe sich auch nur schwerlich mit dem Effektivitätsprinzip vereinbaren. Art. 13 EG muss deshalb im Falle einer Diskriminierung stets und unabhängig von der Art ihrer Herbeiführung zur Anwendung kommen, sodass das Erfordernis einer Finalität abzulehnen ist.[322]

II. Rechtfertigung von Diskriminierungen

Liegt nach den vorbezeichneten Kriterien eine ungleiche Behandlung aus den in Art. 13 EG aufgezählten Gründen vor, ist es problematisch, ob und vor allem in welchem Umfang ggf. *Rechtfertigungsgründe* eingreifen können, die Maßnahmen durch den Rat im konkreten Fall ausschließen bzw. bereits erlassene Diskriminierungsverbote nicht zum Zuge kommen lassen. Diese Frage betrifft damit das generelle Problem, ob der Rat im Rahmen der Bestimmung zum Erlass *absoluter* oder (nur) *relativer* Verbotsnormen berechtigt ist.

1. Wortlaut und Entstehungsgeschichte

Wortlaut und Entstehungsgeschichte bieten für Rechtfertigungsmöglichkeiten im Zusammenhang mit Art. 13 EG zunächst keinerlei Anhaltspunkte. Regelungsgegenstand der Bestimmung ist die Bekämpfung von Ungleichbehandlungen, was zunächst einmal *jede* Diskriminierung aufgrund der beinhalteten Diskriminierungsmerkmale und nicht nur jede *ungerechtfertigte* Diskriminierung erfasst. Ein Hinweis auf den Rechtfertigungsgrund durch die entsprechend deutliche Formulierung der Rechtsgrundlage: „... *Vorkehrungen zu treffen, um ungerechtfertigte Diskriminierungen aus Gründen des Geschlechts ... zu bekämpfen*" ist unterblieben, obgleich der EGV an anderer Stelle derartige, klärende Zusatzbegriffe durchaus kennt.[323] Umgekehrt ist jedoch auch eine Klarstellung *gegen* Rechtfertigungsmöglichkeiten („... *jegliche Diskrimi-*

---

[321] Vgl. für Art. 12 EG *Zuleeg*, in: G/T/E, Handbuch des Europäischen Rechts, Art. 6 EGV, Rdnr. 5; *Epiney*, Umgekehrte Diskriminierungen, S. 101

[322] Der EuGH hat seit jeher kein Augenmerk auf diese Unterscheidung gelegt, vgl. ohne weitere Differenzierung EuGH Rs. C-175/88 vom 8. 5. 1990, Slg. 1990, I-1779, 1792, Rdnr. 11 ff. (Biehl); Rs. 152/73 vom 12. 2. 1974, Slg. 1974, 153, 164, Rdnr. 10 ff. (Sotgiu ./. Deutsche Bundespost); ferner *Epiney*, Umgekehrte Diskriminierungen, S. 102; *Zuleeg*, in: G/T/E, Handbuch des Europäischen Rechts, Art. 6 EGV, Rdnr. 5

[323] Vgl. Art. 30 EG „... .*zur willkürlichen Diskriminierung* ..."; dazu *Reitmaier*, Inländerdiskriminierungen nach dem EWG-Vertrag, S. 39

nierungen ...") nicht erfolgt. Eine Rechtfertigungs-möglichkeit des Verpflichteten gegenüber Maßnahmen des Rates könnte sich deshalb aus systematischen und teleologischen Erwägungen herleiten lassen.

2. Systematische Argumente

Systematische Ansatzpunkte zur Erörterung der Rechtfertigungsproblematik sind der durch den EuGH entwickelte und seit langem anerkannte allgemeine Gleichheitssatz sowie die zahlreichen besonderen Gleichheitssätzen des EG-Vertrags.

a) Der allgemeine Gleichheitssatz

Der („ungeschriebene") allgemeine Gleichheitssatz beinhaltet nach ständiger Rechtsprechung des EuGH nur ein sog. *relatives* Diskriminierungsverbot, sodass eine sachliche Rechtfertigung einer Ungleichbehandlung grundsätzlich möglich ist.[324] Der EuGH verwendet hierfür die Standardformulierung: „... *es sei denn, dass eine Differenzierung objektiv gerechtfertigt wäre.*"[325] An anderer Stelle erblickt er in einer Ungleichbehandlung nur dann einen Verstoß gegen das Diskriminierungsverbot, „... *wenn sie willkürlich erscheint* ..."[326] oder setzt eine Rechtfertigungsmöglichkeit ohne weitere Problematisierung voraus.[327] Auch im Schrifttum besteht über eine generelle Rechtfertigungsmöglichkeit im Rahmen des allgemeinen Gleichheitssatzes Konsens.[328]

b) Die besonderen Gleichheitssätze (Diskriminierungsverbote)

Besondere Diskriminierungsverbote sind im EG-Vertrag an zahlreichen Stellen enthalten.[329] Hinsichtlich einer Rechtfertigungsmöglichkeit seien beispielhaft die nachfolgenden behandelt:

---

[324] Dazu ausführlich und weiterführend *Mohn*, Der Gleichheitssatz im Gemeinschaftsrecht, S. 106 ff.; *Kischel*, EuGRZ 1997, S. 4 ff.

[325] EuGH verb. Rs. 117/76 und 16/77 vom 19. 10. 1977, Slg. 1977, 1753, 1770, Rdnr. 7 (Ruckdeschel ./. Hauptzollamt); Rs. 203/86 vom 20. 9. 1988, Slg. 1988, 4563, 4602, Rdnr. 25 (Spanien ./. Rat); Rs. 125/77 vom 25. 10. 1978, Slg. 1978, 1991, 2003, Rdnr. 25/27 (Koninklijke Scholten-Honig)

[326] EuGH Rs. 11/74 vom 11. 7. 1974, Slg. 1974, 877, 886, Rdnr. 22/23 (Minotiers de la Champagne ./. Frankreich), für den insoweit korrespondierenden Art. 34 Abs. 2 UAbs. 2 EGV

[327] Vgl. EuGH Rs. C-279/93 vom 14. 2. 1995, Slg. I-1995, 225, 259, Rdnr. 39 (Schumacher)

[328] Dazu *Kischel*, EuGRZ 1997, S. 1, 4; *Allen*, in: Bekämpfung der Diskriminierungen, S. 77, 81; *Bleckmann*, Europarecht, Rdnr. 111; *Oppermann*, Europarecht, Rdnr. 492

[329] Vgl. Art. 12 (Diskriminierungsverbot aus Gründen d. Staatsangehörigkeit), 34 Abs. 2 UAbs. 2 (Diskriminierungsverbot zw. Erzeugern und Verbrauchern); 28 (Verbot mengenmäßiger Einfuhrbeschränkungen); 29 (Verbot mengenmäßiger Ausfuhrbeschrän-

aa) Art. 34 Abs. 2 UAbs. 2 EG

Art. 34 Abs. 2 UAbs. 2 EG verbietet im Rahmen der gemeinsamen Organisation der Agrarmärkte jede Diskriminierung zwischen Erzeugern und Verbrauchern. Der EuGH hat hieraus ursprünglich den allgemeinen Gleichheitssatz dogmatisch entwickelt und festgestellt, dass es sich bei dem Verbot lediglich um einen „... *spezifischen Ausdruck des allgemeinen Gleichheitssatzes* ..." handelt,[330] sodass danach eine Ungleichbehandlung objektiv gerechtfertigt sein kann.[331] Insofern bestehen die gleichen Rechtfertigungsmöglichkeiten wie beim allgemeinen Gleichheitssatz.

bb) Art. 12 EG

Ob es gegenüber dem Diskriminierungsverbot aus Gründen der Staatsangehörigkeit Rechtfertigungsmöglichkeiten geben kann, ist seit langem eine heftig umstrittene Streitfrage.[332] Nach einer Ansicht ist Art. 12 EG als *absolutes Verbot* auszulegen, da es andernfalls gegenüber dem allgemeinen Gleichheitssatz keinen eigenständigen Anwendungsbereich mehr hätte.[333] Andere wollen zwischen *formellen* und *materiellen* Diskriminierungen unterscheiden und nur bei letzteren eine Rechtfertigungsmöglichkeit zugestehen.[334] Die wohl herrschende Meinung versteht auch Art. 12 EG als *besondere Ausprägung des allgemeinen Gleichheitssatzes*, was eine grundsätzliche Rechtfertigung nach dortigen Prinzipien ermögliche.[335] Obgleich im Ergebnis teilweise

---

kungen); 31 (staatliche Handelsmonopole); 39 Abs. 2 (Freizügigkeit); 43 (Niederlassungsfreiheit); 50 (Dienstleitungsfreiheit); 72 (Verkehrspolitik); 90 EG (Abgabengleichheit)

[330] EuGH verb. Rs. 117/76 und 16/77 vom 19. 10. 1977, Slg. 1977, 1753, 1770, Rdnr. 7 (Ruckdeschel ./. Hauptzollamt); verb. Rs. 124/76 und 20/77 vom 19. 10. 1977, Slg. 1977, 1795, 1812, Rdnr. 14/17 (Moulins Pont-À-Mousson)

[331] EuGH verb. Rs. 117/76 und 16/77 vom 19. 10. 1977, Slg. 1977, 1753, 1770, Rdnr. 7 (Ruckdeschel ./. Hauptzollamt); weiterführend *Kischel*, EuGRZ 1997, S. 1, 3

[332] Dazu umfassend *Epiney*, Umgekehrte Diskriminierungen, S. 93 ff. m.w.N.; *Epiney*, in: Calliess/Ruffert, Kommentar EUV/EGV, Art. 12 EG, Rdnr. 37 ff.; *Kischel*, EuGRZ 1997, S. 1, 5; *Reitmaier*, Inländerdiskriminierungen nach dem EWG-Vertrag, S. 34 ff.; *Zuleeg*, in: G/T/E, Handbuch des Europäischen Rechts, Art. 6 EGV, Rdnr. 1 ff.; *Holoubek*, in: Schwarze, EU-Kommentar, Art. 12 EG, Rdnr. 52 ff.; *Bleckmann*, Europarecht, Rdnr. 1742 ff.

[333] Vgl. *Reitmaier*, Inländerdiskriminierungen nach dem EWG-Vertrag, S. 41 ff.: „*Vom Sinn und Zweck der Integration und den Erfordernissen eines Gemeinsamen Marktes her kann deshalb eine unterschiedliche Behandlung aus Gründen der Staatsangehörigkeit nicht durch sachliche Gründe gerechtfertigt werden, sondern nur in den vom Vertrag selbst anerkannten Ausnahmefällen Platz greifen.*" (S. 44 oben); ferner *Feige*, Der Gleichheitssatz im Recht der EWG, S. 44 ff.; *Holoubek*, in: Schwarze, EU-Kommentar, Art. 12 EG, Rdnr. 53 ff.

[334] Nachweise bei *Epiney*, in: Calliess/Ruffert, Kommentar EUV/EGV, Art. 12 EG, Rdnr. 41

[335] So im Ergebnis *Epiney*, Umgekehrte Diskriminierungen, S. 93 ff. m.w.N.; *Epiney*, in: Calliess/Ruffert, Kommentar EUV/EGV, Art. 12 EG, Rdnr. 37 ff.; *Kischel*, EuGRZ 1997, S.

unterschiedlich interpretiert[336], hat der EuGH zu diesem Problem mehrfach in letzterem Sinne Stellung bezogen.[337] Dem ist zuzustimmen, da Art. 12 EG nur besagt, dass eine Ungleichbehandlung nicht *allein* auf das Kriterium der Staatsangehörigkeit gestützt werden darf, was jedoch *andere*, sachlich gerechtfertigte Erwägungen, gerade nicht ausschließt.[338] Die erforderliche Abgrenzung zum allgemeinen Gleichheitssatz lässt sich ggf. durch einen unterschiedlichen Rechtfertigungs*maßstab* bewerkstelligen.[339] Art. 12 EG enthält demgemäß nur ein *relatives* Diskriminierungsverbot.

cc) Art. 141 EG

Im Rahmen der Gleichbehandlung aufgrund des Geschlechts gem. Art. 141 EG hat der EuGH bei *mittelbaren* Diskriminierungen eine Rechtfertigungsmöglichkeit ausdrücklich anerkannt,[340] bei *formellen* Diskriminierungen dagegen noch keine Stellung bezogen.[341] Daraus wird teilweise geschlossen, dass insofern von einem absoluten Verbot auszugehen sei.[342] Mit der wohl überwiegenden Ansicht ist eine derartige Differenzierung aufgrund einer ergebnisorientierten Betrachtungsweise

---

1, 5; *Zuleeg*, in: G/T/E, Handbuch des Europäischen Rechts, Art. 6 EGV, Rdnr. 1 ff; *Ehlers*, NVwZ 1990, S. 810, 811; *Bleckmann*, Europarecht, Rdnr. 1743 ff.

336 Nach *Reitmaier*, Inländerdiskriminierungen nach dem EWG-Vertrag, S. 43 ist hiervon lediglich die Abgrenzung zwischen formellen und materiellen Diskriminierungen betroffen.

337 EuGH Rs. 147/79, Slg. 1980, 3005, 3019, Rdnr. 7 (Hochstrass ./. Gerichtshof) „*...das Verbot der Diskriminierung aus Gründen der Staatsangehörigkeit stellt lediglich eine besondere Ausformung* ... [des allgemeinen Gleichheitssatzes] ... *dar .... untersagt es dem Gemeinschaftsgesetzgeber jedoch nicht, objektiv unterschiedliche Bedingungen oder Gegebenheiten .... zu berücksichtigen.*“; Rs. 810/79 vom 8. 10. 1980, Slg. 1980, 2747, 2764 f., Rdnr. 16 (Überschär ./. BfA); Rs. C-398/92 vom 10. 2. 1994, Slg. 1994, I-467, 479, Rdnr. 17 (Mund & Fester); indirekt Rs. 22/80 vom 29. 10. 1980, Slg. 1980, 3427, 3436 f., Rdnr. 9 ff. (Boussac ./. Gerstenmeier)

338 So zu Recht *Epiney*, Umgekehrte Diskriminierungen, S. 96

339 So *Kischel*, EuGRZ 1997, S. 1, 5 f., der generell einen *bereichsspezifischen, abgestuften Prüfungsmaßstab* analog der Rechtsprechung des BVerfG zu Art. 3 GG zwischen allgemeinen und besonderen Gleichheitssätzen anwenden will.

340 EuGH Rs. 170/84 vom 13. 5. 1986, Slg. 1986, 1607, 1627, Rdnr. 30 ff. (Bilka) „*Ist das Unternehmen jedoch in der Lage darzulegen, dass seine Lohnpolitik auf Faktoren beruht, die objektiv gerechtfertigt sind und nichts mit einer Diskriminierung aufgrund des Geschlechts zu tun haben, so liegt keine Verletzung des Art. 119* [=Art. 141 EG] *vor.*“; Rs. C-400/93 vom 31. 5. 1995, Slg. 1995, I-1275, 1312, Rdnr. 41 (Royal Copenhagen); Rs. C-127/92 vom 27. 10. 1993, Slg. 1993, I-5535, 5572, Rdnr. 14 (Enderby); Rs. C-33/89 vom 27. 6. 1990, Slg. 1990, I-2591, 2612, Rdnr. 16 (Kowalska)

341 Vgl. *Krebber*, in: Calliess/Ruffert, Kommentar EUV/EGV, Art. 141 EG, Rdnr. 61

342 Nachweise bei *Krebber*, in: Calliess/Ruffert, Kommentar EUV/EGV, Art. 141 EG, Rdnr. 61

abzulehnen.[343] Es kann letztlich keinen Unterschied bedeuten, ob eine Ungleichbehandlung direkt oder nur auf mittelbare, subtile Weise herbeigeführt wird. Das weitgehend identische Resultat kann hierbei nicht im offensichtlichen Falle strikt verboten, ansonsten aber u. U. gerechtfertigt sein.[344] Erforderlich ist vielmehr eine Sichtweise, welche das Unterscheidungsmerkmal „Geschlecht" *einheitlich* betrachtet, ansonsten aber unabhängig davon bestehende, sachgerechte Erwägungen zulässt.[345] Damit ist auch im Falle des Art. 141 EG eine grundsätzliche Rechtfertigungsmöglichkeit anzuerkennen.[346]

c) Schlussfolgerungen für Art. 13 EG

Fraglich ist, ob und inwieweit sich Art. 13 EG als Ermächtigungsgrundlage für Antidiskriminierungsmaßnahmen in diese, vom EuGH entwickelte Systematik aus allgemeinem Gleichheitssatz und den besonderen Diskriminierungsverboten (Gleichheitssätzen) einfügt. Ist diesbezüglich eine systematische Integration der Bestimmung zu befürworten, wäre aufgrund des Harmonisierungsgedankens[347] eine homogene Auslegung sachdienlich.

aa) Rechtfertigungsmöglichkeit gegenüber Maßnahmen gem. Art. 13 EG („ob")

Es stellt sich somit die Frage, ob auch Art. 13 EG als spezifische Ausprägung des allgemeinen Gleichheitssatzes anzuerkennen ist. Trifft dies zu, wäre eine generelle Rechtfertigungsmöglichkeit gegenüber diesbezüglichen Antidiskriminierungsmaßnahmen naheliegend.

Art. 13 EG ist seiner Rechtsnatur nach zunächst *kein besonderer Gleichheitssatz* (Diskriminierungsverbot), da die hierfür erforderliche unmittelbare Anwendbarkeit der Bestimmung fehlt.[348] Ein ihm zugrundeliegendes, *unmittelbar* wirkendes und ungeschriebenes Diskrimi-

---

[343] Vgl. *Kischel*, EuGRZ 1997, S. 1, 4 f.; *Krebber*, in: Calliess/Ruffert, Kommentar EUV/EGV, Art. 141 EG, Rdnr. 61; *Oppermann*, Europarecht, Rdnr. 1665; *Streinz*, Europarecht, Rdnr. 913; *Bleckmann*, Europarecht, Rdnr. 2536 ff.

[344] So zurecht *Kischel*, EuGRZ 1997, S. 1, 4 f.; *Krebber*, in: Calliess/Ruffert, Kommentar EUV/EGV, Art. 141 EG, Rdnr. 61

[345] Damit steht auch z. B. die Richtlinie 76/207/EWG vom 9. 2. 1976 im Einklang, die ausdrücklich Ausnahmen vom Diskriminierungsverbot normiert (vgl. Art. 2 Abs. 2-4 RL).

[346] Demzufolge stellt auch Art. 141 EG eine besondere Ausprägung des allgemeinen Gleichheitssatzes dar.

[347] Vgl. Bleckmann, Europarecht, Rdnr. 542

[348] Dazu ausführlich oben Teil 1, C.

nierungsverbot aus den aufgeführten Merkmalen ist gleichfalls im Ergebnis abzulehnen.[349]

Art. 13 EG dient jedoch *mittelbar* wie ein (besonderes) Diskriminierungsverbot dem Zweck der Sicherstellung einer Gleichbehandlung von Personen.[350] Die erforderliche Spezialität der Regelung ergibt sich daraus, dass die Gleichbehandlung nur nach *bestimmten* personengebundenen Differenzierungskriterien gewährleistet werden soll. Insofern stellt die Bestimmung ungeachtet ihrer nur mittelbaren Rechtswirkung im Ergebnis wie die anerkannten Diskriminierungsverbote eine spezifische Ausprägung des allgemeinen Gleichheitssatzes dar.[351]

Der systematische Zusammenhang innerhalb des Komplexes der Gleichheitssätze des EGV ergibt die Notwendigkeit[352] für Rechtfertigungsmöglichkeiten auch gegenüber den Differenzierungskriterien des Art. 13 EG.[353] Die Berücksichtigung sachgerechter Erwägungen ist unabdingbar, um unerwünschten Ergebnissen im Einzelfall zu begegnen.[354] Es wäre systematisch kaum einsichtig, wenn Handlungen, welche gegen das für den EGV wesentliche Diskriminierungsverbot des Art. 12 EG („*magna charta*") oder den Entgeltgleichheitsgrundsatz gem. Art. 141 EG verstoßen, grundsätzlich rechtfertigbar wären, im Rahmen von Vorkehrungen gem. Art. 13 EG Rechtfertigungsmöglichkeiten jedoch nicht bestünden, zumal Art. 141 EG seinerseits eine besondere Bestimmung zu letzterer beinhaltet. Dies gilt mit der vorgenannten,

---

349 Vgl. oben Teil 1, C. II. 2. b) cc)

350 Die Bestimmung ermöglicht u. a. den Erlass sekundärrechtlicher Diskriminierungsverbote zu Gunsten der betroffenen Personen. Die lediglich indirekte Erreichung dieses Ziels rechtfertigt keine grundlegend andere Betrachtungsweise im Rahmen des allgemeinen Gleichheitssatzes.

351 So im Ergebnis auch *Robbers*, KuR 1999, S. 87, 88

352 Dies folgt aus der inhaltlichen Einheit der Gleichheitssätze und der diesbezüglichen Notwendigkeit zur einheitlichen Behandlung von allgemeinem und besonderem Gleichheitssatz; vgl. *Kischel*, EuGRZ 1997, S. 1, 4.

353 Dem entspricht die ganz herrschende Sichtweise bei der hinsichtlich ihrer Differenzierungskriterien verwandten Vorschrift des Art. 14 EMRK, wonach eine Diskiminierung nur dann vorliegt, wenn die Unterscheidung eines objektiven und angemessenen Rechtfertigungsgrundes entbehrt und/oder zwischen den eingesetzten Mitteln und dem angestrebten Ziel kein angemessenes Verhältnis besteht; vgl. *Peukert*, in: Frowein/Peukert, Europäische Menschenrechtskonvention, Art. 14, Rdnr. 17.

354 Dieses Ergebnis stützt auch die Standardformulierung des EuGH für das Merkmal „Geschlecht" im Rahmen des Art. 141 EG: „*...es sei denn, das Unternehmen legt dar, dass diese Maßnahme auf Faktoren beruht, die objektiv gerechtfertigt sind und nichts mit einer Diskriminierung aufgrund des Geschlechts zu tun haben.*", vgl. EuGH Rs. 170/84 vom 13. 5. 1986, Slg. 1986, 1607, 1627, Rdnr. 31 (Bilka ./. Weber von Hartz); Rs. 171/88 vom 13. 7. 1989, Slg. 1989, 2743, 2761, Rdnr. 14 (Rinner-Kühn)

ergebnisorientierten Betrachtungsweise auch unabhängig davon, ob formelle oder materielle Diskriminierungen bekämpft werden.[355]
Dem Grunde nach sind deshalb Rechtfertigungsmöglichkeiten auch gegenüber Antidiskriminierungsmaßnahmen nach Art. 13 EG anzuerkennen. Demzufolge können nur diejenigen Diskriminierungen hiernach bekämpft werden, die eine *ungerechtfertigte,* benachteiligende Ungleichbehandlung darstellen. Der Rat ist demzufolge stets auch nur zum Erlass *relativer* (sekundärrechtlicher) Diskriminierungsverbote berechtigt, die einer Rechtfertigung aus sachdienlichen Gründen grundsätzlich offenstehen müssen.

bb) Rechtfertigungsmaßstab bei Maßnahmen gem. Art. 13 EG („wie")

Bestehen danach grundsätzlich Möglichkeiten zur Rechtfertigung hinsichtlich der Diskriminierungsformen des Art. 13 EG, schließt sich die Frage an, welcher *Rechtfertigungsmaßstab* zugrundezulegen ist.

(1) Rechtfertigungsmaßstäbe des EuGH

Der EuGH hat im Rahmen seiner langjährigen, umfangreichen Rechtsprechung zu den Gleichheitssätzen unterschiedliche Maßstäbe für eine Rechtfertigung von Ungleichbehandlungen entwickelt. Dabei geht er zumeist vom zentralen Begriff der „objektiven Rechtfertigung"[356] aus, den er in Einzelfällen durch den Begriff der „fehlenden Willkür"[357] ersetzt. Beide Begriffe dürften jedoch synonym zu verstehen sein.[358] Im Falle des Art. 141 Abs. 1 EG verlangt er für eine Rechtfertigung darüber hinaus, dass die gewählten Mittel „... *einem wirklichen Bedürfnis des Unternehmens dienen und für die Erreichung dieses Ziels geeignet und*

---

[355] Dazu Teil 1, D. I. 3.

[356] Vgl. für den *allgemeinen Gleichheitssatz*: EuGH verb. Rs. 117/76 und 16/77 vom 19. 10. 1977, Slg. 1977, 1753, 1770, Rdnr. 7 (Ruckdeschel ./. Hauptzollamt); Rs. 203/86 vom 20. 9. 1988, Slg. 1988, 4563, 4602, Rdnr. 25 (Spanien ./. Rat); Rs. 125/77 vom 25. 10. 1978, Slg. 1978, 1991, 2003, Rdnr. 25/27 (Koninklijke Scholten-Honig); für *Art. 12 EG*: EuGH Rs. 147/79, Slg. 1980, 3005, 3019, Rdnr. 7 (Hochstrass ./. Gerichtshof); Rs. 810/79 vom 8. 10. 1980, Slg. 1980, 2747, 2764 f., Rdnr. 16 (Überschär ./. BfA); für *Art. 141 EG*: EuGH Rs. 170/84 vom 13. 5. 1986, Slg. 1986, 1607, 1627, Rdnr. 31 (Bilka ./. Weber von Hartz); Rs. 171/88 vom 13. 7. 1989, Slg. 1989, 2743, 2760, Rdnr. 12 (Rinner-Kühn); Rs. 96/80 vom 31. 3. 1981, Slg. 1981, 911, 925, Rdnr. 11 (Jenkins ./. Kingsgate)

[357] z. B. EuGH Rs. 11/74 vom 11. 7. 1974, Slg. 1974, 877, 886, Rdnr. 22/23 (Minotiers de la Champagne ./. Frankreich)

[358] *Kischel*, EuGRZ 1997, S. 1, 5 m. w. N.
Das Vorliegen von (unzulässiger) Willkür wird deshalb mit dem Fehlen eines sachlichen Grundes gleichgesetzt (vgl. für d. insoweit vergleichbaren Art. 3 Abs. 1 GG *Herzog*, in: Maunz/Dürig, Grundgesetz, Anh. Art. 3 GG, Rdnr. 3).

erforderlich sind ..."[359] oder „*...einem notwendigen Ziel* ... [der] ... *Sozialpolitik dienen und für die Erreichung dieses Ziels geeignet und erforderlich sind....*"[360] Die Prüfungskompetenz der Rechtfertigungskriterien wird uneinheitlich beurteilt und teils den nationalen Gerichten zugewiesen, teils aber auch vom EuGH selbst wahrgenommen.[361]
Eine Definition der einzelnen Rechtfertigungsbegriffe ist bisher allerdings unterblieben. Teilweise wird hinsichtlich der Rechtfertigungsmöglichkeiten ein weiter Beurteilungsspielraum des Gesetzgebers anerkannt.[362] Angesichts näherer Konkretisierungen im Bereich der Geschlechterdiskriminierungen („*wirkliches Bedürfnis*") sowie der Bezugnahme auf den Grundsatz der Verhältnismäßigkeit („*geeignet und erforderlich*") kann aber die Tendenz abgeleitet werden, dass Ungleichbehandlungen hier strenger zu handhaben und mithin seltener rechtfertigbar sind, als z. B. beim allgemeinen Gleichheitssatz, der im Grunde wohl nur ein Willkürverbot aufstellt.

(2) Anpassung der Rechtfertigungsmaßstäbe an die Art des Differenzierungskriteriums

Die im EG-Vertrag enthaltenen spezifischen Ausprägungen des (ungeschriebenen) allgemeinen Gleichheitssatzes knüpfen an die unterschiedlichsten Differenzierungskriterien an. Die Spannbreite reicht dabei von *rein wirtschaftlichen Kriterien* im Rahmen der Gemeinsamen Organisation der Agrarmärkte (Art. 34 Abs. 2 UAbs. 2 EG) bis hin zu den *personenbezogenen Merkmalen* der Art. 13 und 141 EG, die außerhalb einer Beeinflussungsmöglichkeit durch den Betroffenen stehen. Setzt man die verschiedenen Differenzierungskriterien hinsichtlich ihrer Rechtfertigungserfordernisse ins Verhältnis, so drängt sich die Notwendigkeit auf, dass die Gründe für eine Rechtfertigung von Ungleichbehandlungen um so strenger gehandhabt werden müssen, je *enger* sich das Differenzierungskriterium an personenbezogene, nicht abänderliche

---

[359] EuGH Rs. 170/84 vom 13. 5. 1986, Slg. 1986, 1607, 1628, Rdnr. 36 (Bilka ./. Weber von Hartz)

[360] EuGH Rs. 171/88 vom 13. 7. 1989, Slg. 1989, 2743, 2761, Rdnr. 14 (Rinner-Kühn)

[361] EuGH Rs. 170/84 vom 13. 5. 1986, Slg. 1986, 1607, 1628, Rdnr. 36 (Bilka ./. Weber von Hartz); *Krebber*, in: Calliess/Ruffert, Kommentar EUV/EGV, Art. 141 EG, Rdnr. 62

[362] Für das Gebiet der Gemeinsamen Agrarpolitik EuGH verb. Rs. C-267/88 bis C-285/88 vom 21. 2. 1990, Slg. 1990, I-435, 481, Rdnr. 14 (Wuidart u. a.), wonach eine Beurteilung nur dann beanstandet werden kann, wenn sie „offensichtlich irrig" erscheint

Merkmale annähert.[363] Im deutschen Verfassungsrecht ist dies seit langem anerkannt und ständige Rechtsprechung des BVerfG.[364] Im Europarecht fehlt dagegen eine solche übergreifende Systematik der Gleichheitssätze, wohl weil sich mangels entsprechender Gemeinschaftskompetenzen das Problem – abgesehen vom Merkmal „Geschlecht" – bisher kaum stellte und der apodiktische Entscheidungsstil des Gerichtshofes im übrigen meist wenig Spielraum für dogmatische Feinheiten belässt. Im Zuge der fortschreitenden Integration der Gemeinschaft und der damit verbundenen verstärkten Inkludierung grundrechtsrelevanter Regelungen in den EGV sollte das Problem jedoch künftig einer adäquaten Lösung zugeführt werden.

Kischel[365] plädiert in diesem Zusammenhang dafür, den Rechtfertigungsmaßstab vom jeweils angewendeten Gleichheitssatz zu lösen und statt dessen eine nach der *Art des Differenzierungskriteriums* unterscheidende, bereichsspezifische Prüfungsfolge analog der Rechtsprechung des BVerfG auch im Europarecht anzuwenden.[366] Dieses verknüpft die Anforderungen an die verfassungsrechtliche Rechtfertigung mit der Intensität, mit der eine Ungleichbehandlung die jeweils Betroffenen beeinträchtigt: Die Rechtfertigungsanforderungen wachsen dabei, je mehr das Kriterium der Ungleichbehandlung einem der in Art. 3 Abs. 3 GG aufgeführten Kriterien ähnelt, je weniger der Betroffene das Kriterium der Ungleichbehandlung beeinflussen kann und je mehr die Ungleichbehandlung den Gebrauch grundrechtlich geschützter Freiheiten erschwert.[367] Je nach Intensitätsgrad ermittelt sich danach ein spezifisches Anforderungsprofil, welches vom bloßen Willkürverbot bis hin zur strengen Verhältnismäßigkeitsprüfung reicht.[368]

Eine Übertragung dieser Grundsätze auf die europarechtlichen Gleichheitssätze ist zumindest bei den Differenzierungskriterien des Art. 13 EG, die *angeborene bzw. unabänderliche Merkmale von*

---

[363] Für das deutsche Recht und den bezüglich seiner Differenzierungskriterien ähnlichen Art. 3 GG vgl. z. B. *Jarass*, in: Jarass/Pieroth, GG, Art. 3 GG, Rdnr. 15; 78

[364] Nachweise bei *Jarass*, in: Jarass/Pieroth, GG, Art. 3 GG, Rdnr. 17 ff.; *Pieroth/Schlink*, Staatsrecht II, Rdnr. 438 ff.

[365] *Kischel*, EuGRZ 1997, S. 1 ff.

[366] Dies wird u. a. mit der Grundstruktur des Gleichheitssatzes und einer diesbezüglichen gemeineuropäischen Kulturgemeinschaft und Rechtsüberzeugung begründet; vgl. *Kischel*, EuGRZ 1997, S. 1, 5 f. m. w. N.

[367] Vgl. *Pieroth/Schlink*, Staatsrecht II, Rdnr. 438 m. w. N.

[368] Vgl. *Pieroth/Schlink*, Staatsrecht II, Rdnr. 438 ff.

Individuen betreffen, systematisch überzeugend. Zur Gewährleistung der Menschenrechte ist es erforderlich, Ungleichbehandlungen in diesem Bereich nur durch entsprechend verschärfte Rechtfertigungsmaßstäbe in eng umgrenzten Ausnahmefällen (doch) zuzulassen und den Kernbereich der Individualität eines Menschen unabhängig von der eingreifenden Rechtsnorm besonders zu schützen.[369] Dies sollte – wie im deutschen Recht – anhand einer *strengen Verhältnismäßigkeitsprüfung* erfolgen und sicherstellen, dass nicht bereits jeder objektiv sachliche Grund zur Rechtfertigung personenbezogener Diskriminierungen ausreicht. Einer strengen Handhabung des Rechtfertigungsmaßstabes entsprechen auch die neuen Zielbestimmungen Art. 2 EG (Gleichstellung von Männern und Frauen) und Art. 3 Abs. 2 EG (Beseitigung von Ungleichheiten und Förderung der Gleichstellung von Männern und Frauen), die andernfalls leicht ausgehöhlt und unterwandert werden könnten.

(3) Konkreter Rechtfertigungsmaßstab für Maßnahmen gem. Art. 13 EG

Zur Festlegung eines geeigneten Rechtfertigungsmaßstabes gegenüber Ungleichbehandlungen wegen der in Art. 13 EG genannten Kriterien sind zunächst die vom EuGH entwickelten Rechtfertigungsgrundsätze für die Diskriminierung aus Gründen des Geschlechts gem. Art. 141 Abs. 1 EG heranzuziehen. Diese Kriterien – „wirkliches Bedürfnis" oder „notwendiges Ziel" – können in Anlehnung an die sog. neue Formel des BVerfG[370] zu Art. 3 GG im Sinne einer *gesteigerten Verhältnismäßigkeitsprüfung* angewendet und weiterentwickelt werden. Unter Beachtung des Schutzzwecks des Art. 13 EG sollten Ungleichbehandlungen wegen seiner personenbezogenen Differenzierungskriterien im Rahmen der Verhältnismäßigkeitsprüfung folglich nur dann gerechtfertigt sein, *wenn sie zwingend erforderlich*[371] *sind, um ein legitimes (Vertrags-) Ziel zu erreichen und die benachteiligten Individuen nicht unangemessen belasten.*[372] Dieser Maßstab sollte einheitlich auf alle

---

369 Vgl. *Kischel*, EuGRZ 1997, S. 1, 6

370 Dazu ausführlich *Herzog*, in: Maunz/Dürig, Grundgesetz, Anh Art. 3 GG, Rdnr. 6 ff. m. w. N.; *Jarass*, in: Jarass/Pieroth, GG, Art. 3 GG, Rdnr. 19; *Pieroth/Schlink*, Staatarecht II, Rdnr. 440 ff.

371 Vgl. dazu BVerfGE 85, 191/207 (Nachtarbeitsverbot)

372 Nach der Rspr. des BVerfG müssen die Differenzierungsgründe von solcher Art und solchem Gewicht sein, dass sie die ungleichen Rechtsfolgen rechtfertigen können; vgl. BVerfGE 98, 1/12; 91, 389/401; 88, 87/97; 87, 234/255; 55, 72/88. Ferner müssen die Ungleichbehandlung und der sie rechtfertigende Grund in einem angemessenen Verhältnis zueinander stehen; vgl. BVerfGE 82, 126/146; 85, 238/245

Differenzierungskriterien des Art. 13 EG angewendet werden.[373] Die hier im Anschluss an *Kischel* vertretene Kopplung des Rechtfertigungsmaßstabes an das personenbezogene Unterscheidungskriterium lässt darüber hinaus die Anwendung des strengen Maßstabes nicht nur auf Vorkehrungen nach Art. 13 EG, sondern gleichermaßen auf seine besonderen Bestimmungen als zweckdienlich und erforderlich erscheinen.[374]

Im Rahmen der Handhabung des Rechtfertigungsmaßstabs ist allerdings die Rechtsnatur des Art. 13 EG als Ermächtigungsgrundlage relativierend zu berücksichtigen. Solange der Gerichtshof nicht im Wege der Rechtsfortbildung die unmittelbare Anwendbarkeit der Bestimmung anerkennt, könnte der hier vorgeschlagene, strenge Rechtfertigungsmaßstab freilich nur dann zur Anwendung kommen, wenn der Rat gem. Art. 13 EG *echte sekundärrechtliche Diskriminierungsverbote* erlässt, die insgesamt oder in Teilbereichen *keine* spezielle Aussage hinsichtlich ihrer Rechtfertigungsmöglichkeiten treffen.
In allen anderen Fällen obliegt es dagegen seiner Disposition, „weichere" Rechtfertigungsmaßstäbe für (ausgewählte) Ungleichbehandlungen zu bestimmen.[375] Dies ergibt sich aus dem weiten Entschließungs- und Auswahlermessen, das ihm Art. 13 EG als „bloße" Ermächtigungsgrundlage einräumt.[376] Im Zweifel dürfte aufgrund der Bedeutung seiner Schutzgüter aber eine *enge Auslegung* des sekundärrechtlich aufgestellten Rechtfertigungsmaßstabs geboten sein.

3. Teleologische Argumente

Die vorstehenden systematischen Überlegungen zu Rechtfertigungsmöglichkeit und Rechtfertigungsmaßstab für Vorkehrungen des Rates

---

373 Insofern handelt es sich bei den aufgezählten Diskriminierungsformen des Art. 13 EG um einheitlich zu betrachtende und gleichermaßen in den *Kern der Individualität* eingreifende Kriterien.

374 Vgl. *Kischel*, EuGRZ 1997, S. 1, 6 – Eine Diskriminierung aus Gründen des Geschlechts kann im Falle einer Anwendbarkeit des Art. 141 EG nicht anders beurteilt werden, als wenn Sekundärmaßnahmen nach Art. 13 EG schützend eingreifen. In beiden Fällen liegt im Ergebnis die gleiche Diskriminierung vor, die auch gleiche Rechtfertigungsmaßstäbe verlangt.

375 So auch *Zuleeg*, in: Bekämpfung der Diskriminierungen, S. 104, 105

376 Eine echte Handlungsverpflichtung im Rechtssinne zum Tätigwerden oder zum Erlass „scharfer Waffen" enthält Art. 13 EG eben gerade nicht („kann"). In Grenzfällen könnte allerdings wegen Art. 3 Abs. 2 EG eine *Ermessensreduktion auf Null* i. S. eines Handlungs*gebots* gegeben sein; vgl. *Schmidt am Busch*, BayVBl 2000, S. 737, 740.

gem. Art. 13 EG können durch teleologische Argumente bekräftigt werden. Dem Sinn des Art. 13 EG als einer mittelbaren Ausprägung des allgemeinen Gleichheitssatzes entspricht es, Diskriminierungen gerade dort bekämpfen zu wollen, wo diese mangels Rechtfertigung nicht zu einem hinnehmbaren Ergebnis führen. Bestehen allerdings objektiv sachliche Gründe für eine Differenzierung (aufgrund anderer Erwägungen), muss diese im Interesse der Wahrung gewisser Handlungsspielräume von Gemeinschaftsorganen, Mitgliedstaaten sowie Privaten akzeptiert werden. Zweck der Gleichbehandlungsbestrebungen der Gemeinschaft ist keine undifferenzierte „egalitäre Tyrannei“,[377] sondern die intensivierte Partizipation aller Unionsbürger am Gemeinsamen Markt und die damit verbundene Nutzung aller menschlichen Ressourcen. Um einer Aushöhlung der wichtigen, personengebundenen Schutzgüter der Bestimmung entgegenzuwirken und die hiermit verbundenen Vertragsziele zu erreichen, ist es jedoch notwendig, anders als beim allgemeinen Gleichheitssatz an die Zulässigkeit einer Ungleichbehandlung grundsätzlich strengere Anforderungen zu stellen. Werden deshalb sekundärrechtliche Diskriminierungsverbote erlassen, sollten nach Sinn und Zweck des Art. 13 EG hiervon erfasste Ungleichbehandlungen an sich gleichzubehandelnder Sachverhalte nur dann gerechtfertigt sein, wenn die Differenzierung im Rahmen einer strengen Verhältnismäßigkeitsprüfung zwingend erforderlich erscheint.

III. Die einzelnen Diskriminierungsformen des Art. 13 EG

Art. 13 EG enthält eine *abschließende* Aufzählung namentlich aufgeführter Diskriminierungsformen (Differenzierungskriterien).[378] Dies wird deutlich, wenn man die Vorschrift des Art. 14 EMRK heranzieht[379] und die Entstehungsgeschichte der Bestimmung betrachtet.[380] Weiterhin stellt Art. 13 EGV *keine Rangfolge oder Priorität* zwischen den einzelnen genannten

---

[377] Vgl. *Heinig*, in: Haratsch u.a., Religion und Weltanschauung im säkularen Staat, S. 216

[378] So die ganz herrschende Meinung, vgl. *Koukoulis-Spiliotopoulos*, in: Bekämpfung der Diskriminierungen, S. 110; *Holoubek*, in: Schwarze, EU-Kommentar, Art. 13 EG, Rdnr. 13; *Epiney*, in: Calliess/Ruffert, Kommentar EUV/EGV, Art. 13 EG, Rdnr. 7

[379] Art. 14 EMRK lautet: „*... ist ohne Benachteiligung zu gewährleisten, die insbesondere im Geschlecht, in der Rasse ....*“

[380] Die Aufzählung der Diskriminierungsformen, die gem. Art. 13 EG bekämpft werden sollen, wurde im Verlauf der Entstehungsgeschichte geändert (gestrichen wurde die Diskriminierungsform „*soziale Herkunft*“; erweitert wurde die Diskriminierungsform „*Religion*“ in „*Religion oder der Weltanschauung*“).

Kriterien auf.[381] Angesichts des Schutzzwecks der Bestimmung ist generell eine *weite Auslegung des jeweiligen Differenzierungskriteriums* geboten.

Generell lassen sich die personenbezogenen Merkmale des Art. 13 EG in *zwei Gruppen* einteilen: Zum einen diejenigen, die einen Menschen schon von Geburt an charakterisieren (Geschlecht, Rasse, ethnische Herkunft) oder gleichsam unabänderlich auch im Verlauf des Lebens eintreten können (Behinderung) bzw. an den natürlichen Lebensprozess direkt gekoppelt sind (Alter) und zum anderen diejenigen, die zwar theoretisch einer Disposition unterliegen können, letztlich aber aufgrund einer den Kern der Persönlichkeit berührenden Wahl (Religion, Weltanschauung) bzw. natürlichen Vorgabe (sexuelle Ausrichtung) in vergleichbarer Intensität einen Menschen prägen. Bei ersteren, schicksalsgegebenen Merkmalen ist Schutzgut von Antidiskriminierungsmaßnahmen deshalb die *Freiheit eines Individuums, anders zu sein*, bei letzteren dagegen die (Entscheidungs-)*Freiheit, trotz grundsätzlicher Anpassungsmöglichkeit anders zu bleiben.*[382]

Im Folgenden werden die einzelnen Diskriminierungsmerkmale, hinsichtlich derer Art. 13 EG geeignete Vorkehrungen gestattet, in gebotener Kürze dargestellt:

1. Geschlecht

Der Kampf gegen Diskriminierungen aufgrund des Geschlechts, d. h. solchen Benachteiligungen, die direkt oder indirekt an die Geschlechtszugehörigkeit einer Person anknüpfen, ist bereits seit langem fester Bestandteil der Gemeinschaftspolitik und Inhalt zahlreicher Richtlinien.[383]

[381] Gegenteiliges klingt vereinzelt in der Literatur an, vgl. *Koukoulis-Spiliotopoulos*, in: Bekämpfung der Diskriminierungen, S. 108, 111, wonach der Kampf gegen die Geschlechterdiskriminierung eine besondere Rolle spiele, da es sich hierbei im Gegensatz zu den anderen Diskriminierungsformen nicht um ein Minderheitenproblem handele. Andere sehen innerhalb des Art. 13 EG zwei (faktisch) privilegierte Kategorien – Geschlecht und Rasse – während die übrigen Diskriminierungsformen eine lediglich zweitrangige Position innehätten, vgl. *Waddington*, MJ 1999, S. 1, 3. Derartigen beabsichtigten oder faktischen Kategorisierungen ist jedoch entgegenzutreten. Insbesondere ist eine Diskriminierung nicht deshalb weniger bekämpfungswürdig, wenn sie nur kleine Gruppen betrifft. Zielrichtung des Art. 13 EG sind Diskriminierungen als solche.

[382] Vgl. zu dieser Unterscheidung (für Art. 3 Abs. 3 GG) *Dürig*, in: Maunz/Dürig, Grundgesetz, Art. 3 Abs. 3 GG, Rdnr. 34 ff.

[383] Insbesondere RL 76/207/EWG vom 9. 2. 1976, AblEG 1976, Nr. L 39/40 (Gleichbehandlung hinsichtlich des Zugangs zur Beschäftigung, Berufsbildung und zum beruflichen Aufstieg sowie in Bezug auf die Arbeitsbedingungen); RL 86/378/EWG vom 24. 7. 1986, AblEG 1986, Nr. 225/40 (Gleichbehandlung bei betrieblichen Systemen der sozialen Sicherheit); RL 86/613/EWG vom 11. 12. 1986, AblEG 1986, Nr. L 359/56 (Gleichbehandlung bei selbständiger Erwerbstätigkeit sowie über Mutterschutz); RL

Mit der Einfügung des Art. 141 Abs. 3 EG durch den Amsterdamer Vertrag besitzt die Gemeinschaft eine umfassende Rechtsgrundlage zur Bekämpfung der Geschlechterdiskriminierung in Arbeits- und Beschäftigungsfragen.[384] Angesichts dieser besonderen Bestimmung wird Art. 13 EG im Wesentlichen nur *außerhalb dieses Sektors* im Anwendungsbereich des EG-Vertrags zum Vollzug kommen (z. B. Gesundheitspolitik, (Aus-)Bildung, allg. Sozialpolitik etc.). In der Literatur werden bereits konkret die Beseitigung der Diskriminierung *Transsexueller*[385] sowie der *verstärkte Kampf gegen sexuelle Belästigungen und Gewalt gegen Frauen*[386] genannt. Da Art. 141 EG mit dem Arbeits- und Beschäftigungssektor allerdings den Bereich erfasst, in dem Diskriminierungen am häufigsten und am schmerzlichsten zu Tage treten und deshalb am dringendsten beseitigt werden müssen, dürfte die Bedeutung des Art. 13 EG im Bereich des Diskriminierungskriteriums „Geschlecht" zumindest vorerst eher gering sein.[387] Hinzu kommt, dass die Gleichstellung von Männern und Frauen nunmehr in den Zielkatalog des Art. 2 EG aufgenommen wurde, was in Verbindung mit der Querschnittsbestimmung Art. 3 Abs. 2 EG oftmals weitere Maßnahmen erübrigen könnte.[388]

2. Rasse und ethnische Herkunft

Diskriminierungen aufgrund der *Rasse* sind solche wegen bestimmter, vererblicher Eigenschaften eines Individuums (z. B. Farbiger, Jude, Zigeuner).[389] Die *ethnische Herkunft* betrifft daneben die Volkszugehörigkeit und ethnologische Abstammung[390], d. h. die natürlich biologische sowie sprachliche und kulturelle Beziehung eines Menschen

---

92/85/EG vom 19. 10. 1992, AblEG 1992, Nr. L 348/1 (Schutzmaßnahmen für schwangere Arbeitnehmerinnen); RL 97/80/EG vom 15. 12. 1997, AblEG 1998, Nr. L 14/6 (Beweislast bei Diskriminierung aufgrund des Geschlechts)

384 Vgl. oben Teil 1, B. I. 1. b) cc) (3) (a)

385 *Allen*, in: Bekämpfung der Diskriminierungen, S. 77, 86;
Der EuGH hat im Rahmen der Gleichbehandlungsrichtlinie 76/207/EWG vom 9. 2. 1976, AblEG 1976, Nr. L 39/40 auch Transsexuellen Schutz gewährt, vgl. Rs. C-13/94 vom 30. 4. 1996, Slg. 1996, I-2143 ff. (P. ./. S. und Cornwall County Council). Zum allgemeinen Problemkreis „Transsexuelle" vgl. *Campbell/Lardy*, ELRev 1996, S. 412 ff.; *Flynn*, CMLRev 1997, S. 376 ff.

386 *Koukoulis-Spiliotopoulos*, in: Bekämpfung der Diskriminierungen, S. 108, 112

387 Demgemäß sind Diskriminierungen aus Gründen des Geschlechts auch nicht Inhalt der aufgrund Art. 13 EG erlassenen Richtlinie 2000/78/EG vom 27. 11. 2000, AblEG 2000 Nr. L 303, S. 16, welche die Gleichbehandlung in Beschäftigung und Beruf sicherstellen soll.

388 So *Flynn*, CMLRev 1999, S. 1126, 1140

389 Vgl. *Gubelt*, in: v. Münch/Kunig, Grundgesetz-Kommentar, Art. 3 GG, Rdnr. 97

390 Zum Begriff der „Abstammung" vgl. *Dürig*, in: Maunz/Dürig, Grundgesetz, Art. 3 Abs. 3 GG, Rdnr. 37 ff.

zu seinen Vorfahren.[391] Diskriminierungen aufgrund der Staatsangehörigkeit sind hiervon jedoch nicht erfasst, da dies bereits Regelungsgegenstand des Art. 12 EG und seiner besonderen Bestimmungen ist.[392] Die Begriffe „Rasse" und „ethnische Herkunft" dürften sich oftmals überschneiden. Insofern ist es hier – wie auch im Falle des Art. 14 EMRK – angebracht, auf eine Unterscheidung zu verzichten und beide Merkmale statt dessen unter dem Oberbegriff „*Rassendiskriminierung*" zusammenzufassen,[393] der als einzelne Elemente die Merkmale Rasse, Hautfarbe, Abstammung, ethnische Herkunft und Volkstum beinhaltet.[394] Für dieses umfassende Verständnis spricht deutlich die Entstehungsgeschichte des Art. 13 EG, der u. a. ein „Produkt" des Europäischen Jahres gegen den Rassismus darstellt und auch sonst eng mit dem Kampf der Gemeinschaft gegen Rassismus und Fremdenfeindlichkeit verbunden ist.[395]

Die Bekämpfung von Rassendiskriminierungen in Europa dürfte dementsprechend eines der Hauptanwendungsgebiete von Art. 13 EG darstellen. Insbesondere im Bereich der *Drittstaatsangehörigen* (legale Zuwanderer), die in den persönlichen Anwendungsbereich der Bestimmung einzubeziehen sind,[396] bietet sich angesichts der bisherigen Bemühungen der Gemeinschaft, deren Rechtsposition zu stärken, ein breites, alle Lebensbereiche umfassendes, künftiges Anwendungsfeld.[397] Drittstaatsangehörige sind naturgemäß als schwächste Glieder innerhalb

---

[391] Hauptanwendungsfall dieses Merkmals dürfte die Benachteiligung nationaler ethnischer Minderheiten sein, vgl. *Lenz*, in: Lenz, EG-Vertrag Kommentar, Art. 13 EG, Rdnr. 17. *Koukoulis-Spiliotopoulous* führt als Beispiel Gruppen an, die österreichische Staatsangehörige sind, deren Herkunftsland aber außerhalb des Territoriums der Gemeinschaft liegt (Ungarn, Slowenien), da Sprache und Kultur eindeutig diesem Bereich zuzuordnen sind, vgl. *Koukoulis-Spiliotopoulous*, in: Bekämpfung der Diskriminierungen, S. 108, 112.

[392] *Lenz*, in: Lenz, EG-Vertrag Kommentar, Art. 13 EG, Rdnr. 17; vgl. bereits oben Teil 1, B. I. 1. b) cc) (3) (e)

[393] Vgl. *Peukert*, in: Frowein/Peukert, EMRK, Art. 14, Rdnr. 37

[394] *Peukert*, in: Frowein/Peukert, EMRK, Art. 14, Rdnr. 37; vgl. ferner Art. 1 Abs. 1 des Internationalen Übereinkommens zur Beseitigung jeder Form von Rassendiskriminierung vom 7. 3. 1966 (BGBl. 1969 II, 961), wonach Rassendiskriminierung definiert ist als jede auf der Rasse, der Hautfarbe, der Abstammung, dem nationalen Ursprung oder dem Volkstum beruhende Unterscheidung, Ausschließung, Beschränkung oder Bevorzugung, die zum Ziel oder zur Folge hat, dass dadurch ein gleichberechtigtes Anerkennen, Genießen oder Ausüben von Menschenrechten und Grundfreiheiten im politischen, wirtschaftlichen, sozialen, kulturellen oder jedem sonstigen Bereich des öffentlichen Lebens vereitelt oder beeinträchtigt wird; dazu *Ipsen*, Völkerrecht, § 48, Rdnr. 21.

[395] Vgl. Bericht über die Durchführung des Europäischen Jahres gegen den Rassismus, KOM (1999) 268 endg. vom 3. 6. 1999; Aktionsplan gegen Rassismus, KOM (1998) 183 endg. vom 25. 3. 1998; *Europäische Kommission*, 1997 Europäisches Jahr gegen den Rassismus – Bericht der Abschlusskonferenz

[396] Vgl. oben Teil 1, B. II. 2. m.w.N.

[397] Vgl. auch *Chopin/Niessen*, Proposals for Legislative Measures to Combat Racism and to Promote Equal Rights in the European Union, S. 9 f., 33 f.

der Gemeinschaft am stärksten von Diskriminierungen betroffen, die vor allem hinsichtlich des Arbeits- und Wohnungsmarktes, der sozialen Sicherheit sowie des Zugangs zu privaten und öffentlichen Dienstleistungen geeigneter Gegenmaßnahmen bedürfen.
In der Literatur wird ferner die Bedeutung des *Schutzes der Vielfalt der Kulturen und des kulturellen Erbes* (vgl. Art. 151 EG) inner- und außerhalb der Gemeinschaft betont, für deren Bewahrung auch Art. 13 EG im Rahmen einer Bekämpfung bestehender bzw. Verhinderung künftiger Diskriminierungen aufgrund der ethnischen Herkunft einen wichtigen Beitrag leisten könne.[398]
Die Bedeutung des Kampfes der Gemeinschaft gegen die Rassendiskriminierung wird durch den zügigen Erlass der ersten Richtlinie aufgrund Art. 13 EG, die speziell diesen Bereich beinhaltet, verdeutlicht.[399]

3. Religion und Weltanschauung

Im Gegensatz zu den Rechtsordnungen der Mitgliedstaaten, wo Religion und Weltanschauung altbekannte Schutzgüter sind, stellen sie innerhalb des EG-Vertrags ein Novum dar.[400] Die Abgrenzung zwischen den Begriffen ist fließend. Unter Religion oder Weltanschauung ist eine mit der Person des Menschen verbundene Gewissheit über bestimmte Aussagen zum Weltganzen sowie zur Herkunft und zum Ziel des menschlichen Lebens zu verstehen, wobei die *Religion* eine den Menschen überschreitende und umgreifende („transzendente") Wirklichkeit zugrunde legt, während sich die *Weltanschauung* auf innerweltliche („immanente") Bezüge beschränkt.[401] Beide Merkmale sind deshalb grundsätzlich gleich zu behandeln und bedürfen keiner näheren Abgrenzung.[402] Sie sind gegenständlich auch nicht auf eine anerkannte Religion oder Weltanschauung beschränkt.[403]

---

[398] So wohl im Ergebnis *Koukoulis-Spiliotopoulos*, in: Bekämpfung der Diskriminierungen, S. 108, 112

[399] Richtlinie 2000/43/EG vom 29. 6. 2000; AblEG 2000 Nr. L 303, S. 22 zur Anwendung des Gleichbehandlungsgrundsatzes ohne Unterschied der Rasse oder der ethnischen Herkunft

[400] Vgl. bereits oben Teil 1, A. II. 2. e)

[401] Vgl. BVerwGE 90, 112, 115; ferner 90, 1, 4; BVerfGE 32, 98, 108; *Brockhaus*, Die Enzyklopädie, Bd. 18, Stichwort: „Religion" und Bd. 24, Stichwort: „Weltanschauung"

[402] Dafür spricht auch klar der Wortlaut von Art. 13 EG, der beide Merkmale zu einem *Gesamtkriterium* („*Religion oder der Weltanschauung*") zusammenfasst; vgl. auch die insoweit identische Formulierung von Art. 9 Abs. 1 EMRK; ferner BVerwGE 90, 112, 114; 90, 1, 4

[403] Art. 13 EG erfasst deshalb nicht nur die Differenzierung zwischen den Religionen (z. B. Christentum und Islam), sondern auch solche innerhalb einer Religion (z. B. andere Auslegung der „offiziellen" Lehre durch ein Mitglied).

Gegenstand einer Weltanschauung[404] können auch die vielfältigsten politischen, ethischen, philosophischen oder ökonomischen Anschauungen und Meinungen sein.[405] Teilweise wird deshalb eine entsprechend weite Interpretation des Art. 13 EG vorgeschlagen.[406] Dem kann jedoch wegen des abschließenden Charakters der Bestimmung nicht gefolgt werden. Wenn eine Ermächtigung des Rates auch hinsichtlich solcher Merkmale beabsichtigt worden wäre, hätte eine entsprechende Aufnahme des Kriteriums in die Bestimmung erfolgen müssen, so wie dies z. B. bei Art. 14 EMRK („politische oder sonstige Anschauungen") der Fall ist. Zwar ist wegen des Schutzzwecks von Art. 13 EG grundsätzlich eine weite Auslegung seiner Differenzierungskriterien möglich und geboten, dieses darf jedoch andererseits nicht dazu führen, „durch die Hintertür" an sich nicht geregelte Sachkomplexe zu erfassen. Diskriminierungen wegen einzelner Anschauungen und Meinungen sind deshalb im Rahmen von Art. 13 EG nur dann relevant, wenn sie (als Teil eines weltanschaulichen Gedankensystems) den Charakter einer *systematisch begründeten, konsistenten sowie subjektiv verbindlichen Gewissheit haben.*[407] Anders wäre die Verbindung der Kriterien in Art. 13 EG „Religion oder der Weltanschauung" nicht haltbar.

Anwendungsgebiete für Vorkehrungen gegen Diskriminierungen aufgrund der Religion oder der Weltanschauung sind innerhalb der Gemeinschaft vielfältig denkbar. Oftmals wird eine enge Beziehung zwischen rassischer und religiöser Diskriminierung bestehen.[408] Diskutiert werden momentan insbesondere Maßnahmen gegen *Arbeitszeiten*, denen im Einzelfall diskriminierende Wirkung zukommt (z. B. Freitagsarbeit bei Moslems, Samstagsarbeit bei Juden oder Sonntagsarbeit bei Christen). Realistisch wären auch Vorkehrungen gegen Verbote von öffentlichen oder privaten Arbeitgebern hinsichtlich des Tragens *religiös motivierter Kleidung, insbesondere Kopfbedeckungen,* während der Berufsausübung (z. B. Kopftuch einer Lehrerin; Turban eines Sikhs). Regelungsgegenstand können darüber hinaus auch alle sonstigen Behinderungen bei der *Ausübung der Religion oder der Weltanschauung* sowie *religiös*

---

[404] Hierzu zählen selbstverständlich auch antireligiöse und atheistische Anschauungen.

[405] Vgl. zum hinsichtlich dieser Problematik gleichgelagerten Art. 4 GG *Preuss*, in: Alternativkommentar GG, Art. 4 GG, Rdnr. 14; BVerwGE 90, 368, 371, wonach keine besonders hohen Anforderungen hinsichtlich Umfang und Konsistenz eines Gedankensystems zu stellen sind

[406] So wohl *Allen*, in: Bekämpfung der Diskriminierungen, S. 77, 86 f.; *The Christian Institute*, European Threat to Religious Freedom, S. 12

[407] Vgl. zu Art. 4 GG zurecht *Preuss*, in: Alternativkommentar GG, Art. 4 GG, Rdnr. 14; BVerwGE 90, 368, 371

[408] *Allen*, in: Bekämpfung der Diskriminierungen, S. 77, 86;

bestimmter Riten und Gebräuche[409] sein, wozu beispielsweise auch der *Religionsunterricht* für Angehörige von Minderheitenreligionen gehören kann.[410] Benachteiligungen von Mitgliedern *kleiner, religiöser Gruppierungen* (insbesondere der sog. „Neuen Religionen“ bzw. „Jugendreligionen“) sind auch im Rahmen des Art. 13 EG ein ernst zu nehmendes Thema, welches im Spannungsverhältnis der Notwendigkeit einer Bekämpfung menschen- und verfassungsfeindlicher Sekten[411] auch auf europäischer Ebene einer Lösung bedarf.[412]
Ein spezielles Problem stellen dabei Diskriminierungen konfessionsverschiedener oder -loser Personen im Bereich des Dienst- und Arbeitsrechtes oder Bildungswesens von Religionsgemeinschaften und ihren zugeordneten Einrichtungen dar. Eine diskriminierungsrelevante Überprüfung der Bestimmungen über die Religionszugehörigkeit von Stellenbewerbern, Mitarbeitern oder Auszubildenden derartiger Einrichtungen sowie hierauf beruhender Maßnahmen (z. B. Kündigung eines Mitarbeiters einer diakonischen Einrichtung bei Kirchenaustritt) tangiert das in Deutschland gem. Art. 4 Abs. 1 und 2, 140 GG i. V. m. 137 Abs. 3 und 7 WRV garantierte, seitens des BVerfG als umfassend verstandene Selbstbestimmungsrecht der Religions- und Weltanschauungsgemeinschaften.[413] Die hieraus resultierende Problematik sowie etwaige Abwehrmöglichkeiten der Religionsgemeinschaften sind spezifischer Gegenstand von *Teil 2* dieser Arbeit.

4. Behinderung

Diskriminierungen aus Gründen einer Behinderung sind Benachteiligungen von Personen mit wesentlichen körperlichen, einschließlich sensorischen, geistigen oder psychischen Schädigungen, Benachteiligungen oder Behinderungen, die die Ausübung einer für einen Menschen als normal betrachteten Tätigkeit oder Funktion einschränken

---

[409] Vgl. auch das Protokoll Nr. 33 zum EG-Vertrag über den Tierschutz und das Wohlergehen der Tiere (welches gem. Art. 311 EG Bestandteil des EG-Vertrags ist), das eine Berücksichtigung religiöser Riten im Rahmen des Tierschutzes gestattet (z. B. das Schächten von Tieren im Rahmen der Zubereitung koscherer Nahrung im Judentum).
[410] Vgl. *Heckel*, JZ 1999, S. 741 ff.; BVerwG, NVwZ 2000, S. 417
[411] In diesem Zusammenhang ist die mitunter (wohl zu Recht) rigide Diskriminierung von Mitgliedern der „Scientology-Church“ zu thematisieren. Ob diese in breiter Form künftigen Antidiskriminierungs-maßnahmen gem. Art. 13 EG standhalten werden, wird die Zukunft erweisen.
[412] Vgl. *Weber*, ZevKR 2000, S. 109, 127 ff., der zu Recht für eine sehr vorsichtige Vorgehensweise bei der Behinderung und allzu raschen Vorverurteilung derartiger Religionen seitens eines (Mitglieds-)Staates plädiert.
[413] Dazu vgl. ausführlich Teil 2, A. m. w. N.

oder verbieten.[414] Der Schutzzweck des Art. 13 EG gebietet es, hierunter nicht nur Schwerbehinderte zu verstehen, sondern auch *alle chronisch Erkrankten*, die keine Aussicht auf eine vollständige Genesung haben.[415] Diskriminierungen aufgrund einer HIV-Infizierung[416]/AIDS sind deshalb von Art. 13 EG erfasst.[417] Entscheidend ist, dass eine Person nicht nur vorübergehend und nicht lediglich geringfügig an der normalen Ausübung körperlicher oder geistiger Funktionen jeglicher Art gehindert ist. Für diese weite Sichtweise spricht auch Art. 152 EG, der ein hohes Gesundheitsschutzniveau innerhalb der Gemeinschaft sicherstellen will,[418] womit auf der anderen Seite auch Maßnahmen zum Schutz vor Diskriminierungen chronisch Kranker (um noch Schlimmeres zu verhüten) korrespondieren müssen.

Die Gemeinschaft misst dem Kampf gegen die Benachteiligung Behinderter seit einigen Jahren große Bedeutung zu.[419] Gemäß der Erklärung Nr. 22 zur Schlussakte des Vertrags von Amsterdam ist bei der Ausarbeitung von Harmonisierungsmaßnahmen nach Art. 95 EG den Bedürfnissen von Personen mit einer Behinderung Rechnung zu tragen. Dies ermöglicht auch ohne den Erlass spezifischer Vorkehrungen die umfassende Berücksichtigung der Belange Behinderter („Mainstreaming").[420]

---

[414] Vgl. Art. 2 des Beschlusses des Rates über ein drittes Aktionsprogramm der Gemeinschaft zu Gunsten der Behinderten (HELIOS II 1993 – 1996), 93/136/EWG, AblEG 1993, Nr. L 56; zum Begriff der „Behinderung" in einzelnen Mitgliedstaaten vgl. *European Foundation for the Improvement of Living and Working Conditions*, The Employment of People with Disabilities in Small & Medium-Sized Enterprises, S. 25

[415] Vgl. *European Foundation for the Improvement of Living and Working Conditions*, The Employment of People with Disabilities in Small & Medium-Sized Enterprises, S. 14 für das HELIOS II – Programm der Gemeinschaft

[416] Bereits die HIV-Infizierung als solche kann für den Betroffenen erhebliche Diskriminierungen seiner Mitmenschen nach sich ziehen, die ihn als „Aussätzigen" behandeln und damit die später (nicht notwendigerweise) ausberechende AIDS-Krankheit antizipieren. Es ist diesbezüglich anerkannt, dass Diskriminierungen wegen einer HIV-Infektion sich in vielerlei Weise auf die Weiterübertragung, und Ausbruch der Krankheit auswirken können (vgl. dazu *Europäische Kommission*, Öffentliche Gesundheit in Europa, S. 75 ff.).

[417] So zu Recht *Koukoulis-Spiliotopoulos*, in: Bekämpfung der Diskriminierungen, S. 108, 111

[418] *Koukoulis-Spiliotopoulos*, in: Bekämpfung der Diskriminierungen, S. 108, 111; *Wichard*, in: Calliess/Ruffert, Kommentar EUV/EGV, Art. 152 EG, Rdnr. 4 ff.; *Geiger* EUV/EGV, Art. 152 EG, Rdnr. 2

[419] Vgl. Empfehlung des Rates zur Beschäftigung von Behinderten in der Gemeinschaft vom 24. 7. 1986, AblEG 1986, Nr. L 225, S. 43 ff.; Mitteilung der Kommission zur Chancengleichheit für behinderte Menschen, KOM (1996) 406 endg.; Entschließung des Rates und der im Rat Vereinigten Vertreter der Regierungen der Mitgliedstaaten vom 20. 12. 1996 zur Chancengleichheit für Behinderte, AblEG 1997, Nr. C 12, S. 1 ff.

[420] *Flynn*, CMLRev 1999, S. 1126, 1145

Als Gegenstände geeigneter Antidiskriminierungsmaßnahmen im Rahmen des Art. 13 EG drängen sich insbesondere die nachhaltige Gewährleistung des *ungehinderten Zugangs Behinderter zu Bildungseinrichtungen*, die *Anpassung von Arbeitsplätzen und Arbeitsabläufen* sowie *beschäftigungsfördernde Maßnahmen*, die *Bereitstellung ausreichenden behindertengerechten Wohnraums* oder die *Sicherstellung angemessener Fürsorgesysteme*, verbunden mit einer *Modernisierung des bestehenden Sozialschutzes*, auf.[421] Möglich sind aber wohl auch *Schutzmaßnahmen für Menschen, die Behinderte betreuen und pflegen*, soweit hierdurch dem Diskriminierungsschutz Behinderter Vorschub geleistet werden kann.

5. Alter

Der Begriff des „Alters" ist im Sinne des *chronologischen Lebensalters* und nicht nur im Sinne des „Altseins" zu verstehen.[422] Erfasst sind deshalb gleichermaßen Diskriminierungen jüngerer und älterer Menschen, obgleich letztere im Rahmen des Art. 13 EG die weitaus größere Rolle spielen dürften.
Bedingt durch den aufgrund der demographischen Entwickung verursachten Anstieg des Altenquotienten innerhalb der Gemeinschaft hat die Bedeutung des Kampfes gegen altersbedingte Benachteiligungen in den letzten Jahren erheblich an Brisanz gewonnen.[423] Um dem Problem des rasanten Rückgangs der erwerbstätigen Bevölkerung, bei gleichzeitigem Anstieg der (immer älter werdenden) Rentenempfänger, Herr zu werden, sind in der Zukunft Maßnahmen unerlässlich, welche die Arbeitskraft älterer, arbeitsfähiger und -williger Menschen erhalten und fördern:[424] z. B. *Abbau restriktiver Altersgrenzen und diskriminierender Praktiken beim Zugang zum Arbeitsmarkt und zu Ausbildungseinrichtungen*, *Anpassung des Arbeitsumfelds an die Bedürfnisse älterer Arbeitnehmer* sowie *Beseitigung starrer Ruhestandsregelungen*.[425]
Problematisch sind in diesem Zusammenhang jedoch zahlreiche mitgliedstaatlichen Regelungen, die in der Vergangenheit gerade zum

---

[421] Vgl. auch *Whittle*, ELRev 1998, S. 50 ff.

[422] So wohl auch *Koukoulis-Spiliotopoulos*, in: Bekämpfung der Diskriminierungen, S. 108, 110, die Maßnahmen zur Stärkung der Rechte von Kindern andenkt.

[423] Vgl. *Europäische Kommission*, Forum spezial „Aktives Altern", S. 4 ff.; *Europäische Kommission*, Bericht über die demographische Lage, S. 5 ff.; *Europäische Kommission*, Soziales Europa, S. 9 ff.

[424] Das setzt allerdings den politischen Willen voraus, anders als bisher bestehende Arbeitsmarktprobleme nicht durch Verlagerung in die Rentensysteme abzuwälzen; vgl. *Europäische Kommission*, Forum spezial „Aktives Altern", S. 6. In Anbetracht der momentanen Arbeitslosenzahlen kann dies freilich ein „Teufelskreis" sein.

[425] Dazu *Allen*, in: Bekämpfung der Diskriminierungen, S. 77, 87; *Europäische Kommission*, Forum spezial „Aktives Altern", S. 5

Schutz älterer Arbeitnehmer erlassen wurden. Wird danach beispielsweise ein jüngerer Kollege gegenüber einem älteren im Rahmen der Sozialauswahl einer betriebsbedingten Kündigung (vgl. § 1 Abs. 2 und 3 KSchG) schlechter behandelt[426], so stellt dies bei Lichte betrachtet eine Diskriminierung aus Gründen des Alters dar, die durch Art. 13 EG – entsprechende Umsetzungsmaßnahmen des Rates voraussgesetzt – bekämpft werden könnte.[427] Dieses Spannungsverhältnis lässt sich zwecks Verhinderung einer grundsätzlichen Infragestellung im Ergebnis bewährter Sozialsysteme wohl nur über eine entsprechend offenere Handhabung des Rechtfertigungsmaßstabs lösen.[428]

6. Sexuelle Ausrichtung

Das letztgenannte Diskriminierungsmerkmal des Art. 13 EG umfasst Benachteiligungen aufgrund des sexuellen Verhaltens eines Menschen, insbesondere der Homosexualität (Schwule, Lesben). Dies beinhaltet nicht nur die innerliche sexuelle Neigung, sondern auch und gerade ihre praktische Auslebung in der Öffentlichkeit.[429] Der Kampf gegen diesbezügliche Diskriminierungen ist auf Gemeinschaftsebene noch relativ neu,[430] zumal es vor Einfügung des Art. 13 EG hierfür an geeigneten Gemeinschaftsbestimmungen mangelte.[431] Auch in den Rechtsordnungen der Mitgliedstaaten ist der Schutz vor Diskriminierungen wegen der sexuellen Ausrichtung noch recht schwach ausgeprägt.[432]

Maßnahmen gegen diese Diskriminierungsform dürften aktuell vor allem im Arbeits- und Sozialbereich erfolgen, die den *ungehinderten Zugang*

---

[426] Vgl. *Schaub*, Arbeitsrechtshandbuch, § 132 m.w.N.

[427] Vgl. *Hornung-Draus*, Der Arbeitgeber 1/52 – 2000, S. 14 f.

[428] Davon hat der Rat im Rahmen der Richtlinie 2000/78/EG vom 27. 11. 2000 zur Festlegung eines allgemeinen Rahmens für die Verwirklichung der Gleichbehandlung in Beschäftigung und Beruf auch Gebrauch gemacht (vgl. Art. 6 der Richtlinie).

[429] Nicht nachvollziehbar insofern *Hanau/Thüsing*, Europarecht und kirchliches Arbeitsrecht, S. 35, die ohne weitere Begründung die homosexuelle Praxis aus dem Anwendungsbereich der Bestimmung herausnehmen wollen. Dagegen spricht jedoch deutlich Sinn und Zweck von Art. 13 EG, der andernfalls im Rahmen dieses Differenzierungskriteriums kaum einen Anwendungsbereich hätte. Auch der EuGH geht wohl insoweit von einer weiten Auslegung der Bestimmung aus, vgl. Rs. C-249/96 vom 17. 2. 1998, Slg. 1998, I-621, 651, Rdnr. 48 (Grant ./. South-West Trains Ltd.).

[430] Dazu *Canor*, MJ 2000, S. 273; *Mancini/o'Leary*, ELRev 1999, S. 347; *Flynn*, CMLRev 1999, S. 1126, 1147

[431] Vgl. EuGH Rs. C-249/96 vom 17. 2. 1998, Slg. 1998, I-621, 651, Rdnr. 48 (Grant ./. South-West Trains Ltd.)

[432] Insbesondere haben derartige Gleichheits- und Schutzbestimmungen der Mitgliedstaaten oftmals keinen Verfassungsrang, vgl. dazu *Europäische Kommission*, Überblick über die gesetzlichen Antidiskriminierungsbestimmungen der Mitgliedstaaten, 2000, S. 71 ff.

Homosexueller zum Arbeitsmarkt sowie den *Abbau von Belästigungen im täglichen Arbeitsleben* zum Inhalt haben. Aber auch im Rahmen der Bemühungen zur *Gleichstellung homosexueller Lebensgemeinschaften* bieten sich – soweit der Anwendungsbereich des EG-Vertrags reicht – zahlreiche Anwendungsmöglichkeiten, insbesondere wenn seitens staatlicher oder privater Einrichtungen Vergünstigungen, die Ehepartnern oder Partnern des jeweilig anderen Geschlechts gewährt werden, bei gleichgeschlechtlichen Lebenspartnern nicht erfolgen.[433]

IV. Zulässige Maßnahmen („*geeignete Vorkehrungen*")

Liegen Diskriminierungen aus den vorstehenden Gründen vor, eröffnet Art. 13 EG dem Rat ein *weitreichendes Ermessen* hinsichtlich zu treffender sekundärrechtlicher Vorkehrungen. Eine Handlungsverpflichtung etabliert die Bestimmung nicht („*kann*"), allerdings dürfte Art. 13 EG im Zuge des verstärkten Engagements der Gemeinschaft zum Abbau bestehender Diskriminierungen und in Anbetracht der Querschnittsbestimmung Art. 3 Abs. 2 EG als *dringende Handlungsaufforderung* i. S. eines Integrationsziels zu verstehen sein.[434]

Fraglich ist, welche rechtlichen Handlungsformen dem Rat dabei zur Verfügung stehen und zu welchen Mitteln er bei der Diskriminierungsbekämpfung greifen kann.

1. Rechtliche Handlungsformen

Da bestimmte sekundärrechtliche Handlungsformen durch Art. 13 EG nicht vorgegeben sind, stehen dem Rat bei der Diskriminierungsbekämpfung insofern *sämtliche geeigneten Maßnahmen*, die im Rahmen des EG-Vertrags anerkannt sind, zur Verfügung.[435] Diese weitreichende *Wahlfreiheit* kann ggf. durch die Grundsätze der Subsidiarität und der Verhältnismäßigkeit (Art. 5 EG)

---

[433] Dieser Sachverhalt lag der Entscheidung EuGH Rs. C-249/96 vom 17. 2. 1998, Slg. 1998, I-621, 651 (Grant ./. South-West Trains Ltd.) zugrunde.

[434] In Grenzfällen könnte allerdings wegen Art. 3 Abs. 2 EG eine *Ermessensreduktion auf Null* i. S. eines Handlungs*gebots* gegeben sein; vgl. *Schmidt am Busch*, BayVBl 2000, S. 737, 740.

[435] Dazu *Holoubek*, in: Schwarze, EU-Kommentar, Art. 13 EG, Rdnr. 11; *Lenz*, in: Lenz, EG-Vertrag Kommentar, Art. 13 EG, Rdnr. 19; *Epiney*, in: Calliess/Rufffert, Kommentar EUV/EGV, Art. 13 EG, Rdnr. 6; *Koukoulis-Spiliotopoulos*, in: Bekämpfung der Diskriminierungen, S. 108, 112; *Zuleeg*, in: Bekämpfung der Diskriminierungen, S. 104 f.; *Robbers*, KuR 1999, S. 87, 89; *Bergmann*, in: Bergmann/Lenz, Der Amsterdamer Vertrag, S. 38; *Thun-Hohenstein*, Der Vertrag von Amsterdam, S. 26

eingeschränkt sein.[436] Ferner kann der allgemeine Gleichheitssatz u. U. bestimmte (einheitliche) Rechtsformen vorschreiben.[437]

a) Rechtsakte des Art. 249 EG

„Geeignete Vorkehrungen" umfassen zunächst unproblematisch alle die in Art. 249 EG genannten *verbindlichen* (Verordnung, Richtlinie, Entscheidung) und *nicht verbindlichen* (Empfehlung, Stellungnahme) Rechtsakte. Je nach den Erfordernissen ermöglichen diese *abstrakt generelle*, aber auch *individuell konkrete* Maßnahmen zur Diskriminierungsbekämpfung.[438]

b) Sonstige Maßnahmen

Darüber hinaus sind aber noch eine Vielzahl weiterer Vorkehrungen denkbar. So können etwa auch (Aktions-)Programme, gezielte finanzielle und sonstige Fördermaßnahmen (z. B. für NGO´s), Projektfinanzierungen, Informationskampagnen, Forschungsprojekte, Ausbildungsmaßnahmen, Beschlüsse, Entschließungen sowie andere Akte des „soft law" dazu beitragen, das Diskriminierungsproblem anzugehen.[439] Diese sollten in ihrer potentiellen Wirkung als „flankierende (Unterstützungs-) Maßnahmen" für die Rechtsakte des Art. 249 EG nicht unterschätzt werden.[440]

2. Mittel zur Diskriminierungsbekämpfung

Die Formulierung „*... geeignete Vorkehrungen ..., um Diskriminierungen ... zu bekämpfen*" erfasst inhaltlich *alle zwecktauglichen Mittel*, die gegen Diskriminierungen aus den abschließend aufgezählten Gründen gerichtet sind. Dabei liegt es im Ermessen des Rates, ob er zu „scharfen Waffen" greift oder es bei eher symbolischen Maßnahmen bewenden lässt.

---

[436] Dazu vgl. *Biervert*, in Schwarze, EU-Kommentar, Art. 249 EG, Rdnr. 13 m.w.N.; *Schmidt*, in: G/T/E, Handbuch des Europäischen Rechts, Art. 189 EGV, Rdnr. 18 ff.; vgl. ferner Nr. 6 des Protokolls über die Anwendung der Grundsätze der Subsidiarität und der Verhältnismäßigkeit (AblEG 1997, Nr. C 340, 105, 106)

[437] *Biervert*, in: Schwarze, EU-Kommentar, Art. 249 EG, Rdnr. 13; *Schmidt*, in: G/T/E, Handbuch des Europäischen Rechts, Art. 189 EGV, Rdnr. 20

[438] Dazu *Lenz/Erhard*, in: Lenz, EG-Handbuch Recht im Binnenmarkt, S. 63 ff.; *Huber*, Recht der Europäischen Integration, Rdnr. 48 ff.; *Streinz*, Europarecht, Rdnr. 375 ff.

[439] Vgl. *Lenz/Erhard*, in: Lenz, EG-Handbuch Recht im Binnenmarkt, S. 68; *Zuleeg*, in: Bekämpfung der Diskriminierungen, S. 104, 105; *Bleckmann*, Europarecht, Rdnr. 470 ff.

[440] Große Bedeutung dürften insoweit Aufklärungskampagnen zukommen, vgl. Europäische Kommission, Vorschlag für einen Beschluss des Rates über ein Aktionsprogramm der Gemeinschaft zur Bekämpfung von Diskriminierungen (2001-2006), KOM (1999) 567 endg.

Insbesondere stehen im Rahmen des Art. 13 EG die nachfolgenden Mittel zur Diskriminierungsbekämpfung zur Verfügung:

a) Echte Diskriminierungsverbote

Art. 13 EG ermächtigt zum Erlass *unmittelbar geltender, subjektive Rechte verleihender Diskriminierungsverbote.*[441] Diese müssen spezieller Natur[442] sein und können sich auf den gesamten Anwendungsbereich des EG-Vertrags beziehen.[443] Generell sollte bei derartigen Verboten nach hier vertretener Ansicht ein strenger Maßstab für die Rechtfertigung von Diskriminierungen zugrundegelegt werden.[444] Der Rat kann diesen jedoch abmildern oder Rechtfertigungsgründe konkret benennen.[445] Richtige Rechtsform für direkt wirkende und subjektive Rechte für die Betroffenen beinhaltende Diskriminierungsverbote ist die *Verordnung*, welche ohne weitere Ausführungsakte in allen Mitgliedstaaten der Gemeinschaft verbindlich gilt und diese, ihre Behörden und Gerichte sowie (natürliche und juristische) Privatpersonen bindet.[446]

b) Positive Diskriminierungen

Ob Art. 13 EG auch die Befugnis zum Erlass von Maßnahmen der positiven Diskriminierung („affirmative action"), d. h. der *gezielten Bevorzugung* von Personen aus einer diskriminierten Personengruppe, beinhaltet, ist umstritten. Teilweise wird dies mit dem Argument abgelehnt, dass hierfür eine besondere Ausnahmevorschrift (z. B. Art. 141 Abs. 4 EG) erforderlich sei, die Art. 13 EG aufgrund seiner sehr allgemeinen Formulierung gerade nicht darstelle.[447] Überwiegend werden dem gegenüber auch der Erlass von Maßnahmen der positiven Diskriminierung als von Wortlaut und Entstehungsgeschichte der

---

[441] Vgl. insbesondere *Holoubek*, in Schwarze, EU-Kommentar, Art. 13 EG, Rdnr. 12; *Lenz*, in: Lenz , EG-Vertrag Kommentar, Art. 13 EG, Rdnr. 19; *Robbers*, KuR 1999, S. 87, 90; *Bergmann*, in: Bergmann/Lenz, Der Amsterdamer Vertrag, S. 38; *Thun-Hohenstein*, Der Vertrag von Amsterdam, S. 26; *Zuleeg*, in: Bekämpfung der Diskriminierungen, S. 104, 105

[442] Echte Diskriminierungsverbote müssen sich danach zwingend auf ein oder mehrere Diskriminierungsmerkmale des Art. 13 EG beziehen und diesbezüglich Verbote aussprechen, vgl. *Zuleeg*, in: Bekämpfung der Diskriminierungen, S. 104, 105

[443] *Thun-Hohenstein*, Der Vertrag von Amsterdam, S. 26

[444] Vgl. Teil 1, D. II. 2. c) bb)

[445] *Zuleeg*, in: Bekämpfung der Diskriminierungen, S. 104, 105

[446] *Lenz/Erhard*, in: Lenz, EG-Handbuch Recht im Binnenmarkt, S. 64; *Streinz*, Europarecht, Rdnr. 375 ff.; *Bleckmann*, Europarecht, Rdnr. 400; *Oppermann*, Europarecht, Rdnr. 539 ff.; *Ruffert*, in: Calliess/Ruffert, Kommentar EUV/EGV, Art. 249 EG, Rdnr. 38 ff.; *Biervert*, in: Schwarze, EU-Kommentar, Art. 249 EG, Rdnr. 18 ff.

[447] Vgl. *Jochum*, ZRP 1999, S. 279, 280 f.

Bestimmung gedeckt angesehen.[448] Die aufgrund des Art. 13 EG erlassenen Antidiskriminierungsrichtlinien 2000/43/EG und 2000/78/EG schließen sie dementsprechend mit ein.[449]
Letzterer Ansicht ist – unter Einschränkungen – aufgrund teleologischer Argumente der Vorrang zu geben. Effektive Antidiskriminierungsvorschriften beinhalten ohne Weiteres auch gezielte Bevorzugungs- und Fördermaßnahmen für den geschützten Personenkreis, die zumindest kurzfristig mit Erfolg vorhandene Benachteiligungen aus der Vergangenheit (insbesondere Unterrepräsentanzen) bekämpfen können.[450] Wegen der als Nebenfolge jedoch oftmals bewirkten Zurücksetzungen von bisher nicht benachteiligten Personen (z. B. bei Vorrangregelungen („Quoten") für Behinderte oder Angehörige einer Minderheitsreligion) ist der Grundsatz der Verhältnismäßigkeit (Art. 5 Abs. 3 EG) in besonderem Maße zu beachten, was insbesondere Ausgleichsmaßnahmen, zeitliche Beschränkungen etc. beinhalten kann.[451] Wirksame Vorkehrungen gegen Diskriminierungen müssen langfristig auf Ausgleich und Verständnis zwischen den betroffenen Personengruppen gerichtet sein, wofür neue Benachteiligungen (einzelner) Individuen – diesmal in umgekehrter Richtung – kontraproduktiv sind. Letztlich sind deshalb Maßnahmen positiver Diskriminierung nur in *sehr eng umgrenzten Ausnahmefällen* statthaft, wenn sie verhältnismäßig sind und die „Saat ihrer Beendigung" in sich tragen.[452]

c) Präventive Maßnahmen

Die Wahl der Formulierung „*Vorkehrungen*" schließt ferner nicht nur den Kampf gegen bestehende, sondern auch *präventive Maßnahmen* gegen

---

[448] Ausdrücklich *Holoubek*, in: Schwarze, EU-Kommentar, Art. 13 EG, Rdnr. 12; *Allen*; in: Bekämpfung der Diskriminierungen, S. 77, 82 f.; *Heymann-Doat*, in: Bekämpfung der Diskriminierungen, S. 88, 89; wohl auch *Bergmann*, in: Bergmann/Lenz, Der Amsterdamer Vertrag, S. 38; *Thun-Hohenstein*, Der Vertrag von Amsterdam, S. 26

[449] AblEG 2000 Nr. L 180, S. 22 (Art. 5) bzw. AblEG 2000 Nr. L 303, S. 16 (Art. 7); vgl. *Holoubek*, in: Schwarze, EU-Kommentar, Art. 13 EG, Rdnr. 12

[450] Hinsichtlich des Ausnahmecharakters solcher Maßnahmen hat es der EuGH als ausreichend angesehen, wenn entsprechende (Ausnahme-)Vorschriften in einer Richtlinie vorhanden sind, Rs. C-450/93 vom 17. 10. 1995, Slg. 1995, 3051, 3077, Rdnr. 16 ff. (Kalanke ./. Freie Hansestadt Bremen). Dementsprechend muss es im Rahmen des Art. 13 EG möglich sein, solche spezifischen Regelungen zu schaffen.

[451] Vgl. *Allen*; Bekämpfung der Diskriminierungen, S. 77, 82 f.; *Holoubek*, in: Schwarze, EU-Kommentar, Art. 13 EG, Rdnr. 12; vgl. zu Art. 141 Abs. 4 EG *Rebhan*, in: Schwarze, EU-Kommentar, Art. 141 EG, Rdnr. 51 ff.; *Krebber*, in: Calliess/Ruffert, Kommentar EUV/EGV, Art. 141 EG, Rdnr. 80

[452] *Allen*; in: Bekämpfung der Diskriminierungen, S. 77, 83 mit Bezug auf eine Entscheidung des obersten Gerichtshofes von Indien

künftige Diskriminierungen ein.[453] Ferner folgt aus dem Effektivitätsprinzip, nicht erst dann tätig zu werden, wenn „das Kind bereits in den Brunnen gefallen ist", sondern durch geeignete Vorsorgemaßnahmen den Eintritt von Diskriminierungen möglichst zu verhindern (z. B. verbesserte Berufsbildung). Sollten durch spezifische prophylaktische Vorkehrungen jedoch Dritte beeinträchtigt werden, wird man allerdings eine *konkrete Realisierungsgefahr* bestimmter Diskriminierungsformen verlangen müssen.

d) Sonstige Maßnahmen

Weitere Maßnahmen, die eine erfolgreiche Diskriminierungsbekämpfung nachhaltig sicherstellen, sind vielfältig denkbar. Die wichtigsten und europarechtlich etablierten, die teilweise auch Eingang in die Richtlinien 2000/43/EG und 2000/78/EG[454] gefunden haben, beinhalten die nachfolgenden Maßnahmen:

- *Schadensersatz*
  Die Verpflichtung zum Schadensersatz gegenüber Diskriminierungsopfern ist geeignet, einerseits Entschädigung und Genugtuung für verursachte Diskriminierungen zu gewährleisten sowie andererseits aufgrund ihrer gleichzeitigen Abschreckungswirkung sicherzustellen, dass künftige Diskriminierungen nicht mehr erfolgen.[455]

- *Effektive Rechtsschutzmöglichkeiten*
  Voraussetzung jeder wirksamen Diskriminierungsbekämpfung ist die Bereitstellung effektiven Rechtsschutzes (auch über Verwaltungs- und Schlichtungsverfahren) für Diskriminierungsopfer für alle Lebens- und Arbeitsbereiche, in denen diese auftreten können.[456] Grundsätzlich muss jeweils auch eine *gerichtliche* Überprüfung sichergestellt sein. Der Rechtsschutz hat sich dabei auch auf Maßnahmen zu erstrecken, die z. B. ein Arbeitgeber als Reaktion auf eine Klage eines Arbeitnehmers auf Einhaltung des Gleichbehandlungsgrundsatzes ergreift.[457]

---

[453] *Robbers*, KuR 1999, S. 87, 90; *Zuleeg*, in: Bekämpfung der Diskriminierungen, S. 104

[454] AblEG 2000 Nr. L 180, S. 22 bzw. AblEG 2000 Nr. L 303, S. 16

[455] Vgl. etwa die für eine Benachteiligung aufgrund des Geschlechts bereits seit längerem bestehende Regelung des § 611a Abs. 2 BGB, dazu *Putzo*, in: Palandt, Bürgerliches Gesetzbuch, § 611a BGB, Rdnr. 17 f.

[456] Vgl. Vorschlag für eine Richtlinie des Rates zur Festlegung eines allgemeinen Rahmens für die Verwirklichung der Gleichbehandlung in Beschäftigung und Beruf, KOM (1999) 565 endg., S. 13 m.w.N.

[457] Vgl. EuGH Rs. C-185/97 vom 22. 9. 1998, Slg. 1998, I-5199, 5221, Rdnr. 24 (Coote ./. Granada Hospitality Ltd)

- *Umkehr der Beweislast*
  Schwachpunkt jeder Diskriminierungsbekämpfung sind Beweisprobleme des Opfers, da Diskriminierungen oftmals im Verborgenen stattfinden. Der Gerichtshof und die Gemeinschaft haben deshalb im Bereich der Geschlechterdiskriminierung seit einigen Jahren Beweislastregeln etabliert, die zweckmäßigerweise auch konsequent bei den Diskriminierungsgründen des Art. 13 EG angewandt werden sollten.[458] Danach obliegt es dem Beklagten zu beweisen, dass keine Diskriminierung stattgefunden hat, wenn der Diskriminierte nach Art eines *Anscheinsbeweises* glaubhaft Tatsachen geltend machen kann, die auf eine Diskriminierung schließen lassen.[459]

- *Angemessene Ausschluss- bzw. Verjährungsfristen*
  Diskriminierungsopfern müssen ferner Möglichkeiten eingeräumt werden, um Diskriminierungen auch noch eine angemessene Zeit nach deren Eintreten geltend machen zu können (etwa weil aus Angst vor Repressalien zunächst abgewartet wird).[460]

- *Opferschutz („Victimisierung")*
  Mit der Gewährleistung effektiven Rechtsschutzes korrespondiert das Erfordernis eines Maßregelungs- und Benachteiligungsverbots gegenüber Diskriminierten, die ihre Rechte auf Gleichbehandlung geltend machen.[461]

- *Vorgehen gegen Anstifter und Gehilfen*
  Zur wirksamen Diskriminierungsbekämpfung ist auch eine Einbeziehung von Anstiftern und Gehilfen in den Verpflichtetenkreis von Antidiskriminierungsmaßnahmen notwendig, da diese in vergleich-

---

458 EuGH Rs. C-127/92 von 27. 10. 1993, Slg. 1993, I-5535, 5571 f., Rdnr. 13 f. (Enderby); Rs. C-400/93 vom 31. 5. 1995, Slg. 1995, I-1275, 1306, Rdnr. 24 (Royal Copenhagen); Richtlinie 97/80/EG des Rates vom 15. 12. 1997 über die Beweislast bei Diskriminierung aufgrund des Geschlechts; AblEG 1998, Nr. L 14/6

459 Vgl. Art. 4 der Richtlinie 97/80/EG (AblEG 1998, Nr. L 14/6); Art. 7 der Richtlinie 2000/43/EG (AblEG 2000 Nr. L 180, S. 22) und Art. 9 der Richtlinie 2000/78/EG (AblEG 2000 Nr. L 303, S. 16)

460 Dies schließt die Möglichkeit der Geltendmachung von Rechten auch dann noch ein, wenn etwa das Arbeitsverhältnis, während dessen die Diskriminierung vorgekommen ist, bereits beendet wurde, vgl. Art. 7 Abs. 1 der Richtlinie 2000/43/EG (AblEG 2000 Nr. L 180, S. 22) und Art. 9 Abs. 1 der Richtlinie 2000/78/EG (AblEG 2000 Nr. L 303, S. 16).

461 Vgl. Europäische Kommission, Vorschlag für eine Richtlinie des Rates zur Festlegung eines allgemeinen Rahmens für die Verwirklichung der Gleichbehandlung in Beschäftigung und Beruf, KOM (1999) 565 endg., S. 14; Art. 9 der Richtlinie 2000/43/EG (AblEG 2000 Nr. L 180, S. 22) und Art. 11 der Richtlinie 2000/78/EG (AblEG 2000 Nr. L 303, S. 16)

barem Maße wie die Diskriminierenden selbst zur Aufrechterhaltung von Ungleichbehandlungen beitragen.

- *Monitoring/Überwachung*
  Die Ergreifung sachgerechter, an die tatsächlichen Bedürfnisse angepasster Maßnahmen erfordert die fortlaufende Beobachtung von Ausmaß und Entwicklung bestehender Ungleichbehandlungen, um deren Ursachen sowie den Erfolg getroffener Gegenmaßnahmen zwecks künftiger Verbesserungen zu analysieren.[462] Antidiskriminierungsmaßnahmen benötigen ferner eine geeignete Überwachung ihrer sachgerechten Umsetzung und Durchführung (z. B. durch Gleichstellungsbeauftragte).

- *Mainstreaming*
  Ziel einer ergebnisorientierten Antidiskriminierungspolitik sollte es schließlich sein, die Dimension der Gleichbehandlung und Chancengleichheit in sämtliche Politikbereiche der Gemeinschaft zu integrieren („mainstreaming").[463]

V. Zuständigkeit; Verfahren

Zuständiges Gemeinschaftsorgan zum Erlass geeigneter Antidiskriminierungsmaßnahmen ist der *Rat*, der auf Vorschlag der Kommission und nach Anhörung des Europäischen Parlaments tätig werden kann. Der Vorschlag durch die Kommission ist dabei *zwingender* Verfahrensbestandteil, der im Nichtbeachtensfalle die Rechtswidrigkeit gleichwohl ergangener Rechtsakte begründet.[464] Der Rat kann gem. Art. 208 EG die Kommission verbindlich auffordern, geeignete Vorschläge zu unterbreiten.[465] Das Europäische Parlament besitzt dagegen lediglich ein *Anhörungsrecht*, welches keine Mitentscheidungsbefugnisse begründet.[466]

---

[462] Vgl. die Website der Europäischen Stelle zur Beobachtung von Rassismus und Fremdenfeindlichkeit (http://www.eumc.at)

[463] Vgl. *Europäische Kommission*, Gleichstellung von Frauen und Männern in der Europäischen Union, Beispiele für vorbildliche Praktiken (1996 – 2000), S. 26 f.; *Allen*; in: Bekämpfung der Diskriminierungen, S. 77, 85; *Europäische Kommission*, Forum spezial „Fünf Jahre Sozialpolitik", S. 38 ff.

[464] *Geiger*, EUV/EGV, Art. 250 EG, Rdnr. 2

[465] Im Verweigerungsfalle ist die Untätigkeitsklage gem. Art. 232 EG möglich; vgl. *Geiger*, EUV/EGV, Art. 208 EG, Rdnr. 3.

[466] Das stimmt nachdenklich angesichts des bisherigen Engagements des Europäischen Parlaments im Bereich der Diskriminierungsbekämpfung und ist sicherlich kein Schritt zur Überwindung des oftmals zu Recht beklagten Demokratiedefizits innerhalb der Gemeinschaft; dazu *Holoubek*, in: Schwarze, EU-Kommentar, Art. 13 EG, Rdnr. 14; *Lenz*, in: Lenz, EG-Vertrag Kommentar, Art. 13 EG, Rdnr. 23 m.w.N.

Ratsbeschlüsse im Rahmen des Art. 13 Abs. 1 EG können nur *einstimmig* ergehen, wobei eine Stimmenthaltung anwesender oder vertretener Mitglieder dem Zustandekommen wirksamer Rechtsakte nicht entgegensteht (Art. 205 Abs. 3 EG).[467] Dieses Einstimmigkeitserfordernis ist sicherlich eine Entäuschung angesichts der hohen Erwartungen, die im Laufe der neunziger Jahre seitens des Europäischen Parlaments sowie der NGO's in die Diskriminierungsbekämpfung gelegt wurden, da insofern bereits ein „Abweichler" wertvolle Projekte verhindern kann. Zu übertriebenem Pessimismus sowie der Befürchtung, dass die potentielle Schlagkraft des Art. 13 EG im „Sumpf des politischen Taktierens versinkt",[468] ist allerdings kein Anlass.[469] Zum einen wurden in der Vergangenheit bereits zahlreiche Antidiskriminierungsbetimmungen betreffend das Geschlecht auf der Basis eines Einstimmigkeitserfordernisses verabschiedet (Art. 308 EG).[470] Zum anderen wird sich im Zuge des europäischen Integrationsprozesses wohl kaum ein Mitgliedstaat auf die „Fahne schreiben lassen wollen", gegen die wirksame Durchsetzung des Gleichheitssatzes auf europäischer Ebene einzutreten. Schwierigkeiten dürften deshalb vielmehr in der alltäglichen Rechtsanwendung, denn in der Rechtsschöpfung zu suchen sein. Weiterhin zeigt der relativ rasche Erlass von zwei Richtlinien und einem Aktionsprogramm aufgrund des Art. 13 EG, dass es den Mitgliedstaaten durchaus ernst ist.

Eine Verfahrenserleichterung[471] beinhaltet der auf der Konferenz von Nizza im Dezember 2000 angefügte Abs. 2 der Bestimmung, der im Zusammenhang mit den Bemühungen der Gemeinschaft steht, Einstimmigkeitserfordernisse durch das Mehrheitsprinzip zu ersetzen. Allerdings sind hiervon nur eher „zahnlose", ergänzende (Förder-)Maßnahmen finanzieller oder organisatorischer Art zur *Unterstützung* der Maßnahmen gem. Abs. 1 erfasst, die jegliche Harmonisierung der Rechts- und Verwaltungsvorschriften der Mitgliedstaaten ausschließen.[472]

---

[467] Vgl. *Oppermann*, Europarecht, Rdnr. 290

[468] Insofern bezeichnen einige Autoren die Bestimmung auch als „halbleeres Glas"; vgl. *Koukoulis-Spiliotopoulos*, in: Bekämpfung der Diskriminierungen, S. 108, 112 ff.

[469] Vgl. auch *Lenz*, in: Lenz, EG-Vertrag Kommentar, Art. 13 EG, Rdnr. 23, der auf ähnliche Regelungen im Rahmen des Kommunalwahlrechts sowie des Wahlrechts zum Europäischen Parlament hinweist (Art. 19 EG).

[470] RL 76/207/EWG v. 9. 2. 1976 zur Verwirklichung des Grundsatzes der Gleichbehandlung von Männern und Frauen hinsichtlich des Zugangs zur Beschäftigung, zur Berufsbildung und zum beruflichen Aufstieg sowie in Bezug auf die Arbeitsbedingungen; RL 79/7/EWG v. 19.12.1978 zur schrittweisen Verwirklichung des Grundsatzes der Gleichbehandlung von Männern und Frauen im Bereich der sozialen Sicherheit; RL 86/378/EWG v. 24. 7. 1986 zur Verwirklichung des Grundsatzes der Gleichbehandlung von Männern und Frauen bei den betrieblichen Systemen der sozialen Sicherheit (vgl. Sartorius II, Ziff. 187 a-c)

[471] Verfahren gem. Art. 251 EG (Kodezisionsverfahren; qualifizierte Mehrheit)

[472] Vgl. *Fischer*, Der Vertrag von Nizza, S. 110; *Dashwood*, ELRev 2001, S. 215, 225, der auf die Parallele zu Art. 149 Abs. 4, 150 Abs. 4 oder 152 Abs. 4 lit. c EG hinweist.

VI. Die bisherigen Antidiskriminierungsmaßnahmen

Obwohl dies anfangs vielfach bezweifelt wurde, sind die ersten Antidiskriminierungsmaßnahmen aufgrund der Ermächtigung des Art. 13 EG bereits im Folgejahr nach Inkrafttreten des Amsterdamer Vertrages verabschiedet worden und in Kraft getreten. Die beiden Richtlinien und das Aktionsprogramm wurden bereits mehrfach in dieser Arbeit angesprochen. Im Folgenden sollen deshalb die wesentlichen Aspekte der Maßnahmen kursorisch zusammengefasst werden.[473]

1. Richtlinie 2000/43/EG vom 29. 6. 2000[474]

Getreu der Hauptintention des Art. 13 EG – Kampf gegen die Rassendiskriminierung – behandelt die erste aufgrund der Bestimmung erlassene Richtlinie eigens die Verwirklichung des Gleichbehandlungsgrundsatzes ohne Unterschied der *Rasse* oder der *ethnischen Herkunft*. Der Geltungsbereich ist in sachlicher Hinsicht breit angelegt und erfasst den Zugang zu selbständiger und unselbständiger Erwerbstätigkeit sowie zur Berufsbildung, die Beschäftigungs- und Arbeitsbedingungen, die Mitgliedschaft in Organisationen, den Sozialschutz, soziale Vergünstigungen, Bildung sowie den Zugang zu öffentlichen Gütern und Dienstleistungen, einschließlich Wohnraum (Art. 3 Abs. 1 a) – h)). Die Richtlinie gilt für alle Personen im öffentlichen und privaten Bereich (Art. 3 Abs. 1) und entfaltet Schutzwirkungen auch gegenüber Drittstaatsangehörigen.[475]

Kapitel I der Richtlinie umfasst neben der Umschreibung des Geltungsbereiches, den Definitionen direkter und indirekter Diskriminierung sowie diesen gleichgestellter Belästigungen (Art. 2) auch eine Festlegung des zulässigen Rechtfertigungsmaßstabs (Art. 4).[476] Die Richtlinie gestattet positive Maßnahmen und stellt klar, dass sie günstigeren Vorkehrungen nicht entgegensteht.

---

[473] Vgl. dazu auch *Coen*, AuR 1/2000, S. 11; *Urlesberger*, ZAS 2001, S. 72 ff.; *Nickel*, NJW 2001, 2668 ff.; *Bauer*, NJW 2001, 2672 ff.; *o'Hare*, MJ 2001, S. 133 ff.; *Waddington/Bell*, CMLRev 2001, 587 ff.; *Heinig*, in: Haratsch u.a., Religion und Weltanschauung im säkularen Staat, S. 236 ff.; *Hanau/Thüsing*, Europarecht und kirchliches Arbeitsrecht, S. 27 ff.

[474] AblEG 2000 Nr. L 180, S. 22; vorausgegangen waren der Vorschlag der Kommission vom 25. 11. 1999 (KOM (1999) 566 endg.) sowie der geänderte Vorschlag der Kommission vom 26. 4. 2000 (KOM (2000) 328 endg.)

[475] Vgl. Erwägungsgrund Nr. 13

[476] Dieser Rechtfertigungsmaßstab tendiert bereits in die oben vorgeschlagene Richtung einer strengen Verhältnismäßigkeitsprüfung, da er ausdrücklich auf *wesentliche* und *entscheidende* berufliche Anforderungen nebst Verhältnismäßigkeit abstellt.

Kapitel II beinhaltet die Modalitäten der Rechtsdurchsetzung und sieht diesbezüglich effektiven Rechtsschutz nebst Verbandsklagerecht, Beweislastumkehr, Victimisierung sowie Informationsmaßnahmen und Dialog zwischen den involvierten Stellen vor.

Kapitel III enthält schließlich nähere Ausführungen zur Einrichtung von Stellen, die der Verwirklichung des Gleichbehandlungsgrundsatzes dienen, während *Kapitel IV* u. a. Maßnahmen zur Aufhebung kollidierender Rechtsvorschriften sowie Sanktionsmöglichkeiten (z. B. Schadensersatz) vorsieht.

Die Richtlinie ist bis zum 19. 7. 2003 durch die Mitgliedstaaten umzusetzen.

2. Richtlinie 2000/78/EG vom 27. 11. 2000[477]

Mit einem im Wesentlichen identischen Grundaufbau erfasst die zweite Richtlinie die Diskriminierungsgründe *Religion* und *Weltanschauung*, *Alter*, *Behinderung* und *sexuelle Ausrichtung*, wobei ihr Geltungsbereich im Vergleich zur Richtlinie betreffend die Rassendiskriminierung auf die Bereiche Beschäftigung und Beruf beschränkt ist: Zugang zu selbstständiger und unselbstständiger Erwerbstätigkeit, Berufsbildung, Beschäftigungs- und Arbeitsbedingungen sowie Mitgliedschaft in Organisationen mit beruflichem Bezug (Art. 3 Abs. 1 a) – d)). Der Bereich des Sozialschutzes ist ausdrücklich nicht umfasst (Art. 3 Abs. 3).

Kapitel I beinhaltet darüber hinaus detailliert geregelte Vorgaben hinsichtlich der Rechtfertigungsmöglichkeiten für Ungleichbehandlungen von Mitarbeitern der Kirchen und Religionsgemeinschaften aufgrund der Religion oder der Weltanschauung (Art. 4 Abs. 2)[478] sowie gerechtfertigte Ungleichbehandlungen wegen des Alters, die sich insbesondere auf die Festlegung oder Beibehaltung von Altersgrenzen und die Bedingungen für die sozialen Schutzsysteme beziehen (Art. 6). Spezifischen Vorkehrungen für Menschen mit Behinderungen wird besondere Aufmerksamkeit gewidmet (Art. 5; Art. 7 Abs. 2).

---

[477] AblEG 2000 Nr. L 303, S. 16; vorausgegangen waren der Vorschlag der Kommission vom 25. 11. 1999 (KOM (1999) 565 endg.) sowie der geänderte Vorschlag der Kommission vom 12. 10. 2000 (KOM (2000) 652 endg.)

[478] Damit korrespondiert auch die Ausnahmevorschrift des Art. 15, die Ungleichbehandlungen innerhalb Nordirlands im Bereich des Polizeidienstes sowie der Schulen zwecks Überwindung der historischen Gegensätze zwischen den Religionsgemeinschaften ausdrücklich gestattet.

Der Rechtfertigungsgrund des Art. 4 wird im Rahmen von *Teil 2* dieser Arbeit noch eine besondere Rolle spielen, wenn auf die möglichen Auswirkungen des Art. 13 EG auf das in Deutschland verfassungsrechtlich garantierte Selbstbestimmungsrecht der Kirchen und Religionsgemeinschaften näher eingegangen wird.[479]

Kapitel II und *IV* weisen keine wesentlichen Unterschiede zur Richtlinie betreffend die Rassendiskriminierung auf, während *Kapitel III* anstatt der Einrichtung von Stellen, die der Gleichbehandlung dienen, lediglich besondere Bestimmungen für Nordirland vorsieht.

Die Umsetzung dieser Richtlinie hat bis zum 2. 12. 2003 zu erfolgen, wobei die Frist bei den Diskriminierungsgründen Alter und Behinderung um drei weitere Jahre verlängert werden kann.

3. Aktionsprogramm 2000/750/EG vom 27. 11. 2000[480]

Das Aktionsprogramm der Gemeinschaft verfolgt für den Zeitraum vom 1. 1. 2001 bis zum 31. 12. 2006 hinsichtlich der Diskriminierungsformen des Art. 13 EG (mit Ausnahme des Geschlechts)[481] die Ziele der *Verbesserung des Verständnisses der Diskriminierungsproblematik*, der *Prävention* sowie der *Förderung und Verbreitung grundlegender Werte* (Art. 2). Als Mittel zur Erreichung dieser Ziele stehen dabei die Analyse diskriminierungsrelevanter Faktoren, die grenzüberschreitende Zusammenarbeit und Maßnahmen zur Sensibilisierung der europäischen Dimension des Diskriminierungsproblems im Mittelpunkt (Art. 3; Anhang III.). Teilnahmeberechtigt sind alle öffentlichen und privaten Einrichtungen, die sich im Kampf gegen Diskriminierungen engagieren, was insbesondere auch NGO's mit einbezieht (Anhang II.). Nach Maßgabe des Programms unterstützt die Gemeinschaft Aktionen mit dem Ziel der Diskriminierungsbekämpfung durch finanzielle Mittel in einem Gesamtvolumen von 98,4 Mill. € (Art. 10). Durchführendes Gemeinschaftsorgan ist die Kommission, die alle erforderlichen Maßnahmen, insbesondere Leitlinien, Arbeitspläne und Verteilung finanzieller Mittel, trifft, wobei sie durch einen Ausschuss unterstützt wird (Art. 6). Eine Besonderheit besteht im die EU-Grenzen überschreitenden Charakter des Programms, da auch die EFTA/EWR-Staaten, die

[479] Vgl. ausführlich Teil 2, B.
[480] AblEG 2000 Nr. L 303, S. 23; vorausgegangen waren der Vorschlag der Kommisssion vom 27. 11. 1999 (KOM (1999) 567 endg.) sowie der geänderte Vorschlag der Kommission vom 10. 10. 2000 (KOM (2000) 649 endg.)
[481] Diesbezüglich existieren bereits zahlreiche Aktionsprogramme der Gemeinschaft.

Beitrittskandidaten Mittel- und Osteuropas sowie Zypern, Malta und die Türkei grundsätzlich teilnahmeberechtigt sind (Art. 9).
Die Ergebnisse der im Rahmen des Kompendiums der Kommission vom Januar 2000[482] ausgewählten und durchgeführten Projekte zur Bekämpfung und Vermeidung von Diskriminierungen werden zur Steigerung der Effizienz des Aktionsprogramms in dessen Umsetzung einfließen.[483]

Insgesamt betrachtet dienen die bisherigen Maßnahmen auf der Grundlage des Art. 13 EG somit in erster Linie der *Vereinheitlichung* der Antidiskriminierungsstandards in den Mitgliedstaaten durch Schaffung eines gemeinschaftsweiten Mindestniveaus sowie der *Prävention* durch konsequente Beobachtung, wissenschaftliche Untersuchung und Förderung gezielter Projekte. Zu echten, sekundärrechtlichen Diskriminierungsverboten auf europäischer Ebene, die den Berechtigten ohne weitere Umsetzungsakte subjektive, einklagbare Rechte verleihen, fehlte es wohl am politischen Willen. Statt dessen wurde zum Instrument der weniger konfrontativen Richtlinie gegriffen, die allerdings durchaus weitreichende Verpflichtungen der Mitgliedstaaten begründen, alsbald Diskriminierungsverbote mit unmittelbarer Drittwirkung im Rahmen ihrer Rechtsordnungen zu erlassen.[484] Somit stellen auch die bisherigen Maßnahmen bereits schlagkräftige Instrumente im gemeinschaftsweiten Kampf gegen Diskriminierungen dar, sofern diese stringent durchgeführt und konsequent überwacht werden. Letzteres werden die nächsten Jahre zeigen.

---

[482] *Europäische Kommission*, Kompendium – Vorbereitende Maßnahmen zur Bekämpfung und Vermeidung von Diskriminierungen gemäß Art. 13 des Vertrags, Januar 2000, S. 1 ff.

[483] Die zahlreichen Projekte verschiedener Stellen und Organisationen zu vorrangigen Aktionsthemen (z. B. Förderung von Antidiskriminierungsmaßnahmen in Verwaltung und Medien, Mainstreaming), die im Kompendium dargestellt und beschrieben sind (Kompendium, S. 6 ff.), wurden aufgrund des Aufrufs der Kommission zur Einreichung von Projektvorschlägen (VP/1999/016 vom 18. Juli 1999; AblEG 1999 Nr. C 191) ausgewählt.

[484] Vgl. auch *Mückl*, in: Haratsch u.a., Religion und Weltanschauung im säkularen Staat, S. 181 ff.

E. Die Schranken des Art. 13 EG

Obgleich Art. 13 EG eine weitreichende Ermächtigung zu Gunsten der Gemeinschaft im Bereich der Diskriminierungsbekämpfung enthält, sind bei der konkreten Rechtsausübung durch die Gemeinschaftsorgane die allgemeinen Kompetenz-schranken des Art. 5 EG zu beachten. Im Folgenden wird deshalb geprüft, inwieweit das in der „europarechtlichen Schrankentrias“[485] enthaltene *Subsidiaritätsprinzip* und der *Verhältnismäßigkeitsgrundsatz* den Erlass von Vorkehrungen aufgrund Art. 13 EG beeinflussen, wobei beispielhaft auf die bisherigen, im vorhergehenden Kapitel erörterten Antidiskriminierungsmaßnahmen einzugehen ist.

I. Das Subsidiaritätsprinzip gem. Art. 5 Abs. 2 EG

Obwohl die Gemeinschaft nach dem Prinzip der begrenzten Einzelermächtigung gem. Art. 5 Abs. 1 EG („*Kann*“)[486] durch Art. 13 EG zum Erlass geeigneter Antidiskriminierungsmaßnahmen ausreichend ermächtigt ist, darf sie nach dem Subsidiaritätsprinzip („*ob*“) nur tätig werden, sofern und soweit die Ziele der in Betracht gezogenen Maßnahmen auf Ebene der Mitgliedstaaten nicht ausreichend erreicht werden können („Erforderlichkeitskriterium“) *und daher* wegen ihres Umfangs oder ihrer Wirkungen besser auf Gemeinschaftsebene erreicht werden können („Effizienzkriterium“).[487]

---

485 Vgl. *Merten*, in: Merten, Die Subsidiarität Europas, S. 78

486 Da die Gemeinschaft weder über eine allgemeine Rechtssetzungskompetenz verfügt, noch ein entsprechender Zuständigkeitskatalog (vgl. etwa Art. 73 ff. GG) auf europäischer Ebene existiert, erfordert jedes, Mitgliedstaaten oder Individuen bindende Handeln der Gemeinschaft eine einschlägige primärrechtliche Ermächtigungsgrundlage, die sich auch aus Art. 308 EG oder der „implied powers“-Doktrin ergeben kann; dazu vgl. *Lienbacher*, in: Schwarze, EU-Kommentar, Art. 5 EG, Rdnr. 7 ff.; *Langguth*, in: Lenz, EU-Vertrag Kommentar, Art. 5 EG, Rdnr. 4 ff.; *Calliess*, in: Calliess/Ruffert, Kommentar EUV/EGV, Art. 5 EG, Rdnr. 8 ff.; *Kenntner*, NJW 1998, S. 2871 f.; *Oppermann*, Europarecht, Rdnr. 513 ff.; *Bleckmann*, Europarecht, Rdnr. 380 ff.; *Streinz*, Europarecht, Rdnr. 436 f.; *Kraußer*, Das Prinzip begrenzter Ermächtigung im Gemeinschaftsrecht als Strukturprinzip des EWG-Vertrages, S. 16 ff. Damit ist allerdings ein weites Feld potentieller Gemeinschaftszuständigkeiten eröffnet, da mittlerweile nahezu sämtliche Bereiche staatlichen Handelns im Gemeinschaftsrecht niedergelegt sind; dazu *Kenntner*, NJW 1998, S. 2871, 2872.
Das Prinzip der begrenzten Einzelermächtigung als „erste“ Schranke der Schrankentrias steht einer Bekämpfung *anderer* als der in Art. 13 EG aufgeführten Diskriminierungen durch Art. 308 EG nicht entgegen, da Art. 13 EG keine abschließende, den Kampf gegen andere Diskriminierungen ausschließende Wirkung beizumessen ist; vgl. oben Teil 1, B. I. 1. b) cc) (3) (c).

487 Zum Subsidiaritätsprinzip vgl. *Calliess*, Subsidiaritäts- und Solidaritätsprinzip in der Europäischen Union; *ders.*, in: Calliess/Ruffert, Kommentar EUV/EGV, Art. 5 EG, Rdnr. 17 ff.; *Pieper*, Subsidiarität, S. 248 ff.; *Schmidhuber*, DVBl. 1993, S. 417 ff.; *Kenntner*, NJW 1998, S. 2871 ff.; *Langguth*, in: Lenz, EG-Vertrag Kommentar, Art. 5 EG, Rdnr. 9 ff.; *Lienbacher*, in: Schwarze, EU-Kommentar, Art. 5 EG, Rdnr. 12 ff.; *Oppermann*, Europarecht,

Die Auslegung dieses zur Verhinderung einer uferlosen Kompetenzausübung der Gemeinschaft durch den Maastrichter Vertrag[488] eingefügten Prinzips ist noch immer Gegenstand heftiger juristischer und politischer Diskussionen.[489] Insbesondere sind Reichweite des Prinzips und Umfang seiner Justiziabilität nicht abschließend geklärt. Durch Beifügung des „*Protokolls (Nr. 30) über die Anwendung der Grundsätze der Subsidiarität und der Verhältnismäßigkeit*" (Subsidiaritätsprotokoll)[490] zum Amsterdamer Vertrag[491] wurde jedoch eine gewisse Präzisierung des Subsidiaritätsprinzips vorgenommen.

Nachfolgend werden die potentiellen Auswirkungen des Prinzips auf Antidiskriminierungsmaßnahmen gem. Art. 13 EG zunächst allgemein[492] dargestellt und sodann am Beispiel der bisher verabschiedeten Maßnahmen konkretisiert.

1. Subsidiarität und Diskriminierungsbekämpfung

Zur Konkretisierung des Subsidiaritätsprinzips im Bereich der Diskriminierungsbekämpfung benötigen insbesondere die nachfolgenden Punkte[493] einer Klärung:

a) Keine ausschließliche Zuständigkeit der Gemeinschaft

Der Kampf gegen Diskriminierungen gem. Art. 13 EG müsste zunächst einem Bereich zuzuordnen sein, der *nicht* in die ausschließliche Zuständigkeit der Gemeinschaft fällt.[494] Wann eine ausschließliche Gemeinschaftszuständigkeit anzunehmen ist, bestimmt sich jeweils durch Auslegung im Einzelfall[495] und liegt letztlich nur dort vor, *wo die*

Rdnr. 518 ff.; *Emmerich-Fritsche*, Der Grundsatz der Verhältnismäßigkeit als Direktive und Schranke der EG-Rechtsetzung, S. 289 ff.; Schlussfolgerungen des Europäischen Rats in Edinburgh, in: *Merten*, Die Subsidiarität Europas, S. 136 ff.

[488] Vgl. auch Präambel EU, Abs. 13

[489] Zu den historischen Wurzeln des Subsidiaritätsprinzips („quadragesimo anno") sowie den wesentlichen Streitpunkten vgl. *Kenntner*, NJW 1998, S. 2871 ff.; *Schmidhuber*, DVBl. 1993, S. 417 ff.

[490] AblEG 1997 Nr. C 340/105 ff.

[491] Gem. Art. 311 EG ist das Protokoll Bestandteil des Amsterdamer Vertrags.

[492] Da eine Subsidiaritätsprüfung immer die *konkrete Maßnahme* im Einzelfall zum Gegenstand haben muss, kann die nachfolgende, abstrakte Prüfung nur einen Problemaufriss darstellen, um die bei Maßnahmen gem. Art. 13 EG *regelmäßig* zu erwartende Sachlage zu veranschaulichen.

[493] Für die Subsidiaritätsprüfung existieren zahlreiche Prüfungsschemata, z. B. *Calliess*, Subsidiaritäts- und Solidaritätsprinzip in der Europäischen Union, S. 243 ff.; *Goppel*, EuZW 1993, S. 367 ff.

[494] Vgl. Art. 5 Abs. 2, 1. HS EG

[495] Vgl. *Langguth*, in: Lenz, EG-Vertrag Kommentar, Art. 5 EG, Rdnr. 19

Mitgliedstaaten unabhängig vom konkreten Tätigwerden der Gemeinschaft in keinem Falle handlungsbefugt sind.[496] Dies ist nach Sinn und Zweck des Subsidiaritätsprinzips *eng* auszulegen und betrifft vor allem die gemeinsame Handelspolitik gem. Art. 133 EG, Zolltarife gem. Art. 26 EG, Währungspolitik gem. Art. 105 ff. EG oder das interne Verfahrens- und Organisationsrecht der Gemeinschaft.[497]

Nach diesen Kriterien scheidet eine ausschließliche Zuständigkeit der Gemeinschaft im Bereich der Diskriminierungsbekämpfung gem. Art. 13 EG von vornherein aus. Die durch Bezug zum Gleichheitssatz bestehende Grundrechtsrelevanz der Bestimmung, ihre Entstehungsgeschichte sowie teleologische Argumente sprechen vielmehr klar für eine regelmäßige Zuständigkeit der Mitgliedstaaten, wobei im Rahmen des Art. 13 EGV nunmehr zwecks Förderung der europäischen Integration auch geeignete Maßnahmen durch die Gemeinschaft ergriffen werden können.[498] Es handelt sich deshalb um den Anwendungsfall einer *konkurrierenden Gemeinschaftskompetenz*,[499] die zur Beachtung des Subsidiaritätsprinzips zwingt.

b) Erforderlichkeits- und Effizienzkriterium

Rechtsakte der Gemeinschaft genügen nur dann dem Subsidiaritätsprinzip, wenn seine beiden Elemente *kumulativ* („und daher") erfüllt sind.[500]

aa) Erforderlichkeitskriterium (Negativprüfung)

Im Rahmen der Negativprüfung ist herauszufinden, ob die Ziele der konkret in Betracht gezogenen Antidiskriminierungsmaßnahmen aus den Gründen des Art. 13 EG nicht bereits auf der Ebene der Mitgliedstaaten *ausreichend* erreicht werden können.

---

[496] So *Calliess*, in: Calliess/Ruffert, Kommentar EUV/EGV, Art. 5 EG, Rdnr. 25

[497] Nachweise bei *Calliess*, Subsidiaritäts- und Solidaritätsprinzip in der Europäischen Union, S. 244; *ders.*, in: Calliess/Ruffert, Kommentar EUV/EGV, Art. 5 EG, Rdnr. 25; *Lienbacher*, in: Schwarze, EU-Kommentar, Art. 5 EG, Rdnr. 14

[498] Für Art. 141 Abs. 3 EG vgl. *Heselhaus/Schmidt-De Caluwe*, NJW 2001, S. 263, 266

[499] Die Mitgliedstaaten können auf diesem Gebiet somit unter Beachtung des Art. 10 EG weiterhin Rechtsakte erlassen, soweit und solange die Gemeinschaft hiervon keinen *erschöpfenden* Gebrauch gemacht hat; vgl. *Calliess*, Subsidiaritäts- und Solidaritätsprinzip in der Europäischen Union, S. 88 ff.

[500] *Pieper*, Subsidiarität, S. 254; Subsidiaritätsprotokoll, Ziff. 5.

(1) Konkretisierung des Erforderlichkeitskriteriums

Die durch Einfügung dieses Kriteriums vereinbarte Aufgabenerfüllung zuvörderst durch die „kleinere Einheit" innerhalb der Gemeinschaft bezweckt die umfassende Wahrung der nationalen Identität der Mitgliedstaaten mit möglichst bürgernahen, auf regionale Bedürfnisse abgestimmten Entscheidungen.[501] Der Gemeinschaft soll es deshalb grundsätzlich verwehrt sein, Befugnisse *allein* mit dem Argument der besseren Erreichbarkeit auf Gemeinschaftsebene an sich zu ziehen, solange die konkret verfolgten Ziele zwar schlechter, aber immer noch zwecktauglich durch die Mitgliedstaaten selbst verwirklicht werden können.[502] Konkret ist deshalb nach einer „Überforderung" der Mitgliedstaaten (und ihrer Untergliederungen) zu fragen, was sowohl die Berücksichtigung der aktuellen Sach- und Rechtslage, als auch eine Prognose künftiger Möglichkeiten und Fähigkeiten umfasst.[503] Insofern orientiert sich die Negativprüfung nach ihrem Wortlaut durchaus am klassischen „Notwendigkeitsmaßstab".[504] Verweigern einzelne Mitgliedstaaten allerdings trotz entsprechender Fähigkeiten die Zielverwirklichung, kann die Gemeinschaft tätig werden.[505]

Das Subsidiaritätsprotokoll des Amsterdamer Vertrags konkretisiert das Prinzip jedoch über den Notwendigkeitsmaßstab hinausgehend als *„dynamisches Konzept"* und *„Richtschnur"* des Gemeinschaftshandelns, welches unter voller Wahrung des gemeinschaftlichen Besitzstandes je nach Sachlage sowohl zur *Erweiterung*, als auch *Einschränkung* bzw. *Einstellung* der Gemeinschaftsbefugnisse führen kann.[506] In Ziff. 5. des Protokolls werden diesbezüglich *Leitlinien* aufgestellt, die bei der Prüfung der Gemeinschaftszuständigkeit fruchtbar gemacht werden können: transnationale Aspekte des in Frage stehenden Bereichs, der durch mitgliedstaatliche Maßnahmen nicht ausreichend geregelt werden könnte; das

---

[501] Vgl. *Geiger*, EUV/EGV, Art. 5 EG, Rdnr. 4 ff.; Subsidiaritätsprotokoll, Abs. 2

[502] *Kenntner*, NJW 1998, S. 2871, 2873; *Pieper*, Subsidiarität, S. 254

[503] *Calliess*, Subsidiaritäts- und Solidaritätsprinzip in der Europäischen Union, S. 245 f.

[504] Hierauf beruht die päpstliche Enzyklika „quadragesimo anno", die oftmals als geistige und historische Grundlage des Subsidiaritätsprinzips genannt wird; vgl. *Kenntner*, NJW 1998, S. 2871, 2872; *Schmidhuber*, DVBl. 1993, S. 417 f., wobei Letzterer darauf hinweist, dass das postulierte Subsidiaritätsprinzip die katholische Kirche nie daran gehindert habe, eine straff zentralistische Organisationsstruktur zu etablieren.

[505] Vgl. *Langguth*, in: Lenz, EG-Vertrag Kommentar, Art. 5 EG, Rdnr. 25, der darauf abstellt, dass die Vertragsziele zugleich einen *Handlungsauftrag* für die Gemeinschaft in den Grenzen des Art. 5 Abs. 2 EG beinhalten.

[506] Vgl. Subsidiaritätsprotokoll, Ziff. 2. und 3.

Fehlen von Gemeinschaftsmaßnahmen würde gegen die Anforderungen des Vertrags verstoßen (z. B. Stärkung des wirtschaftlichen und sozialen Zusammenhalts) oder Maßnahmen auf Gemeinschaftsebene würden nach Umfang und Wirkung deutliche Vorteile bewirken. Durch diese, als Kompromiss zwischen den integrationsfreudigeren und diesbezüglich zurückhaltenderen Mitgliedstaaten ausgehandelte Formulierungen wird zumindest verdeutlicht, dass das Subsidiaritätsprinzip nicht zu einem „verdeckten Renationalisierungsprozess"[507] auf europäischer Ebene mißbraucht werden kann, sondern vielmehr eine *flexible Handhabung*, unter Beachtung gewisser *Effizienzkriterien*, geboten ist.[508] Da direkte Entscheidungen des EuGH zum Subsidiaritätsprinzip bisher unterblieben sind,[509] kommt den im Protokoll enthaltenen (Aus-legungs-)Grundsätzen somit als primärrechtlicher Präzisierung des Gestaltungswillens der Mitgliedstaaten ausschlaggebende Bedeutung zu.

(2) Einordnung des Ziels „Diskriminierungsbekämpfung"

Fraglich ist somit, ob und inwieweit die Mitgliedstaaten der Gemeinschaft nach den vorgenannten, im Rahmen der Negativprüfung nutzbaren Kriterien[510] des Subsidiaritätsprotokolls zur zufriedenstellenden Diskriminierungsbekämpfung (= Ziel der Vorkehrungen gem. Art. 13 EG) in der Lage sind.

(a) Transnationale Aspekte

Das ist zum einen zu verneinen, wenn dieser Bereich *transnationale Aspekte* aufweist, die durch Maßnahmen der Mitgliedstaaten nicht ausreichend geregelt werden können.[511]

---

[507] *Langguth*, in: Lenz, EG-Vertrag Kommentar, Art. 5 EG, Rdnr. 61

[508] Zum Subsidiaritätsprotokoll allgemein vgl. *Lienbacher*, in: Schwarze, EU-Kommentar, Art. 5 EG, Rdnr. 32 ff.; *Langguth*, in: Lenz, EG-Vertrag Kommentar, Art. 5 EG, Rdnr. 55 ff.; *Calliess*, in: Calliess/Ruffert, Kommentar EUV/EGV, Art. 5 EG, Rdnr. 36; kritisch: *Kenntner*, NJW 1998, S. 2871 ff.

[509] Vgl. EuGH Rs. C-84/94 vom 12. 11. 1996, Slg. 1996, I-5755, 5811, Rdnr. 55 (Vereinigtes Königreich ./. Rat) mit dem Hinweis, dass aufgrund der Formulierung des klägerischen Vorbringens nicht auf das Subsidiaritätsprinzip einzugehen sei; Rs. C-233/94 vom 13. 5. 1997, Slg. 1997, I-2405, 2452, Rdnr. 24 (Deutschland ./. Parlament und Rat) zur Begründungspflicht beim Subsidiaritätsprinzip; verb. Rs. C-36/97 und C-37/97 vom 22. 10. 1998, Slg. 1998, I-6337, 6363, Rdnr. 35 (Kellinghusen und Ketelsen) mit dem Hinweis, dass dem Subsidiaritätsprinzip in der Form des Art. 3 b Abs. 2 EGV [= Art. 5 Abs. 2 EG] keine Rückwirkung zukomme.

[510] Subsidiaritätsprotokoll, Ziff. 5., 1. und 2. Spiegelstrich; der 3. Spiegelstrich ist eindeutig dem Effizienztest zuzuordnen.

[511] Vgl. Subsidiaritätsprotokoll, Ziff. 5, 1. Spiegelstrich

Diskriminierungen sind – wie bereits mehrfach im Verlauf dieser Arbeit dargelegt[512] – ein die Ländergrenzen der Mitgliedstaaten überschreitendes Problem[513], welches zum Zwecke einer weiteren, über rein wirtschaftliche Belange hinausgehenden Integration oder der bevorstehenden EU-Osterweiterung einer gemeinschaftsweiten Lösung bedarf. Die immer engere Zusammenarbeit der Mitgliedstaaten sowie die unaufhaltsame Etablierung einer globalisierten Wirtschaft benötigen *einheitliche Grundrechtsstandards* innerhalb der Gemeinschaft[514], womit Antidiskriminierungsmaßnahmen aufgrund Art. 13 EG zur Durchsetzung des Allgemeinen Gleichheitssatzes korrespondieren. Diskriminierungsbekämpfung und Gleichheitsgrundrechte in der Europäischen Union, in welcher Menschen unterschiedlicher Kulturen und Herkunft zusammenleben[515], ist *per se* eine transnationale Aufgabe, die durch die Mitgliedstaaten allein nicht zufriedenstellend zu bewältigen ist.[516]

(b) Verstoß gegen die Anforderungen des Vertrages

Eine Gemeinschaftszuständigkeit besteht zum anderen dann, wenn alleinige Maßnahmen der Mitgliedstaaten oder das Fehlen von Gemeinschaftsmaßnahmen gegen die Anforderungen des Vertrags verstoßen oder auf sonstige Weise die Interessen der Mitgliedstaaten erheblich beeinträchtigen.[517]

---

[512] Dazu oben Einleitung, A.; Teil 1, A. II.; B. II. 2. b) dd)

[513] Vgl. *Allen*; in: Bekämpfung der Diskriminierungen, S. 77, 83

[514] Vgl. *Heitmann*, NJW 2001, S. 124 ff.

[515] Dieser Aspekt wird mit der Realisierung der geplanten EU-Osterweiterung oder gar einem Beitritt der Türkei erheblich an Brisanz gewinnen.

[516] In der Rs. C-84/94 hat der EuGH das Problem der Transnationalität flüchtig tangiert, da es von der Klägerin im Rahmen der Überprüfung einer auf Art. 118a EGV [= Art. 138 EG] gestützten Richtlinie entsprechend gerügt wurde. Hierzu führte er lapidar aus: „*Sobald der Rat also festgestellt hat, dass das bestehende Niveau des Gesundheitsschutzes und der Sicherheit der Arbeitnehmer ... harmonisiert werden müssen, setzt die Erreichung dieses Zieles durch das Setzen von Mindestvorschriften unvermeidlich ein gemeinschaftsweites Vorgehen voraus, das es im übrigen ... den Mitgliedstaaten überlässt, die erforderlichen Durchführungsmodalitäten zu regeln.*“ Im Falle eines (abstrakten) Harmonisierungsbedarfs nimmt der Gerichtshof damit ohne Weiteres eine Gemeinschafts-zuständigkeit an, ohne Art. 5 Abs. 2 EG weiter zu problematisieren. Dies dürfte zu weit gehen und in dieser Form mit dem später erlassenen Subsidiaritätsprotokoll kaum vereinbar sein. Die Entscheidung zeigt jedoch, dass der Gerichtshof das Subsidiaritätsprinzip wohl im Zweifel eher weit zu Gunsten der Gemeinschaft auslegen wird (vgl. EuGH Rs. C-84/94 vom 12. 11. 1996, Slg. 1996, I-5755, 5808 f., Rdnr. 46 ff. (Vereinigtes Königreich ./. Rat); dazu vgl. *Calliess*, Urteilsanmerkung zu Rs. C-84/94, EuZW 1996, 757).

[517] Vgl. Subsidiaritätsprotokoll, Ziff. 5., 2. Spiegelstrich

Unterschiedliche Antidiskriminierungsmaßstäbe in den Rechtsordnungen der Mitgliedstaaten sind potentiell geeignet, die Ausübung von Grundfreiheiten oder der Unionsbürgerschaft, insbesondere die Freizügigkeit (Art. 18 EG), nachhaltig zu beeinträchtigen.[518] Die alleinige Regelung dieses Sachbereichs durch die Mitgliedstaaten gefährdet zudem wegen des fehlenden Harmonisierungseffektes die Verwirklichung von Kernzielen des Vertrages[519], wie z. B. ein hohes Beschäftigungsniveau, die Gleichstellung von Mann und Frau oder die Beseitigung von Ungleichheiten (Art. 2 und 3 EG). Durch zu erwartendes unkoordiniertes und unterschiedlich engagiertes Vorgehen seitens der Mitgliedstaaten bei der Diskriminierungsbekämpfung[520] kann ferner durch die Ausprägung „nationaler Schlupflöcher" eine „grundrechtliche Schieflage" entstehen, die den wirtschaftlichen und sozialen Zusammenhalt innerhalb der Gemeinschaft gefährdet.[521] Im Gegenzug würde es eine erhebliche Stärkung des Gemeinschaftssinns in der (oftmals europakritischen) Bevölkerung bewirken, wenn im sensiblen grundrechtlichen und sozialen Bereich gemeinschaftsweit einheitlich hohe Standards etabliert würden. Die hierfür erforderliche, inhaltlich abgestimmte Vorgehensweise der Mitgliedstaaten kann demgegenüber angesichts der sehr restriktiven Ansichten einiger Mitgliedstaaten[522] in diesem Bereich nicht mit hinreichender Wahrscheinlichkeit prognostiziert werden.[523]

Weiterhin können durch verminderte Chancengleichheit Wettbewerbsverzerrungen entstehen, da bestimmten Individuen der gemeinschaftsweite Marktzugang (teilweise) verwehrt wird.[524] Hierdurch werden auch die Interessen der Mitgliedstaaten erheblich beeinträchtigt, da in einer modernen, globalisierten Gesellschaft in

---

[518] Dazu oben Teil 1, B. II. 2. b) dd)

[519] Allgemein hierzu *Calliess*, Subsidiaritäts- und Solidaritätsprinzip in der Europäischen Union, S. 246

[520] Zum gegenwärtigen Stand vgl. *Europäische Kommisssion*, Überblick über die gesetzlichen Antidiskriminierungsbestimmungen in den Mitgliedstaaten

[521] Vgl. auch *Allen*, in: Bekämpfung der Diskriminierungen, S. 77, 84, der das Beispiel gemeinschaftsweit vernetzter rechtsextremer Parteien anführt, die das Thema „Rassismus" auf nationaler Ebene ausnutzen

[522] Vgl. etwa die Haltung Großbritanniens bei der Entwicklung der Grundrechtscharta; dazu *Ulrich*, Richtungsstreit um Rechtskatalog, in: Süddeutsche Zeitung (26. 9. 2000), S. 2

[523] Vgl. *Lienbacher*, in: Schwarze, EU-Kommentar, Art. 5 EG, Rdnr. 24, der darauf hinweist, dass angesichts dieser letztlich stattfindenden Prognoseentscheidung in der Praxis die Erforderlichkeitsprüfung in vielen Fällen positiv für die Gemeinschaft ausfallen dürfte.

[524] Dazu *Allen*; in: Bekämpfung der Diskriminierungen, S. 77, 84

der Regel die Ausnutzung aller zur Verfügung stehenden sachlichen *und* personellen Ressourcen notwendig ist.[525]
Auch hieraus ergibt sich demzufolge, dass der Bereich der Diskriminierungsbekämpfung nicht ausreichend durch mitgliedstaatliche Maßnahmen abgedeckt werden kann.

(c) Bewertung

Generell ist aufgrund der vorstehenden Überlegungen deshalb von einer Überforderung der Mitgliedstaaten auszugehen, Diskriminierungen im für die weitere europäische Integration nach den Vertragszielen erforderlichen Maße gemeinschaftsweit zu bekämpfen.
Dementsprechend ist das Erforderlichkeitskriterium bei Vorkehrungen gem. Art. 13 EGV nur dann zu verneinen, wenn es sich um Maßnahmen handelt, die lediglich *regionale „Brandherde" mit keinen oder nur geringen Auswirkungen auf die Gemeinschaft* im Blickfeld haben.

bb) Effizienzkriterium (Positivprüfung)

Das Effizienzkriterium stellt darauf ab, ob die Ziele der in Betracht gezogenen Maßnahmen wegen ihres *Umfangs* und ihrer *Wirkung* besser auf Gemeinschaftsebene erreicht werden können.

(1) Konkretisierung des Effizienzkriteriums

Steht fest, dass alleiniges mitgliedstaatliches Handeln zur Zielverwirklichung nicht ausreicht, sind in einem weiteren Prüfungsschritt zum einen Art, Größe und Schwere des Problems sowie dessen Auswirkungen auf die Mitgliedstaaten zu erörtern („*Umfang*" – quantitatives Element) sowie zum anderen die Effizienz der anvisierten Maßnahme auf Gemeinschaftsebene in Bezug auf das angestrebte Ziel zu betrachten („*Wirkungen*" – qualitatives Element).[526] Das Effizienzkriterium ist erfüllt, wenn eine Gesamtabwägung[527] („*besser*") zwischen zusätzlichem Integrationsgewinn und mitgliedstaatlichem Kompetenzverlust *deutliche Vorteile*[528] der Problembewältigung durch Gemeinschafts-

[525] Vgl. *Shaw*, in: Bekämpfung der Diskriminierungen, S. 98, 99
[526] So *Calliess*, Subsidiaritäts- und Solidaritätsprinzip in der Europäischen Union, S. 246; *ders.*, in: Calliess/Ruffert, Kommentar EUV/EGV, Art. 5 EG, Rdnr. 44
[527] Vgl. *Oppermann*, Europarecht, Rdnr. 519
[528] Vgl. Subsidiaritätsprotokoll, Ziff. 5., 3. Spiegelstrich

maßnahmen ergibt, wobei Kosten und Nutzen von Maßnahmen auf den verschiedenen Handlungsebenen sowie die Auswirkungen auf die Wettbewerbsfähigkeit der Gemeinschaft oder die Beschäftigungslage einzubeziehen sind.[529] Früheren Maßnahmen der Gemeinschaft, die in einem eindeutigen Zusammenhang zu den nun in Betracht gezogenen Maßnahmen stehen und rechtmäßig erlassen wurden, kann dabei eine Indizwirkung zukommen.[530]
Sind nach der Negativprüfung die Mitgliedstaaten zur Problembewältigung nicht zufriedenstellend in der Lage, wird eine bessere Erfüllung auf Gemeinschaftsebene in Anbetracht des heutigen Integrationsstandes allerdings in der Regel zu bejahen sein.[531] Dem Effizienzkriterium kommt deshalb eine weitaus geringere Bedeutung zu als dem Erforderlichkeitskriterium.

(2) Einordnung des Ziels „Diskriminierungsbekämpfung"; Bewertung

Konkret ist zu prüfen, ob – nach Bejahung des Erforderlichkeitskriteriums – ein europaweiter Diskriminierungsschutz (als Ziel von Maßnahmen gem. Art. 13 EG) nach Umfang oder Wirkung effizienter auf Gemeinschaftsebene erreicht werden kann. Das ist der Fall, wenn Vorkehrungen aufgrund Art. 13 EG *deutliche Vorteile* gegenüber Maßnahmen durch die einzelnen Mitgliedstaaten nach deren Rechtsordnungen mit sich bringen.

Antidiskriminierungsmaßnahmen weisen vom Umfang her einen grenzüberschreitenden Aspekt auf, von dem unterschiedslos alle Mitgliedstaaten gleichermaßen betroffen und gefordert sind. Da sich Diskriminierungen zerstörerisch auf das Zusammenwachsen der europäischen Nationen auswirken können, ist eine Lösung der Problematik auf europäischer Ebene unausweichlich.
Durch Art. 13 EG ist die Gemeinschaft in der Lage, Diskriminierungen effektiv auf breiter Front innerhalb des Anwendungsbereichs des EG-Vertrags zu bekämpfen. Hierdurch würden *gleiche Standards* für alle Mitgliedstaaten geschaffen, die unverzichtbarer

---

[529] Dazu umfassend *Calliess*, Subsidiaritäts- und Solidaritätsprinzip in der Europäischen Union, S. 246; *ders.*, in: Calliess/Ruffert, Kommentar EUV/EGV, Art. 5 EG, Rdnr. 44; *Langguth*, in: Lenz, EG-Vertrag Kommentar, Art. 5 EG, Rdnr. 29; *Lienbacher*, in: Schwarze, EU-Kommentar, Art. 5 EG, Rdnr. 23; *Lehr*, in: Bergmann/Lenz, Der Amsterdamer Vertrag, S. 206; *Pieper*, Subsidiarität, S. 254 f.
[530] Vgl. *Langguth*, in: Lenz, EG-Vertrag Kommentar, Art. 5 EG, Rdnr. 29
[531] Vgl. *Lienbacher*, in: Schwarze, EU-Kommentar, Art. 5 EG, Rdnr. 24 unten

Gegenpol einer globalisierten Wirtschaft zum Schutze aller darin eingebundenen Individuen darstellen.[532]
Im Rahmen der verfügbaren Handlungsalternativen stellen Antidiskriminierungsmaßnahmen auf gemeinschaftlicher Ebene gegenüber denjenigen auf mitgliedstaatlicher Ebene einen *zusätzlichen Integrationsgewinn* dar, der geeignet ist, die politische Union, den sozialen Fortschritt sowie die Beschäftigungslage innerhalb der EU nachhaltig zu fördern. Im Gegenzug würde ein Verzicht auf notwendige Maßnahmen und Beibehaltung des status quo neue Integrationsstufen sowie eine Stärkung der Unionsbürgerschaft erschweren. Darüber hinaus wäre die Etablierung einer einheitlichen europäischen Verfassung - die mittelfristig das Ziel der europäischen Politik sein muss - auf längere Sicht kaum realisierbar, wenn bereits grundlegende Bemühungen nach Gleichstellung durch Antidiskriminierungsmaßnahmen auf gemeinschaftlicher Ebene scheitern. Gemeinschaftliche Maßnahmen nach Art. 13 EG bieten deshalb im Vergleich zu alleinigen mitgliedstaatlichen Maßnahmen deutliche Vorteile.
Ferner ist auf die langjährige positive Erfahrung der Gemeinschaft mit Maßnahmen zur Beseitigung der Geschlechterdiskriminierung zu verweisen. Diskriminierungen aus den anderen, in Art. 13 EG aufgeführten Gründen enthalten eine hierzu ohne Weiteres vergleichbare Problematik, die im Rahmen des Subsidiaritätsprinzips keine andere Beurteilung rechtfertigt.[533]

In einer vergleichenden *Bewertung* ist deshalb bei Bejahung des Erforderlichkeitskriteriums grundsätzlich auch ein europäischer Mehrwert[534] gemeinschaftlicher Antidiskriminierungsmaßnahmen gegenüber rein mitgliedstaatlichen anzuerkennen.

---

532 Dazu *Heitmann*, NJW 2001, S. 124, 126

533 Dagegen kann auch nicht das Argument angeführt werden, dass das Subsidiaritätsprinzip erst durch den Maastrichter Vertrag in den EGV eingefügt wurde, zahlreiche Maßnahmen gegen Diskriminierungen aus Gründen des Geschlechts aber älteren Datums sind. Auch vor seiner ausdrücklichen Formulierung war das Prinzip bereits als *indirekter Grundsatz* im EGV enthalten und weitgehend anerkannt (Nachweise bei *Calliess*, Subsidiaritäts- und Solidaritätsprinzip in der Europäischen Union, S. 31 f.).

534 Begriff bei *Calliess*, Subsidiaritäts- und Solidaritätsprinzip in der Europäischen Union, S. 246

c) Justiziabilität (materielle Überprüfbarkeit)

Die Frage, ob und wie Verstöße gegen das Subsidiaritätsprinzip durch den EuGH materiell überprüfbar sind, ist zwar noch nicht abschließend geklärt, dürfte jedoch mittlerweile durch Ziff. 13 des Subsidiaritätsprotokolls, wonach die Einhaltung des Prinzips gem. den Bestimmungen des Vertrags geprüft wird[535], im Sinne einer grundsätzlichen Justiziabilität zu beantworten sein.[536] Hinsichtlich des Umfangs wird wohl in der Literatur inzwischen mehrheitlich eine *Überprüfung offensichtlicher Ermessensfehler* befürwortet.[537] Der EuGH hat hierzu in seinen bisherigen Entscheidungen, die das Subsidiaritätsprinzip tangierten, keine direkte Stellung bezogen,[538] allerdings im Rahmen der Erörterung des Grundsatzes der Verhältnismäßigkeit das *weite gesetzgeberische Ermessen* betont, welches insbesondere bei sozialpolitischen Entscheidungen und komplexen Abwägungen zu bejahen sei.[539] Demzufolge hält er in diesem Zusammenhang die Ausübung von Gemeinschaftsbefugnissen gerichtlich nur daraufhin überprüfbar, „*...ob ein offensichtlicher Irrtum oder ein Ermessensmißbrauch vorliegt oder ob das Organ die Grenzen seines Ermessens offenkundig überschritten hat.*“[540] Aufgrund des doch erheblichen Ermessens- und Prognosespielraums, den Art. 5 Abs. 2 EG dem Gesetzgeber einräumt, ist dieser restriktiven Handhabung zuzustimmen, da die der Auslegung des Prinzips als „dynamisches Konzept“ unter Berücksichtigung der Vertragsziele[541]

---

535 Darin ist zweifellos auch Abschnitt 4 des EG-Vertrags (Art. 220 ff. EG) mit einbezogen.

536 Eine unmittelbare Anwendbarkeit des Prinzips scheidet allerdings aus, sodass sich Unionsbürger nicht auf dessen Mißachtung berufen können, um gemeinschaftliche Maßnahmen zu Fall zu bringen; dazu vgl. *Lehr*, in: Bergmann/Lenz, Der Amsterdamer Vertrag, S. 209 (Rdnr. 34); *Langguth*, in: Lenz, EG-Vertrag Kommentar, Art. 5 EG, Rdnr. 34 m. w. N.).

537 Zum Meinungsstand vgl. *Calliess*, in: Calliess/Ruffert, Kommentar EUV/EGV, Art. 5 EG, Rdnr. 63 ff. m.w.N.; *Lienbacher*, in: Schwarze, EU-Kommentar, Art. 5 EG, Rdnr. 4 ff.; *Langguth*, in: Lenz, EG-Vertrag Kommentar, Art. 5 EG, Rdnr. 32 ff.

538 EuGH Rs. C-84/94 vom 12. 11. 1996, Slg. 1996, I-5755, 5811, Rdnr. 55 (Vereinigtes Königreich ./. Rat) mit dem Hinweis, dass aufgrund der Formulierung des klägerischen Vorbringens nicht auf das Subsidiaritätsprinzip einzugehen sei; Rs. C-233/94 vom 13. 5. 1997, Slg. 1997, I-2405, 2452, Rdnr. 24 (Deutschland ./. Parlament und Rat) zur Begründungspflicht; verb. Rs. C-36/97 und C-37/97 vom 22. 10. 1998, Slg. 1998, I-6337, 6363, Rdnr. 35 (Kellinghusen und Ketelsen) mit dem Hinweis, dass dem Subsidiaritätsprinzip in der Form des Art. 3 b Abs. 2 EGV [= Art. 5 Abs. 2 EG] keine Rückwirkung zukomme.

539 EuGH Rs. C-84/94 vom 12. 11. 1996, Slg. 1996, I-5755, 5811, Rdnr. 57 ff. (Vereinigtes Königreich ./. Rat)

540 EuGH Rs. C-84/94 vom 12. 11. 1996, Slg. 1996, I-5755, 5811, Rdnr. 58 (Vereinigtes Königreich ./. Rat)

541 Vgl. Subsidiaritätsprotokoll, Ziff. 3.

typischerweise innewohnende (integrations-)politisch-administrative Tendenz nicht Gegenstand gerichtlicher Entscheidungen sein kann.[542]
Daraus folgt, dass die - im Regelfall ohnehin relativ unproblematische - Vereinbarkeit von Vorkehrungen gem. Art. 13 EG mit dem Subsidiaritätsprinzip gem. Art. 5 Abs. 2 EG gerichtlich in *materieller* Hinsicht nur auf das Vorliegen eines *offensichtlichen Ermessensmißbrauchs* des Rates überprüft werden kann. Maßnahmen, die danach gegen das Subsidiaritätsprinzip verstoßen, können im Wege der Nichtigkeitsklage (Art. 230, 231 EG) oder dem Vorabentscheidungsverfahren (Art. 234 EG) für nichtig erklärt werden.[543] Die Gefahr dürfte angesichts der zu überwindenden „Prüfungshürden" allerdings zu vernachlässigen sein.

d) Begründungszwang (formelle Überprüfbarkeit)

Im Gegensatz zur eingeschränkten materiellen Kontrollmöglichkeit ist der sich aus Art. 253 EG für Verordnungen, Richtlinien und Entscheidungen ergebende *Begründungszwang*, der gem. Ziff. 4 des Subsidiaritätsprotokolls auch für die Beachtung des Subsidiaritätsprinzips gilt, *vollauf* durch den Gerichtshof überprüfbar. Im Wege einer „Beweislastumkehr" ist danach die Gemeinschaft verpflichtet, die Notwendigkeit ihres Tätigwerdens im betreffenden Rechtsakt stichhaltig durch Angabe der wesentlichen rechtlichen und tatsächlichen Erwägungen nachvollziehbar darzulegen.[544] Hierbei sind *strenge Maßstäbe*[545] anzusetzen, welche die ausschlaggebenden *qualitativen* oder *quantitativen Kriterien*[546] der Subsidiaritätsprüfung erkennen lassen müssen.[547] Bloße formelhafte, den Wortlaut des Art. 5 Abs. 2 EG mehr oder weniger wiedergebende

---

[542] Vgl. auch die ähnliche Sichtweise bei Art. 72 Abs. 2 GG; dazu *Klein*, in: Maunz/Dürig, Grundgesetz, Art. 93 GG, Rdnr. 48 o ff.; *Degenhart*, Staatsrecht I, Rdnr. 107 ff.
[543] *Langguth*, in: Lenz, EG-Vertrag Kommentar, Art. 5 EG, Rdnr. 32; *Kenntner*, NJW 1998, S. 2871, 2872, 2874; *Schmidhuber*, DVBl. 1993, S. 417, 420; differenzierend: *Lehr*, in: Bergmann/Lenz, Der Amsterdamer Vertrag, S. 209 (Rdnr. 34 f.)
[544] Vgl. *Oppermann*, Europarecht, Rdnr. 672; *Bleckmann*, Europarecht, Rdnr. 499 ff.; *Schmidhuber*, DVBl. 1993, S. 417, 419; *Pieper*, Subsidiarität, S. 273
[545] *Calliess*, in: Calliess/Ruffert, Kommentar EUV/EGV, Art. 5 EG, Rdnr. 65
[546] Subsidiaritätsprotokoll, Ziff. 4., 2. HS
[547] Bei normativen Rechtsakten (Verordnung/Richtlinie) hat der EuGH in der Vergangenheit jedoch die Angabe der *Gesamtlage*, die zum Erlass der Maßnahme geführt hat, und die Bezeichnung der *allgemeinen Ziele*, die hiermit erreicht werden sollen, ausreichen lassen (vgl. Rs. 5/67 vom 13. 3. 1968, Slg. 1968, 127, 144 (Beus ./. Hauptzollamt München-Landsbergerstraße); Rs. 87/78 vom 30. 11. 1978, Slg. 1978, 2457, 2467, Rdnr. 10 ff. (Welding ./. Hauptzollamt Hamburg-Waltershof)). In Rs. C-233/94 vom 13. 5. 1997, Slg. 1997, I-2405, 2452, Rdnr. 24 ff. (Deutschland ./. Parlament und Rat) wird auch eine ausdrückliche Erwähnung des Subsidiaritätsprinzips für entbehrlich gehalten, solange sich aus den Erwägungen eine Auseinandersetzung mit dem Prinzip ergibt.

Ausführungen genügen demzufolge nicht. Zur Vermeidung ihrer Nichtigkeit ist bei Antidiskriminierungsmaßnahmen somit – wie bei anderen Rechtsakten auch – zwingend auf eine diesen Anforderungen genügende Begründung von Erforderlichkeits- und Effizienzkriterium zu achten.[548]

2. Vereinbarkeit der Richtlinien 2000/43/EG und 2000/78/EG mit dem Subsidiaritätsprinzip

Nach den unter Ziff. 1 dargelegten abstrakten Kriterien betreffend die Anwendung des Subsidiaritätsprinzips bei Antidiskriminierungsmaßnahmen gem. Art. 13 EG ist im Folgenden eine *konkrete* Subsidiaritätsprüfung der bisherigen Vorkehrungen vorzunehmen. Hinsichtlich der nach Art. 253 EG begründungspflichtigen Richtlinien 2000/43/EG und 2000/78/EG[549] ist dementsprechend nach *formellen* und *materiellen* Kriterien zu unterscheiden.[550]

a) Erfüllung der Begründungsanforderungen

Ausdrückliche Erwähnung findet das Subsidiaritätsprinzip in beiden Richtlinien jeweils im letzten Erwägungsgrund.[551] Die dortigen Ausführungen geben allerdings, von der Formulierung des Ziels der Maßnahme abgesehen, lediglich den Wortlaut des Art. 5 Abs. 2 EG wieder, was den Begründungsanforderungen gerade nicht genügt.

Nach der Rechtsprechung des EuGH ist eine ausdrückliche Erwähnung des Prinzips jedoch entbehrlich, wenn die (übrigen) Erwägungsgründe eine *hinreichende Auseinandersetzung* der Gemeinschaftsorgane mit den Subsidiaritätserfordernissen erkennen lassen.[552]
Vorliegend hat der Rat in den Erwägungsgründen 1-3 der RL 2000/43/EG (bzw. 1, 3 und 4 der RL 2000/78/EG)[553] die Bedeutung des Schutzes vor Diskriminierungen als allgemeines Menschenrecht betont, dessen Achtung *allen Mitgliedstaaten* der Gemeinschaft *gemeinsam* obliegt.

---

[548] Andernfalls liegt ein wesentlicher Formfehler vor, der grundsätzlich zur Nichtigkeit der betreffenden Maßnahme führt; vgl. *Oppermann*, Europarecht, Rdnr. 673; *Geiger*, EUV/EGV, Art. 253 EG, Rdnr. 6.

[549] Dazu näher Teil 1., D. VI.

[550] Da beide Richtlinien im Wesentlichen wortlautidentisch sind, ist es gerechtfertigt, sie im folgenden gemeinsam abzuhandeln.

[551] Nr. 28 der RL 2000/43/EG bzw. Nr. 37 der RL 2000/78/EG

[552] Vgl. EuGH Rs. C-233/94 vom 13. 5. 1997, Slg. 1997, I-2405, 2452, Rdnr. 24 ff. (Deutschland ./. Parlament und Rat)

[553] Die im Folgenden, nicht in Klammern angegebenen Erwägungsgründe sind stets solche der RL 2000/43/EG, die in Klammern angegebenen dagegen solche der RL 2000/78/EG.

Ferner wird in Erwägungsgrund 9 (bzw. 11) festgestellt, dass Diskriminierungen aus den Gründen des Art. 13 EG die Verwirklichung der im EG-Vertrag festgelegten Ziele unterminieren, insbesondere die Erreichung eines hohen Beschäftigungsniveaus und eines hohen Maßes an sozialem Schutz, die Hebung des Lebensstandards und der Lebensqualität, den wirtschaftlichen und sozialen Zusammenhalt sowie die Solidarität, sowie geeignet sind, die Weiterentwicklung der EU zu einem Raum der Freiheit, der Sicherheit und des Rechts beeinträchtigen. Schließlich wird in Erwägungsgrund 8 (bzw. 8) die Notwendigkeit *aufeinander abgestimmter Maßnahmen* unterstrichen, die günstigere Bedingungen für die Entstehung eines Arbeitsmarktes zur Förderung der sozialen Integration schaffen. In der RL 2000/78/EG wird darüber hinaus die Bedeutung einer *koordinierten Beschäftigungspolitik* sowie der Erhöhung des Anteils älterer Menschen an der Erwerbsbevölkerung betont (Erwägungsgründe 7 und 8 Satz 2).
Die vorstehenden Begründungserwägungen lassen unschwer erkennen, dass der Rat (und im Vorfeld die Kommission)[554] Subsidiaritätserwägungen angestellt hat und diesbezüglich aufgrund der gemeinschaftsweiten Bedeutung des Diskriminierungsproblems der Ansicht ist, dass mitgliedstaatliche Maßnahmen zur Zielerreichung nicht ausreichen und gemeinschaftliche Maßnahmen demgegenüber einen Mehrwert schaffen. Dieser Schluss wird durch die Bezugnahme des Rates in Erwägungsgrund 5, 7 und 11 (bzw. 2, 6 und 7) auf frühere einschlägige gemeinschaftliche Rechtsakte und Vorkehrungen bestärkt, denen nun kohärente (Anschluss-) Maßnahmen folgen sollen. Insofern kann vorliegend trotz Fehlens einer eindeutigen Bezugnahme auf das Subsidiaritätsprinzip von entsprechenden quantitativen und qualitativen Abwägungen des Rates hinsichtlich einer besseren Zielerreichung auf Gemeinschaftsebene ausgegangen werden. Die vom EuGH als ausreichend angesehenen Anforderungen an eine ordnungsgemäße Begründung sind deshalb vorliegend (noch) erfüllt.[555]

---

[554] Vgl. jeweils die Subsidiaritätserwägungen der Kommission im Erläuterungsteil der Richtlinien: Vorschlag für eine Richtlinie des Rates zur Anwendung des Gleichbehandlungsgrundsatzes ohne Unterschied der Rasse oder der ethnischen Herkunft, KOM (1999) 566 endgültig, S. 3 ff.; Vorschlag für eine Richtlinie des Rates zur Festlegung eines allgemeinen Rahmens für die Verwirklichung der Gleichbehandlung in Beschäftigung und Beruf, KOM (1999) 565 endgültig, S. 5 ff.

[555] Nichtsdestotrotz bestehen Zweifel, ob die Entscheidungspraxis des EuGH den Anforderungen genügt, die Ziff. 4. des Subsidiaritätsprotokolls an eine ordnungsgemäße Begründung stellt. Diesbezüglich sollten künftig die Erwägungen, die hinsichtlich des Erforderlichkeits- und Effizienzkriteriums angestellt werden, *direkt*, entsprechend der Prüfungsfolge, in einem *speziellen Erwägungsgrund* formuliert und begründet werden. Nur hierdurch kann eine für die Mitgliedstaaten in ihren einzelnen Schritten ohne Weiteres nachvollziehbare Subsidiaritätsprüfung erreicht werden. Hinsichtlich der Einhaltung dieser

b) Negativ- und Positivprüfung

Relativ unproblematisch stellt sich dagegen die materielle Subsidiaritätsprüfung der Richtlinien dar. Aufgrund der Zielsetzung beider Maßnahmen – Gewährleistung eines *einheitlichen*, hohen Niveaus des Schutzes vor Diskriminierungen bzw. Schaffung *gleicher* Ausgangsbedingungen *in der Gemeinschaft* in Bildung und Beruf[556] – ist klargestellt, dass ein breiter, geweinschaftsweiter Anwendungsbereich eröffnet und nicht lediglich die „Bekämpfung regionaler Brandherde" beabsichtigt ist. Nach den obigen, auf den Regelfall abstellenden Kriterien[557] weist der umfasste Bereich damit erhebliche transnationale, auf die Stärkung des wirtschaftlichen und sozialen Zusammenhalts gerichtete Aspekte auf, welche durch die Mitgliedstaaten nicht ausreichend, auf der Ebene der Gemeinschaft hingegen mit deutlichen Vorteilen geregelt werden können. Ein diesbezüglicher, offensichtlicher Ermessensmissbrauch des Rates liegt somit in keinem Falle vor.

Die aufgrund des Art. 13 EG erlassenen Richtlinien 2000/43/EG und 2000/78/EG erfüllen damit die Anforderungen, die das in Art. 5 Abs. 2 EG stipulierte Subsidiaritätsprinzip in formeller und materieller Hinsicht an Rechtsakte der Gemeinschaft stellt.

II. Der Grundsatz der Verhältnismäßigkeit gem. Art. 5 Abs. 3 EG

Gemäß dem in Art. 5 Abs. 3 EG enthaltenen Grundsatz der Verhältnismäßigkeit dürfen Antidiskriminierungsmaßnahmen gem. Art. 13 EG nicht über das für die Erreichung der Ziele des Vertrags erforderliche Maß hinausgehen. Diese Schranke bestimmt damit das „*Wie*" des gemeinschaftlichen Handelns.[558]

1. Konkretisierung des Verhältnismäßigkeitsgrundsatzes

Der Grundsatz der Verhältnismäßigkeit ist ein auch dem Europarecht immanentes Rechtsprinzip, welches lange vor seiner Formulierung durch den Maastrichter Vertrag weithin anerkannt war[559] und sowohl gegenüber

---

Formalien muss dann volle Überprüfbarkeit durch den Gerichtshof gewährleistet sein, welche in dieser Form ein wichtiges Korrektiv für die ansonsten eingeschränkte materielle Prüfung darstellt; vgl. auch *Calliess*, in: Calliess/Ruffert, Kommentar EUV/EGV, Art. 5 EG, Rdnr. 65.

[556] Vgl. Nr. 28 der RL 2000/43/EG bzw. Nr. 37 der RL 2000/78/EG

[557] Vgl. Teil 1., E. I. 1. b)

[558] *Calliess*, in: Calliess/Ruffert, Kommentar EUV/EGV, Art. 5 EG, Rdnr. 45

[559] Zur Entwicklung vgl. die umfassende Abhandlung bei *Schwarze*, Europäisches Verwaltungsrecht, Band II, 1988, S. 661 ff. m.w.N.; ferner vgl. *Calliess*, Subsidiaritäts- und Solidaritätsprinzip in der Europäischen Union, S. 103 ff.

dem Einzelnen als auch den Mitgliedstaaten Wirkungen entfaltet.[560] Nach der ständigen Rechtsprechung des EuGH „... *kommt es für die Frage, ob eine Vorschrift des Gemeinschaftsrechts dem Grundsatz der Verhältnismäßigkeit entspricht, darauf an, ob die gewählten Mittel zur Erreichung des angestrebten Zweckes geeignet sind und ob sie das Maß des hierzu Erforderlichen nicht übersteigen.*“[561] Ähnlich wie im deutschen Recht gehört hierzu auch eine *Angemessenheitsprüfung*, die eine Abwägung zwischen den Vorteilen der Maßnahme im Hinblick auf den zu erreichenden Zweck und den damit einhergehenden Nachteilen umfasst.[562] Der Grundsatz der Verhältnismäßigkeit beeinflusst maßgeblich die Wahl der zur Verfügung stehenden Handlungsformen der Gemeinschaft („Art des Handelns“) sowie deren Reichweite und Regelungstiefe („Umfang des Handelns“). Dies beinhaltet einerseits eine *Mittelhierarchie*, wonach grundsätzlich „... *eine Richtlinie einer Verordnung und eine Rahmenrichtlinie einer detaillierten Maßnahme vorzuziehen* [ist].“[563] Hierzu gehört auch ein möglichst vorrangiger Erlass von *Mindestvorschriften*, welche die Belastung der Mitgliedstaaten reduzieren und darüber hinausgehende Regelungen durch sie ermöglichen.[564] Soweit rechtsverbindliches Handeln nicht erforderlich erscheint, sollte ferner einer Empfehlung oder fakultativen Verhaltenskodizes der Vorzug gegeben werden.[565] Andererseits gebietet es der Grundsatz der Verhältnismäßigkeit, den Mitgliedstaaten möglichst viel Raum für nationale Entscheidungen zu belassen, „... *bewährte nationale Regelungen*

[560] Vgl. *Calliess*, in: Calliess/Ruffert, Kommentar EUV/EGV, Art. 5 EG, Rdnr. 47; *Geiger*, EUV/EGV, Art. 5 EG, Rdnr. 13; BVerfGE 89, 155, 212

[561] EuGH verb. Rs. C-36/97 und C-37/97 vom 22. 10. 1998, Slg. 1998, I-6337, 6362, Rdnr. 13 (Kellinghusen und Ketelsen); Rs. C-233/94 vom 13. 5. 1997, Slg. 1997, I-2405, 2461, Rdnr. 54 (Deutschland ./. Parlament und Rat); Rs. 84/94 vom 12. 11. 1996, Slg. 1996, I-5755, 5811, Rdnr. 57 (Vereinigtes Königreich ./. Rat); ferner: vgl. Rs. 265/87 vom 11. 7. 1989, Slg. 1989, 2237, 2269, Rdnr. 21 (Schräder ./. Hauptzollamt Gronau); Rs. 147/81 vom 29. 4. 1982, Slg. 1982, 1389, 1397, Rdnr. 4 ff. (Merkur ./. Hauptzollamt Hamburg-Ericus); Rs. 40/72 vom 7. 2. 1973, Slg. 1973, 125, 143, Rdnr. 15 ff. (Schröder ./. Deutschland)

[562] Vgl. *Emmerich-Fritsche*, Der Grundsatz der Verhältnismäßigkeit als Direktive und Schranke der EG-Rechtsetzung, S. 213; *Lienbacher*, in: Schwarze, EU-Kommentar, Art. 5 EG, Rdnr. 39; *Langguth*, in: Lenz, EG-Vertrag Kommentar, Art. 5 EG, Rdnr. 30; ferner EuGH Rs. 265/87 vom 11. 7. 1989, Slg. 1989, 2237, 2269, Rdnr. 21 (Schräder ./. Hauptzollamt Gronau)

[563] Subsidiaritätsprotokoll, Ziff. 6., Satz 3

[564] Vgl. *Geiger*, EUV/EGV, Art. 5 EG, Rdnr. 14; *Calliess*, in: Calliess/Ruffert, Kommentar EUV/EGV, Art. 5 EG, Rdnr. 49; *Langguth*, in: Lenz, EG-Vertrag Kommentar, Art. 5 EG, Rdnr. 31

[565] Vgl. *Emmerich-Fritsche*, Der Grundsatz der Verhältnismäßigkeit als Direktive und Schranke der EG-Rechtsetzung, S. 301 m.w.N.

sowie Struktur und Funktionsweise der Rechtssysteme der Mitgliedstaaten [zu achten]" und Alternativen zur Zielerreichung anzubieten.[566]
Die Anwendung des Grundsatzes der Verhältnismäßigkeit darf allerdings nicht zu einer wesentlichen Einschränkung der Effizienz gemeinschaftlicher Maßnahmen führen. Insofern stehen die obigen Kriterien stets unter dem Vorbehalt der Vereinbarkeit mit den Zielen der jeweiligen Maßnahme und den Anforderungen des EG-Vertrags.[567]

Wie auch das Subsidiaritätsprinzip kann der Grundsatz der Verhältnismäßigkeit durch den EuGH materiell nur auf eine *offensichtliche Ermessensüberschreitung* des Gemeinschaftsgesetzgebers überprüft werden,[568] wobei wiederum strengen Begründungsanforderungen zu genügen ist, [569] wenn über Mindestvorschriften hinausgegangen wird. Insofern gilt das oben zum Subsidiaritätsprinzip Gesagte entsprechend.[570]

2. Verhältnismäßigkeit und Diskriminierungsbekämpfung

Anders als beim Subsidiaritätsprinzip können für die Verhältnismäßigkeitsprüfung von Antidiskriminierungsmaßnahmen gem. Art. 13 EG keine besonderen, bereichsspezifischen Kriterien aufgestellt werden. Dies hat zunächst zur Folge, dass die in Literatur und Rechtsprechung postulierte Mittelhierarchie sowie das „Prinzip des schonendsten Ausgleichs" zwischen den Integrationsbedürfnissen einerseits und der Identität der Mitgliedstaaten andererseits[571] grundsätzlich voll zum Tragen kommen und somit Handlungsform sowie Regelungstiefe von Gemeinschaftsmaßnahmen zur Diskriminierungsbekämpfung maßgeblich (mit-) bestimmen. Im Falle einer als notwendig erachteten rechts-verbindlichen Regelung bedeutet dies, dass auch im Rahmen des Art. 13 EG grundsätzlich die *Richtlinie* das im Einzelfall angemessene Mittel darstellen wird, die nur hinsichtlich ihrer Ziele verbindlich ist und den Mitgliedstaaten die Wahl der Form und Mittel überläßt.
Auf der anderen Seite ist allerdings zu beachten, dass Art. 13 EG ausdrücklich *sämtliche* zwecktauglichen Vorkehrungen gestattet und sich

566 Vgl. Subsidiaritätsprotokoll, Ziff. 7.
567 Vgl. Subsidiaritätsprotokoll, Ziff. 7., Satz 1
568 EuGH Rs. C-233/94 vom 13. 5. 1997, Slg. 1997, I-2405, 2461, Rdnr. 56 (Deutschland ./. Parlament und Rat); Rs. 84/94 vom 12. 11. 1996, Slg. 1996, I-5755, 5811, Rdnr. 58 (Vereinigtes Königreich ./. Rat); Rs. 265/87 vom 11. 7. 1989, Slg. 1989, 2237, 2269, Rdnr. 22 (Schräder ./. Hauptzollamt Gronau)
569 Das Subsidiaritätsprotokoll bezieht in Ziff. 4 den Grundsatz der Verhältnismäßigkeit ausdrücklich in die Begründungsanforderungen mit ein.
570 Vgl. Teil 1, E. I. 1. c) und d)
571 *Calliess*, in: Calliess/Ruffert, Kommentar EUV/EGV, Art. 5 EG, Rdnr. 52

gerade nicht auf eine Ermächtigung zu „Mindestvorschriften" beschränkt.[572] Im Bereich einer solch umfassenden Gemeinschaftskompetenz dürfen die „Hürden" für den Erlass von über Mindeststandards hinausgehenden Vorschriften nicht derart überhöht werden, dass diese aus Verhältnismäßigkeitsgründen praktisch gar nicht mehr in Betracht kommen. In diesem Falle wären weitreichende Rechtsgrundlagen im EGV funktionslos. Im Rahmen des Art. 13 EG muss diesbezüglich auch die potentiell starke politische, wirtschaftliche und soziale Integrationswirkung seiner Vorkehrungen bedacht werden, die stärker belastende Maßnahmen durchaus rechtfertigen können, zumal sie ein Gebiet betreffen, auf dem die Gemeinschaft – abgesehen von der Geschlechterdiskriminierung – bisher noch keine Tätigkeit entfaltet hat.
Ein sinnvoller Ausgleich der widerstreitenden Interessen dürfte deshalb darin liegen, weitergehende Maßnahmen (z. B. Diskriminierungsverbote in der Rechtsform der Verordnung)[573] immer dann in Betracht zu ziehen, wenn mit einer nicht unwesentlichen Behinderung des Integrationsprozesses (etwa im Zuge der EU-Osterweiterung) oder einer schleppenden Umsetzung von (Rahmen-)Richtlinien durch einzelne Mitgliedstaaten zu rechnen ist.

3. Vereinbarkeit der Richtlinien 2000/43/EG und 2000/78/EG mit dem Grundsatz der Verhältnismäßigkeit

Da beide Richtlinien jeweils lediglich einen *Rahmen* zur Anwendung des Gleichbehandlungsgrundsatzes in den Mitgliedstaaten etablieren und nur *Mindestanforderungen* enthalten, die darüber hinausgehende Regelungen der Mitgliedstaaten gestatten,[574] bestehen angesichts der Bedeutung der zu regelnden Materie im Hinblick auf Geeignetheit, Erforderlichkeit und Angemessenheit der getroffenen Maßnahmen keine Bedenken. Insofern handelt es sich um den denkbar schonendsten Eingriff, der den Mitgliedstaaten einen weiten Gestaltungsspielraum überlässt.

III. Zusammenfassende Bewertung der Schranken des Art. 13 EG

Wie bei allen anderen europarechtlichen Rechtsakten auch, haben die Kompetenzschranken des Art. 5 EG Auswirkungen auf das das „*Ob*" und das „*Wie*" eines gemeinschaftlichen Handelns nach Art. 13 EG.[575]

---

[572] Vgl. aber z. B. Art. 137 Abs. 2 EG
[573] Vgl. Teil 1, D. IV. 2. a)
[574] Vgl. Art. 1 und 6 der RL 2000/43/EG sowie Art. 1 und 8 der RL 2000/78/EG
[575] Unterscheidung bei *Calliess*, in: Calliess/Ruffert, Kommentar EUV/EGV, Art. 5 EG, Rdnr. 6

Das *Subsidiaritätsprinzip* gestattet aufgrund des einer Diskriminierungsbekämpfung gem. Art. 13 EG immanenten grenzüberschreitenden Bezugs in der Regel Maßnahmen auf Gemeinschaftsebene, wobei hierfür als *verhältnismäßiges* Mittel die Richtlinie zur Verfügung steht. Bei der Beurteilung der Kriterien der Subsidiarität und der Verhältnismäßigkeit verfügt der Gemeinschaftsgesetzgeber allerdings über ein weitreichendes Ermessen, welches in materieller Hinsicht nur sehr eingeschränkt gerichtlich überprüfbar ist. Das mindert die praktische Bedeutung dieser „Grenzen" für Art. 13 EG doch erheblich.[576]

[576] Im Falle des Subsidiaritätsprinzips, welches im Gegensatz zum Grundsatz der Verhältnismäßigkeit nicht unmittelbar anwendbar ist, kommt hinzu, dass aufgrund des Einstimmigkeitserfordernisses des Art. 13 Abs. 1 EG eine Maßnahme kaum unter Berufung auf einen Verstoß hiergegen angreifbar sein dürfte, da bei Zustimmung aller Mitgliedstaaten eine entsprechende Vermutung für die Wahrung der Anforderungen des Art. 5 Abs. 2 EG sprechen wird (vgl. *Calliess*, in: Calliess/Ruffert, Kommentar EUV/EGV, Art. 5 EG, Rdnr. 70). Solange der EG-Vertrag diesbezügliche Einstimmigkeitsbeschlüsse vorsieht, ist das Ganze auch im Rahmen des Art. 13 EG doch eher ein „Scheinproblem".

F. Die Stellung des Art. 13 EG im Gesamtsystem

Zum Abschluss des ersten Teils dieser Arbeit erfolgt schließlich in einem abschließenden Kapitel zur weiteren Veranschaulichung der Stellung und Bedeutung des Art. 13 EG im Gefüge der über den mitgliedstaatlichen Rahmen hinausgehenden Antidiskriminierungsbestimmungen[577] ein teils zusammenfassender, teils weiterführender Überblick über die einschlägigen Regelungen auf europäischer und völkerrechtlicher Ebene.

I. Antidiskriminierungsbestimmungen auf europäischer Ebene

Neben den Bestimmungen des EG-Vertrags sind weitere Regelungen betreffend Diskriminierungen aus den (personenbezogenen) Gründen des Art. 13 EG bzw. ähnlicher Gründe auf europäischer Ebene insbesondere in der Europäischen Menschenrechtskonvention (EMRK)[578] und der im Dezember 2000 proklamierten Charta der Grundrechte der Europäischen Union (Grundrechtscharta)[579] enthalten.

1. Europäische Menschenrechtskonvention

Die Konvention beinhaltet in Art. 14 EMRK ein Diskriminierungsverbot, welches u. a. die Kriterien Geschlecht, Rasse, Herkunft und Religion explizit aufführt.[580] Sie ist ihrer Rechtsnatur nach ein völkerrechtlicher Vertrag[581], der die beigetretenen Staaten[582] zur Zusicherung der in ihr verbürgten Menschenrechte und Grundfreiheiten für alle ihrer Herrschaftsgewalt unterstehenden Personen verpflichtet (Art. 1 EMRK). Rechtsschutz erfolgt im Wege der Individual- oder Staatenbeschwerde seit dem 1. 11. 1998 ausschließlich durch den EuGMR in Straßburg.[583]

---

[577] Dazu vgl. *Europäische Kommission*, Überblick über die gesetzlichen Antidiskriminierungsbestimmungen der Mitgliedstaaten

[578] Sartorius II, Nr. 130

[579] AblEG 2000, Nr. C 364, S. 1 ff.

[580] Art. 14 EMRK lautet: „*Der Genuss der in der vorliegenden Konvention festgelegten Rechte und Freiheiten ist ohne Benachteiligung zu gewährleisten, die insbesondere im Geschlecht, in der Rasse, Hautfarbe, Sprache, Religion, in den politischen oder sonstigen Anschauungen, in nationaler oder sozialer Herkunft, in der Zugehörigkeit zu einer nationalen Minderheit, im Vermögen, in der Geburt oder im sonstigen Status begründet ist.*"

[581] In der Bundesrepublik Deutschland gilt die EMRK damit im Range eines einfachen Bundesgesetzes; vgl. dazu *Oppermann*, Europarecht, Rdnr. 80 m. w. N.

[582] Der Konvention sind u. a. sämtliche Mitgliedstaaten der EG – teils unter Vorbehalten – beigetreten.

[583] Vgl. Art. 33 f. des 11. Zusatzprotokolls zur EMRK, BGBl. 1995 II, S. 578 ff.

Daneben ist die Konvention gem. Art. 6 Abs. 2 EU (i. V. m. Art. 46 lit. d) EU) auch *Rechtserkenntnisquelle* für das Gemeinschaftsrecht.[584] Zwar hat der EuGH ihre unmittelbare Anwendbarkeit im Gemeinschaftsrecht aus Kompetenzgründen abgelehnt,[585] aber andererseits ihre besondere Bedeutung für die Grundrechtswahrung der Gemeinschaft[586] dergestalt betont, dass „... *in der Gemeinschaft keine Maßnahmen als rechtens anerkannt werden können, die mit der Bedeutung der so anerkannten und gewährleisteten Menschenrechte unvereinbar sind.*"[587] Eine mittelbare Gewährleistung der Konventionsrechte erfolgt somit auch durch den EuGH.

Art. 14 EMRK hat keine selbständige Bedeutung, sondern verbietet Diskriminierungen nur hinsichtlich der Ausübung der übrigen Konventionsrechte als deren „integraler Bestandteil".[588] Angesichts des weiten Schutzumfangs dieser Rechte dürfte dies dennoch eine weitgehende Etablierung eines allgemeinen Diskriminierungsverbots nach personenbezogenen Merkmalen bedeuten.[589] Allerdings hat der EuGMR Art. 14 EMRK bisher eher spärlich angewendet und in zahlreichen Fällen eine entsprechende Prüfung der Bestimmung von vornherein nicht in Betracht gezogen.[590]

Letztlich ist die Vorschrift damit durchaus in der Lage eine wertvolle *Ergänzung* der primären und sekundären Antidiskriminierungsbestimmungen des EGV zu leisten. Gezielte Vorkehrungen nach Art. 13 EG sind hierdurch allerdings schon wegen der damit verbundenen „dynamischen Steuerung" des Gleichstellungsprozesses, seiner Integrationswirkungen und der Anhebung des Schutzniveaus hinsichtlich der praktisch relevantesten Diskriminierungsformen keinesfalls ersetzbar.

---

[584] Vgl. *Kingreen*, in: Calliess/Ruffert, Kommentar EUV/EGV, Art. 6 EU, Rdnr. 35; *Geiger*, EUV/EGV, Art. 6 EU, Rdnr. 7 ff.

[585] EuGH, Gutachten 2/94 vom 28. 3. 1996, Slg. 1996, I-1763, 1789, Rdnr. 35

[586] EuGH, Gutachten 2/94 vom 28. 3. 1996, Slg. 1996, I-1763, 1789, Rdnr. 33

[587] EuGH, Rs. C-260/89 vom 18. 6. 1991, Slg. 1991, I-2925, 2963, Rdnr. 41 (ERT)

[588] Vgl. *Peukert*, in: Frowein/Peukert, EMRK, Art. 14 EMRK, Rdnr. 2: „...*was jedoch seine Anwendbarkeit nicht von der Verletzung einer entsprechenden Konventionsgarantie abhängig mache. Eine Maßnahme, die für sich betrachtet den Erfordernissen einer bestimmten Konventionsnorm entspreche, könne dennoch gegen diese Norm in Verbindung mit Art. 14 verstoßen, weil sie im Ganzen diskriminierend sei.*";
ferner vgl. *van Dijk/van Hoof*, Theory and Practice of the European Convention on Human Rights, Chapter VII, 3.1 Article 14

[589] Vgl. *Oppermann*, Europarecht, Rdnr. 94 m.w.N.

[590] Dazu *Allen*, in: Bekämpfung der Diskriminierungen, S. 77, 78 m.w.N.

2. Charta der Grundrechte der Europäischen Union[591]

Im Gegensatz zur EMRK enthält die Grundrechtscharta, die im Dezember 2000 von der Europäischen Konferenz in Nizza feierlich proklamiert wurde, in Art. 21 ein unabhängiges allgemeines Diskriminierungsverbot hinsichtlich personengebundener Merkmale, welches den in Art. 20 enthaltenen allgemeinen Gleichheitssatz unterstützt. Darüber hinaus werden die Merkmale Religion/Kultur/Sprache, Geschlecht, Behinderung und Alter in den folgenden Art. 22 – 26 noch gesondert aufgegriffen. Für Art. 13 EG ist dabei insbesondere Art. 21 Abs. 1 der Charta[592] von Interesse, der – quasi als „gesetzgeberische Vollendung" der Ermächtigungsgrundlage im EGV – ein unmittelbares Verbot der in Art. 13 EG geregelten Diskriminierungsgründe sowie weiterer, verwandter Gründe postuliert.
Gem. Art. 52 Abs. 1 der Charta ist eine Einschränkung dieser Rechte nur möglich, wenn dies unter Achtung des Wesensgehalts und Wahrung des Grundsatzes der Verhältnismäßigkeit gesetzlich vorgesehen ist.[593] Ferner bestimmt Art. 52 Abs. 2, dass die Ausübung der durch die Charta anerkannten Rechte, die in den Gemeinschaftsverträgen oder im Vertrag über die Europäische Union *begründet* sind, im Rahmen der *darin* festgelegten Bedingungen und Grenzen erfolgt.[594]

---

[591] Ausführlich dazu *Heringa/Verhey*, MJ 2001, S. 11 ff.; *Gijzen*, ebda, S. 33 ff.; *Lemmens*, ebda, S. 49 ff.; *Besselink*, ebda, S. 68 ff.; *de Witte*, ebda, S. 81 ff.; *Curtin/van Ooik*, ebda, S. 102 ff.; *Búrca*, ELRev 2001, S. 126 ff.; *Goldsmith*, CMLRev 2001, S. 1201 ff.; *Grabenwarter*, DVBl. 2001, S. 1 ff.; *Szczekalla*, DVBl. 2001, S. 345 ff.; *Knöll*, NVwZ 2001, S. 392 ff.; *Lenaerts/de Smijter*, CMLRev 2001, S. 273 ff.; *Weber*, NJW 2000, S. 537 ff.; *Baer*, ZRP 2000, S. 361 ff.; *Kenntner*, ZRP 2000, S. 423 ff.; *Alber/Widmaier*, EuGRZ 2000, S. 497; *Zuleeg*, ebda, S. 511; *di Fabio*, JZ 2000, S. 737 ff.; *v. Bogdandy*, CMLRev 2000, S. 1307 ff.; *Schwarze*, DVBl. 1999, S. 1677 ff.

[592] Art. 21 Abs. 1 der Grundrechtscharta lautet: „*Diskriminierungen, insbesondere wegen des Geschlechts, der Rasse, der Hautfarbe, der ethnischen oder sozialen Herkunft, der genetischen Markmale, der Sprache, der Religion oder der Weltanschauung, der politischen oder sonstigen Anschauung, der Zugehörigkeit zu einer nationalen Minderheit, des Vermögens, der Geburt, einer Behinderung, des Alters oder der sexuellen Ausrichtung, sind verboten.*"

[593] Dazu kritisch *Kenntner*, ZRP 2000, S. 423 ff.

[594] Fraglich ist dabei, ob Maßnahmen aufgrund Art. 13 EG in diesem Sinne „darin" festgelegte Bedingungen und Grenzen darstellen und somit den Anwendungsbereich der in Art. 21 Abs. 1 der Charta verbürgten Rechte beeinflussen. Nach *Lenaerts/De Smijter* ist dies der Fall: „*...as soon as the Council exercises ist powers under Art. 13 EC, the Community act in question will serve as a basis for construing the scope of the corresponding right recognized by Article 21 (1) of the Charter. As a result, the latter right will need to be exercised under the conditions and within the limits defined by that Community act*"; vgl. *Lenaerts/de Smitjer*, CMLRev 2001, S. 273, 285. Dem dürfte im Ergebnis zu folgen sein, da ansonsten etwaige, spezielle Rechtfertigungsmaßstäbe in den Antidiskriminierungsmaßnahmen des Rates gem Art. 13 EG obsolet würden.

Da aufgrund des Widerstands einiger EU-Mitgliedtsaaten die Charta (vorerst) nur *unverbindliche* „Geltung" entfaltet, ist eine Berufung von Individuen auf die in ihr verbürgten Rechte zumindest mittelfristig nicht möglich.[595] Die einstimmige Proklamation der Charta dürfte allerdings den Effekt haben, die Rechtsprechung des EuGH im Grundrechtsbereich künftig maßgeblich mitzuprägen und bei der Fortentwicklung des Grundrechtsschutzes auf europäischer Ebene als Wegweiser zu dienen.[596] Damit sind Union und Gemeinschaft um eine weitere Rechtserkenntnisquelle (Art. 6 Abs. 2 EU) bereichert. Insofern darf die momentane Bedeutung der Charta sicherlich nicht unterschätzt werden.

3. EG-Vertrag

Hinsichtlich des Diskriminierungsschutzes im EG-Vertrag kann auf die vorangegangenen Kapitel verwiesen werden, wobei zusammenfassend Folgendes festzuhalten ist:

a) Der EG-Vertrag als letztlich effizienteste und rechtsschutzintensivste Rechtsquelle enthält nur einzelne kodifizierte Diskriminierungsverbote, die gegen Diskriminierungen aus personenbedingten Gründen nutzbar gemacht werden können. An erster Stelle ist diesbezüglich die „magna charta" Art. 12 EG zu nennen, welcher gemeinsam mit zahlreichen besonderen Bestimmungen, wozu insbesondere die Grundfreiheiten zählen, wirksamen Schutz gegen Diskriminierungen aus Gründen der Staatsangehörigkeit einer Person etabliert. Bei Diskriminierungen wegen des Geschlechts greift im Arbeits- und Beschäftigungsbereich Art. 141 EG ein, der durch ein mittlerweile dichtes Netz sekundärrechtlicher Legislation flankiert wird.[597]
Hinsichtlich darüber hinausgehender Diskriminierungsformen muss mangels eines Grundrechtskatalogs oder weiterer Einzelbestimmungen auf den im Laufe der vergangenen Jahrzehnte etablierten, richterrechtlichen Grundrechtsschutz des EuGH zurückgegriffen werden, der im Bereich der Gleichheitsrechte hierfür den allgemeinen Gleichheitssatz als Willkürverbot geschaffen hat.

---

[595] Die „Konstruktion" eines letztlich (doch) bestehenden, unmittelbaren Diskriminierungsverbots bezüglich der Kriterien des Art. 13 EG über Art. 21 Abs. 1 der Charta scheidet demzufolge von vornherein aus.

[596] Vgl. *Blome*, Die EU-Charta „wird die Rechtsprechung prägen", in: Die Welt (4. 10. 2000), S. 8; *o. V.*, Mahrenholz warnt vor Überbewertung der Grundrechtscharta, in: Handelsblatt (28. 9. 2000), S. 10; vgl. auch Teil 2, C. I. 1. a)

[597] Weitere Nachweise finden sich bei *Kingreen/Störmer*, EuR 1998, S. 265 ff.; *Kingreen*, in: Calliess/Ruffert, Kommentar EUV/EGV, Art. 6 EU, Rdnr. 174 ff.; *Kischel*, EuGRZ 1997, 1 ff.; *Stumpf*, in: Schwarze, EU-Kommentar, Art. 6 EU, Rdnr. 34 f.; *Bleckmann*, Europarecht, Rdnr. 111

b) Art. 13 EG hat dementsprechend trotz seiner nur mittelbaren Geltung als Rechtsgrundlage das Potential, durch ausgeklügelte sekundärrechtliche Vorkehrungen ein nachhaltiges Schutzsystem hinsichtlich zahlreicher weiterer, praktisch relevanter personenbedingter Diskriminierungsformen zu entwickeln und umfassenden Rechtsschutz gegenüber diskriminierenden Maßnahmen der Gemeinschaft, der Mitgliedstaaten und – bei unmittelbarer Drittwirkung – auch Privater zu gewährleisten. Darüber hinaus sind derartige Vorkehrungen in der Lage, aufgrund ihres Anwendungsvorrangs vor den mitgliedstaatlichen Rechtsordnungen deren Ausprägungen im Bereich der Gleichheitsrechte zu verändern und gemeinschaftsweit einheitliche Standards zu schaffen.[598] Art. 13 EG ist bis zur Anerkennung eines Grundrechtskatalogs auf europäischer Ebene und bei richtiger Anwendung durch die Gemeinschaft in der Lage, im Bereich der Gleichheitsrechte *Leitmotiv* für den Schutz vor personenbedingten Diskriminierungen und damit *Einfallstor* für weitere kodifizierte Grundrechtselemente im EGV zu werden. Die bisherigen, rasch ergangenen Maßnahmen stehen hiermit im Einklang.

II. Antidiskriminierungsbestimmungen auf völkerrechtlicher Ebene

Das Völkerrecht beschäftigt sich an zahlreichen Stellen mit dem Problem der Beseitigung von personenbezogenen Diskriminierungen. Neben diversen Einzelüber-einkommen enthält vor allem der Internationale Pakt über bürgerliche und politische Rechte (IPBPR)[599] weiterführende Rechte für den Einzelnen.

1. Internationaler Pakt über bürgerliche und politische Rechte

Der IPBPR ist einer der zwei Menschenrechtspakte der Vereinten Nationen,[600] die bereits im Jahre 1966 in Fortentwicklung der Allgemeinen Erklärung der Menschenrechte von 1948 verabschiedet wurden, allerdings erst zehn Jahre später in Kraft treten konnten.[601] Der Pakt enthält in Art. 26 ein umfassendes und nicht akzessorisches Verbot jeglicher Diskriminierung aus personenbedingten Gründen.[602] Daneben

598 Vgl. *Hoffmeister*, EuR 1999, S. 280 ff.

599 BGBl. 1973, Teil II, S. 1533 ff.

600 Der andere Menschenrechtspakt ist der *Internationale Pakt über wirtschaftliche, soziale und kulturelle Rechte* (IPWSKR), der vor allem der Gewährleistung wirtschaftlicher und sozialer Standards dient (BGBl. 1973, Teil II, S. 1569 ff.).

601 Dazu vgl. ausführlich *Ipsen*, Völkerrecht, § 48, Rdnr. 37 ff.

602 Art. 26 IPBPR lautet: *„Alle Menschen sind vor dem Gesetz gleich und haben ohne Diskriminierung Anspruch auf gleichen Schutz durch das Gesetz. In jeder Hinsicht hat das Gesetz jede Diskriminierung zu verbieten und allen Menschen gegen jede Diskriminierung, wie insbesondere wegen der Rasse, der Hautfarbe, des Geschlechts, der Sprache, der*

werden die Vertragsstaaten verpflichtet, die im Pakt anerkannten Rechte ohne Diskriminierungen zu gewähren (Art. 2 Abs. 1) bzw. bei deren Ausübung die Gleichberechtigung von Mann und Frau sicherzustellen (Art. 3). Sollte in Notstandsfällen eine Suspendierung der Verpflichtungen des Paktes durch die Mitgliedstaaten unbedingt erforderlich sein, so darf diese keine diskriminierende Wirkung haben (Art. 4 Abs. 1).[603] Unter der Voraussetzung, dass der betreffende Mitgliedstaat des Paktes sie akzeptiert hat, bestehen in Form der Staatenbeschwerde (Art. 41) und der Individualbeschwerde[604] begrenzte Rechtsschutzmöglichkeiten.
Die insofern gegebenen völkerrechtlichen Möglichkeiten zur Diskriminierungsbekämpfung sind für Union und Gemeinschaft bzw. die auf ihrem Gebiet ansässigen Personen allerdings schon wegen ihrer schlechten und umständlichen Rechtsschutzmöglichkeiten kaum von Interesse.[605] Nichtsdestoweniger ist gerade Art. 26 IPBPR aufgrund seines umfassenden Charakters eine begrüßenswerte Regelung, welcher Anhaltspunkte für eine (spätere) europäische Verfassung entnommen werden könnten.

2. Andere Übereinkommen

Dem Kampf gegen Diskriminierungen dienen ferner zahlreiche völkervertragsrechtliche Übereinkommen, wobei stellvertretend die Folgenden zu nennen sind: Übereinkommen Nr. 111 der ILO über die Diskriminierung in Beschäftigung und Beruf vom 25. 6. 1958[606], Übereinkommen gegen Diskriminierung im Unterrichtswesen vom 15. 12. 1960[607], Übereinkommen zur Beseitigung jeder Form von Rassendiskriminierung vom 7. 3. 1966[608], Übereinkommen zur Beseitigung jeder Form von Diskriminierung der Frau vom 18. 12. 1979[609]. Die stetige Zunahme internationaler Regelungen in den letzten Jahrzehnten zeigt nachdrücklich die Bedeutung der weltweiten

---

Religion, der politischen oder sonstigen Anschauung, der nationalen oder sozialen Herkunft, des Vermögens, der Geburt oder des sonstigen Status, gleichen und wirksamen Schutz zu gewährleisten.“

603 Die Diskriminierungskriterien sind hierbei allerdings – im Gegensatz zu Art. 26 – auf Rasse, Hautfarbe, Geschlecht, Sprache, Religion und soziale Herkunft beschränkt.

604 Vgl. das Fakultativprotokoll zum IPBPR vom 19. 12. 1966 (BGBl. 1992, Teil II, S. 1246 ff.)

605 Angesichts des noch immer bestehenden weltweiten Menschenrechtsgefälles sind die Pakte jedoch als Erfolg zu werten, an deren Beachtung und Durchsetzbarkeit künftig „gefeilt“ werden muss; vgl. *Ipsen*, Völkerrecht, § 48, Rdnr. 54.

606 BGBl. 1961, Teil II, S. 97 ff.

607 BGBl. 1968, Teil II, S. 385 ff.

608 BGBl. 1969, Teil II, S. 961 ff.

609 BGBl. 1985, Teil II, S. 647 ff.

Beseitigung von Diskriminierungen auf, wobei ihre praktischen Wirkungen sowie ihre Rechtsdurchsetzbarkeit jedoch allzu oft am Unwillen der Einzelstaaten – soweit diese den Übereinkünften überhaupt beigetreten sind – scheitern.

III. Ausblick

Die vorhandenen, in Umfang und Wirkung letztlich noch nicht ausreichenden Regelungen auf europäischer und internationaler Ebene zur Diskriminierungsbekämpfung verdeutlichen die Bedeutung und Unabdingbarkeit einer einheitlichen *europäischen Verfassung*, die mittelfristig Ziel aller weiteren Integrationsbestrebungen der kommenden Jahre sein muss. In diesem Kontext bildet Art. 13 EG trotz vielfacher Kritik an seiner nur mittelbaren Geltung durch Etablierung weiterer Grundrechtselemente ein durchaus vielversprechendes „Etappenziel“, welches den momentan realistischerweise erreichbaren Konsens zwischen den Mitgliedstaaten widerspiegelt. In den kommenden Jahren gilt es nun, das Zusammengehörigkeitsbewusstsein der Mitgliedstaaten und der Unionsbürger fortzuentwickeln, um ein tragfähiges Fundament für ein einiges, wirtschaftlich und politisch prosperierendes Europa in der Gestalt einer engen Förderation der Mitgliedstaaten, wenn nicht gar eines Bundesstaats, zu „gießen“. Art. 13 EG kann hierzu in einem gewissen Umfang beitragen.

Teil 2: BESONDERER TEIL

Antidiskriminierungsmaßnahmen gem. Art. 13 EG und das Selbstbestimmungsrecht der Religionsgemeinschaften in der Bundesrepublik Deutschland

Teil 1 dieser Arbeit hat in allgemeiner Form das Potential, den Anwendungsbereich und die Grenzen der Antidiskriminierungsbestimmung Art. 13 EG aufgezeigt und zu dem bisherigen hieraus abgeleiteten Sekundärrecht Stellung bezogen. *Teil 2* dient demgegenüber der spezifischen Prüfung der (potentiellen) Einflussmöglichkeiten von Antidiskriminierungsmaßnahmen aufgrund Art. 13 EG auf das im deutschen Verfassungsrecht verankerte Selbstbestimmungsrecht der Kirchen und Religionsgemeinschaften.[1] Dabei stellt sich insbesondere die Frage, ob und inwieweit im Falle von Beeinträchtigungen des Selbstbestimmungsrechts Abwehrmöglichkeiten der Religionsgemeinschaften aus dem Gemeinschaftsrecht oder dem nationalen Recht hergeleitet werden können.

Das Europarecht hat seitens des staatskirchenrechtlich geprägten Schrifttums seit jeher große Aufmerksamkeit gefunden, wobei es wohl eher als Bedrohung, denn als Zukunftschance begriffen wurde. Die sich aus Art. 13 EG ergebende Problematik ist Teil der bereits seit längerem im Schrifttum geführten Diskussion zur Standortbestimmung des Verhältnisses und der gegenseitigen Beeinflussungsmöglichkeiten zwischen Europäischer Union und den Religionsgemeinschaften der Mitgliedstaaten.[2] Hierbei geht es vorrangig nicht um Bestrebungen zur Schaffung eines einheitlichen europäischen Staatskirchenrechts – unabhängig vom nicht vorhandenen politischen Willen der Gemeinschaft hierzu fehlen ihr jegliche Kompetenzen auf diesem Sachgebiet – sondern um eine eher unbeabsichtigte Beeinflussung nationaler staatskirchenrechtlicher

---

[1] Nahezu sämtliche Abhandlungen und Gerichtsentscheidungen zum Thema „Selbstbestimmungsrecht" sind mit Bezug auf die christlichen Großkirchen Deutschlands (katholische und evangelische Kirche) oder im Rahmen ihrer Rechtsverhältnisse ergangen, da andere Religionsgemeinschaften aufgrund der geschichtlichen Entwicklung in Deutschland sowie der Zahl ihrer Mitglieder bisher (noch) keine vergleichbare Bedeutung entfaltet haben. Da jedoch prinzipiell auch die kleinen Religionsgemeinschaften von der vorliegend zu erörternden Problematik betroffen sind, wird im Folgenden – soweit möglich – der Oberbegriff „Religionsgemeinschaft" verwendet.

[2] Allgemein zum Problemkreis „Europarecht und Staatskirchenrecht" vgl. z. B. *Hanau/Thüsing*, Europarecht und kirchliches Arbeitsrecht; *Heinig*, in: Haratsch u.a., Religion und Weltanschauung im säkularen Staat, S. 215 ff.; *Mückl*, in: Haratsch u.a., a.a.O., S. 181 ff.; *Weber*, ZevKR 2000, S. 109 ff.; *de Wall*, ZevKR 2000, S. 157 ff.; *Torfs*, öarr 1999, S. 14 ff.; *Link*, ZevKR 1997, S. 130 ff.; *Streinz*, EssG 1997, S. 53 ff.; *Robbers*, ZevKR 1997, S. 122 ff.; *ders.*, in: Handbuch des Staatskirchenrechts, § 9; *ders.*, EssG 1993, S. 81 ff.; *Ehnes*, KuR 1997, S. 219 ff.; *Turowski*, KuR 1/1995, S. 13 ff., 3/1995, S. 13 ff.; *Hollerbach*, ZevKR 1990, S. 250

Regelungen durch neutrale europarechtliche Maßnahmen. Da das Europarecht (bisher) nicht die spezifischen Eigenarten der Religionsgemeinschaften sowie die ggf. damit einhergehenden Privilegierungen in den Mitgliedstaaten wahrnimmt, besteht die Möglichkeit, dass nationale Sonderregelungen zu Gunsten der Religionsgemeinschaften durch wirtschafts- und arbeitsrechtlich geprägte Rechtsakte des Gemeinschaftsrechts überlagert und damit obsolet werden. Der Erlass und die Durchführung europarechtlicher Bestimmungen betrifft die Religionsgemeinschaften somit kaum im Wege des „direkten Angriffs" auf bestehende Rechtspositionen, sondern vielmehr als „Kollateralschaden" insoweit, als ihre Tätigkeiten einzelne Sachgebiete berühren, die zum Anwendungsbereich des EG-Vertrags gehören und ohne Beachtung eines etwaig bestehenden religionsgemeinschaftlichen Sonderstatus gemeinschaftsweit undifferenziert und vereinheitlichend geregelt werden.[3]

Insofern eröffnen Antidiskriminierungsmaßnahmen auf europäischer Ebene, insbesondere aufgrund der *Religion* oder der *Weltanschauung*, die (auch) Verhaltenspflichten der Religionsgemeinschaften gegenüber ihren Mitgliedern statuieren, ein neues Konfliktfeld, welches geeignet ist, die althergebrachte Situation des deutschen Staatskirchenrechts, das ein weitreichendes Selbstbestimmungsrecht im Bereich der eigenen Angelegenheiten der Religionsgemeinschaften mitsamt umfangreichen Differenzierungsmöglichkeiten nach personengebundenen Kriterien anerkennt, nachhaltig zu verändern. In diesem Zusammenhang ist insbesondere auf die Rechtsfolgen der Transformation der Richtlinie 2000/78/EG des Rates vom 27. 11. 2000 in mitgliedstaatliches Recht einzugehen, die u. a. Diskriminierungen aus Gründen der Religion oder der Weltanschauung betrifft und eine auf die Religionsgemeinschaften maßgeschneiderte Rechtfertigungsregelung für diese Diskriminierungsformen enthält.

---

[3] Vgl. *de Wall*, ZevKR 2000, S. 157, 160 f.; ferner *Robbers*, KuR 1999, S. 87 ff.

A. Das (potentielle) Spannungsverhältnis zwischen Antidiskriminierungsmaßnahmen und dem Selbstbestimmungsrecht der Religionsgemeinschaften

Zur Verdeutlichung der Schnittstellen zwischen europäischem Antidiskriminierungsrecht und nationalem Staatskirchenrecht werden im Folgenden zunächst der maßgebliche Inhalt des Selbstbestimmungsrechtes der Religionsgemeinschaften in der Bundesrepublik Deutschland dargestellt und sodann die staatskirchenrechtlichen Teilbereiche, in denen künftige europarechtliche Überlagerungen durch Antidiskriminierungsmaßnahmen zu prognostizieren sind, anhand von typischen Fallszenarien aufgezeigt.

I. Das Selbstbestimmungsrecht der Religionsgemeinschaften

Da es nicht Sinn und Zweck dieser Arbeit ist, ein weiteres Mal die Eigentümlichkeiten der sog. „dritten Säule der staatskirchenrechtlichen Ordnung"[4] sowie den diesbezüglichen Meinungsstand von Grund auf herauszuarbeiten, kann insofern auf die umfassende Literatur und Rechtsprechung zu diesem Thema verwiesen werden.[5] Nachfolgend wird sich deshalb auf die durch das BVerfG und die wohl herrschende Meinung anerkannten Grundsätze des Selbstbestimmungsrechts konzentriert, ehe die für Art. 13 EG relevanten Teilbereiche gesondert betrachtet werden.

1. Schutzbereich des Selbstbestimmungsrechtes

Das Selbstbestimmungsrecht der Religionsgemeinschaften ist in seinem Umfang eine deutschlandspezifische, besondere Ausprägung der korporativen Religionsfreiheit,[6] wonach Religionsgemeinschaften[7] und

---

[4] *V. Campenhausen*, Staatskirchenrecht, § 14, S. 105

[5] Vgl. statt aller z. B. *Winter*, Staatskirchenrecht; *Hesse*, in: Handbuch des Staatskirchenrechts, § 17; *Ehlers*, ZevKR 2000, S. 201 ff.; *Maunz*, in Maunz/Dürig, Grundgesetz, Art. 140; *v. Campenhausen*, Staatskirchenrecht, § 14; *Link*, Staat und Kirche in der neueren deutschen Geschichte, S. 171 ff.

[6] Vgl. *Jarass*, in: Jarass/Pieroth, GG, Art. 4, Rdnr. 23

[7] Als *Religionsgemeinschaft* (oder gleichbedeutend Religionsgesellschaft) wird ein Zusammenschluss von Personen aufgrund übereinstimmender Auffassungen (Konsens) in religiöser Hinsicht bezeichnet, die sich durch eine Bezeugung (Bekenntnis) nach außen kundgeben (*Maunz*, in: Maunz/Dürig, Grundgesetz, Art. 140, Rdnr. 19). Hierfür ist ohne Belang, ob die Religionsgemeinschaft in der Rechtsform der Körperschaft des öffentlichen Rechts auftritt oder nicht (vgl. *Maunz*, a.a.O., Rdnr. 18). Ob es sich hiernach um eine Religion und Religionsgemeinschaft handelt ist nach geistigem Gehalt und äußerem Erscheinungsbild zu bestimmen und unterliegt der Prüfung der staatlichen Organe und Gerichte (vgl. BVerfGE 83, 341 (LS 1)).

diesen insoweit gleichgestellte[8] Weltanschauungsgemeinschaften[9] berechtigt sind, *ihre Angelegenheiten* selbstständig innerhalb der Schranken des für alle geltenden Gesetzes zu *ordnen* und zu *verwalten* (Art. 140 GG i. V. m. 137 Abs. 3, 7 WRV). Obgleich nach heute vorherrschender Ansicht bereits die Religionsfreiheit gem. Art. 4 Abs. 1 und 2 GG den *„eigentlichen geistlichen „Kern" der Selbstbestimmung"* der Religionsgemeinschaften sichert,[10] enthält Art. 140 GG i. V. m. 137 Abs. 3 WRV daneben eine *„notwendige, rechtlich selbstständige Gewährleistung, die der Freiheit des religiösen Lebens und Wirkens der Kirchen und Religionsgemeinschaften (Art. 4 Abs. 2 GG), die zur Wahrnehmung dieser Aufgaben unerläßliche Freiheit der Bestimmung über Organisation, Normsetzung und Verwaltung hinzufügt."*[11]
Das Selbstbestimmungsrecht genießen nicht nur die Religionsgemeinschaften selbst, sondern auch *„alle der Kirche in bestimmter Weise zugeordneten Einrichtungen ohne Rücksicht auf ihre Rechtsform, bei deren Ordnung und Verwaltung die Kirche grundsätzlich frei ist, wenn sie nach kirchlichem Selbstverständnis ihrem Zweck oder ihrer Aufgabe entsprechend berufen sind, ein Stück Auftrag der Kirche in dieser Welt wahrzunehmen und zu erfüllen."*[12]

a) Selbständiges Ordnen und Verwalten

Elemente des Selbstbestimmungsrechtes der Religionsgemeinschaften sind die Selbstordnung und Selbstverwaltung kirchlicher Angelegenheiten.

Selbstordnung bedeutet die Freiheit der Religionsgemeinschaften zur eigenverantwortlichen Rechtssetzung, d. h. zur Schaffung abstrakt genereller Normen für den spezifischen Bereich ihrer eigenen Angelegenheiten.[13] Dem Staat ist insoweit jegliche Einmischung in diesen

---

[8] Der Kürze halber wird im Folgenden zumeist nur von „Religionsgemeinschaften" gesprochen.
[9] Eine *Weltanschauungsgemeinschaft* wird definiert als Vereinigung, die durch ihre Lehren eine wertende Stellungnahme zum Weltganzen bietet und damit eine Antwort auf Fragen nach Ursprung, Sinn und Ziel der Welt und des Lebens der Menschen geben will (*Maunz*, in: Maunz/Dürig, Grundgesetz, Art. 140, Rdnr. 20). Dies setzt eine umfassende Zielsetzung voraus (vgl. *Maunz,* a.a.O.)
[10] *Hesse*, in: Handbuch des Staatskirchenrechts, § 17, S. 525
[11] BVerfGE 72, 279, 289 m.w.N.
[12] BVerfGE 46, 73 (LS 1), 85 ff. (z. B. Diakonie, Caritas, kirchliche Krankenhäuser, Bildungseinrichtungen etc.)
[13] *Maunz*, in: Maunz/Dürig, Grundgesetz, Art. 140, Rdnr. 17

Rechtssetzungsprozess untersagt, was insbesondere Weisungsrechte oder Genehmigungsvorbehalte ausschließt.[14]

Die Garantie der *Selbstverwaltung* beinhaltet die freie Betätigung der kirchlichen Organe zur eigenverantwortlichen Verwirklichung der jeweiligen Aufgaben einschließlich des Verfahrensrechts, die einer Religionsgemeinschaft gesetzt sind.[15] Der Begriff der Selbstverwaltung ist *weit* zu verstehen und umfasst insbesondere die selbstständige Leitung und Organisation der Religionsgemeinschaften durch eigene, vom Staat unabhängige Organe, die eigenständige kirchliche Rechtsprechung[16], die freie Ämterbesetzung[17] sowie die Unzulässigkeit staatlicher Aufsicht über die Verwaltung der eigenen[18] Angelegenheiten.[19]

b) Eigene Angelegenheiten

Das Recht der Religionsgemeinschaften zur Selbstordnung und Selbstverwaltung besteht nur im Bereich ihrer *eigenen Angelegenheiten.*

Nachdem die Fixierung dieses Bereichs in früherer Zeit kontrovers diskutiert wurde,[20] dürfte die gegenständliche Reichweite des Selbstbestimmungsrechts der Religionsgemeinschaften durch die neuere[21], mittlerweile ständige Rechtsprechung des Bundesverfassungsgerichtes als im

---

[14] *Hesse*, in: Handbuch des Staatskirchenrechts, § 17, S. 535

[15] *V. Campenhausen*, Staatskirchenrecht, § 14, S. 108

[16] Soweit jedoch auch der weltliche Rechtskreis betroffen ist, ist die staatliche Rechtsprechung vorrangig, z. B. kirchliche Ehegerichtsbarkeit, Disziplinarrecht (vgl. *v. Campenhausen*, Staatskirchenrecht, § 14, S. 108; *Maunz*, in: Maunz/Dürig, Grundgesetz, Rdnr. 18).

[17] Art. 140 GG i. V. m. 137 Abs. 3 Satz 2 WRV

[18] Über diesen Bereich hinaus besteht auch die Möglichkeit, dass der Staat den Kirchen in gewissem Umfang hoheitliche Befugnisse betreffend ihre Mitglieder verleiht, was jedoch insoweit zu einer Einschränkung des Selbstbestimmungsrechtes führt (vgl. *Hemmrich*, in: v. Münch/Kunig, Grundgesetz-Kommentar, Art. 140, Rdnr. 17).

[19] *Hesse*, in: Handbuch des Staatskirchenrechts, § 17, S. 537

[20] Nachweise bei *Hesse*, in: Handbuch des Staatskirchenrechts, § 17, S. 538 f.: Danach wurde vorgeschlagen, den Umfang des Selbstbestimmungsrechtes durch den Staat, eine Verfassungsauslegung oder nach der „Natur der Sache“ zu bestimmen.

[21] Die frühere Rechtsprechung des BVerfG bestimmte die Reichweite der eigenen Angelegenheiten nach der „Natur der Sache“: *„Die Frage, ob eine kirchliche Maßnahme dem innerkirchlichen Bereich zuzurechnen ist oder sich auf vom Staat verliehene Befugnisse gründet oder den staatlichen Bereich berührt, entscheidet sich – soweit nicht eine Vereinbarung zwischen Kirche und Staat erfolgt ist – danach, was materiell, der Natur der Sache oder Zweckbeziehung nach als eigene Angelegenheit der Kirche anzusehen ist."* (BVerfGE 18, 385, 387, Ziff. 2.)

Wesentlichen geklärt zu betrachten sein.[22] Danach sind die eigenen Angelegenheiten der Religionsgemeinschaften entsprechend „... *ihrem kirchlichen Auftrag* ...“[23] und „... *gemäß den spezifischen kirchlichen Ordnungsgesichtspunkten, d. h. auf der Grundlage des kirchlichen Selbstverständnisses* ...“[24] zu bestimmen.[25]

Maßgeblich für die Umgrenzung des Selbstbestimmungsrechtes ist somit allein das *Eigenverständnis der Religionsgemeinschaften entsprechend ihrem religiösen Auftrag*, in welches sich der als weltanschaulich neutral konzipierte Staat grundsätzlich nicht einmischen darf. Zu den eigenen Angelegenheiten einer Religionsgemeinschaft gehört deshalb nach diesem weiten Verständnis des BVerfG jeder Sachbereich, der „... *durch den kirchlichen Auftrag umschrieben und für den Vollzug dieses Dienstes nach dem Selbstverständnis der jeweiligen Religionsgemeinschaft unentbehrlich ist.*“[26]

Im Wesentlichen sind als dem Selbstbestimmungsrecht unterliegende Angelegenheiten einer Religionsgemeinschaft die folgenden Teilbereiche anerkannt:[27] *Lehre und Kultus; Kirchenverfassung und Organisation; Erziehung und Ausbildung der Geistlichen; Rechte und Pflichten der Mitglieder; Dienst- und Arbeitsrecht; Vermögensverwaltung sowie karitative Tätigkeit.*

2. Einschränkungsmöglichkeiten des Selbstbestimmungsrechtes

Das vorstehend skizzierte Selbstbestimmungsrecht der Religionsgemeinschaften ist grundsätzlich nicht schrankenlos gewährleistet, sondern gilt nur „innerhalb der Schranken des für alle geltenden Gesetzes“ (Art. 140 GG i. V. m. 137 Abs. 3 WRV).

---

[22] Vgl. *Hesse*, in: Handbuch des Staatskirchenrechts, § 17, S. 539; *v. Campenhausen*, Staatskirchenrecht, § 14, S. 109

[23] BVerfGE 66, 1, 19

[24] BVerfGE 70, 138, 165

[25] Für den karitativ-diakonischen Bereich hat das BVerfG (BVerfGE 70, 138, 164, lit. b)) dies folgendermaßen konkretisiert: „*Dieses Selbstverwaltungs- und Selbstbestimmungsrecht umfasst alle Maßnahmen, die in Verfolgung der vom kirchlichen Grundauftrag her bestimmten karitativ-diakonischen Aufgaben zu treffen sind, z. B. Vorgaben struktureller Art, aber auch die Personalauswahl und die mit all diesen Entscheidungen untrennbar verbundene Vorsorge zur Sicherstellung der „religiösen Dimension“ des Wirkens im Sinne kirchlichen Selbstverständnisses.*“

[26] *V. Campenhausen*, Staatskirchenrecht, § 14, S. 111; ablehnend *Ehlers*, ZevKR 2000, 201, 203 f. m.w.N.

[27] Aufzählung nach *v. Campenhausen*, Staatskirchenrecht, § 14, S. 111 ff.; hierzu ferner *Jarass*, in: Jarass/Pieroth, GG, Art. 4, Rdnr. 27; *Hemmrich*, in: v. Münch/Kunig, Grundgesetz-Kommentar, Art. 140, Rdnr. 19 ff.; *Ehlers*, ZevKR 2000, S. 201, 202 ff.

Das BVerfG hat dieser Schrankenklausel in seiner ständigen Rechtsprechung nur eine sehr restriktive Bedeutung beigemessen und damit faktisch eine weitgehende Nichteinschränkbarkeit des Selbstbestimmungsrechts in der Bundesrepublik herbeigeführt. Danach kann die Bestimmung entgegen ihres Wortlautansatzes wegen des „Spezifikums des geistig-religiösen Auftrags der Kirchen" *nicht* im Sinne eines allgemeinen Gesetzesvorbehaltes oder eines „allgemeinen Gesetzes" gem. der Schrankenbestimmung des Art. 5 Abs. 2 GG verstanden und angewendet werden.[28] Ferner sei bei rein *inneren kirchlichen Angelegenheiten* eine Beschränkung kirchlichen Handelns durch staatliche Gesetze mangels „unmittelbarer Rechtswirkungen in den staatlichen Zuständigkeitsbereich" von vornherein ausgeschlossen.[29] *„Zu den „für alle geltenden Gesetzen" können* [deshalb] *nur solche Gesetze rechnen, die für die Kirche dieselbe Bedeutung haben wie für den Jedermann. Trifft das Gesetz die Kirche nicht wie den Jedermann, sondern in ihrer Besonderheit als Kirche härter, ihr Selbstverständnis, insbesondere ihren geistig-religiösen Auftrag beschränkend, also anders als den normalen Adressaten, dann bildet es insoweit keine Schranke."*[30] Die zwangsläufige Wechselwirkung zwischen dem staatlichen Schutz der für das Gemeinwesen bedeutsamen Rechtsgüter und der verfassungsrechtlich gewährleisteten Kirchenfreiheit ist im Wege einer *Güterabwägung* im Sinne des „friedlichen Zusammenlebens" von Staat und Kirche zu bewältigen, wobei dem Selbstverständnis der Kirchen ein *besonderes Gewicht* beizumessen ist.[31] [32]

Die Einräumung einer derartigen, privilegierten Sonderstellung innerhalb des deutschen Verfassungsgefüges durch das BVerfG hat im Schrifttum

---

[28] BVerfGE 42, 312, 333

[29] BVerfGE 42, 312, 334: Die inneren Angelegenheiten stellen danach elementare Teile der kirchlichen Ordnung dar, für die der Staat nicht imstande sei, Schranken in Form allgemeiner Gesetze zu errichten. Eine innere kirchliche Angelegenheit liege dabei auch dann vor, wenn sie mittelbare Auswirkungen in den staatlichen Zuständigkeitsbereich hat.
Der insoweit schrankenlos gewährte Bereich der inneren kirchlichen Angelegenheiten ist jedoch eng auszulegen, vgl. *Jarass*, in: Jarass/Pieroth, GG, Art. 4, Rdnr. 34. Bejaht wurde ein solcher z. B. bei Teilung einer Kirchengemeinde, vgl. BVerfGE 18, 385, 388 oder bezüglich der Wahlvoraussetzungen von Personen in innerkirchliche Gremien, vgl. BVerfG NJW 1999, S. 350.

[30] BVerfGE 42, 312, 334

[31] Vgl. BVerfGE 72, 278, 289; 53, 366 (LS 2), 400 f.

[32] Neben den Einschränkungen durch „für alle geltende Gesetze" können sich weitere Schranken des Selbstbestimmungsrechts aus den Grundentscheidungen und dem Wertesystem der Verfassung, insbesondere rechts- und sozialstaatlichen Erfordernissen, oder auf kirchenvertraglicher Grundlage ergeben; vgl. *Hemmrich*, in: v. Münch/Kunig, Grundgesetz-Kommentar, Art. 140, Rdnr. 20 a. E.; *Hesse*, in: Handbuch des Staatskirchenrechts, § 17, S. 557 ff.

teilweise erhebliche Kritik erfahren.[33] Ansatzpunkte sind insbesondere die „Abspaltung" eines von vornherein schrankenlosen „inneren kirchlichen Bereichs", welche nicht vom Wortlaut der Bestimmung gedeckt sei[34], sowie die einschränkende Handhabung der Schrankenklausel für die übrigen Bereiche des Selbstbestimmungsrechts, die zu einer anhaltenden „Überbetonung des religionskorporativen Selbstverständnisses" führen.[35]

Die ausladende Rechtsanwendung durch das BVerfG ist im Hinblick auf die grundgesetzlich gebotene Neutralitätspflicht des Staates äußerst problematisch und kaum sachlich rechtfertigbar.[36] Letztlich ist deshalb der Ansicht im Schrifttum zu folgen, die eine Parallele der Schrankenklausel des Selbstbestimmungsrechts zu Art. 5 Abs. 2 GG herstellt und analog dessen Verständnis auch Art. 140 GG i. V. m. 137 Abs. 3 WRV i. S. eines religionsspezifischen Sonderrechtsverbots definiert, eine Güterabwägung zwischen *gleichberechtigten* Rechtsgütern gemäß der in der Grundrechtsdogmatik typischen Zuordnungsfunktion des Verfassungsrechts durchführt und die Religionsgemeinschaften im Einzelfall ggf. übermäßig belastende Eingriffe im Rahmen der Angemessenheitsprüfung berücksichtigt.[37] Im Gegensatz zur bisherigen Rechtsprechung des BVerfG kann das Eigenverständnis der Religionsgemeinschaften danach für die Umgrenzung des Selbstbestimmungsrechts nicht maßgeblicher Anknüpfungspunkt sein.

---

[33] Umfassende Darstellung z. B. bei *Hesse*, in: Handbuch des Staatskirchenrechts, § 17, S. 547 ff. m.w.N.; ferner *Preuß*, in: Alternativkommentar GG, Art. 140, Rdnr. 27 ff.; *v. Campenhausen*, Staatskirchenrecht, § 14, S. 114 ff.; *Maunz*, in: Maunz/Dürig, Grundgesetz, Art. 140, Rdnr. 19 ff.; Ehlers, ZevKR 2000, 201, 203; *Heinig*, in: Haratsch u.a., Religion und Weltanschauung im säkularen Staat, S. 215, 225 ff.

[34] Vgl. *Hesse*, in: Handbuch des Staatskirchenrechts, § 17, S. 551

[35] *Heinig*, in: Haratsch u.a., Religion und Weltanschauung im säkularen Staat, S. 215, 230

[36] Vgl. *Preuß*, in: Alternativkommentar GG, Art. 140, Rdnr. 23, der eine gegenüber anderen Massenverbänden allein aufgrund ihres geistlichen Auftrags herausgehobene Stellung der Religionsgemeinschaften, insbesondere der Großkirchen, generell verneint.

[37] Vgl. *Preuß*, in: Alternativkommentar GG, Art. 140, Rdnr. 27 f.; *v. Campenhausen*, Staatskirchenrecht, § 14, S. 115, 120 f.; *Jarass*, in: Jarass/Pieroth, GG, Art. 4, Rdnr. 36; *Heinig*, in: Haratsch u.a., Religion und Weltanschauung im säkularen Staat, S. 215, S. 229 (m. Verweis auf *Bock*, Das für alle geltende Gesetz und die kirchliche Selbstbestimmung, 1996, S. 279 ff.): *„Ein für alle geltendes Gesetz darf sich demnach nicht gegen religiöses Denken, Reden oder Handeln als solches, nicht gegen die Selbstbestimmung von Religionsgemeinschaften als solche richten oder von ihr umfaßte Handlungen und Verhaltensweisen verbieten. Es muss dem Schutz eines schlechthin, ohne Rücksicht auf eine bestimmte Religion zu schützenden Rechtsguts dienen; es muss die Abwehr von Gefahren für ein Rechtsgut bezwecken, dessen Schutz der Religionsfreiheit und dem Selbstbestimmungsrecht der Religionsgesellschaften vorgehen darf."*

Eine tiefschürfende Auseinandersetzung mit dieser Thematik ist vorliegend jedoch müßig, da für die Untersuchung des Einflusses von europarechtlichen Antidiskriminierungsmaßnahmen auf das Selbstbestimmungsrecht allein das in der deutschen Rechtspraxis seit langem durchgesetzte und angewendete Verständnis des BVerfG entscheidend ist. Im Rahmen der Lösung diesbezüglicher Konfliktfelder mit dem Europarecht ist jedoch auf das Verständnis des BVerfG zur Stellung der Religionsgemeinschaften noch kritisch einzugehen.

II. Konfliktpotential mit Antidiskriminierungsmaßnahmen gem. Art. 13 EG

In Konkretisierung der dargestellten allgemeinen Grundsätze des Selbstbestimmungsrechts in der Bundesrepublik werden im Folgenden diejenigen Teilbereiche herausgegriffen und näher beleuchtet, die einer spezifischen Beeinflussung durch europäisches Sekundärrecht gem. Art. 13 EG unterliegen und demzufolge künftig potentiell angreifbar sind. Dabei geht es an dieser Stelle zunächst darum, abstraktes Konfliktpotential herauszuarbeiten und einschlägige, aus Sicht der Religionsgemeinschaften „bedrohliche Szenarien“ aufzuzeigen.

Aufgrund der umfassenden arbeits- und sozialrechtlichen Kompetenzen der Europäischen Gemeinschaft sowie der Zielintention des Art. 13 EG sind die wesentlichen Überschneidungspunkte im Bereich des Dienst- und Arbeitsrechtes sowie der Bildungsverhältnisse zu suchen.[38] Entsprechend ihrer großen Bedeutung wird sich dabei vor allem auf die in Deutschland historisch etablierten Großkirchen konzentriert, die gemeinsam ca. 1,2 Mio. Mitarbeiter beschäftigen[39] und Träger zahlreicher Bildungseinrichtungen sind.

1. Individuelles Dienst- und Arbeitsrecht

Das Dienst- und Arbeitsrecht der Religionsgemeinschaften, insbesondere der Kirchen, ist wegen seiner Zugehörigkeit zu den „eigenen Angelegenheiten“ anerkannter Bestandteil des Selbstbestimmungsrechts[40] und kann demzufolge mit erheblichem Gestaltungsspielraum geregelt werden. Diesbezüglich haben die Kirchen etwa die Möglichkeit zur eigenständigen

[38] Auch die bisherigen Antidiskriminierungsrichtlinien (RL 2000/43/EG und 2000/78/EG) zielen vorrangig auf diese Bereiche ab.

[39] Die Kirchen werden deshalb auch als zweitgrößter Arbeitgeber nach dem Staat bezeichnet. Dem Sekretariat der deutschen Bischofskonferenz Köln sei für die diesbezügliche Auskunft recht herzlich gedankt.

[40] Es gehört jedoch nicht zu den nach der Rechtsprechung des BVerfG schrankenlos gewährten sog. „rein innerkirchlichen Angelegenheiten“, sodass der Schrankenvorbehalt des Art. 140 GG i. V. m. 137 Abs. 3 WRV prinzipiell Anwendung findet; vgl. *Jarass*, in: Jarass/Pieroth, GG, Art. 4, Rdnr. 37.

Regelung ihres Ämterwesens, im Rahmen dessen vor allem die Geistlichen kraft verliehenen Kirchenamtes beschäftigt werden.[41] Daneben können sie Dienstverhältnisse aufgrund ihrer Rechtsstellung als Körperschaften des öffentlichen Rechts in öffentlich-rechtlicher Form begründen (Kirchenbeamte) und hierfür eigene kirchengesetzliche Regelungen verabschieden.[42] Schließlich ist es den Kirchen auch freigestellt, auf die Begründung von Sonderrechtsverhältnissen gänzlich zu verzichten und Mitarbeiter statt dessen auf privatrechtlicher Basis zu beschäftigen.[43] Letztere Fallgruppe umfasst den weitaus überwiegenden Anteil der kirchlichen Mitarbeiter und bietet i. S. d. Art. 13 EG den meisten Konfliktstoff.

a) Privatrechtliche Arbeitsverhältnisse

Die Handhabung der privatrechtlichen Arbeitsverhältnisse zwischen den Religionsgemeinschaften und ihren Mitarbeitern wird bestimmt durch die Grundsatzentscheidung des BVerfG vom 4. 6. 1985[44] sowie einigen diesbezüglichen Konkretisierungen durch die Großkirchen mittels eigener Regelungen neueren Datums.

aa) Rechtslage in Deutschland

Beschäftigt eine Religionsgemeinschaft ihre Mitarbeiter im Rahmen „normaler" privatrechtlicher Arbeitsverhältnisse, so findet auf diese grundsätzlich das gesamte staatliche Arbeitsrecht, insbesondere also das KSchG oder §§ 611a, 626 BGB, Anwendung.[45] Im Unterschied zum weltlichen Arbeitgeber bleibt allerdings für die konkrete Ausgestaltung dieser Arbeitsverhältnisse die Verfassungsgarantie des Selbstbestimmungsrechts wesentlich und bewirkt, dass die „Eigenart des kirchlichen Dienstes, das spezifisch Kirchliche, das kirchliche Proprium" nicht in Frage gestellt werden darf.[46]

Im Grundsatz war diese Handhabung privatrechtlich ausgestalteter kirchlicher Arbeitsverhältnisse seit jeher anerkannt. Umstritten waren Konkretisierung und Reichweite der hieraus resultierenden Modifika-

---

[41] Vgl. *Richardi*, Arbeitsrecht in der Kirche, § 1, Rdnr. 14 ff.
[42] Vgl. *Richardi*, Arbeitsrecht in der Kirche, § 1, Rdnr. 20 ff.
[43] Vgl. *Richardi*, Arbeitsrecht in der Kirche, § 2, Rdnr. 1
[44] BVerfGE 70, 138 ff.
[45] Die Religionsgemeinschaften haben insoweit grundsätzlich nicht die Möglichkeit, sich vom weltlichen Arbeitsrecht zu lösen. Die Normen des staatlichen Arbeitsrechts sind „für alle geltende Gesetze", welche das Selbstbestimmungsrecht beschränken; vgl. *Rüfner*, in: Handbuch des Staatskirchenrechts, § 65, S. 880, ferner BVerfGE 70, 138, 139 (LS 5).
[46] BVerfGE 70, 138, 165

tionen, die – nachdem sie das BAG lange Zeit wie bei säkularen Tendenzunternehmen ausgestaltet hatte[47] - seit der Grundsatzentscheidung durch das BVerfG zu Gunsten der Kirchen im Sinne einer umfassenden Wahl- und Gestaltungsfreiheit anhand kirchlicher Grundsätze durchzuführen sind.

Die Religionsgemeinschaften in Deutschland sind aufgrund dessen berechtigt, ein besonderes, *über die individuelle Vertragsfreiheit und den sog. Tendenzschutz hinausgehendes Anforderungsprofil* an ihre Mitarbeiter zu stellen und – neben der üblichen Leistungstreuepflicht – auch die Erfüllung bestimmter Obliegenheiten in *Gestalt der Person* sowie der *privaten Lebensführung* von ihren Mitarbeitern zu verlangen (Loyalitätsobliegenheiten).[48] *„Das schließt ein, dass die Kirchen der Gestaltung des kirchlichen Dienstes auch dann, wenn sie ihn auf der Grundlage von Arbeitsverträgen regeln, das besondere Leitbild einer christlichen Dienstgemeinschaft aller ihrer Mitarbeiter zugrundelegen können.“*[49]
Nach dieser Rechtsprechung berechtigt das Selbstbestimmungsrecht die Religionsgemeinschaften, ihren Mitarbeitern „... *die Beachtung jedenfalls der tragenden Grundsätze der kirchlichen Glaubens- und Sittenlehre aufzuerlegen und zu verlangen, dass sie nicht gegen die fundamentalen Verpflichtungen verstoßen, die sich aus der Zugehörigkeit zur Kirche ergeben und die jedem Kirchenmitglied obliegen.“*[50] Hinsichtlich der diesbezüglichen Beurteilungskompetenz hat das BVerfG ferner die Befugnis der Religionsgemeinschaften unterstrichen, im Rahmen des Arbeitsrechts *eigenständig* und verbindlich darüber zu bestimmen, „... *was „die Glaubwürdigkeit der Kirche und ihrer Verkündigung erfordert“, was „spezifisch kirchliche Aufgaben“ sind, was „Nähe“ zu ihnen bedeutet, welches die „wesentlichen Grundsätze der Glaubens- und Sittenlehre“ sind und was als – gegebenenfalls schwerer – Verstoß gegen diese anzusehen ist. Auch die Entscheidung darüber, ob und wie innerhalb der im kirchlichen Dienst tätigen Mitarbeiter eine „Abstufung“ der Loyalitätspflichten eingreifen soll, ist grundsätzlich eine dem kirchlichen Selbstbestimmungsrecht unterliegende Angelegenheit.“*[51]

---

[47] Vgl. *Richardi*, Arbeitsrecht in der Kirche, § 6, Rdnr. 23 m.w.N.
[48] Vgl. *Richardi*, Arbeitsrecht in der Kirche, § 5, Rdnr. 12 ff.
[49] BVerfGE 70, 138, 165 mit Bezug auf BVerfGE 53, 366, 403 f.; vgl. dazu ausführlich *Rüfner*, in: Handbuch des Staatskirchenrechts, § 65, S. 894 ff.; *v. Campenhausen*, Staatskirchenrecht, § 21, S. 200 ff.; § 66, S. 901 ff.; *Schaub*, Arbeitsrechtshandbuch, § 186, Rdnr. 163 ff.; *Richardi*, Arbeitsrecht in der Kirche, § 4, Rdnr. 6 ff.; *ders.*, NZA 1986 (Beilage Nr. 1/86 zu Heft 3/86), S. 3 ff.; *Dütz*, NZA 1986 (Beilage Nr. 1/86 zu Heft 3/86), S. 11 ff.
[50] BVerfGE 70, 138, 166
[51] BVerfGE 70, 138, 168; anders jedoch vorher das BAG, welches sog. *abgestufte Loyalitätspflichten* anerkannt hatte: *„Nicht jede Tätigkeit in einem Arbeitsverhältnis zur*

Die kirchlichen Vorgaben für die jeweilig beachtlichen Loyalitätsobliegenheiten eines Mitarbeiters entfalten Ausstrahlungswirkung auf den gesamten Umfang des Arbeitsverhältnisses und betreffen demzufolge die Personenauswahl, die Ausgestaltung des konkreten Arbeitsvertrages oder dessen Beendigung.[52] Es ist somit (auch) Ausfluss des Selbstbestimmungsrechts, ob und wie viele konfessionsfremde oder –kritische Mitarbeiter beschäftigt werden, zu welchen Bedingungen dies erfolgt und ob eine funktionsbezogene Differenzierung zu den konfessions- und regeltreuen Mitarbeitern vorgenommen wird. Ferner ist das kirchliche Eigenverständnis bei Auslegung und Anwendung der Kündigungsschutzregeln (§§ 1 Abs. 2 KSchG; 626 BGB) und der diesen immanenten Interessenabwägungen maßgeblich.

Sofern die seitens der Religionsgemeinschaften kraft ihres Selbstbestimmungsrechts vorgegebenen Anforderungen an ihre Mitarbeiter nicht gegen das Willkürverbot (Art. 3 Abs. 1 BGB), die „guten Sitten" (§ 138 Abs. 1 BGB) oder den ordre public (Art. 30 EGBGB) verstoßen, sind auch die staatlichen Arbeitsgerichte im Rahmen der Anwendung des (weltlichen) Arbeitsrechts ohne eigene Sachentscheidungsbefugnis an sie gebunden.[53] Es ist dem Staat bzw. seinen Gerichten aufgrund des Selbstbestimmungsrechts nicht gestattet, insoweit dem Arbeitsrecht der Religionsgemeinschaften eigene Wertungen zugrundezulegen.[54] Bei der Interessenabwägung im Rahmen der §§ 1 KSchG; 626 BGB ist dementsprechend für die Beurteilung eines Loyalitätsverstoßes allein die (offizielle) Sicht der betreffenden Religionsgemeinschaft maßgeblich.

In der Vergangenheit ist die rechtliche Handhabung des Selbstbestimmungsrechts vor allem in Bezug auf kirchlicherseits ausgesprochene *Kündigungen* von Mitarbeitern wegen Verletzung der kirchlichen Loyalitätspflichten bzw. Glaubens- und Sittenlehre problematisiert worden:[55] z. B. Kündigung wegen Kirchenaustritts[56], kirchenrechtlich

---

Kirche hat eine solche Nähe zu spezifisch kirchlichen Aufgaben, dass der die Tätigkeit ausübende Arbeitnehmer mit der Kirche identifiziert und deshalb die Glaubwürdigkeit der Kirche berührt wird, wenn er sich in seiner Lebensführung nicht an die tragenden Grundsätze der kirchlichen Glaubens- und Sittenlehre hält." (BAG 34, 195, 205)

[52] Dazu vgl. *Rüfner*, in: Handbuch des Staatskirchenrechts, § 66; *v. Campenhausen*, Staatskirchenrecht, § 21, S. 200 ff.; *Richardi*, Arbeitsrecht in der Kirche, §§ 4 - 7

[53] BVerfGE 70, 138, 168: Insoweit „obliegt es den Arbeitsgerichten, den Sachverhalt festzustellen und unter die kirchlicherseits vorgegebenen , arbeitsrechtlich abgesicherten Loyalitätsobliegenheiten zu subsumieren."; a. A. zurecht *Jarass*, in: Jarass/Pieroth, GG, Art. 140, Rdnr. 37

[54] Vgl. *v. Campenhausen*, Staatskirchenrecht, § 21, S. 201

[55] Dazu vgl. *Schaub*, Arbeitsrechtshandbuch, § 130, Rdnr. 44; *Czermak*, PersR 1995, S. 445 ff.; *Dütz*, NJW 1990, S. 2025 ff.; *Klar*, NZA 1995, S. 1184 ff; *Hemmrich*, in: v.

ungültiger Ehe[57], öffentlichem Eintreten für die Abtreibung[58], homologer Insemination[59], praktizierter Homosexualität[60], Ehebruchs eines Angestellten der Religionsgemeinschaft der Mormonen[61].

bb) Konkretisierungen bei den Großkirchen

Im Einklang mit den vom BVerfG entwickelten Grundsätzen zum Selbstbestimmungsrecht haben insbesondere die katholische Kirche, in Ansätzen auch die evangelische Kirche Deutschlands in den letzten Jahren eigene konkretisierende Regelungen für den Bereich ihres Dienst- und Arbeitsrechtes erlassen.

(1) Katholische Kirche

Die deutsche Bischofskonferenz der katholischen Kirche hat im Jahre 1993 die „*Grundordnung des kirchlichen Dienstes im Rahmen kirchlicher Arbeitsverhältnisse*" (GrOKK) verabschiedet.[62] In der Grundordnung sind die maßgeblichen persönlichen Anforderungen an den Dienst innerhalb der Einrichtungen der Katholischen Kirche geregelt, wobei das *Prinzip der Dienstgemeinschaft* besonders hervorgehoben wird.[63]

Einstellungsvoraussetzung eines Mitarbeiters ist danach die Bejahung der „Eigenarten des kirchlichen Dienstes" und die Befähigung zur Aufgabenerfüllung im Sinne der Stellung der kirchlichen Einrichtung und der übertragenen Funktion, wozu auch eine Zustimmung zu den Zielen der jeweiligen Einrichtung gehört. Konkret bedeutet dies, dass pastorale, katechetische sowie in der

---

München/Kunig, Grundgesetz-Kommentar, Art. 140, Rdnr. 20a; *Jarass*, in: Jarass/Pieroth, GG, Art. 4, Rdnr. 37; *Rüfner*, in: Handbuch des Staatskirchenrechts, § 66, S. 901 ff.; *Richardi*, Arbeitsrecht in der Kirche, § 6, Rdnr. 18 ff.

[56] Vgl. BAG NZA 1984, S. 287 ff.; NJW 1985, S. 2781 ff. – aufgehoben durch BVerfGE 70, 138 ff.

[57] Vgl. BAG NJW 1978, S. 2116 ff.; NJW 1980, S. 2211 ff.; NJW 1985, S. 1855 ff.

[58] Vgl. BAG AP Art. 140 GG Nr. 14 (Stein) – aufgehoben durch BVerfGE 70, 138 ff.

[59] Vgl. BAG NJW 1994, S. 3032 ff.

[60] Vgl. BAG NJW 1984, S. 1917 ff.

[61] Vgl. BAG NZA 1998, S. 145

[62] Abgedruckt in NJW 1994, S. 1394 ff. m. Anm. v. *Richardi* und *Dütz*; vgl. dazu ferner *Richardi*, NZA 1994, S. 19 ff.; *Dütz*, NJW 1994, S. 1369 ff.; *Zilles*, KuR 1999, S. 103 ff., mit einer tabellarischen Darstellung relevanter Verhaltenspflichten

[63] Die GrOKK ist ein Kirchengesetz mit Wirkung für die kirchlichen Arbeitsverhältnisse, ohne dass es einer direkten vertraglichen Bezugnahme bedarf; vgl. *Dütz*, NJW 1994, S. 1369, 1374. Zum Geltungsbereich vgl. *Richardi*, NZA 1994, S. 19, 23.

Regel erzieherische[64] und leitende[65] Aufgaben nur einer Person übertragen werden können, *die der katholischen Kirche angehört* (Art. 3 Abs. 2 GrOKK). Keine Einstellungsmöglichkeit besteht für Personen, die sich aus Sicht der Kirche „kirchenfeindlich" betätigen oder aus der katholischen Kirche ausgetreten sind (Art. 3 Abs. 4 GrOKK).
Unabhängig davon werden den kirchlichen Mitarbeitern umfangreiche *Loyalitätsobliegenheiten* im Sinne eines Anerkenntnisses der „Grundsätze der katholischen Glaubens- und Sittenlehre" auferlegt, wozu z. B. im erzieherischen oder leitenden Dienst ein entsprechendes *persönliches Lebenszeugnis*[66] gehört (Art. 4 Abs. 1 GrOKK). Nichtkatholische christliche Mitarbeiter haben die „Werte des Evangeliums" zu achten und zu deren Geltung beizutragen (Art. 4 Abs. 2 GrOKK). Nichtchristliche Mitarbeiter sind verpflichtet, kirchenfeindliches Verhalten zu unterlassen und dürfen in privater Lebensführung und dienstlichem Verhalten die Glaubwürdigkeit der Kirche nicht beeinträchtigen (Art. 4 Abs. 3 GrOKK).

Art. 5 der GrOKK regelt die kirchlicherseits möglichen Sanktionen, sofern gegen die *Loyalitätsobliegenheiten* im ausgeübten Beschäftigungsverhältnis *verstoßen* wird, wobei als letztes Mittel stets die Kündigung[67] in Betracht zu ziehen ist, insbesondere bei Kirchenaustritt und öffentlichem Eintreten gegen die tragenden Grundsätze der katholischen Kirche; Abschluss einer nach dem Glaubensverständnis und der Rechtsordnung der Kirche ungültigen Ehe oder Handlungen, die als eindeutige Distanzierung von der katholischen Kirche anzusehen sind, z. B. Abfall vom Glauben, Verunehrung der heiligen Eucharistie oder Gotteslästerung. *Ausgeschlossen* ist die Weiterbeschäftigung *im Regelfall* bei pastoral, katechetisch oder leitend tätigen Mitarbeitern bzw. Mitarbeitern, die aufgrund einer sog. missio canonica tätig sind. Ansonsten ist ein Verbleib beim kirchlichen Arbeitgeber von den *Einzelfallumständen* abhängig, wozu beispielsweise die Belastung der Dienstgemeinschaft, Gefährdung der Glaubwürdigkeit der

---

[64] Erzieherisch Tätige in diesem Zusammenhang sind solche Mitarbeiter, die nicht gleichzeitig auch pastoral oder katechetisch wirken, z. B. Kindergärtnerinnen, Sozialarbeiter, Schwestern- und Pflegeberufe, Lehrkräfte an katholischen Bildungseinrichtungen; vgl. *Dütz*, NJW 1994, S. 1369, 1372 f.

[65] Dies betrifft z. B. Chefärzte und Verwaltungsleiter katholischer Krankenhäuser, Leiter katholischer Schulen oder Kindergärten und ihre Vertreter; vgl. *Dütz*, NJW 1994, S. 1369, 1373.

[66] Zum Begriff vgl. *Zilles*, KuR 1999, S. 103, 106 ff.

[67] Näher hierzu *Dütz*, NJW 1994, S. 1369, 1372.

katholischen Kirche oder die Nähe des Mitarbeiters zum Verkündigungsauftrag zählen.
Stets ausgeschlossen ist die Fortdauer des Arbeitsverhältnisses bei Kirchenaustritt oder nach kirchlichem Verständnis ungültiger Ehe mit glaubwürdigkeitsbeeinträchtigenden Umständen.

Mit Erlass der GrOKK hat die katholische Kirche die praktische Handhabung ihres Selbstbestimmungsrechts verdeutlicht und auf eine entsprechende Rechtsgrundlage gestellt. Dabei hat sie die ihr nach der Rechtsprechung des BVerfG an sich zustehenden Möglichkeiten nicht vollständig ausgeschöpft, sondern bereits gewisse funktionsbezogene Abstufungen und Differenzierungen innerhalb der Mitarbeiter nach deren Nähe zum „kirchlichen Verkündigungsauftrag" sowie nach einer Beeinträchtigung der kirchlichen Glaubwürdigkeit zugelassen.[68]

(2) Evangelische Kirche

Im Gegensatz zur katholischen Kirche hat die evangelische Kirche auf ein der GrOKK entsprechendes Regelungswerk bisher verzichtet und sich im Wesentlichen auf *Generalklauseln* beschränkt, in denen – abgesehen vom Kündigungsgrund des Kirchenaustritts – nur „zentrale Positionen" bezeichnet sind.[69] Letztlich ist jedoch auch hier – mit gewisser liberalerer Tendenz als in der katholischen Kirche – eine den kirchlichen Grundsätzen entsprechende und angemessene Lebensführung der Mitarbeiter für den kirchlichen Dienst vorausgesetzt,[70] gleich ob diese der evangelischen Konfession angehören oder nicht. Bei gravierenden Verstößen drohen im Wesentlichen die gleichen Sanktionen, wie die in der GrOKK aufgeführten.

---

[68] Vgl. *Zilles*, KuR 1999, S. 103, 109

[69] Vgl. *v. Campenhausen*, Staatskirchenrecht, § 21, S. 202 mit Beispielen; *Zilles*, KuR 1999, S. 103

[70] Danach werden auch hier in der Praxis in erster Linie Personen eingestellt, die Mitglied der evangelischen Kirche sind. Kirchlicher Dienst wird maßgeblich von der christlichen Dienstgemeinschaft und dem Dienstauftrag bestimmt, das Evangelium in Wort und Tat zu verkündigen; vgl. dazu und zu den theologischen Hintergründen *Evangelische Kirche Deutschlands [Hrsg.]*, Argumentationspapier im Hinblick auf die Vorlage einer Richtlinie der Europäischen Kommission zur Bekämpfung von Diskriminierungen aus Gründen des Geschlechts, der Rasse, der ethnischen Herkunft, der Religion oder der Weltanschauung, einer Behinderung, des Alters oder der sexuellen Ausrichtung (Art. 13 EG) im Bereich der Beschäftigung, 1999.

cc) Diskriminierungsmöglichkeiten aufgrund des Selbstbestimmungsrechts

Die Rechtsprechung des BVerfG sowie die hieraus abgeleiteten Konkretisierungsbestimmungen der Großkirchen berechtigen die Religionsgemeinschaften, anhand ihres Eigenverständnisses umfassend zwischen ihren Stellenbewerbern im Rahmen der Stellenvergabe sowie ihren Mitarbeitern bei der Ausgestaltung der Arbeitsbedingungen oder der Beendigung des Arbeitsverhältnisses nach personengebundenen Kriterien, insbesondere aufgrund der Religion, Weltanschauung oder sexuellen Ausrichtung, zu differenzieren. Das in der Interpretation durch das BVerfG weit verstandene Selbstbestimmungsrecht korrespondiert damit zwangsläufig mit der Berechtigung der Religionsgemeinschaften zur Ungleichbehandlung, die mittels Maßnahmen gem. Art. 13 EG gemeinschaftsweit gerade bekämpft werden soll. Im Folgenden werden einige typische Konfliktsituationen dargestellt, die bei Erlass entsprechender Antidiskriminierungsmaßnahmen in *tatbestandlicher* Hinsicht Diskriminierungen i. S. d. Art. 13 EG begründen würden und deren künftige praktische Realisierung mithin von der Ausgestaltung von Rechtfertigungsbestimmungen oder Anwendungsbereichsausnahmen abhängt.

(1) Diskriminierungen aufgrund der *Religion* oder *Weltanschauung*

(a) Stellenausschreibungs- und Auswahlverfahren

Vorausgeschickt sei, dass nach Sinn und Zweck des Art. 13 EG grundsätzlich jede Nichtberücksichtigung oder sonstige Benachteiligung eines Stellenbewerbers, der nicht der betreffenden Religionsgemeinschaft angehört oder von deren vordefinierten Glaubensgrundsätzen abweicht, im Rahmen des Stellenausschreibungs- und Mitarbeiterauswahlverfahrens eine tatbestandliche Diskriminierung aus Gründen der Religion oder Weltanschauung darstellt. Art. 13 EG bezweckt die Statusgleichheit hinsichtlich dieses Differenzierungskriteriums zwischen den Unionsbürgern bzw. den Drittstaatsangehörigen - soweit die Bestimmung auf diese anwendbar ist[71] - und lässt demzufolge grundsätzlich jede Nichtbeachtung dieses über entsprechende Sekundärmaßnahmen zu transformierenden Gleichheitsgebots als sanktionierbare „benachteiligende Ungleichbehandlung" vergleichbarer bzw. gleichgestellter Sachverhalte erscheinen.[72] Aufgrund der direkten Bezugnahme auf das Differenzierungskriterium „Religion oder Weltanschauung"

[71] Dazu oben Teil 1, B. II. 1. b)
[72] Dazu oben Teil 1, D. I. 1.

durch die Religionsgemeinschaften handelt es sich auch um „klassische" Diskriminierungen im formellen Sinne.[73]

Die Diskriminierungsproblematik tritt auch praktisch im Rahmen des Auswahlverfahrens bereits in aller Deutlichkeit zu Tage, da anerkannt ist, dass der kirchliche Arbeitgeber Fragen nach der Religionszugehörigkeit und „Konfessionstreue" des Bewerbers im Bewerbungsgespräch stellen darf[74] und damit das Fragerecht im Vergleich zum weltlichen Arbeitgeber deutlich erweitert ist.

Art. 13 EG i. V. m. einer Transformationsmaßnahme könnte somit das etablierte und nach ihrem Selbstverständnis ausgestaltete Mitarbeiterauswahlverfahren der Religionsgemeinschaften nachhaltig verändern und zunächst die generelle oder im Einzelfall vorgenommene Nichteinbeziehung von Bewerbern, die nicht der betreffenden oder keiner Religionsgemeinschaft angehören, verbieten. Die katholische Kirche könnte deshalb hiernach künftig verpflichtet sein, für beispielsweise erzieherische oder leitende Aufgaben auch Personen vorzusehen, die der katholischen Kirche *nicht* angehören (vgl. Art. 3 Abs. 2 GrOKK) oder Kirchengerichte auch mit nichtkatholischen Richtern zu besetzen (vgl. Art. 10 Abs. 3 GrOKK). Ferner würden Regelungen angreifbar, die eine Prüfung der Übereinstimmung des Bewerbers mit der „Eigenart des kirchlichen Dienstes" vorsehen (vgl. Art. 3 Abs. 1 und 3 GrOKK), soweit dies religiöse oder weltanschauliche Belange umfasst. Entsprechendes gilt für etwaige Vorgaben zum zahlenmäßigen Verhältnis von der Religionsgemeinschaft angehörenden und ihr nicht angehörenden Mitarbeiteren („Proporz").[75]

Gleichermaßen könnten auf Art. 13 EG gestützte Antidiskriminierungsbestimmungen untersagen, Bewerber zu benachteiligen, die zwar der jeweiligen Religionsgemeinschaft angehören, jedoch andere Auffassungen hinsichtlich der Praktizierung der Religion vertreten, als die Religionsgemeinschaft kraft ihres Selbstbestimmungsrechts als Grundlehre und „offizielle Linie" vorgibt („Häresie") oder ganz vom Glauben abgefallen sind („Apostasie").[76] Trotz der grundsätzlichen Zugehörigkeit des Mitarbeiters zur Religionsgemeinschaft wäre auch ein solches Vorgehen als eine

[73] Dazu oben Teil 1, D. I. 2.
[74] Vgl. *Richardi*, Arbeitsrecht in der Kirche, § 6, Rdnr. 8 f.
[75] Zahlreiche weitere Beispiele finden sich bei *The Christian Institute*, European Threat to Religious Freedom, S. 7 ff.; 25 ff.
[76] Vgl. Art. 5 Abs. 2, 3. Spiegelstrich, 1. Var. GrOKK

(direkte) Diskriminierung wegen (anders verstandener oder ausgelegter bzw. nicht mehr praktizierter) Religion oder Weltanschauung des Bewerbers auslegbar.[77]

(b) Ausgeübtes Beschäftigungsverhältnis

Ungleichbehandlungen im ausgeübten Beschäftigungsverhältnis betreffen einerseits die Ausgestaltung der Arbeitsbedingungen, insbesondere die funktionsbezogene Abstufung der Tätigkeitsbereiche nach konfessionsangehörigen und –fremden Mitarbeitern, die sich in Zukunft als verbotene Ungleichbehandlungen darstellen könnten. Hiermit in engem Zusammenhang stehen benachteiligende Einstufungen in niedrigere Gehaltsklassen, Nichtgewährung von Gratifikationen/Vergünstigungen oder schlechtere Dotierung der betrieblichen Altersversorgung für die nicht der jeweiligen Religionsgemeinschaft zugehörigen Mitarbeiter.
Andererseits könnten gem. Art. 13 EG erlassene Maßnahmen das seit der Grundsatzentscheidung des BVerfG in Deutschland praktizierte System anerkannter Kündigungsgründe kirchlicher Arbeitgeber in Frage stellen und die Rechtspraxis auf den ehemals schon durch das BAG zu Beginn der achtziger Jahre etablierten Tendenzschutz zurückführen. Eine arbeitgeberseitige *Kündigung*, die auf den Austritt des Mitarbeiters aus der Religionsgemeinschaft gestützt wird, beinhaltet tatbestandlich unzweifelhaft eine direkte Diskriminierung i. S. d. Art. 13 EG wegen der Religion (im Falle des Übertritts in eine andere Religionsgemeinschaft) oder der Weltanschauung (im Falle des Atheismus), sodass einer entsprechenden Kündigungsschutzklage des betroffenen Mitarbeiters künftig möglicherweise stattzugeben wäre.[78]

Ferner wäre eine arbeitgeberseitige Kündigung oder Benachteiligung von Mitarbeitern, die wegen eines sonstigen *Verstoßes gegen Loyalitätsobliegenheiten* erfolgt (vgl. Art. 5 Abs. 2 GrOKK im Falle der katholischen Kirche), künftig möglicherweise nicht mehr einschränkungslos durchsetzbar, *soweit* der Loyalitätsverstoß des Mitarbeiters graduell das Differenzierungskriterium „Religion" oder „Weltanschauung" i. S. d. Art. 13 EG erfüllt.

---

[77] Die Begriffe „Religion" und „Weltanschauung" sind weit auszulegen und nicht auf die Konfession oder Religionszugehörigkeit im herkömmlichen Sinne beschränkt, vgl. Teil 1, D. III. 3.

[78] Zur bisherigen Rechtslage vgl. statt aller *Schaub*, Arbeitsrechtshandbuch, § 130, Rdnr. 44 m. w. N.

Problematischer stellen sich auf den ersten Blick allerdings die sog. „Ehebruchsfälle"[79] oder „Wiederverheiratungsfälle"[80] dar, da hier das einer Kündigung, Nichtbeförderung etc. zugrundeliegende Verhalten des Betroffenen kaum selbst religiös begründet und damit Ausfluss seiner individuellen Religionsausübung sein dürfte.[81] Alleiniger Ansatzpunkt für die Ungleichbehandlung durch den kirchlichen Arbeitgeber ist hier – anders als etwa beim Konfessionswechsel – nicht die abweichende religiöse Einstellung des Arbeitnehmers, sondern der Loyalitätsverstoß (durch eine „neutrale" Handlung) als solcher. Art. 13 EG regelt jedoch allgemein die Bekämpfung von Diskriminierungen „aus Gründen" der Religion. Da die Bestimmung innerhalb ihrer abschließend aufgeführten Kriterien eine weite Auslegung beansprucht,[82] kann dies dergestalt interpretiert werden, dass *sämtliche religiös oder weltanschaulich motivierten Ungleichbehandlungen*, die einer Rechtfertigung entbehren, vom Anwendungsbereich umfasst sein sollen. Nach diesem Verständnis sind Sanktionen eines kirchlichen Arbeitgebers wegen Nichtbeachtung der auf dem religiösen Selbstverständnis beruhenden Loyalitätsobliegenheiten potentiell i. S. d. Art. 13 EG diskriminierend, da sie maßgeblich zum Zwecke der Erhaltung der religiösen Einheit, Außendarstellung und Glaubwürdigkeit der Religionsgemeinschaft und damit „aus Gründen" der Religion erfolgen.

So liegt es im Ergebnis auch im Falle des öffentlichen Eintretens für die Abtreibung[83] durch Mitarbeiter einer kirchlichen Einrichtung.[84] Zwar sind – isoliert betrachtet – bloße Meinungen/Meinungsäußerungen aufgrund des abschließenden Charakters des Art. 13 EG grundsätzlich nicht vom umfassender zu verstehenden Begriff der „Weltanschauung" erfasst.[85] Begründen diese jedoch *gleichzeitig*

---

[79] Kündigungsgrund wegen schwerer sittlicher Verfehlung gem. Art. 5 Abs. 2, 1. Spiegelstr., 3. Var. GrOKK

[80] Z. B. Wiederheirat eines katholischen Mitarbeiters, ohne dass die vorherige Ehe nach kirchenrechtlichen Gesichtspunkten (letztinstanzlich durch die Rota Romana) für aufgelöst/nichtig erklärt wurde (vgl. Art. 5 Abs. 5 GrOKK, der bei böswilligem Verlassen von Ehepartner und Kindern jede Weiterbeschäftigung von vornherein ausschließt); vgl. dazu *Puza*, Katholisches Kirchenrecht, S. 389 ff.

[81] Diesbezüglich ist es realistischerweise wohl nur in Ausnahmefällen denkbar, dass der Ehebruch oder die Wiederheirat als solche die Dimension religiös oder weltanschaulich gebotenen Handelns beinhaltet.

[82] Vgl. oben Teil 1, D. III.

[83] Ausdrücklich aufgeführter Kündigungsgrund gem. Art. 5 Abs. 2, 1. Spiegelstr., 2. Var. GrOKK.

[84] Vgl. BAG AP Art. 140 GG Nr. 14 (Stein) – aufgehoben durch BVerfGE 70, 138 ff. („Rommelfanger")

[85] Dazu oben Teil 1, D. III. 3.

einen Verstoß gegen kirchliche Loyalitätsobliegenheiten, ändert das nichts am potentiellen Diskriminierungscharakter daraufhin kirchlicherseits erfolgender Sanktionen, so dass der Anwendungsbereich des Art. 13 EG fallspezifisch eröffnet ist.

(2) Diskriminierungen aufgrund der *sexuellen Ausrichtung*

Zweite, insbesondere für die katholische Kirche problematische Fallgruppe im Rahmen des Art. 13 EG bildet die Diskriminierung wegen der sexuellen Ausrichtung eines Bewerbers oder Mitarbeiters im Bewerbungsverfahren bzw. im bestehenden Arbeitsverhältnis. Aufgrund des nach der Ansicht des BVerfG weit auszulegenden Selbstbestimmungsrechts sind die Religionsgemeinschaften unzweifelhaft auch in der Lage, Obliegenheiten hinsichtlich der sexuellen Ausrichtung ihrer Mitarbeiter bzw. der Herstellung eines diesbezüglichen Öffentlichkeitsbezugs aufzustellen. Insoweit machen sie gleichfalls von ihrem Recht Gebrauch, zu bestimmen, was ihre Glaubwürdigkeit und die ihres Verkündigungsauftrags erfordert sowie die von ihr postulierten Grundsätze der Glaubens- und Sittenlehre beinhalten.[86] Soweit es danach dem Selbstverständnis entspricht, kann die (praktizierte) Homosexualität von Mitarbeitern als Loyalitäts- und Sittenverstoß arbeitsrechtlich seitens der Religionsgemeinschaft sanktioniert werden.

Die bisher als zulässig erachtete Kündigung eines im Bereich der Konfliktberatung des Diakonischen Werkes eingesetzten Mitarbeiters wegen (im außerdienstlichen Bereich) praktizierter Homosexualität[87] wäre künftig unter Berücksichtigung von Art. 13 EG i. V. m. einer geeigneten Umsetzungsmaßnahme wohl als (direkte) Diskriminierung aus Gründen der sexuellen Ausrichtung angreifbar. Ferner dürfte es Schwierigkeiten bereiten, (praktizierte) Homosexualität auch künftig noch als Loyalitätsverstoß i. S. v. Art. 5 GrOKK[88] zu werten *und* wegen Unvereinbarkeit mit der Eigenart des kirchlichen Dienstes sowie dem etablierten katholischen Glaubensverständnis zu ahnden.[89]

---

[86] Vgl. BVerfGE 70, 138, 168

[87] BAG NJW 1984, 1917 ff. – Im konkreten Fall scheiterte die ausgesprochene Kündigung allerdings an fehlenden formellen Voraussetzungen (Abmahnung); vgl. zur nicht praktizierten Homosexualität LAG Stuttgart, NZA 1994, S. 416 ff.

[88] Vgl. insbesondere Art. 5 Abs. 2, 1. Spiegelstr., 3. Var.; Art. 4 Abs. 1 GrOKK

[89] Nach dem Verständnis der katholischen Kirche kann Homosexualität nicht als eine der Heterosexualität gleichwertige sexuelle Prägung angesehen werden; vgl. Katholischer Erwachsenen Katechismus, Abschn. 2358 f.

Problematisch sind in diesem Zusammenhang auch kirchlicherseits angedachte Benachteiligungen homosexueller Bewerber oder Mitarbeiter im Rahmen des seit dem 1. 8. 2001 in Deutschland geltenden Lebenspartnerschaftsgesetzes (LPartG).[90] Insbesondere die katholische Kirche hat bezüglich des neuen Rechtsinstituts der „Eingetragenen Lebenspartnerschaft" mehrfach und in deutlicher Form ihre Ablehnung als unzulässige Gleichstellung mit der Ehe und Bruch mit der abendländisch-christlichen Tradition zum Ausdruck gebracht („Homo-Ehe").[91] Sollten Mitarbeiter künftig diese Lebensform wählen, begründet dies nach dem Verständnis der katholischen Kirche ohne Weiteres einen nach Art. 5 GrOKK sanktionierbaren Verstoß gegen das kirchliche Ehe- und Familienverständnis[92], welcher den Auspruch einer arbeitgeberseitigen Kündigung zur Folge hat.[93] Falls in der Eingetragenen Lebenspartnerschaft lebende Personen aufgrund dieses Verständnisses künftig tatsächlich nicht eingestellt, gekündigt oder sonst benachteiligt werden sollten, wäre abermals tatbestandlich eine (direkte) Diskriminierung wegen der sexuellen Ausrichtung des Bewerbers oder Mitarbeiters gegeben.

(3) Diskriminierungen aufgrund anderer Kriterien des Art. 13 EG

Aus dem Selbstbestimmungsrecht der Religionsgemeinschaften erwachsende Diskriminierungen aufgrund der übrigen Kriterien des Art. 13 EG (Geschlecht, Rasse und ethnische Herkunft, Alter sowie Behinderung) sind dagegen – nimmt man die beiden Großkirchen als Bemessungsgrundlage – künftig kaum zu prognostizieren und Art. 13 EG-spezifisches Konfliktpotential unter Berücksichtigung des kirchlichen Selbstverständnisses als eher unwahrscheinlich einzustufen.[94] Vielmehr dürfte der kirchliche Grundauftrag sowie das damit einhergehende karitativ-diakonische Wirken der Kirchen

---

[90] Gesetz zur Beendigung der Diskriminierung gleichgeschlechtlicher Gemeinschaften: Lebenspartnerschaften (LPartG) vom 16. 2. 2001, BGBl. I 2001, S. 266 ff.; vgl. ausführlich *Dethloff*, NJW 2001, S. 2598 ff.

[91] Vgl. *Meisner*, Die Sinnlichkeit des Glaubens, in: FAZ Nr. 15 (19. 1. 2000), S. 13; *o. V.*, Bischhofskonferenz lehnt „eingetragene Lebenspartnerschaft" ab, in: FAZ Nr. 65 (17. 3. 2000), S. 2; *Fischer*, Niemand sonst scheint sich zu sperren, in: FAZ Nr. 232 (6. 10. 1999), S. 16

[92] Vgl. dazu umfassend *Puza*, Katholisches Kirchenrecht, S. 288 ff.; ferner Katholischer Erwachsenen Katechismus, Abschn. 2358 f., wonach eine kirchliche Anerkennung gleichgeschlechtlicher Partner als Institution nicht möglich ist.

[93] Herrn Prof. Dr. Rüfner, Bonn, sei für die freundliche Erläuterung der diesbezüglichen künftigen kirchlichen Rechtspraxis recht herzlich gedankt.

[94] So auch *Hanau/Thüsing*, Europarecht und kirchliches Arbeitsrecht, S. 34.

in diesen Bereichen eine Verstärkung im Kampf gegen ungerechtfertigte Diskriminierungen bewirken.[95]

b) Klerikerdienstverhältnisse und kirchliches Amtsrecht

Von den mehrheitlich auf rein privatrechtlicher Basis beschäftigten kirchlichen Mitarbeitern sind diejenigen zu unterscheiden, die kraft eines Klerikerdienstverhältnisses innerhalb der katholischen Kirche oder als evangelische Pfarrer und Kirchenbeamte in einem Dienstverhältnis öffentlich-rechtlicher Natur für die Kirchen tätig sind. Diese beruhen nicht auf vertraglicher Grundlage, sondern werden im ersteren Falle durch den sog. Inkardinationsakt, im Letzteren durch kirchlichen Hoheitsakt begründet.[96] In beiden Fällen findet das staatliche Arbeitsrecht keine Anwendung. Das Amtsrecht der katholischen Kirche ist im wesentlichen im Codex Iuris Canonici sowie der Diözesangesetzgebung enthalten, das der evangelischen Kirche in den landeskirchlichen Verfassungen und Pfarrergesetzen.[97] Kirchliche Mitarbeiter, die in den Geltungsbereich dieser Dienstverhältnisse fallen, haben in besonderem Maße ihr dienstliches und außerdienstliches Verhalten nach den kirchlichen Vorgaben auszurichten und den spezifischen Verkündigungsauftrag der Kirche zum Maßstab ihres gesamten Handelns zu machen.[98]

Antidiskriminierungsmaßnahmen nach Art. 13 EG können, da sie nicht auf bestimmte Rechtsformen von Dienstverhältnissen beschränkt sind, ohne Weiteres auch diese, dem Selbstbestimmungsrecht in besonderem Maße unterliegenden Dienstverhältnisse erfassen, sodass sich die zu den privatrechtlich organisierten kirchlichen Arbeitsverhältnissen erörterte Problematik grundsätzlich entsprechend stellt.[99] Wie im Folgenden noch zu zeigen sein wird, ist die Brisanz hier jedoch – nicht nur aufgrund der relativ geringen zahlenmäßigen Betroffenheit – schon deswegen „entschärft", weil bei diesen „ureigenen" Mitarbeitern der Religionsgemeinschaften in besonderem Maße Rechtfertigungsmöglichkeiten

---

[95] Dessen ungeachtet sind aber ohne Weiteres auch die übrigen Kriterien des Art. 13 EG grundsätzlich vom Selbstbestimmungsrecht erfasst, sodass Religionsgemeinschaften diesbezüglich Anforderungen stellen könnten. Dann ergibt sich auch bei diesen Kriterien das in den vorangegangenen Gliederungspunkten aufgezeigte Konfliktpotential.

[96] Vgl. *Richardi*, Arbeitsrecht in der Kirche, § 1, Rdnr. 14 ff.; 20 ff. m.w.N.; *v. Campenhausen*, Staatskirchenrecht, § 31, S. 288 ff.

[97] Dazu näher *Pirson*, in: Handbuch des Staatskirchenrechts, § 64, S. 850 ff.; *v. Campenhausen*, Staatskirchenrecht, § 21, S. 199 f.

[98] Vgl. *Pirson*, in: Handbuch des Staatskichenrechts, § 64, S. 848

[99] So wohl auch *Heinig*, in: Haratsch u.a., Religion und Weltanschauung im säkularen Staat, S. 223

einschlägig und beachtlich sind,[100] die – zumindest im Rahmen der Diskriminierungskriterien „Religion“ oder „Weltanschauung“ – das praktische Konfliktpotential erheblich reduzieren.[101]

2. Kollektives Arbeitsrecht

Neben dem Individualarbeitsrecht lassen sich auch im Rahmen des kollektiven Arbeitsrechts verschiedentliche Anwendungsgebiete für Maßnahmen gem. Art. 13 EG denken, die das Selbstbestimmungsrecht beeinträchtigen. Nach der Rechtsprechung des BVerfG ermöglicht Letzteres den Religionsgemeinschaften, eigenständig darüber zu bestimmen, *„ob und in welcher Weise die Arbeitnehmer und ihre Vertretungsorgane in Angelegenheiten des Betriebs, die ihre Interessen berühren, mitwirken und mitbestimmen.“*[102] Das insoweit deutlich vom Selbstbestimmungsrecht vorgeprägte und modifizierte kollektive Arbeitsrecht der Religionsgemeinschaften (vgl. §§ 118 Abs. 2 BetrVG, 1 Abs. 3 Nr. 2 SprAuG, 112 BPersVG, 1 Abs. 4 Satz 2 MitbestG; „Dritter Weg“)[103] bietet dementsprechend wiederum spezifische Ansatzpunkte für Ungleichbehandlungen von Mitarbeitern aufgrund personengebundener Kriterien, die ggf. künftig gem. Art. 13 EG als Diskriminierungen relevant werden könnten. Die katholische Kirche hat kollektivrechtliche Besonderheiten und Loyalitätsobliegenheiten der Koalitionen und ihrer Mitglieder im Rahmen der „Christlichen Dienstgemeinschaft“ ausdrücklich in Art. 6 ff. GrOKK konkretisiert und dabei klargestellt, dass die Eigentümlichkeiten des kirchlichen Dienstes und seine Wertgebundenheit in jedem Falle gewahrt und respektiert werden müssen.[104] Beispielsweise wäre es ihr danach theoretisch unbenommen, das passive Wahlrecht für die Mitarbeitervertretungen in restriktivem Sinne zu regeln und etwa Wahlbewerber, die dem statuierten Anforderungsprofil nicht entsprechen (etwa weil sie einer anderen Konfession angehören), hiervon generell oder im Einzelfall auszuschließen.[105] Die evangelische Kirche stellt vergleichbare

---

[100] Der Rat ist im Rahmen des Art. 13 EG nur zum Erlass von *relativen* Diskriminierungsverboten berechtigt; vgl. Teil 1, D. II. m.w.N.

[101] Vgl. Teil 2, B. m. w. N.

[102] BVerfGE 46, 73, 94

[103] Zum kirchlichen Mitarbeitervertretungsrecht vgl. *v. Campenhausen*, Staatskirchenrecht, § 21, S. 197, 203 ff.; *Dütz*, EssG 1984, S. 67 ff.; ausführlich *Richardi*, Arbeitsrecht in der Kirche, §§ 8 ff.; *ders.*, in: Münchener Handbuch Arbeitsrecht, Bd. 3, § 234, Rdnr. 36 f., § 278, Rdnr. 207 ff.; *ders.*, in: Handbuch des Staatskirchenrechts, § 67, S. 927 ff.; *Mayer-Maly*, EssG 1976, S. 127 ff.

[104] Dazu *Dütz*, NJW 1994, S. 1394, 1397; *Richardi*, in: Handbuch des Staatskirchenrechts, § 67, S. 927, 934 f.

[105] Vgl. *v. Campenhausen*, Staatskirchenrecht, § 21, S. 197, 205

Anforderungen im Rahmen ihres Mitarbeitervertretungsrechtes.[106] Ohne das Eingreifen spezifischer Rechtfertigungsmöglichkeiten könnten sich derartige, an spezifische Loyalitätsobliegenheiten der Mitarbeiter anknüpfende Regelungen künftig ggf. als unzulässige Diskriminierungen herausstellen.

3. Bildungseinrichtungen der Religionsgemeinschaften

Zweiter, nach dem Dienst- und Arbeitsrecht „diskriminierungsgefährdeter" und in den Anwendungsbereich des EG-Vertrags[107] fallender Sachkomplex sind die Bildungseinrichtungen der Religionsgemeinschaften sowie die mit ihnen im Zusammenhang stehenden Rechtsverhältnisse.[108] Von besonderer praktischer Relevanz sind hier wiederum die Einrichtungen der christlichen Großkirchen, die jeweils Kindergärten, Schulen[109], Hochschulen[110] und Akademien[111] in eigener Trägerschaft unterhalten sowie über maßgebliche Mitspracherechte bezüglich der theologischen Fakultäten[112] an den staatlichen Hochschulen verfügen.
Soweit dabei die Dienst- und Arbeitsverhältnisse der Lehrkräfte an den Bildungseinrichtungen in kirchlicher Trägerschaft betroffen sind (spezifische Anforderungsprofile; Loyalitätsobliegenheiten), stellt sich das bereits oben im Rahmen des Individualarbeitsrechts dargestellte Konfliktpotential. Dies gilt im Ergebnis gleichermaßen für die Lehrkräfte der theologischen Fakultäten an den staatlichen Universitäten, die zwar in *staatlichen* Arbeits- bzw. Beamtenverhältnissen stehen, jedoch „Erinnerungsrechten" und „Beanstandungsrechten" seitens der Kirchen hinsichtlich der ihrerseits vorausgesetzten Loyalitätsanforderungen unterliegen, die zumindest Art und Umfang der Lehrbefugnis maßgeblich beeinflussen können.[113]

---

[106] Vgl. dazu *Richardi*, in: Handbuch des Staatskirchenrechts, § 67, S. 927, 936 ff.

[107] Die Gemeinschaft verfügt über zahlreiche Teilkompetenzen im Bereich der allgemeinen Bildungspolitik (Art. 149 EG), der Politik der beruflichen Bildung (Art. 150 EG) sowie der kulturellen Zusammenarbeit (Art. 151 EG).

[108] Das religionsgemeinschaftliche Unterrichts- und Bildungswesen ist unstreitig Bestandteil des Selbstbestimmungsrechts; vgl. Art. 140 GG i. V. m. 138 Abs. 2 WRV; ferner *v. Campenhausen*, Staatskirchenrecht, § 14, S. 112; *Maunz*, in: Maunz/Dürig, Grundgesetz, Art. 140, Rdnr. 9; *Loschelder*, in: Handbuch des Staatskirchenrechts, § 55, S. 514, 521; *Baldus*, a.a.O., § 57, S. 613

[109] Näher vgl. *Loschelder*, in: Handbuch des Staatskirchenrechts, § 55, S. 511 ff.

[110] Näher vgl. *Baldus*, in: Handbuch des Staatskirchenrechts, § 57, S. 601 ff.

[111] Näher vgl. *Losch*, in: Handbuch des Staatskirchenrechts, § 58, S. 639 ff.

[112] Vgl. dazu *v. Campenhausen*, Staatskirchenrecht, § 27, S. 248 ff.; *Hollerbach*, in: Handbuch des Staatskirchenrechts, § 56, 549 ff.

[113] Vgl. *v. Campenhausen*, Staatskirchenrecht, § 27, S. 248, 251 ff.; *Hollerbach*, in: Handbuch des Staatskirchenrechts, § 56, S. 549, 571 ff.

Im Rahmen der kirchlichen Bildungseinrichtungen stellt sich vor allem das diskriminierungsrelevante Problem des Zugangs konfessionsfremder bzw. –loser Kinder, Schüler, Studenten oder Aus- bzw. Weiterzubildender zu Betreuung, Aus- und Weiterbildung und Graduierung an kirchlichen Bildungseinrichtungen. Damit im Zusammenhang steht das Zutrittsrecht zu etwaig angeschlossenen kirchlichen Wohnheimen bzw. Internaten oder die Empfangsberechtigung für kirchliche Ausbildungsförderung. Gerade in Gebieten mit in religiöser Hinsicht homogener Bevölkerungsstruktur kann dies dann problematisch werden, wenn die Kirchen die einzigen oder anerkanntesten Bildungsstätten unterhalten.[114] Kraft des Selbstbestimmungsrechtes sind die Kirchen berechtigt, spezifische Anforderungen an die Konfessionszugehörigkeit und die Bereitschaft zur Mitwirkung an religiösen Handlungen der Einrichtungen zu stellen.[115] In der Praxis stellt sich dies im Regelfall als Verbot der Aufnahme nicht konformer Schüler und Studenten dar, welches in Einzelfällen nach Ermessen der Kirchen durchbrochen werden kann.[116] Die Nichtaufnahme, deren sonstige Beschränkung oder Benachteiligung oder gar die Verweisung von der jeweiligen Bildungseinrichtung wegen Nicht(mehr)übereinstimmung mit dem zugrundegelegten Anforderungsprofil könnte sich künftig bei Erlass geeigneter Antidiskriminierungsmaßnahmen als problematisch erweisen.

4. Sonstige Konfliktsituationen

Losgelöst von den erörterten Sachgebieten mögen zahlreiche weitere Überschneidungen zwischen europäischem Antidiskriminierungsrecht und deutschem Selbstbestimmungsrecht der Religionsgemeinschaften im Einzelfall denkbar sein. Zu vermuten sind diese wohl stets, wenn die Kirchen die Gewährung einer Leistung kraft ihres Selbstbestimmungsrechtes von der Religionszugehörigkeit des Leistungsempfängers abhängig machen, beispielsweise im Rahmen des Zugangs zu kirchlichen Studentenwohnheimen einer Universitätsstadt (ohne Bezug zu kirchlichen Bildungseinrichtungen); Mietwohnungen, Altenheimen oder anderen Sozialeinrichtungen mit kirchlicher Trägerschaft oder im Bereich kirchlicher Unternehmungen. Größere praktische Relevanz dürfte diesbezüglich jedoch zu verneinen sein, zumal das kirchliche Eigenverständnis hier wohl weniger stark betroffen ist.

---

[114] Vgl. *Allen*, in: Bekämpfung der Diskriminierungen, S. 82

[115] Vgl. *Loschelder*, in: Handbuch des Staatskirchenrechts, § 55, S. 511, 535; *Hollerbach*, aaO., § 56, 549, 570 f.

[116] Vgl. *Hollerbach*, in: Handbuch des Staatskirchenrechts, § 56, S. 549, 570 f.

III. Resümee: „Diskriminierung und Selbstbestimmungsrecht“

Das vom BVerfG als umfassend verstandene Selbstbestimmungsrecht gem. Art. 4 Abs. 1, 2; 140 GG i. V. m. 137 Abs. 3 WRV eröffnet den Religionsgemeinschaften von Verfassungs wegen die Möglichkeit, Dritte aus Gründen der „Religion oder Weltanschauung“ oder der „sexuellen Ausrichtung“ ungleich zu behandeln und diesbezüglich ihr Selbstverständnis als das allein maßgebliche Entscheidungskriterium geltend zu machen. Die hieraus resultierenden Ungleichbehandlungen treffen in den auch europarechtlich relevanten Bereichen des Dienst- und Arbeitsrechts sowie der Bildungseinrichtungen den Anwendungsbereich des Art. 13 EG, sodass die nach deutschem Recht zulässigen Differenzierungen nunmehr europarechtlich bekämpfbar wären. Zur Vermeidung diesbezüglich unerwünschter Ergebnisse ist deshalb nach Wegen zu suchen, die einen möglichst angemessenen, zukunftsfähigen Ausgleich zwischen den widerstreitenden Interessen herbeiführen.

B. Die Richtlinie 2000/78/EG und das Selbstbestimmungsrecht der Religionsgemeinschaften in Deutschland

Im soeben geschilderten Kontext ist für die Religionsgemeinschaften die in rascher Umsetzung des Art. 13 EG am 27. 11. 2000 verabschiedete Richtlinie 2000/78/EG von besonderem Interesse, da diese die Mitgliedstaaten zum Erlass einer eigenen Antidiskriminierungsgesetzgebung verpflichtet, die u. a. auch die für das Selbstbestimmungsrecht kritischen Bereiche „Religion“, „Weltanschauung“ und „sexuelle Ausrichtung“ zum Gegenstand hat. Die anfangs vorgeschlagenen Richtlinienentwürfe der Kommission wurden dementsprechend seitens der Großkirchen in Deutschland, aber auch in einigen anderen Mitgliedstaaten als ernste Bedrohung ihres Besitzstandes empfunden, was umfangreiche Verteidigungsbemühungen in Gestalt zahlreicher Einflussnahmen auf die Ausformung der inkorporierten Rechtfertigungsbestimmung des Art. 4 Abs. 2 RL auslöste und im Endeffekt eine gewisse Abschwächung der Regelung zu Gunsten der Religionsgemeinschaften bewirkte. Im Folgenden wird deshalb Art. 4 RL genauer betrachtet und seine Auswirkungen auf das Selbstbestimmungsrecht näher beleuchtet, wobei eine symmetrische, richtlinienkonforme Transformation der Bestimmung in ihrem weitestmöglichen Verständnis vorausgesetzt wird.

I. Anwendungsbereich der Richtlinie[117]

Die von der für Arbeits- und Sozialfragen zuständigen EU-Kommissarin Anna Diamantopoulou als *„milestone in the construction of a social Europe“*[118] begrüßte Richtlinie 2000/78/EG ist in ihrer rechtlichen Konstruktion eine sog. Rahmenrichtlinie zur Schaffung von gemeinschaftsweiten Mindestanforderungen[119] zum Zwecke der Bekämpfung von Diskriminierungen wegen der Religion oder der Weltanschauung, einer Behinderung, des Alters oder der sexuellen Ausrichtung in Beschäftigung und Beruf in den Mitgliedstaaten (Art. 1 RL), die in ihren Zielen verbindlich[120] und bis zum 2. 12. 2003 (bzw. 2. 12. 2006)[121] in mitgliedstaatliches Recht zu transferieren ist. Wie alle anderen Personen in öffentlichen und privaten Bereichen erfasst die Richtlinie auch die Mitglieder der Religionsgemeinschaften, beeinflusst die durch das Selbstbestimmungsrecht besonders geprägten Sachgebiete „Arbeitsrecht“ sowie „Bildungseinrichtungen“ und verbietet diesbezüglich insbesondere *Diskriminierungen in Bezug auf die Bedingungen für den Zugang zu Beschäftigung*

[117] Vgl. dazu bereits oben Teil 1, D. VI., 2. m.w.N.
[118] Vgl. *The Christian Institute*, European Threat to Religious Freedom, S. 4
[119] Vgl. Art. 8 RL
[120] Art. 249 Abs. 3 EG
[121] Vgl. Art. 18 RL, im Falle der Kriterien „Alter“ und „Behinderung“ kann die dreijährige Zusatzfrist in Anspruch genommen werden.

einschließlich des beruflichen Aufstiegs sowie den Zugang zu allen Formen der Berufsaus- und -weiterbildung, in Bezug auf die Beschäftigungs- und Arbeitsbedingungen einschließlich der Entlassungsbedingungen sowie in Bezug auf die Mitgliedschaft und Mitwirkung in Organisationen der kollektiven Mitbestimmung (Art. 3 Abs. 1 RL).

Aus Sicht der Kirchen drohen wegen dieses Anwendungsbereichs zumindest einige der bereits diskutierten „pathologischen Fälle" des kirchlichen individuellen und kollektiven Arbeitsrechts sowie der kirchlichen Bildungseinrichtungen[122] reale Gestalt anzunehmen. Die Frage, inwieweit das Selbstbestimmungsrecht in seiner durch das BVerfG verstandenen Form vor dem Hintergrund der neuen Antidiskriminierungsrichtlinie auch künftig Bestand haben wird, hängt somit maßgeblich von der Auslegung und Reichweite des Art. 4 RL ab. Im nächsten Kapitel (C.) ist dann zu prüfen, ob diesbezüglich beschränkende Regelungen mit den Gemeinschaftsgrundrechten in Einklang zu bringen sind und ob ggf. Abwehrrechte für die Religionsgemeinschaften aus deutschem Verfassungsrecht bestehen.

II. Die Rechtfertigungsbestimmung Art. 4 RL

Art. 4 RL reiht sich nahtlos in die Kette der im Vergleich zum deutschen Recht noch recht spärlich gesäten Bestimmungen des europäischen Sekundärrechts ein, die ausdrücklich Bezug auf die Kirchen und Religionsgemeinschaften nehmen und diesbezügliche Sonder- und Ausnahmeregelungen statuieren.[123] Die Bestimmung etabliert dabei den wohl in seiner Genese umstrittensten Rechtfertigungstatbestand zu Gunsten der Religionsgemeinschaften und bildet den zentralen Ansatzpunkt für die künftige Rechtfertigung von Ungleichbehandlungen im Rahmen ihrer Dienst- und Arbeitsverhältnisse bzw. Bildungseinrichtungen.

Als Richtlinienbestimmung beinhaltet auch Art. 4 RL gem. Art. 249 Abs. 3 EG keine sofortige, *direkte* Auswirkung auf das Selbstbestimmungsrecht, sondern bedarf zu seiner Wirksamkeit der Transformation in mitgliedstaatliches Recht[124],

---

[122] Von vornherein nicht in den Anwendungsbereich der Richtlinie fallen die kirchlichen Kindergärten und Schulen als allgemeinbildende Einrichtungen, die nicht zur *beruflichen* Aus- und Weiterbildung zu rechnen sind; vgl. auch *Geiger*, EUV/EGV, Art. 150 EG, Rdnr. 3 f.

[123] Weitere (mittelbare) Bezugnahmen finden sich beispielsweise auch in Art. 17 der sog. Arbeitszeitrichtlinie (RL 93/104/EG vom 23. 11. 1993, AblEG 1994, Nr. L 307, S. 18 ff.) und Art. 8 Abs. 3 der Richtlinie über die Einsetzung der Europäischen Betriebsräte (RL 94/45/EG vom 22. 9. 1994, AblEG 1994, Nr. L 254, S. 64 ff.).

[124] Vgl. dazu *Streinz*, Europarecht, Rdnr. 384 ff.; *Grabitz*, in: Grabitz/Hilf, Das Recht der Europäischen Union, Art. 189 EGV, Rdnr. 51 ff.; *Daig/Schmidt*, in: G/T/E, Kommentar zum

in der Regel auf gesetzlicher Basis[125], welche die vollständige Wirksamkeit der Richtlinie entsprechend ihrer Zielsetzung zu gewährleisten hat.[126] Das genaue Verständnis der Richtlinienbestimmung ist jedoch nicht nur für die Ermittlung des Transformationsspielraums der Mitgliedstaaten von Bedeutung, sondern insbesondere für die (spätere) Anwendung des nationalen Rechts durch die Verwaltung und die Gerichtsbarkeit „im Lichte des Wortlauts und des Zwecks der Richtlinie"[127] entscheidend (*richtlinienkonforme Auslegung und Anwendung des mitgliedstaatlichen Rechts*; Art. 10 EG).[128]

1. Systematik von Art. 4 RL

Art. 4 RL ist in zwei Absätze gegliedert, die jeweils die Mitgliedstaaten unter Benennung zahlreicher Voraussetzungen gesondert „ermächtigen", Ungleichbehandlungen wegen der in den Anwendungsbereich der Richtlinie fallenden Diskriminierungskriterien nicht als Diskriminierungen gem. Art. 13 EG zu behandeln, wenn das betreffende Kriterium eine *wesentliche berufliche Anforderung* darstellt.

Art. 4 Abs. 1 RL bezieht sich dabei unterschiedslos auf *alle* potentiell diskriminierenden Personen und Einrichtungen und gestattet unter bestimmten Voraussetzungen Ungleichbehandlungen hinsichtlich *sämtlicher*, in Art. 1 RL enthaltenen, personengebundenen Kriterien.
Dagegen erfasst *Art. 4 Abs. 2 RL* – bei im Grundsatz deckungsgleichem Regelungsziel – nur Ungleichbehandlungen durch die Kirchen und andere öffentliche oder private Organisationen, deren Ethos auf religiösen Grundsätzen oder Weltanschauungen beruht, und zwar nur aufgrund der Kriterien „Religion" oder „Weltanschauung". Aufgrund des insoweit durch zusätzliche Tatbestandsmerkmale stark eingeengten Anwendungsbereichs und des besonderen Regelungsgehalts ist Abs. 2 somit nach allgemeinen Kollisionsregeln[129] als die gegenüber Abs. 1 *speziellere*

EU- und EG-Vertrag, Art. 189 EGV, Rdnr. 35 ff.; *Geiger*, EUV/EGV, Art. 249 EG, Rdnr. 8 ff.; *Bleckmann*, Europarecht, Rdnr. 414 ff.

[125] Vgl. *Zuleeg*, in: G/T/E, Kommentar zum EU- und EG-Vertrag, Art. 5 EGV, Rdnr. 6 m. w. N.

[126] EuGH Rs. 14/83 vom 10. 4. 1984, Slg. 1984, 1891, 1906, Rdnr. 15 (von Colson u. Kamann ./. Land Nordrhein-Westfalen)

[127] EuGH Rs. 14/83 vom 10. 4. 1984, Slg. 1984, 1891, 1909, Rdnr. 26 (von Colson u. Kamann ./. Land Nordrhein-Westfalen)

[128] Dazu umfassend *Prechal*, Directives in European Community Law, S. 200 ff.; ferner *Hatje*, in: Schwarze, EU-Kommentar, Art. 10 EG, Rdnr. 27 ff.; *Geiger*, EUV/EGV, Art. 10 EG, Rdnr. 4

[129] Vgl. *Schmalz*, Methodenlehre für das juristische Studium, Rdnr. 76 ff.; *Röhl*, Allgemeine Rechtslehre, S. 601; *Zippelius*, Juristische Methodenlehre, § 7 c

Regelung (lex specialis) mit entsprechendem *Anwendungsvorrang* anzusehen.

2. Juristische Analyse von Art. 4 RL

Im Folgenden ist der rechtliche Gehalt von Art. 4 RL unter Beachtung des Spezialitätsverhältnisses seiner beiden Absätze zu extrahieren und die einzelnen Tatbestandsmerkmale – soweit erforderlich – anhand der für das Sekundärrecht (leicht) modifizierten Auslegungsmaximen des EuGH auszulegen.[130] Dabei sind in stärkerem Maße als im Primärrecht die Entstehungsgeschichte des Rechtsaktes und der hieraus ersichtliche, subjektive Wille des Gesetzgebers zu berücksichtigen.[131] Ferner ist bei der Auslegung auf die Konformität des Sekundärrechts mit dem EG-Vertrag und den allgemeinen Rechtsgrundsätzen zu achten.[132]

a) Art. 4 Abs. 2 RL

Die Spezialregelung Art. 4 Abs. 2 RL ist ihrerseits wiederum in zwei Unterabsätze strukturiert, die aufgrund differerierender Regelungsmaterien zweckmäßigerweise gesondert zu prüfen sind. Unterabsatz 1 behandelt in seinen beiden Sätzen dabei die Problematik der *beruflichen Anforderungen*, die Kirchen und andere (verwandte) Organisationen ihren Mitarbeitern auferlegen können, während sich Unterabsatz 2 auf das Stellen spezifischer *Loyalitätsobliegenheiten* bezieht.

Angesichts der Regelungsfülle und der asymmetrischen Aneinanderreihung der zahlreichen Tatbestandsmerkmale in überlangen Sätzen wird auf den ersten Blick der Kompromisscharakter der Bestimmung deutlich und lässt ein zähes Ringen der Verhandlungspartner anhand konkurrierender Formulierungsvorschläge um die vorliegende Endfassung erahnen. Tatsächlich war Art. 4 Abs. 2 RL aufgrund der intensiven Interventionen der Kirchen im Gesetzgebungsverfahren eine der umstrittensten Bestimmungen der Richtlinie 2000/78/EG, deren endgültiger Wortlaut erst am Schluss der Beratungen gefunden wurde.[133]

---

[130] Zur Auslegung von Sekundärrecht allgemein vgl. *Bleckmann*, RIW 1987, S. 929 ff.; *ders.*, Europarecht, Rdnr. 554

[131] Vgl. *Bleckmann*, RIW 1987, S. 929, 930; *ders.*, Europarecht, Rdnr. 554

[132] Vgl. *Bleckmann*, Europarecht, Rdnr. 554

[133] Vgl. *Rat der Europäischen Union*, Presseerklärung 378 – Nr. 12125/00 vom 17. 10. 2000, Gliederungspunkt „Gleichbehandlung“

aa) Art. 4 Abs. 2 Sätze 1 und 2 RL (= UAbs. 1)[134]

Die Sätze 1 und 2 der Bestimmung lassen sich in einen zusammenhängenden Komplex von *7 Tatbestandsmerkmalen* aufspalten, bei deren Vorliegen als Rechtsfolge Ungleichbehandlungen durch die Kirchen und andere (verwandte) Organisationen aus Gründen der Religion oder Weltanschauung keine Diskriminierung gem. Art. 13 EG i. V. m. Art. 1, 3 RL darstellt; mithin derartige Ungleichbehandlungen im Anwendungsbereich der Richtlinie *gerechtfertigt* sind.

(1) Kirchen und andere Organisationen (....)

Inhaber der nach Ermessen der Mitgliedstaaten zuzuerkennenden „Sonderberechtigung" sind die *Kirchen und andere öffentliche oder private Organisationen, deren Ethos auf religiösen Grundsätzen oder Weltanschauungen beruht.* Entgegen den ersten Entwürfen der Richtlinie[135], die sich an Art. 8 Abs. 3 der Richtlinie über die Europäischen Betriebsräte[136] orientierten[137], sind damit zunächst die Kirchen *direkt* vom Wortlaut der Bestimmung erfasst, was insbesondere auf die Bemühungen der deutschen Verhandlungs-

---

[134] Art. 4 Abs. 2 Sätze 1 und 2 RL lauten: „*Die Mitgliedstaaten können in Bezug auf berufliche Tätigkeiten innerhalb von Kirchen und anderen öffentlichen oder privaten Organisationen, deren Ethos auf religiösen Grundsätzen oder Weltanschauungen beruht, Bestimmungen in ihren zum Zeitpunkt der Annahme dieser Richtlinie geltenden Rechtsvorschriften beibehalten oder in künftigen Rechtsvorschriften Bestimmungen vorsehen, die zum Zeitpunkt der Annahme dieser Richtlinie bestehende einzelstaatliche Gepflogenheiten widerspiegeln und wonach eine Ungleichbehandlung wegen der Religion oder Weltanschauung einer Person keine Diskriminierung darstellt, wenn die Religion oder die Weltanschauung dieser Person nach der Art dieser Tätigkeit oder der Umstände ihrer Ausübung eine wesentliche, rechtmäßige und gerechtfertigte berufliche Anforderung angesichts des Ethos der Organisation darstellt. Eine solche Ungleichbehandlung muss die verfassungsrechtlichen Bestimmungen und Grundsätze der Mitgliedstaaten sowie die allgemeinen Grundsätze des Gemeinschaftsrechts beachten und rechtfertigt keine Diskriminierung aus einem anderen Grund.*"

[135] Der Kommissionsentwurf vom 25. 11. 1999 nahm Bezug auf „*öffentliche oder private Organisationen, die in den Bereichen der Religion oder des Glaubens im Hinblick auf Erziehung, Berichterstattung und Meinungsäußerung unmittelbar und überwiegend eine bestimmte weltanschauliche Tendenz verfolgen*"; vgl. KOM (1999) 565 endg.

[136] Richtlinie 94/45/EG des Rates vom 22. September 1994 über die Einsetzung eines Europäischen Betriebsrats oder die Schaffung eines Verfahrens zur Unterrichtung und Anhörung der Arbeitnehmer in gemeinschaftsweit operierenden Unternehmen und Unternehmensgruppen; AblEG Nr. L 254 vom 30. 9. 1994, S. 64 ff.

[137] Vgl. *Rat der Europäischen Union*, Beratungsergebnisse der Gruppe „Sozialfragen" (11. 1. 2000), Nr. 5231/00 SOC 5 JAI 3 vom 31. 1. 2000, Fn. 20

delegation zurückzuführen ist.[138] Ferner deckt die Formulierung unproblematisch die aus dem deutschen Staatskirchenrecht stammenden Begriffe der „Religionsgemeinschaften“ (bzw. „Religionsgesellschaften“) und „Weltanschauungsgemeinschaften“ unabhängig von deren Rechtsform ab, die sich – im Gegensatz zum weltlichen Staat – auf eine – wie auch immer geartete – Gottesvorstellung und damit zusammenhängende metaphysische und ethische Vorstellungen gründen oder auf andere Art und Weise das Weltganze universell zu begreifen und die Stellung des Menschen in der Welt aus einer umfassenden Weltsicht zu erkennen suchen[139] und damit unschwer auf *religiösen oder weltanschaulichen Grundsätzen i. S. d. Richtlinie* beruhen. Insofern hätte es einer gesonderten Erwähnung der Kirchen nicht bedurft.

Fraglich ist, ob auch *andere* religiös oder weltanschaulich *geprägte* Organisationen, insbesondere die zahlreichen „der Kirche in bestimmter Weise zugeordneten Einrichtungen“, die nach kirchlichem Selbstverständnis ein Stück Auftrag der Kirche in dieser Welt wahrnehmen[140], in den Anwendungsbereich der Bestimmung fallen (Karitas; Diakonie; kirchliche Krankenhäuser; kirchliche Bildungseinrichtungen; etc.). Zweifel könnten vorliegend dadurch bestehen, dass sich Abs. 2 ausdrücklich auf Kirchen und *andere* Organisationen (...) bezieht, was als Hinweis auf Organisationen mit kirchengleicher religiöser „Intensität“ verstanden werden könnte.
Auf der anderen Seite stellen die nach der Rechtsprechung des BVerfG in der bezeichneten Weise den Religionsgemeinschaften nahestehenden Einrichtungen aufgrund ihres religiösen Fundaments und der religiös-sakramentalen Grundausrichtung ihrer gesamten (sozialen) Tätigkeit gleichfalls Organisationen dar, deren Ethos (= Gesittung, Charakter, Gesamthaltung)[141] fest auf religiösen Grundsätzen beruht. Für die Einbeziehung in Abs. 2 spricht ferner ein Vergleich mit der in der (Kirchen-)Erklärung Nr. 11 zur Schlussakte zum Vertrag von Amsterdam[142] gewählten Formulierung *„Kirchen und religiöse Vereinigungen oder*

---

[138] Vgl. *Rat der Europäischen Union*, Sitzungsdokument Nr. 3 (Gruppe „Sozialfragen“ – 13. 9. 2000), Nr. SN 4085/00 (SOC) vom 8. 9. 2000, S. 1

[139] Zum Begriff „Religionsgemeinschaft“ und „Weltanschauungsgemeinschaft“ vgl. *Kirchhof*, in: Handbuch des Staatskirchenrechts, § 22, S. 680 ff.; *Jurina*, in: Handbuch des Staatskirchenrechts, § 23, S. 690 ff.; *Seifert/Hömig*, Grundgesetz für die Bundesrepublik Deutschland, Art. 140, Rdnr. 7

[140] Vgl. BVerfGE 77, 73 f. (LS 1)

[141] Vgl. *Duden*, Das große Wörterbuch der deutschen Sprache, Bd. 3, Stichwort: „Ethos“

[142] AblEG 1997 Nr. C 340, S. 133

Gemeinschaften", auf welche in der Richtlinie in Erwägungsgrund Nr. 24 Bezug genommen wird. Der hiervon abweichende Wortlaut von Abs. 2 dürfte extensiver zu verstehen sein, was auf die beabsichtigte Einbeziehung von *allen* religiös geprägten Einrichtungen hindeutet.[143]
Dessen ungeachtet sind die „Nebeneinrichtungen" der Religionsgemeinschaften auch im deutschen Verfassungsrecht nicht gesondert erfasst, sondern den Begriffen „Kirche" oder „Religionsgesellschaft" direkt zugeordnet.[144] Obgleich beide Begriffe europarechtlich noch nicht ausdefiniert sind[145], ist kein Grund für eine diesbezüglich andere Behandlung ersichtlich. Schließlich weist auch die Entstehungsgeschichte der Bestimmung auf die Intention der Mitgliedstaaten hin, den karitativen und diakonischen Einrichtungen der Religionsgemeinschaften im Rahmen der Richtlinie den gleichen Rechtsstatus wie den Religionsgemeinschaften selbst zukommen zu lassen.[146] Gleiches gilt selbstverständlich entsprechend für weltanschaulich geprägte Einrichtungen.

Steht fest, dass Abs. 2 *insoweit umfassend* zu interpretieren ist, kann der deutsche Gesetzgeber aufgrund dessen bei der Transformation der Richtlinie in deutsches Recht eine hinsichtlich ihres *Berechtigtenkreises* dem Selbstbestimmungsrecht nach Art. 140 GG i. V. m. 137 Abs. 3 WRV gemäße Rechtfertigungsregelung schaffen.

Damit kommen auf der anderen Seite grundsätzlich solche Organisationen nicht in den „Genuss" der Bestimmung, die *überwiegend* einer politischen, wirtschaftlichen oder kulturellen Grundausrichtung unterliegen und die nach ihrem äußeren

---

143 So im Ergebnis auch *Heinig*, in: Haratsch u.a., Religion und Weltanschauung im säkularen Staat, S. 239

144 Vgl. BVerfGE 77, 73 ff.

145 Vgl. *Robbers*, in: Handbuch des Staatskirchenrechts, § 9, S. 324 f.

146 Im Kommissionsvorschlag wird im Erläuterungsteil pauschal auf Organisationen Bezug genommen, „die bestimmte religiöse Werte vertreten", vgl. KOM (1999) 565 endg., Ziff. 5. (Art. 4), was auf eine insoweit extensive Konzeption der Bestimmung hindeutet.
Die deutsche Verhandlungsdelegation hatte in Anlehnung an die Kirchenerklärung des Amsterdamer Vertrags vorgeschlagen, die Passage in „... *Kirchen und religiöse Vereinigungen oder Gemeinschaften oder sonstige öffentliche oder private Organisationen, die in den Bereichen der Religion oder des Glaubens unmittelbar oder überwiegend eine bestimmte weltanschauliche Tendenz verfolgen* ..." umzuformulieren, vgl. *Rat der Europäischen Union*, Beratungsergebnisse der Gruppe „Sozialfragen" (14. und 28. 3. 2000), Nr. 6941/00 SOC 102 JAI 25 vom 31. 3. 2000, Fn. 30. Die Endfassung, die auf das Ethos der Organisation abstellt, führt letztlich zum selben Ergebnis, was ein maßgeblicher Erfolg der deutschen Bemühungen war.

Erscheinungsbild, ihrem geistigen Gehalt und ihrem stetigen Handeln kein oder nur ein lediglich untergeordnetes religiöses oder weltanschauliches Selbstverständnis aufweisen.[147] Diese sind dem Anwendungsbereich von Art. 4 Abs. 1 RL zuzuordnen.

(2) Berufliche Tätigkeiten

(a) Art. 4 Abs. 2 RL ermöglicht die Rechtfertigung von Ungleichbehandlungen nur im Hinblick auf *berufliche Tätigkeiten* innerhalb der Religionsgemeinschaften, worunter die *Gesamtheit derjenigen Verrichtungen zu verstehen ist, mit denen jemand in Ausübung seines Berufs zu tun hat.*[148] Das bedarf insoweit keiner näheren Auseinandersetzung.

(b) Problematisch ist jedoch, ob die in den Anwendungsbereich der Richtlinie einbezogenen kirchlichen Bildungsverhältnisse (Art. 3 Abs. 1 lit. b), 2. und 3. Var. RL) als „berufliche Tätigkeit" in diesem Sinne zu qualifizieren sind. Hieran knüpft sich die Frage, ob die Religionsgemeinschaften künftig diskriminierungsrelevante Zugangsvoraussetzungen zu ihren Hochschulen und Akademien sowie den theologischen Fakultäten beibehalten können, die über Abs. 2 ggf. rechtfertigbar wären.

Betrachtet man den Wortlaut der Bestimmung, so ist zwischen der beruflichen *Ausbildung* und der *Weiterbildung* zu differenzieren. Letztere weist dabei einen unmittelbaren Zusammenhang zum bereits ausgeübten Beruf auf und erfolgt zum Zwecke einer künftig qualifizierteren und rationelleren Tätigkeitsgestaltung, sodass sie durchaus Teil der „Gesamtheit der beruflichen Verrichtungen" eines Mitarbeiters ist und damit in den Anwendungsbereich des Abs. 2 fällt.

Im Gegensatz dazu betrifft die *Aus*bildung lediglich das *Vorfeld* der beruflichen Tätigkeit innerhalb der Religionsgemeinschaften, welches zwar unabdingbare Voraussetzung für die spätere Tätigkeit ist, mit ihr als solcher aber zunächst noch nichts zu tun hat. Die Auslegung des Wortlauts führt hier somit nicht weiter.[149]

---

[147] Vgl. *Kirchhof*, in: Handbuch des Staatskirchenrechts, § 22, S. 682; *Jurina*, in: Handbuch des Staatskirchenrechts, § 23, S. 694

[148] Vgl. *Duden*, Das große Wörterbuch der deutschen Sprache, Bd. 8, Stichwort: „Tätigkeit"

[149] Auch die anderen Sprachfassungen geben insoweit keine weiteren Anhaltspunkte, vgl. engl.: *„occupational activities"*, frz.: *„activités professionnelles"*.

Anhaltspunkte *für* die Einbeziehung der *Aus*bildungsverhältnisse in den Anwendungsbereich von Abs. 2 lassen sich auch nicht aus der Entstehungsgeschichte der Bestimmung herleiten, im Rahmen derer sich die deutsche Verhandlungsdelegation erfolglos um die Streichung u. a. der Passage „berufliche Tätigkeiten" bemüht hatte, da sie nicht weit genug gefasst sei.[150]
Betrachtet man ferner die von der Kommission in etlichen Punkten ersichtlich als Vorbild genutzte, die Gleichbehandlung von Männern und Frauen betreffende Richtlinie 76/207/EWG[151], so fällt auf, dass diese in ihrer Ausnahmeregelung Art. 2 Abs. 2 – bei ähnlichem Anwendungsbereich der Richtlinie[152] – die beruflichen Tätigkeiten und „... *gegebenenfalls die dazu jeweils erforderliche Ausbildung* ..." ausdrücklich aufführt. Ferner gehen Art. 5[153] und 6[154] der Richtlinie 2000/78/EG hinsichtlich gerechtfertigter Ungleichbehandlungen aus Gründen der Behinderung und des Alters auf die Problematik der beruflichen Bildung im Gegensatz zu Art. 4 RL ein. Diese systematischen Argumente können als Indiz gewertet werden, dass Art. 4 RL keine Ausdehnung auf die Berufsausbildung erfahren sollte. Dies wird gestützt durch Erwägungsgrund Nr. 23, wonach Ungleichbehandlungen nur unter sehr begrenzten Bedingungen gerechtfertigt sein können, was im Zweifel für eine *enge* Auslegung der Tatbestandsmerkmale spricht.[155] Auch der korrespondierende Erwägungsgrund Nr. 24, der Bezug auf die Kirchenerklärung des Amsterdamer Vertrages nimmt, erwähnt in Satz 2 nur die beruflichen Tätigkeiten innerhalb der Religions- und Weltanschauungsgemeinschaften.

---

[150] Dazu vgl. *Rat der Europäischen Union*, Sitzungsdokument Nr. 3 (Gruppe „Sozialfragen" – 13. 9. 2000), Nr. SN 4085/00 (SOC) vom 8. 9. 2000, S. 1; ferner *Rat der Europäischen Union*, Beratungsergebnisse der Gruppe „Sozialfragen" (13. 9. 2000), Nr. 11352/00 SOC 292 JAI 87 vom 18. 9. 2000, Fn. 24

[151] AblEG 1976 Nr. L 39 vom 14. 2. 1976, S. 40

[152] Vgl. Art. 1 Abs. 1: Anwendung des Grundsatzes der Gleichbehandlung hinsichtlich „des Zugangs zur Berufsbildung"

[153] Art. 5 RL betrifft u. a. die geeigneten und im konkreten Fall erforderlichen Maßnahmen seitens der Arbeitgeber zur Ermöglichung der Teilnahme an Aus- und Weiterbildungsmaßnahmen von Behinderten, soweit diese Maßnahmen den Arbeitgeber nicht unverhältnismäßig belasten.

[154] Nach Art. 6 RL können die Mitgliedstaaten vorsehen, dass eine Ungleichbehandlung wegen des Alters keine Diskriminierung darstellt, sofern sie objektiv und angemessen sind und im Rahmen des nationalen Rechts durch ein legitimes Ziel, u. a. die berufliche Bildung, gerechtfertigt sind und die Mittel zur Erreichung dieses Ziels angemessen und erforderlich sind.

[155] Daneben ist bereits aufgrund des Charakters des Art. 4 RL als Ausnahmebestimmung eine enge Auslegung der Norm geboten.

Damit stellt sich jedoch das generelle Problem, dass bei dieser Auslegung der Bestimmung gar keine Rechtfertigung hinsichtlich der (auch nichtkirchlichen) Ausbildungsverhältnisse im Rahmen des Art. 4 RL möglich wäre, da auch Abs. 1 und der noch gesondert zu erörternde Abs. 2 Satz 3 diese nicht in ihren Regelungsbereich einbeziehen, sondern ersichtlich auf den ausgeübten Beruf als solchen abstellen.

Im Rahmen der Ausbildung ist ein solches Ergebnis allerdings durchaus nicht unangemessen, da die Bildungswege – bei Erfüllung der erforderlichen Qualifikationen im Leistungsbereich – grundsätzlich allen Personen unterschiedslos offen stehen und Differenzierungen erst dann greifen sollten, wenn diese für den jeweils konkret ausgeübten Beruf unabdingbare Voraussetzung sind. Der Bildungsstättenträger ist hierbei nicht entscheidend, sodass die Religions- und Weltanschauungsgemeinschaften insoweit keine Ausnahmen darstellen. Weiterhin zeigen die vorstehenden Erwägungen, dass das Problem „Berufsausbildung" im Rahmen des Art. 4 RL von den Mitgliedstaaten durchaus gesehen wurde, eine entsprechende Bezugnahme jedoch unterblieb. Deshalb kann vorliegend wohl nicht von einer (planwidrigen) Regelungslücke gesprochen werden, die ggf. durch Analogieschluss oder Rechtsfortbildung seitens des EuGH geschlossen werden könnte.

Aus alledem ist letztlich zu folgern, dass Ungleichbehandlungen im Rahmen der kirchlichen Berufs*aus*bildungsstätten im obigen Sinne nicht über Art. 4 Abs. 2 RL zu rechtfertigen sind. Das bedeutet in seiner Konsequenz, dass unter der Ägide der Richtlinie grundsätzlich auch konfessionsfremden Studierenden der Zugang zu Studium und Graduierung an einer kirchlichen Hochschule offenstehen muss.[156] Eine derartige Handhabung ist auch dann nicht praxisfern, wenn die berufliche Tätigkeit nach Abschluss der Ausbildung an bestimmte, über Art. 4 Abs. 2 RL zu rechtfertigende religiöse Anforderungen geknüpft sein sollte, da eine Änderung in den persönlichen Verhältnissen des Bewerbers eintreten (z. B. entsprechender Konfessionswechsel) oder eine isolierte Ausbildung beabsichtigt sein kann (z. B. Zusatzstudium). In Ausnahmefällen

---

[156] Die praktische Relevanz dieser Richtlinienintention dürfte zahlenmäßig zu vernachlässigen sein, so dass eine „Überfremdung" kaum zu befürchten ist. Vgl. auch *Baldus*, in: Handbuch des Staatskirchenrechts, § 57, S. 601, 632 ff., der darauf hinweist, dass die Konfession des Bewerbers für die Auswahlentscheidung auch nach bisheriger Handhabung nicht entscheidendes Kriterium sei.

könnte überdies eine Ungleichbehandlung durch die kirchliche Einrichtung u. U. nach allgemeinen Grundsätzen gerechtfertigt sein.[157]

(3) Beibehaltung geltender/Erlass künftiger Rechtsvorschriften

Art. 4 Abs. 2 RL rechtfertigt zum einen die Beibehaltung von Bestimmungen in zum Zeitpunkt der Annahme der Richtlinie geltenden Rechtsvorschriften der Mitgliedstaaten und zum anderen die Vorsehung von Bestimmungen in künftigen Rechtsvorschriften, die zum Zeitpunkt der Annahme der Richtlinie bestehende einzelstaatliche Gepflogenheiten widerspiegeln.
Über die Art. 4 RL sind demzufolge nur solche Ungleichbehandlungen ggf. zu rechtfertigen, die den zum Zeitpunkt des 27. 11. 2000 in dem jeweiligen Mitgliedstaat bestehenden *status quo* widerspiegeln. Dies erfasst sowohl die bis dahin tatsächlich vorhandenen, den Rechtsstatus der Kirchen und Religionsgemeinschaften begründenden Rechtsnormen (*kodifizierter status quo*), als auch den aufgrund der Gesamtrechtsordnung (einschließlich des Gewohnheitsrechts) des Mitgliedstaats anerkannterweise theoretisch zulässigen Höchststandard (*theoretisch zulässiger status quo*).

Für das deutsche Selbstbestimmungsrecht bedeutet die Festlegung, dass es in seiner gesamten, verfassungsrechtlich gem. Art. 4 Abs. 1 und 2; 140 GG i. V. m. 137 Abs. 3, 7 WRV niedergelegten Bandbreite vom Anwendungsbereich des Art. 4 Abs. 2 RL erfasst ist. Die Erfüllung der übrigen Anforderungen vorausgesetzt, könnten über die Bestimmung somit beispielsweise Ungleichbehandlungen durch die Grundordnung der katholischen Kirche[158] gerechtfertigt werden. Ferner wäre auch die künftige Etablierung darüber hinausgehender Loyalitätsobliegenheiten seitens der Kirchen vom Anwendungsbereich des Abs. 2 gedeckt, soweit diese sich in den vorgegebenen und durch das BVerfG in seiner Grundsatzentscheidung[159] herausgearbeiteten verfassungsrechtlichen Grenzen bewegen (z. B. Einführung eines einheitlich strengen Loyalitätsmaßstabs betreffend die Religion aller Mitarbeiter oder die Festlegung eines generellen Verbots der Beschäftigung von Nichtkatholiken in der GrOKK).

[157] Dazu ausführlich bereits oben Teil 1, D. II. m. w. N.
[158] Vgl. dazu Teil 2, A. II. 1. a) bb) (1)
[159] BVerfGE 70, 138 ff.; vgl. Teil 2, A. II.

(4) Ungleichbehandlung wegen der Religion oder Weltanschauung

Erforderlich ist im Rahmen des Abs. 2 ferner die *Ungleichbehandlung* einer Person aus Gründen der *Religion* oder *Weltanschauung*. Was unter einer Ungleichbehandlung im Sinne der Richtlinie zu verstehen ist, definiert Art. 2 RL ausführlich, nämlich die Erfüllung des Tatbestandes einer unmittelbaren oder mittelbaren Diskriminierung[160] (Art. 2 Abs. 2 RL) einschließlich der Anstiftung hierzu (Art. 2 Abs. 4 RL) oder einer insoweit gleichgestellten Belästigung würdeverletzender Art, die ein die betreffende Person erniedrigendes Umfeld schafft (Art. 2 Abs. 3 RL).
Hiernach bestehende oder künftig erfolgende Ungleichbehandlungen einer Person im Rahmen ihrer beruflichen Tätigkeit sind nur aus den Gründen der *Religion* oder der *Weltanschauung* über Art. 4 Abs. 2 RL zu rechtfertigen.[161] Welche diskriminierenden Maßnahmen hierfür grundsätzlich in Betracht kommen, wurde bereits oben aufgezeigt.[162] Praktisch wird es sich aus Beweisbarkeitsgründen oftmals um die Rechtfertigung von Nichteinstellungen oder Kündigungen wegen Kirchenaustritts des Bewerbers/Mitarbeiters oder um sonstige Probleme im Zusammenhang mit der fehlenden (formellen) Religionszugehörigkeit handeln.

(5) Religion/Weltanschauung als wesentliche berufliche Anforderung

Ungleichbehandlungen können nach Art. 4 Abs. 2 RL nur dann gerechtfertigt sein, wenn die Religion oder Weltanschauung der betreffenden Person nach der *Art der Tätigkeit* oder der *Umstände ihrer Ausübung* eine *wesentliche, rechtmäßige und gerechtfertigte berufliche Anforderung* angesichts des Ethos der Organisation darstellt. Die Auslegung dieses Tatbestandsmerkmals, welches den *Rechtfertigungsmaßstab* („wie") anhand unbestimmter Rechtsbegriffe regelt, stellt insoweit die Schlüsselpassage für die künftige Handhabung des Selbstbestimmungsrechts in den von der Richtlinie 2000/78/EG erfassten Bereichen dar.

---

[160] Vgl. dazu Teil 1, D. I. m. w. N.
[161] Dazu vgl. auch Teil 2, B. II. 2. a) aa) (7)
[162] Vgl. Teil 2, A. II.

(a) Wortlaut

Ausgangspunkt juristischer Hermeneutik ist auch bei Sekundärakten stets die Wortlautauslegung. Allerdings ist deren Bedeutung hier, insbesondere im Falle von Richtlinien, im Vergleich zum Primärrecht oder mitgliedstaatlichen Recht von eher untergeordneter Bedeutung. Der EuGH hat diesbezüglich klargestellt, dass der Wortlaut einer Richtlinie in Anbetracht der Zielverbindlichkeit nicht die Obergrenze der Auslegung sein[163] und von anderen Auslegungskriterien notfalls überdeckt werden könne.[164] Ferner wurde die Pflicht der Mitgliedstaaten statuiert, ggf. über den Wortlaut der Richtlinie hinausreichende Maßnahmen zu ergreifen, um die Zielerreichung sicherzustellen.[165] Der Wortlautauslegung kann somit auch vorliegend zunächst nur tendenzielle Bedeutung zukommen.

(aa) Betrachtet man das Tatbestandsmerkmal im Gesamtwortlaut von Abs. 2, so ist zunächst offensichtlich, dass Art. 4 RL keine „Generalabsolution" hinsichtlich sämtlicher Arbeitsverhältnisse einer Religions- oder Weltanschauungsgemeinschaft nach deren Eigenverständnis erteilt, sondern dass eine Rechtfertigung für Ungleichbehandlungen aufgrund der Religion oder Weltanschauung stets nur für *bestimmte* berufliche Tätigkeiten *innerhalb* der Organisation[166] in Betracht kommt, nämlich immer dann, wenn das Wesen der ausgeübten Tätigkeit („*Art dieser Tätigkeiten*")[167] oder deren Rahmenbedingungen („*Umstände ihrer Ausübung*")[168] ein solches erfordern[169] (berufsbezogene Bedingung[170]). Eine genaue Abgrenzung zwischen den beiden Bereichsalternativen ist

---

[163] Kritisch dazu *Bleckmann*, RIW 1987, S. 929, 930

[164] Vgl. EuGH Rs. 107/84 vom 11. 7. 1985, Slg. 1985, 2655, 2666, Rdnr. 10 ff. (Kommission ./. Bundesrepublik Deutschland)

[165] EuGH Rs. 14/83 vom 10. 4. 1984, Slg. 1984, 1891, 1906, Rdnr. 16 ff. (von Colson und Kammann ./. Land Nordrhein-Westfahlen)

[166] Vgl. die deutsche Sprachfassung: „*... in Bezug auf berufliche Tätigkeiten innerhalb von Kirchen ....*"; ferner die englische Sprachfassung: „*... in the case of occupational activities within churches ....*"
Im übrigen wäre Art. 4 Abs. 2 RL ansonsten sinnlos, da bei einer Generalbefreiung eine kurz formulierte Geltungsbereichsausnahme genügt hätte, vgl. Art. 3 Abs. 4 RL.

[167] Vgl. *Duden*, Das große Wörterbuch der deutschen Sprache, Bd. 1, Stichwort: „Art"

[168] Vgl. *Duden*, Das große Wörterbuch der deutschen Sprache, Bd. 9, Stichwort: „Umstand"

[169] Vgl. auch die englische Sprachfassung „*... nature of these activities or the context in which they are carried out ...*"; ferner die französische Sprachfassung: „*... par la nature de ces activités ou par le contexte dans lequel elles sont exercées ...*"

[170] Zum Begriff „Anforderung" vgl. *Duden*, Das große Wörterbuch der deutschen Sprache, Bd. 1, Stichwort: „Anforderung"

überflüssig, entscheidend ist vielmehr das *Gesamtbild der beruflichen Tätigkeit*, wobei Rechtfertigungen nach Abs. 2 aufgrund ihres Ausnahmecharakters stets nur für *spezifische Tätigkeiten* erfolgen können.[171]

(bb) Fraglich ist im Rahmen der Erörterung des vorliegenden Tatbestandsmerkmals somit lediglich, für welche Tätigkeiten berufliche Anforderungen in Form von „Religion oder Weltanschauung" gestellt werden können. Die Richtlinie vermeidet hier jegliche Definitionsversuche oder Beispielskataloge und greift statt dessen auf unbestimmte Rechtsbegriffe zurück, die den Mitgliedstaaten einen gewissen Ermessensspielraum[172] belassen. Naturgemäß lassen sich mittels der grammatikalischen Auslegung bezüglich der Ausfüllung des Letzteren nur erste Anhaltspunkte herausarbeiten, die durch andere Auslegungsmethoden zu konkretisieren sind.

Die Verwendung des Begriffs *„wesentlich"* verdeutlicht zunächst den Ausnahmecharakter der Bestimmung, sodass hiernach eine Rechtfertigung nur für solche Tätigkeiten in Betracht kommen kann, für die die Religion oder Weltanschauung besonders wichtiger, grundlegender und den Kern der Tätigkeit ausmachender Bestandteil[173] in Bezug auf die Gesamthaltung der Organisation[174] darstellt. Der Begriff *„gerechtfertigt"* fügt das Kriterium der sog. rechtlichen Wohlbegründetheit[175] hinzu während der Begriff *„rechtmäßig"* die Selbstverständlichkeit des Einklangs der Anforderung mit den geltenden rechtlichen Bestimmungen ausdrückt, was von vornherein jegliche Willkür im Namen von Religion/Weltanschauung durch die jeweilige Organisation ausschließt.

Trotz der ersichtlichen Intention des Gesetzgebers, den Religions- und Weltanschauungsgemeinschaften Sonderrechte einräumen zu wollen, führt die isolierte Betrachtung des Wortlauts von Abs. 2 zu dem Schluss, dass eine Rechtfertigung von Ungleichbehandlungen auch hiernach und in Anbetracht des Charakters der Organisation

---

171 Vgl. EuGH Rs. C-285/98 vom 11. 1. 2000, Slg. 2000, I-69, 106, Rdnr. 27 (Kreil ./. Bundesrepublik Deutschland) zu Art. 2 Abs. 2 der RL 76/207/EG

172 Vgl. *Bleckmann*, RIW 1987, S. 929, 934

173 Vgl. *Duden*, Das große Wörterbuch der deutschen Sprache, Bd. 10, Stichwort: „wesentlich"

174 Zur Auslegung „Ethos der Organisation" vgl. oben, Teil 2, B. II. 2. a) aa) (1)

175 Vgl. *Brockhaus/Wahrig*, Deutsches Wörterbuch, Bd. 2, Stichwort: „gerechtfertigt"

nur in Ausnahmefällen und nur dann statthaft ist, wenn nach dem Gesamtbild der Tätigkeit die Religion oder Weltanschauung eine unabdingbare und den Kern der Tätigkeit bildende berufliche Voraussetzung darstellt. Unter dieser „grammatikalischen Prämisse" dürfte sich die Rechtfertigung im Rahmen z. B. diakonischer oder karitativer Arbeitsverhältnisse schwierig gestalten.

(b) Entstehungsgeschichte

Anders als im Primärrecht kommt bei der Auslegung des eher statischen Sekundärrechts dem subjektiven Willen des Gesetzgebers, wie er sich aus der Entstehungsgeschichte der Norm, insbesondere aus den Gesetzesmaterialien ergibt, erhebliche Bedeutung zu.[176] Da Art. 4 Abs. 2 RL und das hier zu erörternde Tatbestandsmerkmal zu den umstrittensten Passagen der Richtlinie während ihres ein Jahr dauernden Gesetzgebungsverfahrens gehörten, sind in den Sitzungsunterlagen und Presseerklärungen des Rates zahlreiche Anhaltspunkte für die Regelungsintention und Sichtweise der Mitgliedstaaten dokumentiert.

Im den Verhandlungen des Rates zunächst zugrundeliegenden Kommissionsentwurf vom 25. 11. 1999[177] war in Art. 4 Abs. 2 eine Rechtfertigungsmöglichkeit nur dann vorgesehen, wenn ein bestimmtes Merkmal, das mit der Religion oder dem Glauben zusammenhängt, eine *wesentliche* berufliche Anforderung hinsichtlich *spezieller* beruflicher Tätigkeiten, die unmittelbar oder überwiegend dem Zweck Erziehung, Berichterstattung und Meinungsäußerung dienen, darstellt. Dieser sehr einengende, an Tendenzbetriebe erinnernde Regelungsvorschlag stieß bei zahlreichen Delegationen der Mitgliedstaaten auf Prüfungs- und Änderungsvorbehalte, wobei sich vor allem Irland und Deutschland für eine starke Ausweitung der Ausnahmeregelung einsetzten, während etwa Schweden, Portugal und Belgien einer allzu großzügigen Bevorrechtigung der Religionsgemeinschaften eher kritisch gegenüberstanden.[178] Im Laufe der Beratungen wurde der Text mehrfach geändert, was tendenziell zu einer immer stärkeren *Ausweitung* der Regelung zu Gunsten der Religionsgemeinschaften führte. Zunächst wurde die Bindung der beruflichen Tätigkeiten an spezielle Zwecke aufgegeben und die Regelung insoweit auf

---

[176] Dazu *Bleckmann*, RIW 1987, S. 929, 930 m. w. N.; *ders*, Europarecht, Rdnr. 554

[177] KOM (1999) 565 endg.

[178] Vgl. *Aktueller Dienst Europa [Hrsg.]*, EU-Minister einigen sich auf Anti-Diskriminierungsrichtlinie, KNA-9734/9744 vom 19. 10. 1999

sämtliche Tätigkeitsbereiche erweitert.[179] Im Zuge einer Gesamtüberarbeitung beider Absätze des Art. 4 wurde im weiteren Verlauf der Beratungen die Passage „wesentliche berufliche Anforderungen“ um das Adjektiv „entscheidende“ auch in Abs. 2 ergänzt,[180] wogegen sich die deutsche[181] und die britische[182] Delegation mit jeweils eigenen, sehr weitreichenden Neuformulierungsvorschlägen wandten. Beide Vorschläge stießen in den Beratungen vom 13. 9. 2000 jedoch auf wenig Gegenliebe der anderen Delegationen.[183] Nachdem die Verhandlungen an der harten Haltung der Befürworter einer weiten Rechtfertigungsregelung fast gescheitert waren, erarbeitete der Ausschuss der ständigen Vertreter (AStV) in seiner Tagung vom 12. 10. 2000 schließlich einen Kompromisstext, welcher der Richtlinienformulierung bereits stark angenähert war und der auf „wesentliche, rechtmäßige und *erforderliche* berufliche Anforderungen angesichts der Ziele der Organisation“ Bezug nahm.[184] Während die deutsche Delegation den Text ebenso wie die portugiesische und die luxemburgische Delegation[185] unterstützten, hielten die Vertreter anderer Mitgliedstaaten weiterhin insbesondere den Rechtfertigungsmaßstab betreffende Prüfungsvorbehalte aufrecht. So wandten sich die belgische und die spanische Delegation ausdrücklich gegen die Abschwächung der Formulierung „... *entscheidende berufliche Anforderungen*“ in nunmehr „... *erforderliche berufliche Anforderungen*“, wohingegen die britische Delegation für eine

---

[179] Vgl. *Rat der Europäischen Union*, Beratungsergebnisse der Gruppe „Sozialfragen“ (21./22. 2. 2000), Nr. 6434/00 SOC 54 JAI 20 vom 1. 3. 2000

[180] Vgl. *Rat der Europäischen Union*, Beratungsergebnisse der Gruppe „Sozialfragen“ (13. 6. 2000), Nr. 9423/00 SOC 226 JAI 69 vom 20. 6. 2000; *Rat der Europäischen Union*, Beratungsergebnisse der Gruppe „Sozialfragen“ (18. 7. 2000), Nr. 10254/00 SOC 250 JAI 77 vom 27. 7. 2000

[181] Vgl. *Rat der Europäischen Union*, Sitzungsdokument Nr. 3 (Gruppe „Sozialfragen“ – 13. 9. 2000), Nr. SN 4085/00 (SOC) vom 8. 9. 2000, S. 1 mit Hinweis auf das weitreichende Selbstbestimmungsrecht der Religionsgemeinschaften im Begründungsteil; u. a. Vorschlag zur Streichung der Passagen „entscheidende“ und der Passage „unmittelbar und überwiegend“ sowie des Satzteils nach „berufliche Anforderungen“

[182] Vgl. *Rat der Europäischen Union*, Sitzungsdokument Nr. 1 (Gruppe „Sozialfragen“ – 13. 9. 2000), Nr. SN 4041/00 (SOC) vom 7. 9. 2000, S. 1

[183] Vgl. *Rat der Europäischen Union*, Beratungsergebnisse der Gruppe „Sozialfragen“ (13. 9. 2000), Nr. 11352/00 SOC 292 JAI 87 vom 18. 7. 2000, Fn. 22 und 24

[184] Vgl. *Rat der Europäischen Union*, Tagungsergebnisse des AStV (12. 10. 2000), Nr. 12269/00 SOC 344 JAI 112 vom 11. 10. 2000

[185] Diese Delegationen waren grundsätzlich gegen die erzielten Abschwächungen der Regelung eingestellt, erklärten sich jedoch im Interesse des Kompromisses bereit, ihre Zustimmung zu erteilen, vgl. *Rat der Europäischen Union*, Addenum zum Bericht des AStV, Nr. 12270/00 ADD 1 SOC 345 JAI 113 vom 12. 10. 2000, S. 2

weitere Abschwächung dieser Passage in *„passende"* oder *„angebrachte"* berufliche Anforderungen eintrat,[186] was jedoch von mehreren Delegationen sogleich zurückgewiesen wurde. Schließlich schlug die luxemburgische Delegation die Kompromissformel *„... gerechtfertigte berufliche Anforderungen"* vor,[187] welche letztlich während der abschließenden Beratung der Vertreter der Mitgliedstaaten vom 17. 10. 2000 in den verabschiedeten Richtlinientext Aufnahme fand.[188]

Das intensive Ringen der Delegationen um die exakte Wortwahl des Rechtfertigungsmaßstabs zeigt die grundverschiedenen Positionen der Mitgliedstaaten in dieser Frage auf und verdeutlicht den *Kompromisscharakter* der Bestimmung, wobei die wohl tendenziell größere Nachgiebigkeit auf Seiten derjenigen Mitgliedstaaten zu verzeichnen war, die gegen die Abschwächung von Art. 4 Abs. 2 RL eintraten. Angesichts dieser Meinungsverschiedenheiten kann aus der Entstehungsgeschichte der Bestimmung der subjektive Wille der Mitgliedstaaten zum *„vernünftigen Mittelweg"* entnommen werden, der einerseits eine faktische „Generalbefreiung" der Religions- und Weltanschauungsgemeinschaften nach dem Vorbild des deutschen Selbstbestimmungsrechts (zumindest in der Auslegung durch das BVerfG) ebenso ausschließt wie andererseits eine zu starke Beschränkung dieser Organisationen (Rechtfertigung nur in Sonderfällen) durch die Antidiskriminierungsrichtlinie. Eine darüber hinausgehende Konkretisierung der unbestimmten Rechtsbegriffe des vorliegenden Tatbestandsmerkmals in Form eines konkreten „Rechtfertigungsrasters" für die Einordnung der einzelnen beruflichen Tätigkeiten innerhalb der Organisationen ist hieraus allerdings nicht abzuleiten und sollte offensichtlich den Transformationsgesetzen der Mitgliedstaaten und letztlich deren Gerichten[189] vorbehalten bleiben. Die zuständige EU-Kommissarin Anna Diamantopoulou legte nach den abschließenden Verhandlungen vom 17. 10. 2000 den Rechtfertigungsmaßstab so aus, dass beispielsweise ein Mathematiklehrer in einer katholischen Schule die Religion seines Arbeitgebers zwar respektieren, ihr aber

---

[186] Vgl. *Rat der Europäischen Union*, Addenum zum Bericht des AStV, Nr. 12270/00 ADD 1 SOC 345 JAI 113 vom 12. 10. 2000, S. 2

[187] Vgl. *Rat der Europäischen Union*, Addenum zum Bericht des AStV, Nr. 12270/00 ADD 1 SOC 345 JAI 113 vom 12. 10. 2000, S. 2

[188] *Rat der Europäischen Union*, Beratungsergebnisse des Rates (Beschäftigung und Sozialpolitik; 17. 10. 2000), Nr. 12494/00 SOC 365 JAI 125 vom 18. 7. 2000

[189] Vgl. zur Entscheidungskompetenz der mitgliedstaatlichen Gerichte EuGH Rs. 222/84 vom 15. 5. 1986, Slg. 1986, 1651, 1687, Rdnr. 39 (Johnston ./. Chief Constable of the Royal Ulster Constabulatory)

nicht persönlich angehören müsse.[190] Die Verneinung dieser ursprünglich von der spanischen Delegation aufgeworfenen Frage[191] durch die an den Verhandlungen maßgeblich beteiligte EU-Kommissarin ist insoweit jedoch ein deutliches Indiz für die diesbezügliche subjektive Sichtweise der Mitgliedstaaten nach dem Kompromisstext und die dementsprechende künftige Handhabung des Selbstbestimmungsrechts in den kirchlichen „Nebeneinrichtungen".

(c) Systematische Argumente

Fraglich ist, inwieweit die ermittelte Wortlauttendenz sowie der aus den Gesetzesmaterialien ersichtliche Wille der Mitgliedstaaten zur Anwendung des Rechtfertigungsmaßstabs durch systematische Argumente gestützt oder modifiziert wird.

(aa) Vergleich mit Art. 4 Abs. 1 RL[192]

Gemäß Art. 4 Abs. 1 RL können seitens der Mitgliedstaaten Ungleichbehandlungen aus Gründen der Religion oder Weltanschauung, des Alters, einer Behinderung oder der sexuellen Ausrichtung zugelassen werden, wenn das betreffende Merkmal eine *wesentliche* und *entscheidende* berufliche Anforderung darstellt, sofern es sich um einen rechtmäßigen Zweck und eine angemessene Anforderung handelt. Die Bestimmung regelt „ob" und „wie" einer Diskriminierungsrechtfertigung auf allgemeiner Basis und findet außerhalb des Anwendungsbereichs der Spezialregelung des Abs. 2 stets Anwendung (lex generalis).
Auffällig ist die im Wesentlichen gleiche Grundstruktur der Bestimmung in Relation zu Abs. 2, die teils wortlautidentische Passagen enthält, sodass von insoweit gleicher Auslegung und Bedeutung auszugehen ist („*wesentliche berufliche*

[190] Vgl. *Bolesch*, Am Arbeitsplatz gilt der Grundsatz der Gleichbehandlung, in: Süddeutsche Zeitung (19. 10. 2000), S. 8

[191] Vgl. *Rat der Europäischen Union*, Beratungsergebnisse der Gruppe „Sozialfragen" (11. 1. 2000), Nr. 5231/00 SOC 5 JAI 3 vom 31. 1. 2000, Fn. 20

[192] Art. 4 Abs. 1 RL lautet: „*Ungeachtet des Art. 2 I und II können die Mitgliedstaaten vorsehen, dass eine Ungleichbehandlung wegen eines Merkmals, das im Zusammenhang mit einem der in Art. 1 genannten Diskriminierungsgründe steht, keine Diskriminierung darstellt, wenn das betreffende Merkmal auf Grund der Art einer bestimmten beruflichen Tätigkeit oder der Bedingungen ihrer Ausübung eine wesentliche und entscheidende berufliche Anforderung darstellt, sofern es sich um einen rechtmäßigen Zweck und eine angemessene Anforderung handelt.*"

Anforderungen“).[193] Maßgeblich für die Auslegung sind somit die zusätzlichen, korrespondierenden Begriffe, wobei Abs. 1 „*entscheidende*“ und Abs. 2 „*gerechtfertigte*“ Anforderungen verlangt. Der Vergleich beider „Steuerkriterien“ für den Rechtfertigungsmaßstab zeigt, dass eine Rechtfertigung nach Abs. 1 nur in Betracht kommt, wenn das Differenzierungskriterium von ausschlaggebender und richtungsweisender Bedeutung[194] für die berufliche Tätigkeit ist, während Abs. 2 dessen Wohlbegründetheit ausreichen lässt. Abs. 1 lässt demzufolge im Gegensatz zu Abs. 2 eine gewisse Finalität erkennen.[195]
Diese Auslegung wird ferner durch unterschiedliche Bezugsgrößen der „Steuerkriterien“ untermauert. Abs. 1 stellt auf Anforderungen im allgemeinen, üblichen Sinne, bezogen auf die „normale“ berufliche Tätigkeit einer Person in einem „normalen“ Arbeitsumfeld ab, wohingegen Abs. 2 nach Anforderungen unter Berücksichtigung („angesichts“) des Ethos der Organisation, also einem tendenzgebundenen Arbeitsumfeld fragt. Von der reinen Wortbedeutung losgelöst wird regelmäßig in systematischer Hinsicht – soweit man die Kriterien Religion oder Weltanschauung betrachtet – ein und dieselbe Begriffskombination („wesentliche berufliche Anforderung“) im ersteren Zusammenhang eine erheblich strengere Bedeutung entfalten, als im letzteren.

Ist somit klar, dass nach Abs. 1 eine Rechtfertigung nur in sehr engen Grenzen möglich ist,[196] ist auf der anderen Seite auch klar, dass Abs. 2 Ungleichbehandlungen in einem erheblich größeren Umfang rechtfertigen muss, da andernfalls eine solche bis ins Detail ausverhandelte Spezialbestimmung zu Gunsten der Religions- und Weltanschauungsgemeinschaften neben Abs. 1 sinnlos wäre.

Im Rahmen der hier interessanten kirchlichen Arbeitsverhältnisse könnte nach Abs. 1[197] etwa bei einem evangelischen Pfarrer die Zugehörigkeit zur evangelischen Kirche verlangt werden. Abs. 2 muss demnach deutlich über diesen Extremfall kirchlicher Spitzenpositionen hinausgehen und Rechtfertigungen auch in den untergeordneteren Tätigkeitsbereichen ermöglichen. Insofern

---

[193] Vgl. *Bleckmann*, Europarecht, Rdnr. 542

[194] Vgl. *Duden*, Das große Wörterbuch der deutschen Sprache, Bd. 3, Stichwort: „entscheidend“; *Brockhaus/Wahrig*, Deutsches Wörterbuch, Bd. 2, Stichwort: „entscheidend“

[195] Vgl. auch *o'Hare*, MJ 2001, S. 133, 150; *Waddington/Bell*, CMLRev 2001, S. 587, 597 f.

[196] Vgl. ferner den Erwägungsgrund Nr. 23 der Richtlinie, der von einer Rechtfertigung nur „unter sehr begrenzten Bedingungen“ spricht.

[197] Wenn es nur die Regelung des Art. 4 Abs. 1 RL und keine Spezialvorschrift Abs. 2 gäbe.

bestehen gegen das oben aus der Entstehungsgeschichte ermittelte Kriterium des „vernünftigen Mittelwegs" nach Beleuchtung des Art. 4 Abs. 1 RL keine Bedenken.[198]

(bb) Einfluss der „Kirchenerklärung" des Amsterdamer Vertrags

Fraglich ist, welchen Einfluss die in der Schlussakte zum Vertrag von Amsterdam enthaltene „Erklärung zum Status der Kirchen und weltanschaulichen Gemeinschaften", auf die auch Erwägungsgrund Nr. 24 der Richtlinie ausdrücklich Bezug nimmt, auf die Anwendung des Art. 13 EG und seiner Gleichbehandlungsrichtlinien hat. Nach der Erklärung, die erstmalig im Europarecht das Verhältnis von Union und Religionsgemeinschaften anspricht, *achtet* die Union den Status, den Kirchen und religiöse Vereinigungen oder Gemeinschaften in den Mitgliedstaaten nach deren Rechtsvorschriften genießen und *beeinträchtigt diesen Status nicht*; dies gilt gleichermaßen für die weltanschaulichen Gemeinschaften. Die Kirchenerklärung könnte insofern möglicherweise – ohne dass es auf die bisherigen Auslegungsergebnisse ankäme – eine Angleichung des Rechtfertigungsmaßstabs von Art. 4 Abs. 2 RL auf das jeweilige mitgliedstaatliche Schutzniveau bewirken, was im Falle des deutschen Rechts eine weitreichende, dem Umfang des Selbstbestimmungsrechts entsprechende Befreiung bedeuten würde.

(α) Rechtsnatur der „Kirchenerklärung"

Zuvörderst ist hierzu die Rechtsnatur der Kirchenerklärung zu bestimmen. Als sog. *gemeinsame Erklärung* zur Schlussakte des Amsterdamer Vertrages[199] ist sie nicht Bestandteil dieses Vertrages und damit auch nicht – anders als die den Verträgen beigefügten Protokolle (vgl. Art. 311 EG) – Teil des Primärrechts.[200] In der Literatur besteht größtenteils Einigkeit, dass die Erklärungen

---

[198] Die Besonderheit des (milderen) Rechtfertigungsmaßstabs von Abs. 2 wird auch dadurch weiter verdeutlicht, wenn man Ausnahmebestimmungen anderer Gleichbehandlungsrichtlinien heranzieht, die allesamt strenge Ausnahmeanforderungen postulieren, z. B. Art. 4 der RL 2000/43/EG „*wesentliche und entscheidende berufliche Voraussetzung*" oder Art. 2 Abs. 2 der RL 76/207/EWG „*unabdingbare Voraussetzung*", wobei Letzterer allerdings als Anwendungsbereichsausnahme ausgestaltet ist (zur Anwendung bei Letzterem im deutschen Recht vgl. *Raab*, in: Soergel, Bürgerliches Gesetzbuch, § 611a, Rdnr. 34 ff.; ferner EuGH Rs. 248/83 vom 21. 5. 1985, Slg. 1985, 1459, 1484, Rdnr. 32 ff. (Kommission ./. Deutschland))

[199] Umfassend zur Rechtsnatur der Erklärungen zur EEA vgl. *Toth*, CMLRev. 1986, S. 803 ff.

[200] *Becker*, in: Schwarze, EU-Kommentar, Art. 311 EG, Rdnr. 9; *Geiger*, EUV/EGV, Art. 311 EG, Rdnr. 4

lediglich als „good will gestures“[201] der Mitgliedstaaten zu werten sind, die zum Zusammenhang des Vertrags i. S. von Art. 31 Abs. 2 lit. a) der Wiener Vertragsrechtskonvention (1969)[202] gehören und als *Auslegungsmaximen* beachtlich sind.[203] Der EuGH hat hierzu noch nicht Stellung bezogen.
Im Falle der Kirchenerklärung ist *Robbers*[204] der Ansicht, dass diese über eine bloße Absichtserklärung aufgrund ihrer deutlichen juristischen Struktur und ihres normativen Sprachgebrauchs hinausgehe und dementsprechend eine „klare normative Erheblichkeit“ besitze. Dem kann nicht gefolgt werden, da die Entstehungsgeschichte der Erklärung sowie systematische Argumente deutlich gegen eine solche Interpretation sprechen. Die entsprechenden Vorschläge Deutschlands, Österreichs, Italiens und Portugals zur primärrechtlichen Verankerung einer die Rechtsstellung der Religionsgemeinschaften kennzeichnenden Bestimmung in Art. 6 EU haben sich während der Verhandlungen zum Amsterdamer Vertrag gerade nicht durchgesetzt, sondern statt dessen nur mit abgeschwächtem Wortlaut im Rahmen einer Gemeinsamen Erklärung Beachtung gefunden. Insofern ist von einer klaren Entscheidung der Mitgliedstaaten gegen jeglichen normativen Charakter der Erklärung auszugehen. Im übrigen zeigt dies auch die intensiv durchverhandelte Rechtfertigungsnorm des Art. 4 Abs. 2 RL, die schlicht sinnlos wäre, wenn bereits die Kirchenerklärung eine normative (und primärrechtliche) Sperre gegen Beeinträchtigungen der Rechtsstellung der Religions- und Weltanschauungsgemeinschaften bewirken würde.[205] Demzufolge entfaltet auch die Kirchenerklärung im Rahmen des Art. 13 EG[206] und seiner Sekundärakte lediglich die Rechtswirkung einer Auslegungsmaxime, die zu einer besonderen Berücksichtigung der

---

201 *Smit/Herzog*, The Law of the European Community, Art. 239, 6-443 f.

202 BGBl. II 1985, S. 926 ff.

203 Vgl. *Stotz*, öarr 1999, S. 64, 65; *Becker*, in: Schwarze, EU-Kommentar, Art. 311 EG, Rdnr. 9; *Geiger*, EUV/EGV, Art. 311 EG, Rdnr. 4; *Thun/Hohenstein*, Der Vertrag von Amsterdam, 1997, S. 6 f.; allgemein zur Kirchenerklärung vgl. *v. Bijisterveld*, öarr 1999, S. 46 ff.

204 *Robbers*, Stimmen der Zeit 1998, S. 147, 154

205 In diesem Falle wäre eine kurz formulierte Ausnahmeregel vom Anwendungsbereich zu Gunsten der Religions- und Weltanschauungsgemeinschaften die richtige Regelungstechnik gewesen.

206 Die Kirchenerklärung spricht zwar nur von der Europäischen Union, jedoch dürfte angesichts der Grundrechtsrelevanz der Erklärung sowie des Kohärenzgebotes unproblematisch auch die Europäische Gemeinschaft und damit der EG-Vertrag hiervon erfasst sein. Europäische Union ist hier demzufolge i. w. S. zu interpretieren.

Belange der Religions- und Weltanschauungsgemeinschaften zwingt (politisch-programmatische Funktion).[207]

(β) Auslegung unter Berücksichtigung der Kirchenerklärung

Die in der Kirchenerklärung inkorporierte Absicht der Mitgliedstaaten, den bestehenden Rechtsstatus der Religionsgemeinschaften (möglichst) nicht zu beeinträchtigen, muss somit auch bei der Auslegung des Art. 4 Abs. 2 RL Berücksichtigung finden. Dies bedeutet zunächst, dass – in leichter Modifikation der bisher ermittelten Auslegungsergebnisse – bei Umsetzung und Anwendung der unbestimmten Rechtsbegriffe des Abs. 2 diesen eine nach Möglichkeit „kirchenschonende" Bedeutung beizumessen ist. *Im Zweifel* dürfte deshalb im Rahmen von Abs. 2 *pro Rechtfertigung* einer Ungleichbehandlung aus Gründen der Religion oder Weltanschauung zu entscheiden sein, *sofern* andernfalls eine nicht unerhebliche oder nachhaltige Beeinträchtigung des Status der jeweiligen Organisation zu befürchten ist.
Auf der anderen Seite sollte jedoch auch nicht die Bedeutung der Kirchenerklärung im Rahmen der Auslegung des Sekundärrechts überschätzt werden. Keinesfalls darf deren Berücksichtigung zur „Verwässerung" der Ziele der Richtlinie dienen. „Kirchenschonende Auslegungstendenz" kann deshalb immer nur Rechtfertigung im angemessenen Umfang bedeuten und nur bei Tätigkeiten möglich sein, die die Kriterien „Religion oder Weltanschauung" angesichts des Gesamtcharakters der jeweiligen Organisation tatsächlich vorrausetzen.[208]

(d) Teleologische Argumente

(aa) Noch stärkere Bedeutung als im Primärrecht besitzen wegen der Zielgebundenheit von Richtlinien teleologische Argumente für deren Interpretation. Insofern kommt der Zielbezogenheit der Auslegung ohne Weiteres die „führende Rolle" zu.[209] Hierfür sind zunächst die Ziele der Richtlinie aus ihrem Gesamttext, insbesondere den Erwägungsgründen der Präambel, zu bestimmen.

---

[207] Dies hat vor allem auch eine verfahrensrechtliche Komponente, die zur frühzeitigen Beteiligung der Religionsgemeinschaften am Gesetzgebungsverfahren zwingt, wie dies bei Art. 4 Abs. 2 RL bereits der Fall war; vgl. *Stotz*, öarr 1999, S. 64, 69

[208] Vgl. auch Erwägungsgrund Nr. 24, Satz 2 der RL 2000/78/EG

[209] Vgl. *Bleckmann*, RIW 1987, S. 929, 930; ferner *Wöhlermann*, Die richtlinienkonforme Auslegung im Europäischen Recht, S. 110 ff.

In (Teil-)Umsetzung des Art. 13 EG verfolgt danach die Richtlinie 2000/78/EG den Zweck der Bekämpfung von Diskriminierungen u. a. aus Gründen der Religion oder Weltanschauung in den besonders wichtigen Bereichen „Beschäftigung“ und „Beruf“[210] sowie der diesbezüglichen Verwirklichung des Grundsatzes der Gleichbehandlung (Art. 1 RL), um eine Unterminierung der Ziele des EG-Vertrags, insbesondere die Erreichung eines hohen Beschäftigungsniveaus und eines hohen Maßes an sozialem Schutz, die Hebung des Lebensstandards und der Lebensqualität, den wirtschaftlichen und sozialen Zusammenhalt, die Solidariät sowie die Freizügigkeit, zu verhindern.[211] Ergänzend betonen die Erwägungsgründe Nr. 1 – 12 die überragende Bedeutung der Antidiskriminierung nach völkervertraglichen Rechtsgrundsätzen sowie für die Fortentwicklung der Europäischen Union. Art. 8 RL verdeutlicht ferner, dass die Mitgliedstaaten über die Richtlinie hinausgehende Anforderungen erlassen können. „*Leitziel*“ der Richtlinie ist damit die Festsetzung von Mindestanforderungen zur effektiven Durchsetzung des Gleichbehandlungsgrundsatzes im Rahmen der benannten Diskriminierungsgründe. Auf die Transformation in das mitgliedstaatliche Recht bezogen, weist die Richtlinie damit keinen abschließenden Charakter auf, sondern etabliert insoweit vielmehr lediglich eine sog. *Untergrenze*, die den Mitgliedstaaten einen *weiten Umsetzungsspielraum* (i. S. strengerer Regelungen) belässt.[212]

Die Postulierung eines solchen Leitziels schließt jedoch auf der anderen Seite nicht die parallele Mitverfolgung von „*Nebenzielen*“ aus, die gleichfalls Auslegung und Transformation der Richtlinie entscheidend (mit-)prägen können. Aus der besonderen Erwähnung der Religions- und Weltanschauungsgemeinschaften in Erwägungsgrund Nr. 24 kann geschlossen werden, dass die Wahrung des jeweiligen mitgliedstaatlichen Rechtsstatus dieser Organisationen ein solches Nebenziel darstellt. Allerdings kann die hierfür explizit stehende Regelung des Art. 4 Abs. 2 RL nur eine sog. *Obergrenze* darstellen, da andernfalls die Grenze des Leitziels der Gleichbehandlung unterschritten würde.[213] Die Mitgliedstaaten

---

[210] Vgl. Erwägungsgrund Nr. 9

[211] Vgl. Erwägungsgrund Nr. 11

[212] Zur Problematik der Ober- und Untergrenzen bei Richtlinien vgl. ausführlich *Bleckmann*, RIW, 1987, S. 929, 932

[213] Die sich insoweit logischerweise ergebende Funktion einer „Obergrenze“ könnte im übrigen auch aus der Entstehungsgeschichte der Bestimmung als „mit Mühe ausverhandelter Kompromiss zwischen den Mitgliedstaaten“ hergeleitet werden.

haben somit auch hier einen breiten Ermessensspielraum, sind jedoch andererseits nicht zur Überschreitung der diesbezüglichen Maximalinterpretation befugt. Der deutsche Gesetzgeber könnte mithin in keinem Falle eine dem bisherigen, oben dargelegten, weiten Verständnis des Selbstbestimmungsrechtes der Religionsgemeinschaften entsprechende Antidiskriminierungslegislation erlassen. In die Auslegung und Bewertung des durch unbestimmte Rechtsbegriffe gekennzeichneten Rechtfertigungsmaßstabs von Abs. 2 hat weiterhin die europarechtliche Bedeutung der Verwirklichung des Gleichbehandlungsgrundsatzes für die genannten Vertragsziele gem. Art. 2, 3 Abs. 2 EG einzufließen.[214]

Schließlich ist nach st. Rspr. des EuGH bei der Festlegung der Reichweite der Ausnahme von Grundrechten wie dem der Gleichbehandlung „... *der Grundsatz der Verhältnismäßigkeit zu beachten, der zu den allgemeinen Grundsätzen des Gemeinschaftsrechts gehört. Danach dürfen Ausnahmen nicht über das hinausgehen, was zur Erreichung des verfolgten Ziels angemessen und erforderlich ist.*“[215]

Die durch Art. 10 EG gebotenen Fürsorge- und Förderungspflichten der Mitgliedstaaten erfordern eine *Zieloptimierung der Richtlinie* bei der Transformation in das mitgliedstaatliche Recht, die vorliegend nur im Wege eines angemessenen Ausgleichs unter *Gesamtwürdigung* der widerstreitenden Interessen und Ziele erfolgen kann. Insofern deckt sich dieses Erfordernis aufgrund teleologischer Argumentation im Wesentlichen mit dem bereits oben entwickelten Auslegungsergebnis nach der Entstehungsgeschichte der Norm sowie nach systematischen Kriterien. Eine wesentliche, rechtmäßige und gerechtfertigte berufliche Anforderung, welche die Religions- und Weltanschauungsgemeinschaften zur Ungleichbehandlung berechtigt, liegt somit nach Abs. 2 nur dann, aber auch immer dann vor, *wenn die Anforderung auch unter Berücksichtigung des Leitgedankens der europäischen Antidiskriminierungsbestrebungen angesichts des Ethos der Organisation eine nachvollziehbare und angemessene Voraussetzung für den jeweiligen Beruf darstellt und andernfalls das Selbstbestimmungsrecht der Organisation nachhaltig gefährdet wäre.*

---

[214] Vgl. *Hatje*, in: Schwarze, EU-Kommentar, Art. 10 EG, Rdnr. 29

[215] EuGH Rs. C-285/98 vom 11. 1. 2000, Slg. 2000, I-69, 105, Rdnr. 23 (Kreil ./. Bundesrepublik Deutschland); Rs. 222/84 vom 15. 5. 1986, Slg. 1986, 1651, 1687, Rdnr. 38 (Johnston ./. Chief Constable of the Royal Ulster Constabulary)

Zusammenfassend ist damit zu erkennen, dass auch nach Berücksichtigung historischer, systematischer und teleologischer Argumente die anfangs ermittelte Wortlauttendenz des Art. 4 Abs. 2 RL hinsichtlich der *Verneinung* einer Generalrechtfertigung für Ungleichbehandlungen aus Gründen der Religion oder der Weltanschauung im Rahmen kirchlicher Arbeitsverhältnisse durchgreift und eine Rechtfertigung nur im jeweiligen Einzelfall anhand der Religionsbezogenheit der Tätigkeit ermöglicht wird.[216] Die „europäische Reise" geht damit in Richtung eines flexiblen, auch im religiösen/weltanschaulichen Bereich diskriminierungsvermeidenden und durch den EuGH voll nachprüfbaren Konzeptes „abgestufter Loylitätspflichten", welches das Selbstverständnis der Religionsgemeinschaften und die berechtigten Gleichbehandlungserwartungen ihrer Mitglieder angemessen berücksichtigt.[217]

(bb) Überträgt man nun diese Überlegungen stellvertretend auf spezifische Tätigkeiten innerhalb der Kirchen, so dürfte es zunächst unstreitig sein, dass bei pflichtgemäßer Umsetzung der Richtlinie durch den deutschen Gesetzgeber ein Festhalten am Grundsatz der „Christlichen Dienstgemeinschaft", *soweit* dieser jedenfalls das Erfordernis der Religionszugehörigkeit/-konformität *aller* Mitarbeiter betrifft, nicht mehr in Betracht kommt und eine Rechtfertigung i. S. d. Art. 13 EG nur für einen bestimmten Mitarbeiterkreis der Religionsgemeinschaften möglich ist.[218] Dabei ist gleichzeitig zu beachten, dass die Richtlinie ausweislich ihrer Entstehungsgeschichte sowie der als Auslegungshilfe heranzuziehenden Kirchenerklärung den bisherigen Rechtsstatus der Religionsgemeinschaften nicht „über Gebühr" einschränken will und diese vielmehr auch künftig in der Lage sein sollen, ihren religiösen Auftrag auszuführen.

---

[216] In dieser Richtung auch *o'Hare*, MJ 2001, S. 133, 151; im Ansatz wohl auch *Heinig*, in: Haratsch u. a., Religion und Weltanschauung im säkularen Staat, S. 21.
Nicht nachvollziehbar dagegen *Hanau/Thüsing*, Europarecht und kirchliches Arbeitsrecht, S. 32, die davon ausgehen, dass Art. 4 RL sich 1:1 mit den Kriterien des deutschen kirchlichen Arbeitsrechts deckt.

[217] Vgl. auch die Ausführungen in der zusammenfassenden Schlussbetrachtung dieser Arbeit.

[218] Diese Einschätzung der Sach- und Rechtslage wird im Grundsatz auch von zahlreichen Vertretern der katholischen und evangelischen Kirche geteilt, die der Verfasser im Rahmen des Vorfeldes dieser Arbeit konsultiert hatte; vgl. auch *Conring*, Auswirkungen der Anti-Diskriminierungs-Richtlinie auf das kirchliche Dienst- und Arbeitsrecht, Impulsreferat zur Sitzung des Rechtsausschusses der Akf am 22. 3. 2001 in Berlin

Die kirchlichen Mitarbeiter könnten im Wesentlichen anhand des hier vertretenen Verständnisses von Art. 4 Abs. 2 RL etwa in folgende *Gruppen* eingeteilt werden:

Religion oder Weltanschauung als berufliche Anforderung dürften danach zum einen bei denjenigen Personen gestellt werden, die in einem *besonderen ideologischen Näheverhältnis* zur Organisation stehen, z. B. Geistliche und Kirchenbeamte.
Zum anderen wären dementsprechende Anforderungen nach Abs. 2 wohl rechtfertigbar bei Mitarbeitern, die *leitende Funktionen* innerhalb der Religionsgemeinschaft bzw. deren Nebeneinrichtungen wahrnehmen. Hierfür kommen beispielsweise der Chefarzt eines katholischen Krankenhauses, der Leiter eines evangelischen Altenheimes oder Kindergartens in Betracht.
Zu einer weiteren Gruppe könnten schließlich diejenigen Mitarbeiter gezählt werden, deren Tätigkeit überwiegend der *religiösen Erziehung und Glaubensvermittlung* i. S. d. Ethos der jeweiligen Organisation dient oder wo die *Auskunftsfähigkeit in religiösen Fragen*[219] eine nicht lediglich untergeordnete Rolle spielt. Hierin wären sämtliche (auch) konfessionell erziehenden Mitarbeiter einzuordnen, etwa Kindergärtnerinnen, Erzieher oder Lehrer an kirchlichen Bildungseinrichtungen. Soweit bei letzteren allerdings eine Lehrfachspezifizierung besteht (höhere Schulen), ist aufgrund des Regelungszwecks der Richtlinie eine *fachspezifische Abstufung* nach der konfessionellen Nähe des Lehrfaches vorzunehmen: Ist danach eine Rechtfertigung bei Religionslehrern[220] oder Biologielehrern unproblematisch gegeben, dürfte sie beispielsweise bei Mathematik- oder Geographielehrern zu verneinen sein, da bei diesen die glaubensneutrale Wissensvermittlung im Vordergrund steht.
In eine „Auffanggruppe" wären schließlich all diejenigen Personen einzuordnen, bei denen aus sonstigen Gründen die *Religionszugehörigkeit eine unverzichtbare Voraussetzung* angesichts der Glaubwürdigkeit der Religionsgemeinschaft darstellt (repräsentative Tätigkeiten, etc.) oder deren Loyalität zur Religionsgemein-

---

[219] Vgl. *Conring*, Auswirkungen der Anti-Diskriminierungs-Richtlinie auf das kirchliche Dienst- und Arbeitsrecht, Impulsreferat zur Sitzung des Rechtsausschusses der Akf am 22. 3. 2001 in Berlin, Seite 5

[220] Soweit diese Tätigkeit nicht bereits durch „Geistliche" i. S. d. ersten Gruppe ausgeübt wird (z. B. Pfarrer).

schaft in besonderem Maße gesichert sein muss (Geheimnisträger, etc.).[221]

Mitarbeiter, die dagegen *nicht* diesem Personenkreis zugeordnet werden können (*neutrale, nicht glaubens- bzw. konfessionsbezogene Tätigkeiten*), dürfen nach Sinn und Zweck der Richtlinie durch die jeweilige Organisation nicht aus Gründen der Religion oder Weltanschauung ungleich behandelt werden, da es an einer wesentlichen, rechtmäßigen und gerechtfertigten beruflichen Anforderung fehlt. Im Verletzungsfalle läge eine Diskriminierung i. S. d. Art. 13 EG vor, die entsprechend der (sachgerecht umgesetzten) mitgliedstaatlichen Transformationsgesetze, notfalls unter Zuhilfenahme richtlinienkonformer, zielfördernder Auslegung[222], bekämpfbar wäre.
Namentlich zählen in Anknüpfung an die obige Gruppeneinteilung insbesondere folgende Tätigkeiten hierzu: erzieherischer Dienst, der *nicht* der Glaubensvermittlung dient (Lehrfächer mit keinem bzw. zu vernachlässigendem konfessionellen Bezug); nicht leitende Tätigkeiten in kirchlichen Einrichtungen (z. B. Assistenzarzt, Altenpfleger, Sekretärin, Buchhalter), soweit nicht ausnahmsweise ein besonderes Loyalitätserfordernis besteht, oder „untergeordnete" Tätigkeiten (Gärtner, Reinigungspersonal, etc.).
Im Rahmen dieser Beschäftigungsverhältnisse kommt jedoch auch weiterhin die Auferlegung bestimmter tendenzgebundener (abgeschwächter) Loyalitätsobliegenheiten nach allgemeinen Grundsätzen in Betracht, soweit diese nicht die Dimension einer Diskriminierung wegen der Religion oder Weltanschauung beinhalten.[223]

(6) Beachtung der verfassungsrechtlichen Bestimmungen und Grundsätze der Mitgliedstaaten sowie der allgemeinen Grundsätze des Gemeinschaftsrechts

Nach Art. 4 Abs. 2 Satz 2 RL muss eine nach Abs. 2 Satz 1 gerechtfertigte Ungleichbehandlung einer Person aus Gründen der Religion oder Weltanschauung die verfassungsrechtlichen Bestimmungen und Grundsätze der Mitgliedstaaten sowie die

[221] Vgl. *Conring*, Auswirkungen der Anti-Diskriminierungs-Richtlinie auf das kirchliche Dienst- und Arbeitsrecht, Impulsreferat zur Sitzung des Rechtsausschusses der Akf am 22. 3. 2001 in Berlin, Seite 5
[222] Vgl. *Hatje*, in: Schwarze, EU-Kommentar, Art. 10 EG, Rdnr. 27; EuGH Rs. 14/83 vom 10. 4. 1984, Slg. 1984, 1891, 1906, Rdnr. 15 ff. (von Colson und Kamann ./. Land Nordrhein-Westfalen); Rs. C-334/92 vom 16. 12. 1993, Slg. 1993, I-6911, 6932, Rdnr. 20 ff. (Miret ./. Fondo de garantía salarial)
[223] Zur Abgrenzung sogleich unter Teil 2, B. II. 2. a) bb)

allgemeinen Grundsätze des Gemeinschaftsrechts beachten. In diesem Zusammenhang wird zum einen mittels der Formulierung „verfassungsrechtliche Bestimmungen und Grundsätze der Mitgliedstaaten" auf die Beachtung der Prinzipien des Art. 6 Abs. 1 EU[224] verwiesen, von denen hier insbesondere die Achtung der Menschenrechte und Grundfreiheiten sowie die Rechtsstaatlichkeit von Interesse sind.[225] Zum anderen wird auf die allgemeinen Grundsätze des Gemeinschaftsrechts Bezug genommen, worunter gem. Art. 6 Abs. 2 EU die Achtung der Grundrechte als gemeinsame Verfassungsüberlieferungen der Mitgliedstaaten zu verstehen sind.[226] Hierzu zählt insbesondere auch die Religions- und Gewissensfreiheit des Individuums, deren Geltung im Gemeinschaftsrecht auch seitens des EuGH anerkannt ist.[227]
Das (negative) sechste Tatbestandsmerkmal von Abs. 2 hat somit die Funktion einer Begrenzung der potentiellen Rechtfertigungsmöglichkeiten durch die europarechtlichen Fundamentalprinzipien, indem es klarstellt, dass in der Gemeinschaft keine Ungleichbehandlung eines Individuums aus Gründen der Religion oder Weltanschauung als rechtens anerkannt werden kann, die mit den europäischen Grund- und Menschenrechten nicht in Einklang steht.[228]

(7) Keine Diskriminierung aus einem anderen Grund

In Korrelation zum vierten Tatbestandsmerkmal („Ungleichbehandlung wegen der Religion oder Weltanschauung einer Person") betont Art. 4 Abs. 2 Satz 2 RL a. E., dass über Art. 4 Abs. 2 RL *keine* Rechtfertigungen für Ungleichbehandlungen aus Gründen des Alters, einer Behinderung oder der sexuellen Ausrichtung möglich sind.

---

[224] Dieser formuliert mit leicht umgestelltem Wortlaut: „... *diese Grundsätze sind allen Mitgliedstaaten gemeinsam.*"

[225] Art. 6 Abs. 1 EU, der anders als Art. 6 Abs. 2 EU den Grundrechtsbegriff nicht enthält, ist in einem allgemeineren Sinne zu verstehen, wobei sein Gehalt durch wertende Gesamtbetrachtung zu ermitteln ist; vgl. *Stumpf*, in: Schwarze, EU-Kommentar, Art. 6 EU, Rdnr. 13.

[226] Vgl. *Kingreen*, in: Calliess/Ruffert, Kommentar EUV/EGV, Art. 6 EU, Rdnr. 34 ff.

[227] Vgl. EuGH Rs. 130/75 vom 27. 10. 1976, Slg. 1976, 1589, 1598, Rdnr. 12/19 (Prais ./. Rat); *Stumpf*, in: Schwarze, EU-Kommentar, Art. 6 EU, Rdnr. 25

[228] Zum (Konkurrenz-)Verhältnis von Gemeinschaftsgrundrechten und nationalen Grundrechten bei der Umsetzung von Richtlinien vgl. *Kingreen*, in: Calliess/Ruffert, Kommentar EUV/EGV, Art. 6 EU, Rdnr. 56 ff., 84 ff. m.w.N.

Problematisch ist die Auswirkung dieses Tatbestandsmerkmals auf die künftige Handhabung der sog. „Homosexuellenfälle", in denen ein kirchlicher Mitarbeiter wegen (praktizierter) Homosexualität (z. B. im Zusammenhang mit dem LPartG) benachteiligt wird.[229] Da das Sexualverhalten eines kirchlichen Mitarbeiters von den religiösen Loyalitätsobliegenheiten umfasst ist, erfolgt eine Ungleichbehandlung i. S. d. Art. 13 EG durch den kirchlichen Arbeitgeber mithin tatbestandlich nicht nur aus Gründen der sexuellen Ausrichtung, sondern zumindest auch aus Gründen der Religion oder Weltanschauung, so dass an sich eine Rechtfertigung über Art. 4 Abs. 2 RL im Rahmen der obigen Eingruppierung in Betracht käme. Satz 2 bestimmt jedoch nach seinem Wortlaut unmißverständlich, dass Ungleichbehandlungen aus Gründen der Religion oder Weltanschauung („*solche*"), die nach Satz 1 einer Rechtfertigung offenstünden, „*keine Diskriminierung aus einem anderen Grund*" rechtfertigen. Ferner verdeutlicht die Entstehungsgeschichte von Satz 2, der erst kurz vor Abschluss der Beratungen im Zuge der Abschwächung des Rechtfertigungsmaßstabs[230] angefügt wurde,[231] dass mit der Passage ein Korrektiv geschaffen werden sollte, welches im Falle der Kumulation mehrerer Diskriminierungsgründe die Anwendbarkeit des erweiterten Rechtfertigungsmaßstabs auf diesen (zusammengesetzten) Sachverhalt ausschließt. Satz 2 gestattet aufgrunddessen eine Rechtfertigung derjenigen Bestandteile der kirchlichen Moral- und Sittenlehre nicht im Rahmen des Art. 4 Abs. 2 RL, als diese auch unter andere von der Richtlinie erfasste Diskriminierungsgründe subsumierbar sind. Dabei handelt es sich um eine Wertentscheidung des europäischen Gesetzgebers, die Religionsgemeinschaften zwar im unmittelbar religionsbezogenen Bereich deutlich gegenüber anderen Arbeitgebern zu privilegieren, ansonsten, soweit andere personengebundene Merkmale (mit-) betroffen sind, jedoch mit diesen im Wesentlichen gleichzustellen.

Da bei Kumulation der Kriterien „Religion oder Weltanschauung" mit anderen Diskriminierungsgründen somit Abs. 2 nicht anwendbar ist, kommt – als lex generalis – eine Rechtfertigung nach den Grundsätzen des Art. 4 Abs. 1 RL in Betracht. Hierauf ist im Folgenden noch näher einzugehen.[232]

---

[229] Vgl. dazu bereits oben Teil 2, A. II. 1. a) cc) (2)

[230] Vgl. oben Teil 2, B. II. 2. a) aa) (5) (b) m. w. N.

[231] Vgl. *Rat der Europäischen Union*, Tagungsergebnisse des AStV (12. 10. 2000), Nr. 12269/00 SOC 344 JAI 112 vom 11. 10. 2000

[232] Vgl. Teil 2, B. II. 2. b)

bb) Art. 4 Abs. 2 Satz 3 RL (= UAbs. 2)[233]

Art. 4 Abs. 2 Satz 3 RL bildet innerhalb des Abs. 2 einen eigenständigen Unterabsatz, der sich im Gegensatz zu den Sätzen 1 und 2 nicht auf eine (weitere) Rechtfertigungsmöglichkeit für Ungleichbehandlungen aus Gründen der Religion oder Weltanschauung, sondern auf die seitens einer Religions- oder Weltanschauungsgemeinschaft allgemein im Rahmen ihrer Arbeitsverhältnisse gestellten Loyalitätsobliegenheiten bezieht. Fraglich sind die rechtliche Einordnung der Bestimmung im Kontext des als lex specialis fungierenden Art. 4 Abs. 2 RL sowie etwaige Wechselwirkungen mit dessen UAbs. 1.

(1) Rechtliche Einordnung

Schwierigkeiten bereitet zunächst die rechtliche Einordnung der Bestimmung,[234] die auf den ersten Blick wie eine europarechtliche Ermächtigungsgrundlage für die Kirchen und Religions-/Weltanschauungsgemeinschaften zum Erlass von spezifischen Loyalitätsobliegenheiten i. S. ihres Ethos anmutet. Allerdings würde der Gemeinschaft hierzu die Gesetzgebungskompetenz fehlen, da die Regelung einer solchen staatskirchenrechtlichen Einzelfrage keinesfalls im „Anwendungsbereich des Vertrags" liegt.[235] Im Wege europarechtskonformer Auslegung ist deshalb davon auszugehen, dass es sich hierbei lediglich um eine *Verdeutlichung* handelt, wonach kraft mitgliedstaatlicher verfassungsrechtlicher Bestimmungen statuierte Loyalitätsobliegenheiten betreffend das Ethos der Organisation grundsätzlich nicht durch Antidiskriminierungslegislation berührt werden.[236]

---

[233] Art. 4 Abs. 2 Satz 3 RL lautet: *„Sofern die Bestimmungen dieser Richtlinie im Übrigen eingehalten werden, können die Kirchen und anderen öffentlichen oder privaten Organisationen, deren Ethos auf religiösen Grundsätzen oder Weltanschauungen beruht, im Einklang mit den einzelstaatlichen verfassungsrechtlichen Bestimmungen und Rechtsvorschriften von den für sie arbeitenden Personen verlangen, dass sie sich loyal und aufrichtig i. S. des Ethos der Organisation verhalten."*

[234] Vgl. *o'Hare*, MJ 2001, S. 133, 151, *Conring*, Auswirkungen der Anti-Diskriminierungs-Richtlinie auf das kirchliche Dienst- und Arbeitsrecht, Impulsreferat zur Sitzung des Rechtsausschusses der Akf am 22. 3. 2001 in Berlin, Seite 4

[235] Vgl. dazu Teil 1, B. I. 2.

[236] Ebenso *Conring*, Auswirkungen der Anti-Diskriminierungs-Richtlinie auf das kirchliche Dienst- und Arbeitsrecht, Impulsreferat zur Sitzung des Rechtsausschusses der Akf am 22. 3. 2001 in Berlin, Seite 4

(2) Juristische Analyse

(aa) Satz 3 konstatiert, bei deckungsgleichem Anwendungsbereich mit UAbs. 1[237], die generelle Nichtbeschränkung des Rechts der Religionsgemeinschaften zur Auferlegung spezifischer (abgestufter) Loyalitätsobliegenheiten durch die Antidiskriminierungsrichtlinie und betont die prinzipielle Möglichkeit einer auch künftigen besonderen religiösen Loyalitätsprägung des kirchlichen Arbeitsverhältnisses.[238]

Insofern spricht die Bestimmung zunächst eine Selbstverständlichkeit aus, da in diese Richtung gehende *Obliegenheiten* eines Mitarbeiters Bestandteil eines nahezu jeden Arbeitsvertrages sind, in Abhängigkeit von der ausgeübten Tätigkeit unterschiedlich ausgestaltet sein und bei den sog. *Tendenzbetrieben* anerkanntermaßen eine erhebliche Steigerung erfahren können.[239] Arbeitnehmer eines Tendenzbetriebes sind demgemäß bereits im Rahmen des allgemeinen Arbeitsrechts in besonderem Maße verpflichtet, die Tendenz des Unternehmens zu wahren und sich nicht den Zielen des Betriebes entgegenzusetzen.[240] Hierzu sind seitens des Arbeitnehmers die Interessen des Unternehmens loyal durch entsprechend arbeitgebertreues dienstliches und ggf. außerdienstliches Verhalten wahrzunehmen und Störmanöver zu unterlassen.[241] Loyalitätsanforderungen umfassen deshalb im Wesentlichen *Interessenwahrnehmungs- und Unterlassungsobliegenheiten* des Arbeitnehmers, oftmals gepaart mit einer gewissen Einschränkung der Meinungsfreiheit.[242] Das ist auf europäischer Ebene spätestens seit der Entscheidung „Rommelfanger“[243] der vormaligen Europäischen Kommission für Menschenrechte zu Art. 10 EMRK auch für die Religionsgemeinschaften anerkannt.[244]

---

[237] Die Bestimmung wendet sich wiederum an die Kirchen und Religions-/Weltanschauungsgemeinschaften im bereits zu UAbs. 1 beschriebenen Umfang im Rahmen der beruflichen Tätigkeiten ihrer Mitarbeiter.

[238] So zurecht *Heinig*, in: Haratsch u.a., Religion und Weltanschauung im säkularen Staat, S. 241

[239] Zu den Neben- und Treuepflichten aus dem Arbeitsverhältnis vgl. ausführlich *Schaub*, Arbeitsrechtshandbuch, § 53

[240] Vgl. *Schaub*, Arbeitsrechtshandbuch, § 53, Rdnr. 9, 20

[241] Vgl. *Schaub*, Arbeitsrechtshandbuch, § 53, Rdnr. 9, 20

[242] Vgl. *Schaub*, Arbeitsrechtshandbuch, § 53, Rdnr. 1 ff.

[243] EKMR, Entscheidung v. 6. 9. 1989, BNr. 12242/86 (Rommelfanger ./. Deutschland)

[244] Vgl. dazu etwa *Müller-Volbehr*, Europa und das Arbeitsrecht der Kirchen, S. 106 ff. m. w. N.

Neben den Loyalitätsobliegenheiten nach allgemeinen Tendenzschutzgrundsätzen ist es den Religionsgemeinschaften aufgrund des umfangreichen Selbstbestimmungsrechtes in Deutschland ferner unbenommen, darüber hinaus gehende und von der Tendenznähe der konkreten Tätigkeit losgelöste Anforderungen an ihre Mitarbeiter zu stellen, die lediglich der Sittenwidrigkeits- bzw. Willkürgrenze unterliegen.[245] Darauf wurde bereits vorn ausführlich eingegangen.

Ausweislich des Art. 4 Abs. 2 Satz 3 RL bewirkt und beabsichtigt die Richtlinie 2000/78/EG damit keine Generalnivellierung der bisherigen einzelstaatlich verfassungsrechtlich anerkannten arbeitsrechtlichen Rahmenbedingungen der kirchlichen Arbeitsverhältnisse und lässt diese *im Grundsatz* nach bisherigem Muster fortbestehen.

(bb) Die Auferlegung spezifischer Loyalitätsobliegenheiten durch die Religionsgemeinschaften ist jedoch künftig nach UAbs. 2 nur in dem Umfange möglich, *„soweit die Bestimmungen dieser Richtlinie im Übrigen eingehalten werden.“* Diese sich bereits aus Art. 13 EG i. V. m. Art. 1 – 3 RL ergebende Konsequenz bewirkt ein *„Herausfiltern“* derjenigen Sachverhalte, die von der Gemeinschaft nach den Zielen der Richtlinie als *Diskriminierung* einer Person aus Gründen der Religion oder Weltanschauung, des Alters, einer Behinderung oder der sexuellen Ausrichtung missbilligt werden. Eine nach UAbs. 1 nicht zu rechtfertigende berufliche Anforderung eines Mitarbeiters könnte diesem somit niemals „im Gewande“ der (ansonsten) gegebenen Loyalitätsverletzung i. S. d. UAbs. 2 doch seitens der Religionsgemeinschaften auferlegt werden. Die Regelung des UAbs. 2 beabsichtigt nach Sinn und Zweck im Gesamtkontext von Art. 4 RL lediglich eine Klarstellung für Sachverhalte außerhalb zu bekämpfender Diskriminierungen, nicht jedoch eine Verwässerung der klaren Konturen des UAbs. 1. Die Abgrenzung und genaue Handhabung können freilich mitunter diffizil sein.

So könnte nach dem hier vertretenen Verständnis von Art. 4 Abs. 2 UAbs. 1 RL einem Buchhalter in einer katholischen Einrichtung das Arbeitsverhältnis nicht seitens des Einrichtungsträgers gekündigt werden, wenn dieser aus der Kirche austritt oder vom katholischen

[245] Aufgrund dieser verfassungsrechtlichen Sonderstellung wird es auch zumeist abgelehnt, die Religionsgemeinschaften, zumindest jedoch die verfassten Kirchen, als bloße Tendenzunternehmen anzusehen.

zum mormonischen Glauben konvertiert. Die Kündigung wäre als Diskriminierung aus Gründen der Religion nach den Regelungen des mitgliedstaatlichen Transformationsgesetzes ohne Weiteres sanktionierbar. Der Kirchenaustritt selbst oder die Glaubenskonvertierung als solche könnten dann aber auch nicht anhand des einzelstaatlichen (Staatskirchen-)Rechts als Loyalitätsverletzungen, die sie unzweifelhaft im Kirchensinne darstellen (vgl. Art. 5 Abs. 5 bzw. Abs. 2, 5. Spgstr., 1. Var. GrOKK), verfolgt und geahndet werden.[246]
Auf der anderen Seite bleibt der Buchhalter aber weiterhin verpflichtet, sich trotz des Kirchenaustritts oder der Glaubenskonvertierung loyal und zielfördernd i. S. d. Ethos seines Arbeitgebers zu verhalten und schädigende Handlungen, etwa durch herablassende Bemerkungen betreffend den katholischen Glauben gegenüber seinen Arbeitskollegen, Abwerbungsversuche etc., zu unterlassen. Kommt er dieser arbeitsvertraglichen Obliegenheit nicht nach, stünde es dem Einrichtungsträger nun frei, ihn nach vorheriger Abmahnung (verhaltensbedingt) ordentlich zu kündigen. Die Kündigung wäre in diesem Falle nicht als Diskriminierung angreifbar, da sie gerade nicht aus Gründen der Religion, sondern vielmehr wegen des fortgesetzten dienstlichen Fehlverhaltens erfolgt. Letzteres ist auch in Fällen denkbar, in denen der Kirchenaustritt mit „kirchenfeindlichem Getöse“ seitens des Mitarbeiters einhergeht. Ein solches Verhalten kann u. U. sogar eine fristlose Kündigung rechtfertigen.

Maßnahmen der Religionsgemeinschaften gegenüber Mitarbeitern wegen der Verletzung von Loyalitätsobliegenheiten sind somit künftig nur dann nicht potentiell „diskriminierungsbehaftet“, wenn sie *losgelöst* von den Diskriminierungskriterien der Richtlinie, insbesondere Religion, Weltanschauung und sexuelle Ausrichtung, erfolgen.[247] Macht der betreffende Mitarbeiter die Sanktion als Diskriminierung gerichtlich geltend, so ist es wegen der Beweislastumkehr[248] Sache der Religionsgemeinschaft, die Nichtverletzung des Gleichbehandlungsgrundsatzes schlüssig darzulegen

[246] Andernfalls würden die „Bestimmungen der Richtlinie“, wozu auch Art. 4 Abs. 2 *UAbs. 1* RL zählt, nicht mehr „im Übrigen“ eingehalten, da eine Sanktion seitens des Arbeitgebers mangels Rechtfertigung bereits eine Diskriminierung i. S. d. Richtlinie darstellt.
[247] Im Rahmen der Kriterien „Religion“ oder „Weltanschauung“ stellt sich dieses Problem faktisch nur bei Mitarbeitern mit neutralen Tätigkeitsbereichen im obigen Sinne, da ansonsten wegen des Eingreifens von Art. 4 Abs. 2 UAbs. 1 RL im bisher zulässigen Umfang religionsbezogene Loyalitätsanforderungen gestellt werden können und etwa bei Kirchenaustritt keine Diskriminierung vorläge.
[248] Gem. Art. 10 RL

und zu beweisen, sodass sich ein unklarer Sachverhalt faktisch zu Lasten der Religionsgemeinschaft auswirken wird, soweit nicht ein Rechtfertigungsgrund für eine Ungleichbehandlung gem. Abs. 2 UAbs. 1 RL oder Art. 4 Abs. 1 vorliegt.

b) Art. 4 Abs. 1 RL

Aufgrund der Spezialregelung des Abs. 2 hat die allgemeine Rechtfertigungsbestimmung des Abs. 1 hinsichtlich beruflicher Anforderungen für die Religions- und Weltanschauungsgemeinschaften und deren verfassungsrechtlich verbürgtes Selbstbestimmungsrecht naturgemäß nur eine eher untergeordnete Bedeutung. Relevant ist sie dann, wenn die Organisationen aus *anderen* Gründen als „Religion“ oder „Weltanschauung“ ungleich behandeln, was lediglich bei den sog. „Homosexuellenfällen“ im Rahmen des Diskriminierungskriteriums „sexuelle Ausrichtung“ eine praktische Rolle spielen dürfte.[249]

Bereits bei der Auslegung des Abs. 2 nach systematischen Argumenten wurde herausgearbeitet, dass eine Rechtfertigung nach Abs. 1 nur in engen Grenzen möglich ist und grundsätzlich *strenge Bedingungen*[250] an „berufliche Anforderungen“ zu stellen sind,[251] da andernfalls Regelungsintention und Systematik des Art. 4 RL konterkariert würde. Die speziell zugunsten der Kirchen und Religionsgemeinschaften wirkende Kirchenerklärung gebietet jedoch auch hierbei eine nach Möglichkeit „kirchenschonende“ Auslegung der Bestimmung,[252] sodass auch im Anwendungsbereich des Abs. 1 berechtigte Interessen der Religionsgemeinschaften angemessen zu berücksichtigen sind. Eine Rechtfertigung von Ungleichbehandlungen homosexueller Mitarbeiter kommt danach in Betracht, wenn die sexuelle Ausrichtung nach dem Tätigkeitsprofil *ausschlaggebend* ist[253] und die Glaubwürdigkeit der Organisation andernfalls nicht unerheblich beeinträchtigt wäre.[254] In Anlehnung an die obige Eingruppierung im Rahmen des Abs. 2 könnten

---

[249] Vgl. oben Teil 2, B. II. 2. a) aa) (7) und Teil 2, A. II. 1. a) cc) (2)

[250] Vgl. zu Art. 2 Abs. 2 der RL 76/207/EWG EuGH Rs. C-285/98 vom 11. 1. 2000, Slg. 2000, I-69, 105, Rdnr. 20 (Kreil ./. Bundesrepublik Deutschland); Rs. 222/84 vom 15. 5. 1986, Slg. 1986, 1651, 1687, Rdnr. 36 (Johnston ./. Chief Constable of the Royal Ulster Constabulary)

[251] Vgl. Teil 2, B. II. 2. a) aa) (5) (c) (aa) m. w. N.; ferner *o'Hare*, MJ 2001, S. 133, 150

[252] Vgl. die Ausführungen zu Art. 4 Abs. 2 RL in Teil 2, B. II. 2. a) aa) (5) (c) (bb), welche gleichermaßen auch für die Generalklausel des Abs. 1 Anwendung finden, da die Kirchenerklärung nicht auf die Religionsgemeinschaften betreffende Spezialbestimmungen beschränkt ist.

[253] Vgl. Teil 2, B. II. 2. a) aa) (5) (c) (aa)

[254] Vgl. Teil 2, B. II. 2. a) aa) (5) (c) (bb) (*β*)

Anforderungen danach beispielsweise bei den Mitarbeitern mit besonderem ideologischen Näheverhältnis (Geistliche und Kirchenbeamte), leitenden Mitarbeitern sowie denjenigen gestellt werden, deren Tätigkeitsprofil die Vermittlung des religiösen Sexual- und Eheverständnisses nicht unmaßgeblich beinhaltet.

Zur Anwendung gelangt Abs. 1 ferner auch bei den Kriterien „Religion" oder „Weltanschauung", soweit es sich um Ungleichbehandlungen *außerhalb* des Arbeitgeberkreises der Kirchen und Religions-/ Weltanschauungsgemeinschaften handelt. Als Beispiele mit mittelbarem kirchlichen Bezug, bei denen die Voraussetzungen einer Rechtfertigung zu bejahen sind, wären etwa die Militär- oder Anstaltsseelsorger[255] sowie die Hochschullehrer an theologischen Fakultäten[256] zu nennen.

c) Fazit

Die Gleichbehandlungsrichtlinie 2000/78/EG als europarechtliche Umsetzungsmaßnahme zu Art. 13 EG hat, ihre symmetrische Transformation in deutsches Recht vorausgesetzt, eine gewisse Einschränkung des Selbstbestimmungsrechts gem. Art. 140 GG i. V. m. 137 Abs. 3, Abs. 7 WRV zur Folge, soweit hieraus abgeleiteten Maßnahmen der Religionsgemeinschaften diskriminierende Wirkung, insbesondere aus Gründen der Religion oder Weltanschauung sowie der sexuellen Ausrichtung, zukommt und eine Rechtfertigung über Art. 4 Abs. 2 oder Abs. 1 RL ausscheidet. Nach dem weiten Verständnis des Selbstbestimmungsrechts in der Auslegung durch das BVerfG theoretisch mögliche Maximalanforderungen an Mitarbeiter kirchlicher Einrichtungen betreffend etwa die Religionszugehörigkeit, die Handhabung des Kirchenaustritts oder das Religionsausübungsverständnis sind künftig für Mitarbeiter mit „neutralen" Funktionen als Diskriminierungen, mit der Folge umgedrehter Darlegungs- und Beweislast, angreifbar. Abgesehen vom bisher kompromisslos gehandhabten Fall des Kirchenaustritts dürften sich die praktischen Auswirkungen der Gleichbehandlungsrichtlinie für die Kirchen auch im Rahmen der „neutralen Tätigkeiten" allerdings weitgehend in Grenzen halten, da bereits in bisherigen Regelungen auf freiwilliger Basis gewisse Abstufungen an das persönliche Anforderungsprofil der Mitarbeiter in Relation zur ausgeübten Tätigkeit zugelassen wurden und die kirchlichen Loaylitätsobliegenheiten als solche im Übrigen nicht angetastet werden. Mangels einer Rechtfertigungsmöglichkeit über den angesichts des Richtlinienzwecks relativ

---

[255] Dazu vgl. *v. Campenhausen*, Staatskirchenrecht, §§ 24 f.
[256] Vgl. bereits oben Teil 2, A. II. 3. m.w.N.

weitreichenden Art. 4 Abs. 2 UAbs. 1 RL sind kirchliche Sanktionen gegenüber homosexuellen Bewerbern oder Mitarbeitern jedoch künftig mehrheitlich als Diskriminierung zu behandeln.

C. Einschränkungsmöglichkeiten des Selbstbestimmungsrechts der Religionsgemeinschaften durch die europäische Antidiskriminierungsgesetzgebung

Die potentiellen Auswirkungen europarechtlicher Antidiskriminierungsmaßnahmen sowie die trotz einer recht detaillierten Rechtfertigungsregelung bereits realisierten Beeinträchtigungen des Selbstbestimmungsrechts durch die Richtlinie 2000/78/EG erheben die Frage nach Schutzmöglichkeiten des grundgesetzlich verankerten deutschen Staatskirchenrechts vor gemeinschaftsrechtlichen Maßnahmen. Allgemeine Grenzen des Art. 13 EG wurden bereits in Teil 1 erörtert.[257] Im Rahmen des Selbstbestimmungsrechts sind darüber hinaus *zweierlei Möglichkeiten* denkbar: Zum einen könnte ein aus dem Gemeinschaftsgrundrecht der korporativen Religionsfreiheit herzuleitendes und möglicherweise mit der deutschen Regelung deckungsgleiches Selbstbestimmungsrecht Eingriffe in den Rechtsstatus der Religionsgemeinschaften durch Antidiskriminierungsmaßnahmen einschränken (*Gemeinschaftsrechtlicher Schutz*). Zum anderen kommt die „Aktivierung" des grundgesetzlichen Prüfungsvorbehalts des BVerfG im Rahmen der Solange II/Maastricht – Rechtsprechung gegenüber beinträchtigenden europarechtlichen Maßnahmen in Betracht (*Grundgesetzlicher Schutz*).

I. Schutz des Selbstbestimmungsrechts durch Gemeinschaftsrecht

Fraglich ist, ob und in welcher Ausprägung das Selbstbestimmungsrecht der Religionsgemeinschaften auch im Rahmen und als Bestandteil der korporativen Religionsfreiheit im Gemeinschaftsrecht geschützt ist. Da die Gründungsverträge aller Anstrengungen zum Trotz noch immer über keinen geschriebenen Grundrechtskatalog verfügen, ist gem. Art. 6 Abs. 2 i. V. m. 46 lit. d) EU und der ständigen Rechtsprechung des EuGH[258] auf die Europäische Konvention zum Schutz der Menschenrechte und Grundfreiheiten[259] sowie die gemeinsamen Verfassungsüberlieferungen der Mitgliedstaaten als allgemeine Grundsätze des Gemeinschaftsrechts zurückzugreifen.[260] Mit Proklamation der (zunächst) nur

---

[257] Dazu insbesondere Teil 1, E.

[258] Zur Entwicklung des Rechtsprechung des EuGH vgl. etwa Rs. 29/69 vom 12. 11. 1969, Slg. 1969, 419, Rdnr. 7 (Stauder ./. Ulm); Rs. 11/70 vom 17. 12. 1970, Slg. 1970, 1125, 1135, Rdnr. 3 ff. (Internationale Handelsgesellschaft ./. Einfuhr- und Vorratsstelle Getreide und Futtermittel); Rs. 4/73 vom 14. 5. 1974, Slg. 1974, 491, 507, Rdnr. 12 ff. (Nold ./. Kommission); eine Übersicht zur grundrechtsrelevanten Rechtsprechung findet sich bei *Beutler*, in: G/T/E, Handbuch des Europäischen Rechts, Art. F EUV, Rdnr. 46

[259] Vgl. oben Teil 1, F. I. 1.

[260] Zum Grundrechtsschutz in Europa vgl. insbesondere *Chwolik-Lanfermann*, Grundrechtsschutz in der Europäischen Union; *Rengeling*, Grundrechtsschutz in der Europäischen Gemeinschaft

unverbindlich geltenden Grundrechtscharta tritt diese als weitere Rechtserkenntnisquelle hinzu.[261]

1. Schutzbereich der korporativen Religionsfreiheit

Zunächst ist der *Schutzbereich*[262] des Grundrechts der korporativen Religionsfreiheit zu ermitteln, in welchem die Religionsgemeinschaften vorbehaltlich der Grundrechtsschranken gegen gemeinschaftsrechtliche Eingriffe in ihr Selbstbestimmungsrecht, insbesondere in den diskriminierungsrelevanten Bereichen des Arbeitsrechts und der kirchlichen Bildungseinrichtungen, geschützt sind. Da diese Thematik bereits Gegenstand zahlreicher Untersuchungen[263] war, soll sich vorliegend im Rahmen der Schutzbereichsprüfung anhand der gemeinschaftsrechtlichen (Grund-) Rechtserkenntnisquellen auf grundsätzliche Erwägungen beschränkt und verstärktes Augenmerk auf die Schranken/Schranken-Schranken-Dogmatik in Relation zu den europäischen Antidiskriminierungsbestrebungen gelegt werden.

a) Art. 9 EMRK

Ob dem als Individualgrundrecht der Gedanken-, Gewissens- und Religionsfreiheit konzipierten Art. 9 Abs. 1 EMRK auch eine korporative Dimension beizumessen ist, war lange Zeit unklar und von diesbezüglicher Zurückhaltung der EKMR geprägt. Mittlerweile dürfte die Frage jedoch durch den EuGMR endgültig im positiven Sinne entschieden sein.[264]

Zunächst hatte die EKMR es gänzlich abgelehnt, Kirchen und Religionsgemeinschaften als Träger des Grundrechts der Religionsfreiheit anzuerkennen.[265] Später stand sie Korporationen zwar ein Beschwerde-

---

[261] Dazu oben Teil 1, F. I. 2. m.w.N.

[262] Die im deutschen Verfassungsrecht gängige Dreiteilung der Grundrechtsprüfung in Schutzbereich, Eingriff und Rechtfertigung, an der sich die vorliegende Untersuchung anlehnt, ist mittlerweile auch im Rahmen der europarechtlichen Grundrechtsprüfung anerkannt, vgl. *Kingreen*, in: Calliess/Ruffert, Kommentar EUV/EGV, Art. 6 EU, Rdnr. 64 ff. m. w. N.

[263] Vgl. insbesondere *Müller-Volbehr*, Europa und das Arbeitsrecht der Kirchen, S. 60 ff.; *Schäfer*, Das kirchliche Arbeitsrecht in der europäischen Integration, S. 3 ff.; *Mückl*, in: Haratsch u.a., Religion und Weltanschauung im säkularen Staat, S. 196 ff.; *Conring*, Korporative Religionsfreiheit in Europa, S. 317 ff., 333 ff.; *Blum*, Die Gedanken-, Gewissens- und Religionsfreiheit nach Art. 9 EMRK, S. 170 ff.

[264] Zur Historie ausführlich *Conring*, Korporative Religionsfreiheit in Europa, S. 339 ff.; *Blum*, Die Gedanken-, Gewissens- und Religionsfreiheit nach Art. 9 EMRK, S. 170 ff.

[265] EKMR, E. v. 17. 12. 1968, BNr. 3798/68, YB 12 (1969), 306 (Scientology ./. UK)

recht im Rahmen des alten Art. 25 EMRK (nunmehr Art. 34 EMRK) zu, jedoch nur, soweit diese als Vertreter und Repräsentanten ihrer Mitglieder angesehen werden müssen.[266] Diese Sichtweise, die die Kirchen und Religionsgemeinschaften lediglich auf ein Verbandsklagerecht bzw. Prozessstandschaft verwies, wurde jedoch im Jahre 1979 in der Entscheidung „Hubbart-Elektrometer" revidiert, in welcher die EKMR erkannte, „... *that a church body is capable of possesing and exercising the rights contained in Article 9 (1) in its own capacity as a representative of its members*."[267] Dabei darf der in diesem Zusammenhang nicht recht verständliche Nachsatz „*as a representative of its members*" nicht missverstanden, sondern muss als Verdeutlichung des engen Zusammenhangs zwischen den Kirchen und ihren Mitgliedern verstanden werden.[268] Einen anderen Schluss lässt die Zuerkennung eigener (Beschwerde-)Rechte auch gegenüber ihren Mitgliedern im Rahmen des Disziplinarrechts – mithin eine von diesen unabhängige Rechtsposition – nicht zu.[269] Die obige Formel wurde später um die Passage „... *church body or, as in the present case, an association with religious and philosophical objects, ...*" ergänzt, sodass neben den Kirchen auch alle sonstigen Organisationen mit religiösen und weltanschaulichen Zielen einbezogen werden.[270] In einer Entscheidung aus dem Jahre 2000 stellte der EuGMR schließlich fest, dass religiöse Gemeinschaften traditionell und allgemein in der Form organisierter Strukturen bestehen und die Teilhabe am Gemeinschaftsleben eine Manifestation der individuellen Religionsfreiheit darstellt, die Art. 9 EMRK schützt: „*Where the organisation of the religious community is at issue, Article 9 must be interpreted in the light of Article 11 of the Convention which safeguards associative life against unjustified State interference ... the believer's right to freedom of religion encompasses the expectation that the community will be allowed to function peacefully free from arbitrary State intervention ... the autonomous existence of religous communities is indispensable for pluralism in a democratic society and is thus an issue at the very heart of protection which Article 9 affords*."[271] Die Entscheidung des Gerichts kann wohl endgültig als klares Bekenntnis zur korporativen Religionsfreiheit als solcher im Rahmen der Konvention aufgefasst werden, welches verdeutlicht, dass die korporative Dimension des Grundrechts originärer Bestandteil des Art. 9 Abs. 1 EMRK – und nicht lediglich ein Ausfluss der Vereinigungsfreiheit gem. Art. 11 EMRK – ist

[266] EKMR, E. v. 8. 3. 1976, BNr. 7374/76, DR 5, 157 ff. („Dänischer Pastor")
[267] EKMR, E. v. 5. 5. 1979, BNr. 7805/77, DR 16, 68 ff. („Hubbart-Elektrometer")
[268] Vgl. *Conring*, Korporative Religionsfreiheit in Europa, S. 354 ff.
[269] Vgl. *Müller-Volbehr*, Europa und das Arbeitsrecht der Kirchen, S. 69
[270] EKMR, E. v. 19. 3. 1981, BNr. 8118/77, DR 25, S. 105 ff. („Divine Light Zentrum")
[271] EuGMR, E. v. 26. 10. 2000, Nr. 30985/96, Rdnr. 62 (Hasan and Chaush v. Bulgaria)

und staatliche Einmischung in religiöse oder weltanschauliche Organisationen grundsätzlich untersagt. Diese Rechtsprechung wurde in einer Entscheidung aus dem Jahre 2001 ausdrücklich fortgeführt und darüber hinaus betont, dass „... *one of the means of exercising the right to manifest one's religion, especially for a religious community, in its collective dimension, is the possibility of ensuring judicial protection of the community, its members and its assets* ....“[272] Letztlich ist damit das Grundrecht der korporativen Religionsfreiheit heute im Rahmen des Art. 9 EMRK dem Grunde nach anerkannt, sodass sich auch deutsche Religionsgemeinschaften, gleich welcher Rechtsform[273], hierauf berufen können.[274]

Ist geklärt, dass grundsätzlich auch Korporationen Rechtsträger der Religionsfreiheit der EMRK sein können, stellt sich darauf aufbauend die Frage, wie weit der hiervon umfasste Schutzbereich zu ziehen ist. Entscheidungen von EKMR und EuGMR hierzu sind rar und als Einzelfallentscheidungen naturgemäß schwieriger verallgemeinerungsfähig, jedenfalls seien die Religionsgemeinschaften aber berechtigt, ihre Religion auszuüben, Riten, Gebräuche und Lehre zu pflegen, Gottesdienste zu organisieren und eine gewisse Einheitlichkeit zu fördern.[275] Ferner sei die ungestörte Ausübung gewisser organisatorischer und verwaltungsmäßiger Belange gewährleistet.[276] Hiermit korrespondiert das in den neueren Urteilen nun ausdrücklich manifestierte Recht der Religionsgemeinschaften, frei von staatlicher Einflussnahme und in autonomer Existenz zu agieren, was in jedem Falle auf ein Mindestmaß an Organisations- und Ämterhoheit schließen lässt.[277] Über diese allerdings wenig detaillierte und generalisierend verwertbare Anerkennung von Kernelementen einer kirchlichen Selbstbestimmung hinaus (= innerkirch-

---

[272] EuGMR, E. v. 13. 12. 2001, Nr. 45701/99, Rdnr. 118 (Metropolitan Church of Bessarabia and others v. Moldova)

[273] Vgl. dazu *Blum*, Die Gedanken-, Gewissens- und Religionsfreiheit nach Art. 9 EMRK, S. 172

[274] Ganz herrschende Meinung, vgl. etwa *Frowein*, in: Frowein/Peukert, EMRK, § 9, Rdnr. 9; *ders.*, EssG 1993, S. 46, 49; *van Dijk/van Hoof*, Theory and Practice of the European Convention on Human Rights, Chapter VII, 9.5.3; *Müller-Volbehr*, Europa und das Arbeitsrecht der Kirchen, S. 69 f.; *Conring*, Korporative Religionsfreiheit in Europa, S. 352 ff.; *Blum*, Die Gedanken-, Gewissens- und Religionsfreiheit nach Art. 9 EMRK, S. 171 f.; *Streinz*, EssG 1997, S. 54, 82; *de Wall*, ZevKR 2000, S. 157, 166 ff.

[275] Vgl. *Conring*, Korporative Religionsfreiheit in Europa, S. 363 mit zahlreichen Rechtsprechungs-nachweisen

[276] Vgl. *Blum*, Die Gedanken-, Gewissens- und Religionsfreiheit nach Art. 9 EMRK, S. 175

[277] EuGMR, E. v. 26. 10. 2000, Nr. 30985/96, Rdnr. 62 (Hasan and Chaush v. Bulgaria); E. v. 13. 12. 2001, Nr. 45701/99, Rdnr. 118 (Metropolitan Church of Bessarabia and others v. Moldova)

licher Bereich i. e. S.)[278] hat der Umfang des Selbstbestimmungsrechts als solcher jedoch noch keinerlei direkte Erwähnung im Rahmen der Rechtssprechung zur korporativen Religionsfreiheit erfahren.[279]
Eine sehr weitgehende Interpretation der konventionsrechtlichen Ausprägung des Selbstbestimmungsrechts nimmt dabei *Bleckmann*[280] vor. Nach seiner Ansicht fallen auch sämtliche Rechtsbeziehungen, welche die Kirchen im Rahmen ihrer durch den Glauben veranlassten Einrichtungen (Kindergärten, Krankenhäuser, Bildungseinrichtungen etc.) eingehen, als „innerkirchlicher Bereich i. w. S." in den Schutzbereich von Art. 9 EMRK. Aufgrund des unmittelbaren Glaubensbezugs umfasse das Selbstbestimmungsrecht dann alle organisatorischen, finanziellen, sachlichen und personellen Maßnahmen, die zum Betrieb dieser Einrichtungen erforderlich seien, wozu nach seiner Sichtweise u. a. auch das stark durch den Glaubensinhalt geprägte kirchliche Arbeitsrecht einschließlich der Besoldungsregelungen gehöre.
Die Einbeziehung von über den innerkirchlichen Bereich i. e. S. hinausgehende Belange in ein aus der korporativen Religionsfreiheit der EMRK herzuleitendes europarechtliches Selbstbestimmungsrecht wird im Schrifttum allerdings mehrheitlich mit Recht und guten Argumenten abgelehnt. Zu begründen ist dies neben dem historischen Argument des fehlenden Regelungswillens der Unterzeichnerstaaten vor allem mit der Funktion der Konvention als *Grundkonsens* innerhalb der unterschiedlichsten staatskirchenrechtlichen Ordnungen, die vom Staatskirchentum in den skandinavischen Staaten über verschiedene Kooperationssysteme (z. B. Deutschland) bis hin zur strikten Trennung von Staat und Kirche in Frankreich reichen.[281] Das „Hineinlesen" eines bestimmten staatskirchenrechtlichen Systems in den nach seiner Entstehungsgeschichte vordringlich als Individualrecht ausgestalteten Art. 9 EMRK widerspricht dem Sinn und Zweck der Bestimmung, die als Grundrecht der Religionsfreiheit – anders als im Falle des Grundgesetzes – keine die staatskirchenrechtliche Ordnung zumindest ergänzende Bestimmung[282] aufweist.[283] Für

---

[278] Vgl. dazu *Bleckmann*, Von der individuellen Religionsfreiheit des Art. 9 EMRK zum Selbstbestimmungsrecht der Kirchen, S. 48

[279] Vgl. *de Wall*, ZevKR 2000, S. 157, 166 f.

[280] *Bleckmann*, Von der individuellen Religionsfreiheit des Art. 9 EMRK zum Selbstbestimmungsrecht der Kirchen, S. 47 ff.

[281] Dazu ausführlich *Blum*, Die Gedanken-, Gewissens- und Religionsfreiheit nach Art. 9 EMRK, S. 178; dem folgend *Müller-Volbehr*, Europa und das Arbeitsrecht der Kirchen, S. 73; *Schäfer*, Das kirchliche Arbeitsrecht in der europäischen Integration, S. 5 f.; ablehnend ferner *Frowein*, EssG 1993, S. 46, 59; wohl auch *Robbers*, in: Handbuch des Staatskirchenrechts, § 9, S. 317

[282] Nach dem Vorbild des Art. 140 GG i. V. m. 137 Abs. 3 WRV.

[283] Vgl. *Blum*, Die Gedanken-, Gewissens- und Religionsfreiheit nach Art. 9 EMRK, S. 177; *Weber*, ZevKR 2000, S. 150 ff.

eine restriktive Sichtweise spricht ferner die Zurückhaltung der EKMR im Fall „*Rommelfanger*“, eine entsprechende, die Problematik des kirchlichen Arbeitsrechtes umfassende Dogmatik eines konventionsrechtlichen Selbstbestimmungsrechtes in Weiterentwicklung der früheren „Disziplinarfall-Rechtsprechung“ zu postulieren.[284] Trotz der Betonung einer „autonomous existence“ der Religionsgemeinschaften geben auch die neueren Urteile des EuGMR hierfür keine konkreten Anhaltspunkte. Dem Gedanken des Grundkonsenses folgend dürfte es mithin lediglich vertretbar sein, den oben skizzierten sog. innerkirchlichen Bereich i. e. S. des Selbstbestimmungsrechtes als von der korporativen Religionsfreiheit gem. Art. 9 EMRK umfasst anzusehen. Eine generelle Einbeziehung des kirchlichen Arbeitsrechtes oder der kirchlichen Bildungseinrichtungen in seinen Schutzbereich zum Zwecke der Abwehr von die Religionsgemeinschaften beeinträchtigenden gemeinschaftsrechtlichen Antidiskriminierungsmaßnahmen scheidet deshalb aus.

b) Gemeinsame Verfassungsüberlieferungen der Mitgliedstaaten

Neben Art. 9 EMRK kommen als weitere Rechtserkenntnisquelle für einen gemeinschaftsrechtlichen Schutz des Selbstbestimmungsrechts der Religionsgemeinschaften die gemeinsamen Verfassungsüberlieferungen der Mitgliedstaaten als allgemeine Grundsätze des Gemeinschaftsrechts in Betracht. Diese, seitens des EuGH bereits in seinen ersten Entscheidungen mit Grundrechtsbezug etablierte Rechtserkenntnisquelle[285] ist von der EMRK unabhängig zu betrachten und entfaltet ihre eigenständige Bedeutung vor allem dann, wenn diese einen bestimmten Grundrechtsschutz nicht ermöglicht.[286]

Im Rahmen der Analyse der gemeinsamen Verfassungsüberlieferungen der Mitgliedstaaten belässt es der EuGH bislang allerdings stets bei apodiktischen Feststellungen und vermeidet es nachhaltig, eine entsprechende Dogmatik zu etablieren oder bestimmte Grundrechte einzelner Mitgliedstaaten als Maßstab herauszugreifen. Das Grundrecht der (individuellen) Religionsfreiheit wurde vom Gerichtshof erstmalig im Jahre 1976 in der Entscheidung *Prais ./. Rat* tangiert, wobei man jedoch vergebens nach einer näheren Umschreibung des gemeinschaftsrechtlichen Schutzbereichs sucht.[287] Unabhängig von der EMRK wird die

---

[284] EKMR, E. v. 6. 9. 1989, BNr. 12242/86 (Rommelfanger ./. Deutschland), wo statt dessen auf die Meinungsfreiheit gem. Art. 10 EMRK zurückgegriffen wurde.
[285] Vgl. etwa EuGH Rs. 11/70 vom 17. 12. 1970, Slg. 1970, 1125, 1135, Rdnr. 4 (Internationale Handelsgesellschaft ./. Einfuhr- und Vorratsstelle Getreide und Futtermittel)
[286] Vgl. *Kingreen*, in: Calliess/Ruffert, Kommentar EUV/EGV, Art. 6 EU, Rdnr. 34
[287] EuGH Rs. 130/75 vom 27. 10. 1976, Slg. 1976, 1589, 1597 ff. (Prais ./. Rat)

Entscheidung jedoch allgemein als Bestätigung für die Existenz des Gemeinschaftsgrundrechts angesehen.[288]

Damit ist allerdings noch keine Aussage zum hier interessierenden korporativen Schutzbereich des Grundrechts getroffen. *Bleckmann*[289] hat in einer umfassenden Untersuchung aufgezeigt, dass nahezu allen Verfassungen der Mitgliedstaaten der Gemeinschaft die korporative Religionsfreiheit mitsamt einem mehr oder minder stark ausgeprägten Selbstbestimmungsrecht immanent ist.[290] Seine mit Abstand weiteste Ausdehnung findet Letzteres in der deutschen Rechtsordnung, die – wie oben dargestellt[291] – ein umfassendes Ordnen und Verwalten der großzügig interpretierten eigenen Angelegenheiten vorsieht.[292] Angesichts der uneinheitlichen Regelungen in den Mitgliedstaaten der Gemeinschaft kommt eine Maßgeblichkeit der deutschen Kriterien im Rahmen der „gemeinsamen Verfassungsüberlieferungen" allerdings nur dann in Betracht, wenn der Maximalstandard innerhalb der Gemeinschaft zumindest für die Schutzbereichsbestimmung anzuwenden wäre. Dies ist jedoch spätestens seit der Hoechst-Entscheidung des EuGH unklar.

In der Literatur sind in der Vergangenheit verschiedene Modelle zur Grundrechtsgewinnung diskutiert worden, die sich etwa an einer relativen Grundrechtsgeltung abhängig vom jeweils betroffenen Mitgliedstaat, dem kleinsten gemeinsamen Nenner innerhalb der Gemeinschaft (Minimalstandard), der Anwendung desjenigen mitgliedstaatlichen Grundrechts mit der maximalen Ausprägung im Gemeinschaftsrecht (Maximalstandard) oder an einer die Strukturen und Ziele der Gemeinschaft berücksichtigenden wertenden Rechtsvergleichung orientieren.[293] Die Recht-

---

288 Vgl. z. B. *Kingreen*, in: Calliess/Ruffert, Kommentar EUV/EGV, Art. 6 EU, Rdnr. 160; *Stumpf*, in: Schwarze, EU-Kommentar, Art. 6 EU, Rdnr. 25; *Bleckmann*, Europarecht, Rdnr. 110; *Oppermann*, Europarecht, Rdnr. 492; *Streinz*, EssG 1993, S. 53, 82; *Conring*, Korporative Religionsfreiheit in Europa, S. 375 ff.; *Hollerbach*, ZevKR 1990, S. 250, 263

289 *Bleckmann*, Von der individuellen Religionsfreiheit des Art. 9 EMRK zum Selbstbestimmungsrecht der Kirchen, S. 73 ff.

290 Danach erkennen die Verfassungen von Deutschland, Irland, Italien, Portugal, Spanien und Griechenland das Selbstbestimmungsrecht ausdrücklich an, während es sich in den anderen Mitgliedstaaten außer Großbritannien und Dänemark aus der verfassungsrechtlich verankerten individuellen Religionsfreiheit abgeleitet wird. Vgl. ferner die Aufstellung bei *Rengeling*, Grundrechtsschutz in der Europäischen Gemeinschaft, S. 126 ff.

291 Dazu Teil 2, A.

292 *Bleckmann*, Von der individuellen Religionsfreiheit des Art. 9 EMRK zum Selbstbestimmungsrecht der Kirchen, S. 151 f.; angezweifelt von *Schäfer*, Das kirchliche Arbeitsrecht in der europäischen Integration, S. 5

293 Ausführlich zum Für und Wider *Bleckmann*, DVBl. 1978, S. 461; *ders.*, Von der individuellen Religionsfreiheit des Art. 9 EMRK zum Selbstbestimmungsrecht der Kirchen, S. 51 ff.; *Müller-Volbehr*, Europa und das Arbeitsrecht der Kirchen, S. 75 ff.; *Streinz*,

sprechung des EuGH ist diesbezüglich uneinheitlich und lässt verschiedene Schlüsse zu. Wurde seine Position anfangs noch auf die Gewährleistung des Minimalstandards lokalisiert[294], sprechen spätere Entscheidungen dafür, dass er sich zur Etablierung der maximalen Grundrechtsausprägung hingewendet habe.[295] In der vielfach erörterten Entscheidung *Hoechst* hat er demgegenüber allerdings die letztere Methode nicht angewandt, indem er Geschäftsräumen den grundrechtlichen Schutz der Wohnung versagte, obgleich diese im Schutzbereich des Art. 13 GG enthalten sind.[296] *Müller-Volbehr* sieht hierin jedoch (noch) keine Abkehr des Gerichtshofes vom Maximalstandard, da es sich lediglich um eine Einzelfallentscheidung auf dem Gebiet des Wettbewerbsrechts handele, das auch in Deutschland zahlreiche Einschränkungen des Grundrechtsschutzes kenne.[297] Freilich werden auch andere Entscheidungen des Gerichtshofes im eher zurückhaltenden Sinne verstanden.[298]

Ungeachtet der Tendenz einiger neuerer Entscheidungen des Gerichtshofes sowie zahlreicher kritischer Anmerkungen im Schrifttum[299] sollte an der Theorie des Maximalstandards als richtungsweisender Methode zur Grundrechtsgewinnung im Rahmen der Bestimmung des gemeinschafts-(grund)rechtlichen *Schutzbereichs* festgehalten werden. Mit guten Gründen lassen sich hierfür die umfangreichen Bestrebungen der Mitgliedstaaten anführen, eine „immer engere Union der Völker Europas" zu schaffen; nach der Wirtschaftsgemeinschaft eine alle Lebensbereiche

---

Europarecht, Rdnr. 361 ff.; ferner *Beutler*, in: G/T/E, Handbuch des Europäischen Rechts, Art. F EUV, Rdnr. 76

294 Vgl. die Formulierung in EuGH Rs. 11/70 vom 17. 12. 1970, Slg. 1970, 1125, 1135, Rdnr. 4 (Internationale Handelsgesellschaft ./. Einfuhr- und Vorratsstelle Getreide und Futtermittel), wonach die Gewährleistungen der Grundrechte von den gemeinsamen Verfassungsüberlieferungen der Mitgliedstaaten getragen sein müsse.

295 Vgl. EuGH Rs. 4/73 vom 14. 5. 1974, Slg. 1974, 491, 507, Rdnr. 13 (Nold ./. Kommission), wonach der Gerichtshof keine Maßnahmen als rechtens anerkennen könne, die unvereinbar mit den von den Verfassungen der Mitgliedstaaten anerkannten und geschützten Grundrechten sind. Ferner hat der EuGH in der Rs. 155/79 vom 18. 5. 1982, Slg. 1982, 1575 ff. (AM&S Europe Limited ./. Kommission) Verfahrens(grund)rechte (Vertraulichkeit des Schriftverkehrs zwischen Anwalt und Mandant) anerkannt, die nicht in allen Mitgliedstaaten zumindest im erforderlichen Umfang gewährt waren.

296 EuGH Verb. Rs. 46/87 und 227/88 vom 21. 9. 1989, Slg. 1989, 2919 ff. (Hoechst ./. Kommission)

297 Ausführlich und m.w.N. vgl. *Müller-Volbehr*, Europa und das Arbeitsrecht der Kirchen, S. 78 ff.

298 Vgl. etwa *Beutler*, in: G/T/E, Handbuch des Europäischen Rechts, Art. F EUV, Rdnr. 76 mit Bezug auf EuGH Rs. C-280/93 vom 5. 10. 1994, Slg. 1994, I-5039, 5061 ff. (Deutschland ./. Rat)

299 Insbesondere bei *Bleckmann*, DVBl. 1978, S. 457 f.

der Menschen umfassende Gemeinschaft in Europa aufzubauen; die Gemeinschaftsaufgaben der Hebung der Lebensqualität und des wirtschaftlichen und sozialen Zusammenhalts sowie der Erhöhung des sozialen Schutzes nachhaltig zu verfolgen oder die integrationsfördernde Unionsbürgerschaft zu stärken – allesamt Ziele, bei deren Verwirklichung ein erhöhter Stellenwert der Grundrechte und eine möglichst liberale, freiheitsfördernde Grundrechtsauslegung zumindest von Vorteil ist. Die Aufnahme neuer grundrechtlicher oder grundrechtsgleicher Positionen in den Amsterdamer Vertrag sowie die Verabschiedung der Grundrechtscharta auf der Konferenz von Nizza manifestieren mit hinreichender Deutlichkeit diese grundrechtsausbauenden Absichten der Mitgliedstaaten.[300] Insoweit stehen Union und Gemeinschaft in der liberalen, grundrechtsmaximierenden Tradition der Verfassungsrechtsordnungen ihrer Mitgliedstaaten[301], die – will man die Akzeptanz der Unionsbürger für die Gemeinschaft erhöhen und langfristig erhalten – die Verpflichtung beinhaltet, diese im Rahmen des „einigen Europas" zu perpetuieren und zu optimieren. Hierfür bildet die Methode des Maximalstandards zur Ermittlung des grundrechtlichen Schutzbereichs eine vernünftige und zielfördernde Grundlage. Nicht nur aufgrund der ansonsten bestehenden Abgrenzungsschwierigkeiten hat sich die Suche und Analyse der jeweils maximalen mitgliedstaatlichen Regelung jedoch tatsächlich auf den *Schutzbereich* des Grundrechts zu *beschränken*.[302] Dadurch wird zum einen effektiv sichergestellt, dass die Eigentümlichkeiten und Belange der Gemeinschaft, die eine an den Gemeinschaftszielen spezifisch ausgerichtete Sichtweise und dementsprechend angepasste Grundrechtsanwendung erfordern, im Rahmen der *Schrankenebene* ausreichend gewahrt werden können.[303] Zum anderen ist hierdurch gewährleistet, dass nicht lediglich ein spezifisches Verfassungsmodell eines Mitgliedstaates

---

[300] Vgl. bereits oben Teil 1, A. m.w.N.

[301] *Bleckmann*, Von der individuellen Religionsfreiheit des Art. 9 EMRK zum Selbstbestimmungsrecht der Kirchen, S. 55

[302] So richtigerweise *Müller-Volbehr*, Europa und das Arbeitsrecht der Kirchen, S. 84, der allerdings das Argument der Abgrenzbarkeit der mitgliedstaatlichen Grundrechte in den Vordergrund stellt. Zur Problematik der Einbeziehung der Schranken in die Maximalbetrachtung vgl. *Bleckmann*, DVBl. 1978, S. 457, 459: Danach führt es zu unübersehbaren Problemen, wenn man die Maximalbetrachtung nicht auf den Schutzbereich des Grundrechts beschränkt, da beispielsweise zwar im Staat A ein weiterer Schutzbereich als im Staat B gewährleistet sein könnte, Letzterer aber eine erheblich höhere Eingriffsschwelle verlangt. Insoweit ist es kaum möglich zu entscheiden, welcher von beiden Staaten die liberalere Regelung vorsieht. Spaltet man dagegen das jeweilige Grundrecht in seine Einzelbestandteile auf, so wären der Schutzbereich von Staat A und die Schranken von Staat B zum Gemeinschaftsrecht zusammenzufügen. Dann besteht aber die Gefahr, dass berechtigte öffentliche Belange der Gemeinschaft nicht mehr hinreichend berücksichtigt würden.

[303] Vgl. *Müller-Volbehr*, Europa und das Arbeitsrecht der Kirchen, S. 84

der Gemeinschaft undifferenziert „übergestülpt" wird[304], sondern die „gemeinsamen Verfassungstraditionen" mittelbar als Gemeinschaftsbelange über die Schrankenregelung Beachtung finden. Die Methode des Maximalstandards kann somit immer nur *Ausgangspunkt* einer Grundrechtsbetrachtung sein, welche anhand „dynamischer" Schranken im Sinne praktischer Konkordanz anschließend zu einem alle beteiligten Belange möglichst optimierenden Ergebnis zu führen ist.[305] Letztlich erzielt somit im Ergebnis auch diese Lösung ein autonomes europäisches Grundrechtsschutzniveau[306], welches jedoch von vornherein auf einer freiheitsmaximierenden Basis beruht.[307]

Die Anwendung des (deutschen) Maximalstandards für die Ermittlung des maßgeblichen Schutzbereichs für das gemeinschaftliche Grundrecht der (korporativen) Religionsfreiheit besagt allerdings noch nicht, dass damit auch ohne Weiteres das Selbstbestimmungsrecht in seiner gesamten deutschen Ausprägung mitumfasst wäre. Insoweit fehlt es an einer ergänzenden europarechtlichen Vorschrift, die entsprechend Art. 140 GG i. V. m. 137 Abs. 3, 7 WRV dem im Grundrecht der Religionsfreiheit (Art. 4 Abs. 1 und 2 GG) bereits enthaltenen Kern der Selbstbestimmung die *„Freiheit der Bestimmung über Organisation, Normsetzung und Verwaltung hinzufügt"*.[308] Trotz fließender, nicht genau bestimmbarer Grenzen wird im deutschen Recht die Notwendigkeit anerkannt, Religionsfreiheit und Selbstbestimmungsrecht grundsätzlich im Sinne selbständiger Garantien mit unterschiedlichen Schrankenregelungen auseinanderzuhalten.[309] Allerdings ist an dieser Stelle die bereits mehrfach angesprochene und ersichtlich auf das Selbstbestimmungsrecht „gemünzte" Kirchenerklärung des Amsterdamer Vertrags zu beachten, wonach die Union den Status der Religionsgemeinschaften in den

---

304 Zur Kritik vgl. *Bleckmann*, DVBl. 1978, S. 457, 458 f.

305 Diese freiheitsmaximierende Handhabung des Schutzbereichs hat den Vorteil, dass der Schutzbereich des Grundrechts anhand der etablierten Rechtsprechung der mitgliedstaatlichen Verfassungsgerichte zumeist klar umrissen sein wird und gemeinschaftsrechtliche Belange nicht schon auf dieser Ebene (so aber die Theorie der wertenden Rechtsvergleichung), sondern erst im Rahmen einer Einzelfallbetrachtung unter Berücksichtigung des Grundsatzes der Verhältnismäßigkeit auf der Schrankenebene Beachtung finden.

306 Vgl. dazu *Conring*, Korporative Religionsfreiheit in Europa, S. 323 m.w.N.

307 Beschränkt man somit die Methode des Maximalstandards auf den Schutzbereich, ist zunächst gewährleistet, dass die liberalste Grundrechtsregelung in das Gemeinschaftsrecht Einzug findet. Diese kann dann zwar entsprechend der Gemeinschaftsbelange im Rahmen der Schranken begrenzt werden, jedoch sind dann unverrückbare Schranken-Schranken (Wesensgehalt; Verhältnismäßigkeit) zu beachten, die einer völligen Neutralisierung des Grundrechtsschutzes entgegenstehen.

308 Vgl. BVerfGE 72, 278, 289

309 Vgl. *Hesse*, in: Handbuch des Staatskirchenrechts, § 17, S. 525 f.

Mitgliedstaaten beachtet und nicht beinträchtigt.[310] Diese vom gemeinsamen Willen der Mitgliedstaaten getragene Erklärung ist als Auslegungsmaxime bei der Bestimmung des Schutzbereichs der korporativen Religionsfreiheit heranzuziehen. Besteht insoweit jedoch ein gewisses Anerkenntnis des mitgliedstaatlichen Status der Religionsgemeinschaften, so ist es konsequent, die Komponente „Selbstbestimmungsrecht" auch ohne besondere Gewährleistung analog Art. 140 GG i. V. m. 137 Abs. 3, 7 WRV in die Betrachtungen im Rahmen der Maximalstandardanalyse einzubeziehen. Der korporative *Schutzbereich* des Gemeinschaftsgrundrechts der Religionsfreiheit ist damit – dem maximalen Schutz des deutschen Verfassungsrechts folgend – weit und dahingehend auszulegen, dass das Selbstbestimmungsrecht deutscher Prägung, einschließlich des Arbeitsrechtes und der kirchlichen Bildungseinrichtungen auch auf Gemeinschaftsebene vollumfänglich mitumfasst ist.[311]

Diese, das Selbstbestimmungsrecht der Religionsgemeinschaften zunächst in den Schutzbereich der Religionsfreiheit integrierende Sichtweise sollte zumindest bis zur Proklamation einer die Problematik regelnden einheitlichen europäischen Verfassung bzw. bis zur Verankerung eines einheitlichen staatskirchenrechtlichen Modells innerhalb der Gemeinschaft Bestand haben. Insofern wird bereits ein den pluralen Grundstrukturen der EG gerecht werdendes „System der Mitte" diskutiert, welches auf einer wohlwollenden Berücksichtigung der Interessen von Gemeinschaft und den Religionsgemeinschaften beruht.[312] Bis dahin ist es aber wohl noch ein längerer Weg.

c) Charta der Grundrechte der Europäischen Union

Nutzt man die neue, zunächst nur unverbindlich geltende Grundrechtscharta der EU als weitere Rechtserkenntnisquelle und Interpretationshilfe[313] zur Bestimmung der Gemeinschaftsgrundrechte[314], so sind hierfür deren Art. 10 Abs. 1 sowie Art. 22 im Rahmen der Religionsfreiheit heranzuziehen. Während letztere Bestimmung lediglich bei der Erörterung der Gleichheitsrechte Bedeutung entfalten dürfte, normiert Art. 10 Abs. 1

---

[310] Vgl. bereits oben Teil 2, B. II. 2. a) aa) (5) (c) (bb)

[311] Das hierfür notwendige europarechtliche Korrektiv hat diesbezüglich auf der Schrankenebene zu erfolgen.

[312] Vgl. dazu etwa *Turowski*, KuR 1/1995, S. 13, 17

[313] *Weber*, NJW 2000, S. 537, 538

[314] Vgl. dazu *de Witte*, MJ 2001, S. 81, 84; *Lenaerts/de Smitjter*, CMLRev. 2001, S. 273, 290 ff.; *Zuleeg*, EuGRZ 2000, S. 511, 514; *Ritgen*, ZRP 2000, S. 371 ff.; *Weber*, NJW 2000, S. 537 ff.; *Blome*, Die EU-Charta wird die Rechtsprechung prägen, in: Die Welt (4. 10. 2000), S. 8

nahezu wortgleich mit Art. 9 EMRK das Grundrecht der Gedanken-, Gewissens- und Religionsfreiheit. Hinsichtlich seines individuellen und korporativen Schutzbereichs ist aufgrund dessen davon auszugehen, dass dieser eine insoweit mit Art. 9 EMRK identische Regelungstiefe und -bedeutung beinhalten soll.[315] Hierfür spricht auch Art. 52 Abs. 3 der Charta, wonach bei einander „entsprechenden" Regelungen zwischen Charta und Konvention eine (mindestens) gleiche Bedeutung und Tragweite des Grundrechts anzunehmen ist.[316] Interessant ist in diesem Zusammenhang allerdings Art. 53 der Charta. Danach ist *„keine Bestimmung dieser Charta ... als eine Einschränkung oder Verletzung der Menschenrechte und Grundfreiheiten auszulegen, die in dem jeweiligen Anwendungsbereich ... durch die Verfassungen der Mitgliedstaaten anerkannt werden.*" Diese Regelung könnte in dem Sinne verstanden werden, dass das Schutzniveau der Religionsfreiheit gem. Art. 10 Abs. 1 der Charta automatisch an dasjenige der Art. 4 Abs. 1, 2; 140 GG i. V. m. 137 Abs. 3, 7 WRV anzupassen ist, da andernfalls ein grundgesetzlich anerkanntes Recht auf europäischer Ebene eingeschränkt würde.[317] Eine derartige „Transmissionsfunktion" mitgliedstaatlicher Verfassungsinhalte in die Charta ist jedoch unter Berücksichtigung historischer und systematischer Argumente abzulehnen. Abgesehen davon, dass die Unterzeichnerstaaten im Rahmen der Genese der Charta in keiner Weise eine derartige Wirkung der Bestimmung ins Auge gefasst haben[318], hätte eine solche Regelung u. U. eine derartige Eingriffsintensität in die Charta zur Folge, dass deren eigenständiger Regelungsgehalt in großem Umfang „perforiert" würde. Eine Norm mit einer solchen Bedeutung wäre insofern kaum an vorletzter Stelle des Gesetzeswerkes „versteckt" worden. Mit *Liisberg* ist deshalb davon auszugehen, dass Art. 53 der Charta keine andere Bedeutung entfaltet als Art. 53 EMRK oder zahlreiche ähnlich gelagerte Bestimmungen des Europarechts - nämlich die eines „Beschneidungs- und Rückbauverbots" anerkannter mitgliedstaatlicher Verfassungspositionen aus Anlass der Neuregelung auf europäischer Ebene, soweit Letztere einen geringeren Schutzumfang vorsieht.[319] Angesichts der Regelungsidentität zwischen Charta und EMKR sowie der Tatsache, dass auch die Charta in ihrer momentanen Funktion als Rechtserkenntnisquelle lediglich als (aktualisierter) Grundkonsens innerhalb der Verfassungspluralität der Mitgliedstaaten zu verstehen sein

---

[315] Vgl. *Lemmens*, MJ 2001, S. 49, 58; *Grabenwarter*, DVBl. 2001, S. 1, 4

[316] Vgl. *Lemmens*, MJ 2001, S. 49, 54 f.; *Grabenwarter*, DVBl. 2001, S. 1, 11

[317] Eine solche Nutzung des Art. 53 der Charta als „Anpassungsklausel" wäre dann wegen der systematischen Verortung der Bestimmung hinter der Schrankenregelung der Charta wohl auch nicht auf den Schutzbereich eines Grundrechts beschränkt, sondern würde genauso für die jeweilige Schrankenregelung Anwendung finden.

[318] Vgl. dazu *Liisberg*, CMLRev 2001, S. 1171 ff.

[319] Zur Problematik ausführlich *Liisberg*, CMLRev 2001, S. 1171, 1189 ff., 1196 ff.

dürfte, ist deshalb eine gleichbedeutende Auslegung der Art. 9 EMRK und Art. 10 Abs. 1 der Charta auch im Hinblick auf die korporative Religionsfreiheit anzunehmen.[320]

Damit bleibt vorerst festzuhalten, dass die korporative Religionsfreiheit in ihrer weiten, deutschen Ausprägung mitsamt des zugehörigen Selbstbestimmungsrechts der Religionsgemeinschaften bei Heranziehung der Rechtserkenntnisquelle der gemeinsamen Verfassungsüberlieferungen der Mitgliedstaaten auch vom Schutzbereich des seitens des EuGH anerkannten Grundrechts der Religionsfreiheit (mit-)umfasst ist. Damit ist es auch als Basis zur Abwehr (allzu) einschneidender Antidiskriminierungsmaßnahmen gegenüber den Religionsgemeinschaften grundsätzlich denkbar.

2. Einschränkungsmöglichkeiten der korporativen Religionsfreiheit

Eingriffe in den aufgezeigten Schutzbereich des Gemeinschaftsgrundrechts der (korporativen) Religionsfreiheit durch Antidiskriminierungsmaßnahmen gem. Art. 13 EG bedürfen zu ihrer Wirksamkeit der Rechtfertigung durch die Gemeinschaftsrechtsordnung. Obgleich die diesbezüglichen dogmatischen Ansätze des EuGH eher rudimentär sind, lassen sich inhaltliche Aussagen zu den *Schranken* und *Schranken-Schranken* europäischer Grundrechte herauskristallisieren.[321]

a) Schranken

Zunächst sind hierzu die (mittlerweile) etablierten Schranken der Gemeinschaftsgrundrechte anhand der Rechtsprechung des Gerichtshofes darzustellen und sodann in Anwendung dieser Grundsätze Aussagen zur spezifischen Handhabung im Hinblick auf die korporative Religionsfreiheit im Falle gemeinschaftlicher Antidiskriminierungsmaßnahmen zu treffen.

aa) Schrankendogmatik des EuGH

Angesichts des oftmals bemängelten[322] apodiktischen Entscheidungsstils des EuGH konnte seiner Rechtssprechung bisher - neben einer Abfolge

[320] Vgl. somit bereits oben, Teil 2, C. I. 1. a)
[321] Vgl. *Kingreen*, in: Calliess/Ruffert, Kommentar EUV/EGV, Art. 6 EU, Rdnr. 64 ff.; *Beutler*, in: G/T/E, Handbuch des Europäischen Rechts, Art. F EUV, Rdnr. 77; *Chwolik-Lanfermann*, Der Grundrechtsschutz in Europa, S. 81 ff.; *Rengeling*, Grundrechtsschutz in der Europäischen Gemeinschaft, S. 212 ff.; *Streinz*, Europarecht, Rdnr. 364 ff.
[322] Dazu etwa *Ritgen*, ZRP 2000, S. 371, 372 ff.

prüfungsrelevanter Aspekte - noch keine „echte" Schrankentheorie (etwa nach deutschem Vorbild) entnommen werden. Ferner erfolgte bisher keine Differenzierung zwischen immanenten Grundrechtsschranken und Gesetzesvorbehalten.[323]

Bereits in einer seiner ersten Entscheidungen mit Grundrechtsbezug hatte der Gerichtshof festgestellt, dass die Gemeinschaftsgrundrechte sich „*in die Struktur und Ziele der Gemeinschaft einfügen*" müssen.[324] Später konkretisierte er die aus seiner Sicht maßgeblichen Prüfungsschritte, indem er der bei der Grundrechtseinschränkung durchzuführenden Untersuchung der „*dem allgemeinen Wohl dienenden Ziele der Gemeinschaft*" eine Wesensgehaltsgarantie[325] und die Beachtung des Verhältnismäßigkeitsgrundsatzes hinzufügte.[326] In neueren Entscheidungen hat er – mit jeweils gewissen fallspezifischen Modifikationen – die nachfolgende Schrankenformel angewandt: „*Die vom Gerichtshof anerkannten Grundrechte können jedoch keine uneingeschränkte Geltung beanspruchen, sondern sind im Zusammenhang mit ihrer gesellschaftlichen Funktion zu sehen. Daher kann die Ausübung dieser Rechte, insbesondere im Rahmen einer gemeinsamen Marktorganisation, Beschränkungen unterworfen werden, sofern diese tatsächlich dem Gemeinwohl dienenden Zielen der Gemeinschaft entsprechen und nicht einen im Hinblick auf den verfolgten Zweck unverhältnismäßigen, nicht tragbaren Eingriff darstellen, der diese Rechte in ihrem Wesengehalt antastet.*"[327]

Aus den Schlüsselpassagen der „*gesellschaftlichen Funktion*" der Grundrechte sowie der „*dem Gemeinwohl dienenden Zielen der Gemeinschaft*" lässt sich ein umfassender „*Gemeinschaftsvorbehalt*"[328] des Gerichtshofes entnehmen. Eine normative Konkretisierung dieser Grundrechtsschranke steht bislang allerdings aus, wobei stellvertretend

---

[323] Vgl. *Rengeling*, Grundrechtsschutz in der Europäischen Gemeinschaft, S. 212

[324] EuGH Rs. 11/70 vom 17. 12. 1970, Slg. 1970, 1125, 1135, Rdnr. 4 (Internationale Handelsgesellschaft ./. Einfuhr- und Vorratsstelle für Getreide und Futtermittel)

[325] Vgl. bereits EuGH Rs. 4/73 vom 14. 5. 1974, Slg. 1974, 491, 507 f., Rdnr. 14 (Nold ./. Kommission)

[326] EuGH Rs. 44/79 vom 13. 12. 1979, Slg. 1979, 3727, 3747, Rdnr. 23 (Hauer ./. Land Rheinland-Pfalz)

[327] EuGH Rs. 5/88 vom 13. 7. 1989, Slg. 1989, 2609, 2639, Rdnr. 18 (Wachauf ./. Bundesamt für Ernährung und Forstwirtschaft); vgl. ferner Rs. 265/87 vom 11. 7. 1989, Slg. 1989, 2237, 2268, Rdnr. 15 (Schräder ./. Hauptzollamt Gronau); Rs. C-280/93 vom 5. 10. 1994, Slg. I-5039, 5065, Rdnr. 78 (Deutschland ./. Rat); Rs. C-306/93 vom 13. 12. 1994, Slg. 1994, I-5555, 5581, Rdnr. 22 (SMW Winzersekt GmbH ./. Land Rheinland-Pfalz)

[328] Vgl. *Rengeling*, Grundrechtsschutz in der Europäischen Gemeinschaft, S. 216; *Chwolik-Lanfermann*, Der Grundrechtsschutz in Europa, S. 82

jedoch in einigen wirtschaftsrechtlich geprägten Entscheidungen des Gerichtshofes der Verbraucherschutz, die Durchsetzung des Wettbewerbsrechts und die agrarmarktpolitischen Zielsetzungen der Gemeinschaft genannt worden sind.[329] Mit relativer Sicherheit können zur Präzisierung des Gemeinschaftsvorbehalts wohl insbesondere die in Art. 2 und 3 EG aufgeführten (Fern-)Ziele der EG als Richtschnur herangezogen werden, deren endgültige Tragweite jeweils im konkreten Fall gesondert zu ermitteln ist.[330]

Nach dem obigen Verständnis sind auch die Schranken der wiederum (nur) als Rechtserkenntnisquellen dienenden Art. 9 Abs. 2 EMRK und Art. 10 Abs. 1 i. V. m. 52 Abs. 1 Satz 2 der Grundrechtscharta zu deuten, die jeweils u. a. auf den Schutz der Rechte und Freiheiten anderer abstellen. Darunter sind nicht nur die Rechte aus der EMRK und der Charta, sondern auch Interessen zu verstehen, die nach der Ansicht des Gesetzgebers schutzwürdig sind.[331] Ferner nimmt Art. 52 Abs. 1 Satz 2 der Charta auf die „dem Gemeinwohl dienenden Zielsetzungen" ausdrücklich Bezug. Dies verdeutlicht insoweit die Orientierung der Charta an der Rechtsprechung des EuGH.[332]

Die aus dieser Rechtsprechung folgende und – sobald ein Gemeinschaftsziel betroffen ist – prinzipiell somit u. U. weitreichende Einschränkbarkeit der Gemeinschaftsgrundrechte darf andererseits nicht dazu führen, „jedwedem Allgemeininteresse" im Rahmen der Grundrechtsprüfung Beachtung zu schenken.[333] Insoweit kann es – wie im Falle der Einschränkung von Grundfreiheiten des EGV – nur um Positionen mit *zwingender* Bedeutung[334] für das Gemeinwohl oder gewisser verfassungsrechtlicher Relevanz[335] gehen, da andernfalls die dargestellte freiheitsmaximierende (Grundrechts-)Tendenz von Union und

[329] Nachweise bei *Kingreen*, in: Calliess/Ruffert, Kommentar EUV/EGV, Art. 6 EU, Rdnr. 70

[330] Vgl. *Geiger*, EUV/EGV, Art. 2 EG, Rdnr. 4

[331] Vgl. *Bleckmann*, Von der individuellen Religionsfreiheit des Art. 9 EMRK zum Selbstbestimmungsrecht der Kirchen, S. 62 für die EMRK; *van Dijk/van Hoof*, Theory and Practice of the European Convention on Human Rights, § 9, Ziff. 9.6

[332] Vgl. *Grabenwarter*, DVBl. 2001, S. 1, 2 f.; *Heringa/Verhey*, MJ 2001, S. 11, 24

[333] Vgl. *Rengeling*, Grundrechtsschutz in der Europäischen Gemeinschaft, S. 216

[334] Vgl. EuGH Rs. C-55/94 vom 30. 11. 1995, NJW 1996, 579, 581, Rdnr. 37 (Gebhard ./. Consiglio Milano): „*Nationale Maßnahmen, die die Ausübung der durch den Vertrag garantierten grundlegenden Freiheiten behindern oder weniger attraktiv machen können, müssen vier Voraussetzungen erfüllen: Sie müssen in nicht diskriminierender Weise angewandt werden, sie müssen aus zwingenden Gründen des Allgemeininteresses gerechtfertigt sein, die Verwirklichung des mit ihm verfolgten Ziels gewährleisten, und sie dürfen nicht über das hinausgehen, was zur Erreichung dieses Ziels erforderlich ist.*"

[335] Vgl. *Rengeling*, Grundrechtsschutz in der Europäischen Gemeinschaft, S. 216, der „Verfassungsrang" verlangt, wenn es um die „immanenten" Grenzen eines Grundrechts geht.

Gemeinschaft de facto nachträglich entwertet und in Grenzfällen zum bloßen „Lippenbekenntnis" herabgestuft werden könnte. Eine „laxe" Handhabung des Gemeinschaftsvorbehaltes würde gleichfalls die Gefahr mitgliedstaatlicher Verfassungsgerichtsinterventionen heraufbeschwören[336] und (damit) die Einheitlichkeit der gemeinschaftlichen (Grund-) Rechtsordnung in Frage stellen. Auch im Gemeinschaftsrecht kann deshalb letztlich nur eine verhältnismäßige Zuordnung der Grundrechte und der diese einschränkenden Gemeinwohlbelange im Wege der *Herstellung praktischer Konkordanz* erfolgen, welche die widerstreitenden Rechtsgüter zu möglichst optimaler, harmonischer Wirksamkeit führt.[337]

bb) Antidiskriminierung als Beschränkung des Selbstbestimmungsrechts

Betrachtet man nun nach diesen Grundsätzen den maximierten Schutzbereich des Gemeinschaftsgrundrechts der korporativen Religionsfreiheit nebst inkludiertem Selbstbestimmungsrecht einerseits und etwaige, diesen einschränkende Antidiskriminierungslegislation gem. Art. 13 EG andererseits, so ist nach den Grundsätzen der praktischen Konkordanz zunächst festzuhalten, dass *keinem* der beiden Rechtsgüter innerhalb des Gemeinschaftsrechtes ohne Weiteres ein Vorrang eingeräumt werden kann. Anders als im deutschen Recht durch das BVerfG praktiziert, ist es deshalb europarechtlich *ausgeschlossen*, dem „Selbstverständnis der Kirchen" von vornherein ein „besonderes Gewicht"[338] im Rahmen einer Güterabwägung beizumessen. Angesichts des umfassenden Gemeinschaftsvorbehalts fehlen hierfür jegliche Ansätze. Grundrecht und Eingriffsgut sind vielmehr stets im *konkreten Fall* miteinander abzuwägen und zu harmonisieren, wobei dabei zu entscheiden ist, welchem Rechtsgut das höhere Gewicht beizumessen ist.[339]

Die besondere Bedeutung einer nachhaltigen Antidiskriminierungsgesetzgebung für die europäische Integration wurde im Verlauf dieser Arbeit, insbesondere in Teil 1, bereits mehrfach dargestellt. Im Rahmen der gemeinschaftsspezifischen Gemengelage pluralistischer Gesellschaften, die künftig mit der „Osterweiterung" der EU oder etwa einem

---

[336] Vgl. BVerfGE 72, 339 ff. (Solange II); dazu näher unter Teil 2, C. II.

[337] So etwa *Rengeling*, Grundrechtsschutz in der Europäischen Gemeinschaft, S. 217; *Müller-Volbehr*, Europa und das Arbeitsrecht der Kirchen, S. 88; *Robbers*, in: Handbuch des Staatskirchenrechts, § 9, S. 322; *Hollerbach*, ZevKR 1990, S. 250, 276; vgl. ferner *Pieroth/Schlink*, Staatsrecht II, Rdnr. 321 ff.; *Stern*, Das Staatsrecht der Bundesrepublik Deutschland, Band I, S. 133

[338] Dazu vgl. bereits oben Teil 2, A. I. 2. m. w. N.

[339] Vgl. *Stern*, Das Staatsrecht der Bundesrepublik Deutschland, Band I, S. 133

Beitritt der islamisch geprägten Türkei an Schärfe gewinnen wird, sind u. a. Maßnahmen gem. Art. 13 EG ein probates Mittel zur Herstellung und Aufrechterhaltung von Statusgleichheit zwischen den Unionsbürgern, die wesentliche Voraussetzung für Integration, künftige politische und wirtschaftliche Stärke Europas und letztlich ein „Zusammengehörigkeitsgefühl“ aller Europäer darstellt, ohne welches der angestrebte Zusammenschluss von Nationen mit unterschiedlicher Kultur und Geschichte zum Scheitern verurteilt wäre. Dementsprechend nimmt im Rahmen der Entwicklung der Wirtschaftsgemeinschaft zur „immer engeren Union der Völker Europas“[340] die Gleichstellung und Antidiskriminierung einen vorrangigen Platz im Gemeinschaftsrecht ein. Die entsprechende Aufnahme dieser Gemeinschaftsbestrebungen in die Art. 2 und 3 Abs. 2 EG sowie durch Art. 13 EG in den Grundsatzteil des EGV untermauern die gemeinschaftliche Bedeutung nachdrücklich. Zweifellos zählt der Belang „Antidiskriminierung“ damit zu den „tatsächlich dem Gemeinwohl dienenden Zielen der Gemeinschaft“ mit zwingender Bedeutung, welcher die Grundrechtsschranke des Gemeinschaftsvorbehalts zur Wirksamkeit bringt. Als besondere Ausprägungen des allgemeinen Gleichheitssatzes weisen Maßnahmen gem. Art. 13 EG überdies erhebliche verfassungsrechtliche Relevanz auf.

Der hiermit festgestellte Gemeinwohlbelang der Antidiskriminierung wirkt angesichts der bestehenden Gemeinschaftskompetenzen mit hoher Eingriffsintensität vorrangig auf den eher „äußeren Bereich“ der korporativen Religionsfreiheit ein, nämlich diejenigen Bereiche der Selbstbestimmung, die aufgrund der systematischen Auslegung des Schutzbereichs des Grundrechts mittels der Kirchenerklärung in diesen einzubeziehen waren. Bei den insofern inkorporierten und – europarechtlich – nicht zum Kernbereich der Religionsfreiheit zählenden Sachgebieten des kirchlichen Arbeitsrechts und des Zugangs zu den kirchlichen Bildungseinrichtungen ist es deshalb ohne weiteres und weitaus häufiger als nach deutscher Rechtslage[341] denkbar, dass diese im Rahmen der fallspezifischen Schrankenabwägung gegenüber den europäischen Gleichbehandlungsinteressen als weniger schutzwürdig zurückzutreten haben. Etwas anderes gibt die rechtlich doch auf eher

[340] Art. 1 Abs. 2 EU

[341] Die Entscheidungspraxis des BVerfG wird im deutschen Schrifttum teilweise als „einseitig kirchenfreundlich“ und Verstoß gegen die grundgesetzlich gebotene Neutralitätspflicht des Staates kritisiert; vgl. *Czermak*, ZRP 2001, S. 565 ff. m. w. N.; mit kritischem Unterton auch *Heinig*, in: Haratsch u. a., Religion und Weltanschauung im säkularen Staat, S. 226 ff.

„tönernen Füßen" stehende Kirchenerklärung als „good will gesture" nicht her.[342]

Pauschalisierende Universallösungen oder generalisierende Abwägungstendenzen verbieten sich jedoch grundsätzlich an dieser Stelle.[343] Letztlich ist in jedem Einzelfall den oben vorgeschlagenen Grundsätzen zur Herstellung praktischer Konkordanz konsequent zu folgen und sind kirchliche Selbstbestimmung sowie europäische Gleichbehandlungserfordernisse gleichberechtigt zu einem praktikablen Ausgleich zu bringen. Diesbezüglich nicht hinnehmbare, weil den Kern des Selbstbestimmungsrechts tangierende Ergebnisse – etwa im Hinblick auf auch gegenüber Klerikern wirkende Antidiskriminierungsmaßnahmen aus Gründen der Religion – lassen sich im Rahmen einer Wesensgehalts- und Verhältnismäßigkeitsprüfung auf der Schranken-Schranken-Ebene beheben.

b) Schranken-Schranken

Fraglich ist, ob eine im Rahmen der Schrankenabwägung erfolgende Einschränkung der korporativen Religionsfreiheit zu Gunsten der gemeinschaftlichen Antidiskriminierungslegislation ihrerseits durch europarechtlich anerkannte Beschränkungen der Schranke des Gemeinschaftsvorbehalts eingeengt oder gar in eine andere Richtung gelenkt werden könnte. Der Gerichtshof hat in seiner bisherigen Rechtsprechung derartige Schranken-Schranken ausdrücklich anerkannt, andere wurden vom Schrifttum entwickelt.

---

342 Dazu ferner sogleich im Rahmen der Erörterung der Schranken-Schranken der korporativen Religionsfreiheit.

343 Hier kann auch der Ansicht von *Bleckmann* begegnet werden, wonach europarechtliche Richtlinien und die diesbezüglichen mitgliedstaatlichen Durchführungsakte dann nicht auf die Kirchen anzuwenden sind, wenn das kirchliche Arbeitsrecht und die kirchliche Gerichtsbarkeit die Interessen der Arbeitnehmer ebenso oder sogar noch effektiver als die europäische Richtlinie schützt, was mit Subsidiaritäts- und Verhältnismäßigkeitserwägungen begründet wird (vgl. *Bleckmann*, Von der individuellen Religionsfreiheit des Art. 9 EMRK zum Selbstbestimmungsrecht der Kirchen, S. 63). Unabhängig davon, dass insbesondere dieses Subsidiaritätsverständnis problematisch sein dürfte (vgl. oben Teil 1, E. II.) ist es im Bereich der Antidiskriminierung aufgrund des kirchlichen Selbstverständnisses schlichtweg ausgeschlossen, dass die Kirchen den europäischen Gleichbehandlungsrichtlinien gleichwertige Regelungen erlassen, zumindest soweit es die Diskriminierungsmerkmale „Religion/Weltanschauung" und „sexuelle Ausrichtung" betrifft.

aa) Art. 6 Abs. 3 EU i. V. m. Art. 10 EG

Das zur Achtung der nationalen Identität der Mitgliedstaaten durch die Europäische Union verpflichtende Gebot des Art. 6 Abs. 3 EU wurde als Folge der fortschreitenden Entstaatlichung im Zuge der europäischen Integration und der damit einhergehenden Befürchtungen des Verlustes nationalstaatlicher Individualität[344] in den EU-Vertrag eingefügt.[345] Zweck der Bestimmung ist damit eine (gewisse) Beschränkung der Kompetenzausübung durch die Organe der EU sowie auch der Gemeinschaft, wobei mangels direkter Anwendbarkeit der Bestimmung auf Letztere der Grundsatz der wechselseitigen Gemeinschaftstreue gem. Art. 10 EG sowie die Grundgedanken des Subsidiaritätsprinzips und des Verhältnismäßigkeitsgrundsatzes ergänzend heranzuziehen sind.[346] Es besteht im Wesentlichen Einigkeit, dass Art. 6 Abs. 3 EU in seinem rechtlichen Gehalt über eine politisch-programmatische Bestimmung hinausgeht und der stärkeren Betonung der mitgliedstaatlichen Verfassungsgrundlagen als „allgemeine Grundsätze des Gemeinschaftsrechts" durch Etablierung einer diese schützenden „Barriere" dient, die einer zu weitgehenden Vereinnahmung der Mitgliedstaaten durch Union und Gemeinschaft Grenzen setzt.[347] Insofern ist die Bestimmung durchaus auch als Beschränkung gemeinschaftsrechtlicher Grundrechtseingriffe denk- und anwendbar. Vorliegend wäre sie dementsprechend gegenüber Eingriffen in das mitgliedstaatliche Staatskirchenrecht beachtlich, wenn dieses dem Identitätsbereich des betreffenden Mitgliedstaates zuzuordnen ist.

Der Begriff der „nationalen Identität" ist in den Verträgen nicht definiert. Die diesbezügliche Achtungsverpflichtung umfasst jedoch nach den im Schrifttum zahlreich vorgenommenen Deutungsversuchen sowohl die Unabhängigkeit und Souveränität der Mitgliedstaaten[348] sowie den in den jeweiligen Verfassungen selbst definierten Verfassungskern[349] als auch einen *Mindestbestand an Werten* aus verschiedenen Bereichen menschlichen Zusammenlebens, die das Wesen und Selbstverständnis des jeweiligen Staates prägen und etwa historischer, wirtschaftlicher,

---

[344] Vgl. *Geiger*, EUV/EGV, Art. 6 EU, Rdnr. 10; *Hilf*, in: Grabitz/Hilf, Das Recht der Europäischen Union, Art. F EUV, Rdnr. 4

[345] Die Bestimmung wurde durch den Maastrichter Vertrag in den EUV eingefügt, war zunächst – gemeinsam mit dem Demokratieprinzip – in Art. F Abs. 1 EUV enthalten.

[346] *Puttler*, in: Calliess/Ruffert, Kommentar EUV/EGV, Art. 6 EU, Rdnr. 196

[347] Vgl. *Hilf*, in: Grabitz/Hilf, Das Recht der Europäischen Union, Art. F EUV, Rdnr. 18; *Stumpf*, in: Schwarze, EU-Kommentar, Art. 6 EU, Rdnr. 42; *Beutler*, in: G/T/E, Handbuch des Europäischen Rechts, Art. F EUV, Rdnr. 18 ff.; *Bleckmann*, JZ 1997, S. 265, 266 ff.

[348] *Stumpf*, in: Schwarze, EU-Kommentar, Art. 6 EU, Rdnr. 44

[349] *Hilf*, in: Grabitz/Hilf, Das Recht der Europäischen Union, Art. F EUV, Rdnr. 8

rechtlicher oder kultureller Art sein können.[350] Wegen des Ausnahmecharakters von Art. 6 Abs. 3 EU sind diese Aspekte aber grundsätzlich *eng* auszulegen,[351] sodass von vorn herein nur elementare Prinzipien und auch diesbezüglich nur ein gewisser Kernbereich in Betracht kommen. Da auch das jeweilig in einem Mitgliedstaat nach historischen Strukturen gewachsene und zumeist verfassungsrechtlich etablierte Staatskirchenrecht angesichts der noch immer beachtlichen Mitgliederzahlen der christlichen Großkirchen unzweifelhaft zumindest zu den historischen oder kulturellen Werten gerechnet werden kann,[352] ist zunächst klargestellt, dass hierdurch in jedem Falle auch Grundzüge des hierzu gehörigen deutschen Selbstbestimmungsrechts vom „Schutzbereich" des Art. 6 Abs. 3 EU erfasst und dementsprechend von der Gemeinschaft zu achten ist (etwa Selbstbestimmung bei Religionsausübung; Gottesdienst, Lehre etc.).
Fraglich ist im Folgenden somit lediglich, *wie weit* (und ggf. über einen Mindestbestand hinaus) das statuierte Achtungsgebot der Norm im Rahmen des Selbstbestimmungsrechts der Religionsgemeinschaften nach deutscher Prägung zu ziehen ist und ob es insbesondere die diskriminierungsrelevanten Besonderheiten des kirchlichen Arbeitsrechtes und der kirchlichen Bildungseinrichtungen als „nationale Identität" (mit-)umfasst.

Nach *Müller-Volbehr*[353], wohl auch *Bleckmann*[354] und anderen Autoren[355] garantiert Art. 6 Abs. 3 EU einen weitestgehend eingriffsfesten Kern, der neben der Verfassungsidentität auch den Status der Kirchen und Religionsgemeinschaften in Deutschland einschließlich der aus dem kirchlichen Selbstbestimmungsrecht abgeleiteten Besonderheiten des kirchlichen Arbeitsrechts „unverrückbar" gewährleistet. Insbesondere *Müller-Volbehr* hat die Problematik eingehend beleuchtet und gelangt dementsprechend zu dem Ergebnis, dass etwa gemeinschaftliche Rechtsakte des Arbeitsrechts, die – unter Missachtung der nationalen Identität – in das Selbstbestimmungsrecht eingreifen, nicht auf die kirchlichen Arbeitsverhältnisse anzuwenden seien (relative Unanwend-

---

[350] *Puttler*, in: Calliess/Ruffert, Kommentar EUV/EGV, Art. 6 EU, Rdnr. 191
[351] Vgl. *Ress/Ukrow*, in: Grabitz/Hilf, Das Recht der Europäischen Union, Art. 151 EG, Rdnr. 75 zum insoweit ähnlich gelagerten Rücksichtnahmegebot gem. Art. 151 Abs. 4 EG.
[352] Vgl. *Mückl*, in: Haratsch u.a., Religion und Weltanschauung im säkularen Staat, S. 192 ff. m.w.N.
[353] *Müller-Volbehr*, Europarecht und das Arbeitsrecht der Kirchen, S. 92 ff., 98; dem folgend *Richardi*, Arbeitsrecht in der Kirche, § 1, Rdnr. 32 ff.
[354] *Bleckmann*, JZ 1997, S. 265, 269; *ders.*, Europarecht, Rdnr. 95
[355] *Winter*, Staatskirchenrecht in der Bundesrepublik Deutschland, S. 210; *Hanau/Thüsing*, Europarecht und kirchliches Arbeitsrecht, S. 21, die allerdings darauf hinweisen, dass sich hieraus kaum konkrete Handlungsgebote ableiten lassen werden

barkeit).[356] Dieses Ergebnis stützt er im Wesentlichen auf eine Gleichsetzung der Begriffe „achtet" mit „unantastbar", einer mehrfachen Heranziehung der Kirchenerklärung des Amsterdamer Vertrags zur Auslegung und Bekräftigung des Art. 6 Abs. 3 EU oder der Einräumung eines undifferenzierten Zielvorrangs für die Belange des Selbstbestimmungsrechts innerhalb der Ziele der Gemeinschaft.[357]

Die vorstehende Zuerkennung eines „identitätsstiftenden Charakters" undifferenziert für das *gesamte* Selbstbestimmungsrecht der Religionsgemeinschaften deutscher Prägung mit der Folge der Unantastbarkeit durch Gemeinschaftsmaßnahmen ist als sehr gewagt und deutlich überzogen zu qualifizieren und daher abzulehnen. Bei dieser Sichtweise ist bereits die Handhabung der Kirchenerklärung nicht sachgerecht erfolgt. Wie bereits vorn festgestellt wurde, ist die Kirchenerklärung zwar grundsätzlich als Ausdruck des übereinstimmenden „good will" der Mitgliedstaaten als Auslegungsmaxime der Verträge sowie der sekundärrechtlichen Bestimmungen zu berücksichtigen. Im Gegensatz zur vorbezeichneten Ansicht verbietet sich jedoch die Heranziehung der Erklärung gerade aufgrund historischer und systematischer Argumente bei der Hermeneutik des Art. 6 Abs. 3 EU. Im Rahmen der Entstehungsgeschichte der Erklärung war seitens einiger Mitgliedstaaten, darunter Deutschland, ursprünglich geplant, eine entsprechend gestaltete Bestimmung direkt in den Art. 6 EU fest aufzunehmen, um dadurch einen im Kirchensinne „sicheren" Status zu definieren.[358] Insbesondere aufgrund des Widerstands Frankreichs scheiterte dieses Unterfangen jedoch und mündete in die bereits mehrfach zitierte Gemeinsame Erklärung zur Schlussakte des Amsterdamer Vertrags, der lediglich als Auslegungsmaxime Bedeutung beizumessen ist.[359] Nach dem entäußerten, (konsensfähigen) übereinstimmenden Willen der Mitgliedstaaten als „Herren der Verträge" soll dementsprechend im Rahmen von Union und Gemeinschaft lediglich eine „weiche" und ggf. überwindbare Lösung zum Schutz der mitgliedstaatlichen staatskirchenrechtlichen Systeme zum Zuge kommen. Da dieser Wille klar ersichtlich ist, kann die Kirchenerklärung nicht mehr zur Untermauerung des in Art. 6 Abs. 3 EU enthaltenen Achtungsgebots verwendet werden. Andernfalls würde in Verbindung mit letzterer Bestimmung ein normativer Gehalt der Erklärung im Sinne einer (echten) Bereichsausnahme mitsamt einer faktischen Vorrangwirkung zu Gunsten des mitgliedstaatlichen Staatskirchenrechts konstruiert, die der Erklärung einerseits und dem gemeinschaftlichen Status der Religions- und

---

[356] *Müller-Volbehr*, Europarecht und das Arbeitsrecht der Kirchen, S. 100

[357] Vgl. *Müller-Volbehr*, Europarecht und das Arbeitsrecht der Kirchen, S. 93 ff.

[358] Vgl. *Stotz*, öarr 1999, S. 64 f. m. w. N.

[359] Dazu bereits oben Teil 2, B. 2. a) aa) (5) (c) (bb)

Weltanschauungsgemeinschaften andererseits eine Wirkung und Bedeutung verleihen würde, die diesen gerade (und an der Verortung der Erklärung im Vertragswerk verdeutlicht) nicht zukommen sollte. Das Achtungsgebot und die Auslegungsmaxime stehen somit in diesem Falle *nebeneinander* und ergänzen sich nicht.

Ferner kann die Kirchenerklärung auch nicht als einseitige Definition eines (Teils des) identitätsstiftenden Verfassungskerns des Grundgesetzes durch die deutsche Seite gewertet werden, welcher als „deutschlandtypisches Eigenbild" von der Gemeinschaft gem. Art. 6 Abs. 3 EU zu achten wäre.[360] Eine derartige Absicht hätte durch die deutsche Verhandlungsdelegation etwa durch eine einseitige Erklärung zur Schlussakte des Amsterdamer Vertrags nach Art eines „Sideletters" zu Art. 6 Abs. 3 EU dokumentiert werden können.[361] Angesichts des Verhandlungsverlaufs und –ergebnisses wurde vielmehr bekräftigt, dass sich Deutschland der gefundenen Kompromissformel des „ehrlichen goodwill" bei schwacher rechtlicher Verankerung unterordnet und nicht nach einer Unverrückbarkeitsgarantie seines Staatskirchenrechts strebt.

Schließlich ist zu beachten, dass – auch bei Bejahung der Voraussetzungen des Art. 6 Abs. 3 EU – das Achtungsgebot durchaus einer dynamischen Auslegung zugänglich ist und gerade nicht einer „Zementierung" des status quo ante dient.[362] Insbesondere geht *Hilf* zu Recht davon aus, dass die Bestimmung keinen Zielvorrang zu Gunsten des betreffenden nationalen Identitätsgutes i. S. einer Bestandsgarantie begründet.[363] Eine solche Wertung ergibt sich bereits daraus, dass auch die Integrationsbereitschaft eines Mitgliedstaates und seine Anpassungsfähigkeit an veränderte Weltlagen (Globalisierung) zur nationalen Identität i. S. des Achtungsgebots zu zählen ist.[364] Das bringt auch Art. 23 Abs. 1 Satz 1 GG deutlich zum Ausdruck. Solche Identitätsmerkmale sind jedoch gleichrangig und müssen zu einem vernünftigen Ausgleich geführt werden, wollen die Mitgliedstaaten nicht einem potentiellen Rückfall in nationalstaatliches Denken und Handeln den Weg bereiten (praktische Konkordanz). In diesem Sinne ist auch das Spannungsverhältnis der nationalen Identität zur in Art. 2 Abs. 1, 2. Spglstr. EU postulierten „Identität der Union" als Gruppe historisch,

[360] Vgl. *Hilf*, in: Grabitz/Hilf, Das Recht der Europäischen Union, Art. F EUV, Rdnr. 8

[361] Vgl. etwa im Ansatz die Erklärung Nr. 59 zur Schlussakte des Amsterdamer Vertrags (Erklärung Griechenlands zum Status der Kirchen und weltanschaulischen Gemeinschaften).

[362] Dazu *Puttler*, in: Calliess/Ruffert, Kommentar EUV/EGV, Art. 6 EU, Rdnr. 193

[363] Dazu *Hilf*, in: Grabitz/Hilf, Das Recht der Europäischen Union, Art. F EUV, Rdnr. 11

[364] So richtig *Puttler*, in: Calliess/Ruffert, Kommentar EUV/EGV, Art. 6 EU, Rdnr. 192, die von einer „Öffnung des Souveränitätspanzers gegenüber Union und Gemeinschaft" als identitätsstiftendem Merkmal spricht.

wirtschaftlich und kulturell zusammengehörender und deshalb zusammenwachsender Staaten zu lösen.[365]

Unter Beachtung dieser Grundsätze kann das Achtungsgebot des Art. 6 Abs. 3 EU als Schranken-Schranke damit nicht über die Gewährleistung eines Mindestbestandes des Selbstbestimmungsrechts der Religionsgemeinschaften hinausgehen. In dieser Funktion hat es deshalb im Ergebnis vorliegend kaum eine andere Funktion als eine (relative) Wesensgehaltsgarantie, die bei Grundrechten davon unabhängig bereits als eigenständige Eingriffsgrenze anerkannt ist, bzw. ein Rücksichtnahmegebot zu Gunsten eines (engen) Kernbereichs nationalstaatlichen Staatskirchenrechts.[366] Da die Besonderheiten des kirchlichen Arbeitsrechtes sowie der kirchlichen Bildungseinrichtungen grundsätzlich nicht zu diesem Mindestbestand zu rechnen sind, kann Art. 6 Abs. 3 EU i. V. m. Art. 10 EG demzufolge wohl nur in Ausnahmefällen eine diesbezügliche Beschränkung des Gemeinschaftsvorbehalts im Zuge von Antidiskriminierungsmaßnahmen gem. Art. 13 EG bewirken.

bb) Art. 151 Abs. 4 EG

Die Bestimmung, wonach die Gemeinschaft bei der Kompetenzausübung nach dem EGV den „kulturellen Aspekten" der Mitgliedstaaten Rechnung trägt, enthält ein umfangreiches *Rücksichtnahmegebot*, welches bei sämtlichen Tätigkeiten der Gemeinschaft zu beachten ist und im Verletzungsfalle zur Unwirksamkeit wesentlich beeinträchtigender Rechtsakte führen kann.[367] Der (nicht konkretisierte) Kulturbegriff des Art. 151 EG ist pragmatisch zu bestimmen und sollte sich an den angestammten Bereichen der nationalen Kultur(politik) orientieren.[368] Da auch das kulturelle Rücksichtnahmegebot der Identitätswahrung der Mitgliedsstaaten und dem Schutz vor undifferenzierter Vereinnahmung durch die Gemeinschaft dient, besteht im Wesentlichen Übereinstimmung mit der in Art. 6 Abs. 3 EU bereits enthaltenen Fallgruppe der „kulturellen Werte" als Bestandteil mitgliedstaatlicher Identität,[369] sodass insoweit eine entsprechende Behandlung gerechtfertigt ist und auf das soeben ausgeführte verwiesen werden kann. Wie schon letztere Bestimmung rechtfertigt auch Art. 151 Abs. 4 EG keine protektionistischen

[365] Vgl. *Geiger*, EUV/EGV, Art. 6 EU, Rdnr. 11
[366] So im Ergebnis wohl auch *Hanau/Thüsing*, Europarecht und kirchliches Arbeitsrecht, S. 21.
[367] Dazu ausführlich *Ress/Ukrow*, in: Grabitz/Hilf, Das Recht der Europäischen Union, Art. 151 EG, Rdnr. 75
[368] *Ress/Ukrow*, in: Grabitz/Hilf, Das Recht der Europäischen Union, Art. 151 EG, Rdnr. 13; *Geiger*, EUV/EGV, Art. 151 EG, Rdnr. 3
[369] Vgl. *Bleckmann*, Europarecht, Rdnr. 94

Maßnahmen der Mitgliedstaaten und gebietet eine Zielkonfliktbereinigung im Wege der praktischen Konkordanz unter Berücksichtigung des Grundsatzes der Verhältnismäßigkeit.[370]
Grundzüge des deutschen Staatskirchenrechts sind damit aufgrund seiner historisch überkommenen, von Religion und Brauchtum geprägten Strukturen auch als Bestandteil der nationalen Kultur i. S. d. Art. 151 EG anzusehen, sodass die Gemeinschaft hierauf grundsätzlich beim Erlass von Antidiskriminierungsmaßnahmen, die gegenüber den Religionsgemeinschaften Bestand haben, Rücksicht zu nehmen hat.[371] Eine „Unberührbarkeit" des kirchlichen Arbeitsrechtes oder der kirchlichen Bildungseinrichtungen ist damit jedoch auch im Rahmen des Art. 151 EG nicht verbunden.[372]

cc) Kirchenerklärung des Vertrags von Amsterdam

Aufgrund ihres apodiktischen Wortlauts ist es auf den ersten Blick nicht ausgeschlossen, die Kirchenerklärung des Amsterdamer Vertrages als Schranken-Schranke eines Grundrechtseingriffs in die korporative Religionsfreiheit zu begreifen.[373] Da ihr jedoch nach Vertragsstellung und Entstehungsgeschichte jegliche normative Kraft fehlt,[374] scheidet die Funktion einer „echten" Eingriffsbegrenzung aus. Die Erklärung kann jedoch als übereinstimmende politisch-programmatische Willensbekundung der Mitgliedstaaten über ihre Berücksichtigung bei der Auslegung des Primär- und Sekundärrechts eine weichere, kirchenfreundlichere Anwendung dieses Rechts bewirken, obgleich Verstöße hiergegen der Justiziabilität entbehren.

dd) Wesensgehaltsgarantie

Die „klassische" Schranken-Schranke der Wesensgehaltsgarantie wurde vom EuGH bereits frühzeitig als Gemeinschaftsrechtsbestandteil in seiner

---

[370] Ausführlich *Ress/Ukrow*, in: Grabitz/Hilf, Das Recht der Europäischen Union, Art. 151 EG, Rdnr. 75 f. m.w.N.

[371] Vgl. auch *Streinz*, EssG 1997, S. 54, 72, 83; *Müller-Volbehr*, Europa und das Arbeitsrecht der Kirchen, S. 89 ff.

[372] Trotz des weitgehenden Kulturbegriffs fallen diese über die bereits vorn angeführten Grundzüge des Staatskirchenrechts hinausgehenden Belange des Selbstbestimmungsrechts nicht unter den Begriff „kulturelle Aspekte". Insoweit gilt nichts anderes als im Rahmen des Begriffs der „nationalen Identität" gem. Art. 6 Abs. 3 EU. Hierbei handelt es sich letztlich um bloße zuerkannte Rechtspositionen, die kaum als Bestandteil der nationalen Kultur angesehen werden können, zumal diese Positionen im Zuge fortschreitender Säkularisierung der Gesellschaften auch in mitgliedstaatlicher Hinsicht mittelfristig sehr fraglich sein dürften.

[373] Dahin tendiert wohl auch *Robbers*, Stimmen der Zeit 1998, S. 147, 154.

[374] Dazu vgl. bereits oben Teil 2, B. 2. a) aa) (5) (c) (bb) m. w. N.

Grundrechtssprechung anerkannt, wonach der Gemeinschaftsvorbehalt nur insoweit durchgreifen kann, „*solange die* [Grund-]*Rechte nicht in ihrem Wesen angetastet werden.*“[375] Nicht geklärt ist bis heute, ob der Gerichtshof dabei von einem absolut geschützten Grundrechtskern oder von einer relativen Eingriffsbeschränkung unter Berücksichtigung des Grundsatzes der Verhältnismäßigkeit ausgeht.[376] Viel spricht aus Flexibilitätsgründen für die Annahme einer Bestimmung des Wesensgehaltes im Rahmen einer Einzelfallabwägung, obgleich hierdurch die Grenze zur Verhältnismäßigkeitsprüfung verwischt wird. Unabhängig von dieser dogmatischen Frage haben jedoch in jedem Fall grundrechtsbeschränkende Antidiskiminierungsmaßnahmen einen „Selbstbestimmungskern“ übrig zu lassen[377], mit dem die Religionsgemeinschaften ihr innerstes Verständnis wahren können. Danach wäre etwa eine Verletzung des Wesensgehaltes anzunehmen, wenn beispielsweise die Kirchen auch bei der Priesterauswahl glaubensverschiedene Bewerber berücksichtigen müssten. Solche Eingriffe sind aber wohl rein theoretischer Natur.

ee) Grundsatz der Verhältnismäßigkeit

Zweite, ausdrücklich vom EuGH anerkannte Schranken-Schranke bildet der Verhältnismäßigkeitsgrundsatz, der klarstellt, dass Grundrechtseinschränkungen „*nicht einen im Hinblick auf den verfolgten Zweck unverhältnismäßigen, nicht tragbaren Eingriff*“[378] bewirken dürfen. Auch im Gemeinschaftsrecht müssen danach Eingriffe in einer vernünftigen Mittel-Zweck-Relation stehen, notwendig sein und dem Grundsatz des Interventionsminimums genügen.[379]
Unabhängig von der bereits auf der Schrankenebene im Rahmen der praktischen Konkordanz und bei der Bestimmung des Wesensgehaltes durchzuführenden Abwägungen müssen Antidiskriminierungsmaßnahmen damit stets *im Einzelfall* verhältnismäßig und angemessen sein und dürfen die betroffenen Religionsgemeinschaften nicht über Gebühr belasten. Dabei darf jedoch wiederum die besondere Bedeutung der integrationsfördernden und der Verwirklichung elementarer Menschen-

---

375 Vgl. EuGH Rs. 4/73 vom 14. 5. 1974, Slg. 1974, 491, 507, Rdnr. 13 (Nold ./. Kommission); *Chwolik-Lanfermann*, Grundrechtsschutz in der Europäischen Union, S. 81 ff.; *Rengeling*, Grundrechtsschutz in der Europäischen Gemeinschaft, S. 214 f.

376 Dazu *Rengeling*, Grundrechtsschutz in der Europäischen Gemeinschaft, S. 214, der eine eher relative Begriffsbestimmung seitens des EuGH annimmt.

377 Vgl. zum deutschen Recht *Pieroth/Schlink*, Staatsrecht II, Rdnr. 345

378 EuGH Rs. 44/79 vom 13. 12. 1979, Slg. 1979, 3727, 3747 (Hauer ./. Land Rheinland-Pfalz)

379 Vgl. *Rengeling*, Grundrechtsschutz in der Europäischen Gemeinschaft, S. 213; zum Verhältnismäßigkeitsgrundsatz allgemein vgl. *Pieroth/Schlink*, Staatsrecht II, Rdnr. 318 ff.

rechte dienenden Antidiskriminierungsbestrebungen der Gemeinschaft nicht aus den Augen verloren werden, die im Regelfall bei Personen mit neutralen, nicht überwiegend religiös behafteten Tätigkeiten sich nur selten als unverhältnismäßig darstellen dürften.

Letztlich ist nach der vorgenommenen, antidiskriminierungsbezogenen Gesamtbetrachtung möglicher Begrenzungen der Grundrechtsschranke des Gemeinschaftsvorbehaltes festzuhalten, dass diese – entgegen vereinzelter Ansichten im Schrifttum – keine Sperren mit Absolutheitsanspruch zu Gunsten des Selbstbestimmungsrechts der Religionsgemeinschaften deutscher Prägung enthalten. Sie gebieten in teils ähnlicher Ausprägung (lediglich) die Wahrung eines identitätserhaltenden Wesenskerns und dürfen nicht zu einer unverhältnismäßigen Belastung der Religionsgemeinschaften führen. Im Gegensatz zum deutschen Recht in seiner Auslegung durch das BVerfG bestehen damit im Gemeinschaftsrecht *keine (faktischen) Sonderrechte der Religionsgemeinschaften* in Bezug zu anderen Grundrechtsträgern. Allerdings haben die Mitgliedstaaten mit der Kirchenerklärung ihren Willen bekundet, die bestehenden Rechtspositionen der Religionsgemeinschaften zu achten.

3. Grundrechtskonformität der RL 2000/78/EG

Fraglich ist abschließend, ob in Konkretisierung der vorbezeichneten Handhabung des Grundrechts der korporativen Religionsfreiheit in Relation zur Antidiskriminierungslegislation gem. Art. 13 EG die im vorangegangenen Kapitel dargestellte Richtlinie 2000/78/EG gemeinschaftsgrundrechtsverletzenden Charakter aufweist.

Angesichts der weiten Einschränkbarkeit des Gemeinschaftsgrundrechts durch Antidiskriminierunsgmaßnahmen könnte eine Grundrechtsverletzung nur darin liegen, dass die Richtlinie die Religionsgemeinschaften in ihrem Selbstbestimmungs*kern* beeinträchtigt oder ihre Regelungen im Hinblick auf das Selbstbestimmungsrecht unverhältnismäßig sind.
Die generelle Einbeziehung der Religionsgemeinschaften in den Anwendungsbereich der Richtlinie ist aufgrund der Stellung der Großkirchen in Deutschland als (nach dem Staat) zweitgrößter Arbeitgeber mit 1,2 Mio. Beschäftigten in europarechtlicher Hinsicht hiernach ohne Weiteres gerechtfertigt, da nur eine möglichst umfassende Anwendbarkeit der Richtlinie den verfolgten Zweck einer europaweiten Gleichbehandlung erreichen kann und unerwünschte „Subkulturen“ verhindert. Insofern stehen auch die Kirchen nicht im rechtsleeren Raum und sind wie jeder andere Arbeitgeber gefordert, die Arbeitsbedingungen ihrer Mitarbeiter an Gemeinschaftsstandards anzupassen. Diesbezüglich

sind auch mildere Mittel, wie etwa gleichwertige kircheneigene Regelungen, realistischerweise und in Anbetracht der teils erheblichen Vorbehalte der Kirchen nicht in Sicht.
Dem besonderen Selbstverständnis der Religionsgemeinschaften wird durch Einfügen der Rechtfertigungsklausel des Art. 4 RL in angemessener Weise Rechnung getragen. Hierdurch ist gewährleistet, dass die Religionsgemeinschaften auch in Zukunft bei Mitarbeitern mit besonderem kirchlichen Auftrag spezifische berufliche Anforderungen stellen können. Verletzungen des Wesensgehalts des Grundrechts der korporativen Religionsfreiheit oder des Grundsatzes der Verhältnismäßigkeit liegen somit, unter dem Vorbehalt besonderer Einzelfallumstände, nicht vor.

II. Schutz des Selbstbestimmungsrechts durch das Grundgesetz

Sekundärakte der Gemeinschaft gem. Art. 13 EG, die in das Selbstbestimmungsrecht der Religionsgemeinschaften eingreifen und die insoweit nach den erörterten Grundsätzen gemeinschaftsgrundrechtskonform sind, können aufgrund der differierenden Schrankensystematik gleichwohl eine Beeinträchtigung grundgesetzlich geschützter Rechtspositionen, insbesondere gem. Art. 4 Abs. 1 und 2, 140 GG i. V. m. 137 Abs. 3 und 7 WRV, darstellen und hieraus resultierende Abwehrrechte der Religionsgemeinschaften eröffnen. Es stellt sich daher die Frage, ob und ggf. unter welchen Voraussetzungen Antidiskriminierungsmaßnahmen der Gemeinschaft außer an den Gemeinschaftsgrundrechten auch an den deutschen Grundrechten zu messen sind und welcher Grundrechtsposition im Ergebnis der Vorrang einzuräumen ist. Die hierfür zugrundeliegende Problematik war seit dem Maastricht-Urteil des BVerfG (neuerlich) im deutschen Schrifttum sehr umstritten, dürfte jedoch seit dem Bananenmarktbeschluss weitgehend geklärt sein.

1. (Un-)Eingeschränkter Vorrang des Gemeinschaftsrechts

Kernfrage der Untersuchung ist zunächst diejenige nach dem Umfang des Vorrangs des Gemeinschaftsrechts vor dem nationalen Recht, insbesondere den nationalen Verfassungen, nach der langjährigen Rechtsprechung des EuGH einerseits, und der inzwischen wohl sicher fixierten Rechtsprechung des BVerfG bzw. der grundgesetzlichen „Integrationsschranke“ des Art. 23 Abs. 1 GG andererseits.

a) „Vorrang-Doktrin" des EuGH

Der Gerichtshof hatte bereits im Jahre 1963 begonnen, einen *uneingeschränkten Vorrang* des Gemeinschaftsrechts vor den Rechtsordungen der Mitgliedstaaten zu postulieren.[380] In der ein Jahr später ergangenen Leitentscheidung „Costa ./. E.N.E.L." führt der EuGH hierfür die sog. *autonom gemeinschaftsrechtliche Begründung* ins Feld[381]: Danach habe die Gründung der zeitlich unbeschränkten Gemeinschaft und ihre Ausstattung mit Hoheitsrechten, die aus der Beschränkung der Zuständigkeiten der Mitgliedstaaten oder der Übertragung originär mitgliedstaatlicher Hoheitsrechte resultieren, zu einer Schaffung eines autonomen, supranationalen Rechtskörpers geführt, der es den Mitgliedstaaten aufgrund einer immanenten, direkten Souveränitätsbeschränkung nicht gestattet, einseitige Maßnahmen gegen diese auf der Grundlage der Gegenseitigkeit angenommene Rechtsordnung zu etablieren. Zur weiteren argumentativen Untermauerung dieser Sichtweise zieht er auch Art. 10 Abs. 2 EG und Art. 249 EG heran und betont, dass andernfalls die in den Verträgen enthaltenen Verpflichtungen der Mitgliedstaaten ihren Unbedingtheitschrakter verlieren würden, wenn sie durch spätere mitgliedstaatliche Maßnahmen in Frage gestellt werden könnten. Um eine entsprechende Funktionsfähigkeit, Zielerreichung und Aufgabenwahrnehmung der Gemeinschaft sicherzustellen sei deshalb erforderlich, *„dass dem vom Vertrag geschaffenen, somit aus einer autonomen Rechtsquelle fließenden Recht wegen dieser seiner Eigenständigkeit keine wie immer gearteten innerstaatlichen Rechtsvorschriften vorgehen können."*[382] Später hat der Gerichtshof ergänzend verdeutlicht, dass es die Gültigkeit einer Gemeinschaftshandlung oder deren Geltung in einem Mitgliedstaat nicht berühren kann, *„wenn geltend gemacht wird, die Grundrechte in der ihnen von der Verfassung dieses Staates gegebenen Gestalt oder die Strukturprinzipien der nationalen Verfassung seien verletzt."*[383] Diese Rechtsprechung der uneingeschränkten „Vorrang-Doktrin" hat der Gerichtshof bis zum heutigen Tage unverändert beibehalten.[384]

Die strikte Einstufung des Gemeinschaftsrechts als lex superior kraft Supranationalität der Gemeinschaft beantwortet die obige Frage somit aus

[380] Vgl. EuGH Rs. 26/62 vom 5. 2. 1963, Slg. 1963, 22, 24 f. (van Gend & Loos ./. Niederländische Finanzverwaltung)
[381] Vgl. EuGH Rs. 6/64 vom 15. 7. 1964, Slg. 1964, 1251, 1269 f. (Costa ./. E.N.E.L.)
[382] EuGH Rs. 6/64 vom 15. 7. 1964, Slg. 1964, 1251, 1270 (Costa ./. E.N.E.L.)
[383] EuGH Rs. 11/70 vom 17. 12. 1970, Slg. 1979, 1125, 1135, Rdnr. 3 (Internationale Handelsgesellschaft ./. Einfuhr- und Vorratsstelle für Getreide und Futtermittel)
[384] Vgl. etwa EuGH Rs. 106/77 vom 9. 3. 1978, Slg. 1978, 629, 644, Rdnr. 24 (Simmenthal); Rs. C-213/89 vom 19. 6. 1990, Slg. 1990, I-2433, 2473, Rdnr. 18 (Factortame u. a.)

der Sicht des EuGH im Sinne eines stets gegebenen, *einschränkungslosen* Anwendungsvorrangs von Gemeinschaftsmaßnahmen, dem mitgliedstaatliche Grundrechte nicht entgegenstehen können.[385]

b) Nationale Rechtslage in Deutschland

Die nähere Auseinandersetzung mit der Sichtweise des BVerfG zur Vorrang-problematik in Bezug zur deutschen Rechtsordnung wirft zunächst die kursorisch zu klärende *Vorfrage* auf, in welcher Form einer Übertragung von Hoheitsrechten auf die Gemeinschaft grundgesetzliche Schranken gesetzt sind.[386]

aa) Grenzen der Integrationsermächtigung gem. Art. 23 GG

Anders als nach der Rechtsprechung des EuGH ist aus Sicht des BVerfG wesentliche Grundlage eines Vorrangs des Gemeinschaftsrechts nicht die Autonomie der Gemeinschaftsrechtsordnung als solche, sondern die *Übertragung* originär mitgliedstaatlicher Hoheitsrechte durch den deutschen Gesetzgeber auf die Gemeinschaft.[387] Der langjährig diesem Zweck dienende Art. 24 Abs. 1 GG wurde 1992 durch den neu eingefügten Art. 23 Abs. 1 GG abgelöst, der nunmehr als lex specialis das Verhältnis der Bundesrepublik zur Europäischen Union[388] regelt.[389] Darin wurden zum einen *strukturelle Vorgaben* an die Union gestellt, deren Erfüllung Voraussetzung einer Hoheitsrechtsübertragung ist (Art. 23 Abs. 1 Satz 1 GG).[390] Zum anderen ist die Übertragungsermächtigung nicht grenzenlos gewährt, sondern durch die von der Ewigkeitsklausel des Art. 79 Abs. 3 GG erfassten Prinzipien *absolut beschränkt* (Art. 23 Abs. 1 Satz 3 GG), womit im Ergebnis die vorherige Solange-Rechtsprechung des BVerfG gesetzgeberisch nachvollzogen wurde.[391] Eine Hoheitsrechts-

---

[385] Vgl. dazu ausführlich *Oppermann*, Europarecht, Rdnr. 616 ff. m.w.N.; *Wegener*, in: Calliess/Ruffert, Kommentar EUV/EGV, Art. 220 EG, Rdnr. 18; *Geiger*, EUV/EGV, Art. 10 EG, Rdnr. 27 ff.; *Hatje*, in: Schwarze, EU-Kommentar, Art. 10 EG, Rdnr. 8 ff.

[386] Zu dieser Frage ausführlich und m.w.N etwa *Chwolik-Lanfermann*, Grundrechtsschutz in der Europäischen Union, S. 93 ff.; *Kischel*, Der Staat 2000, S. 523 ff.; im Bereich des Staatskirchenrechts vgl. z. B. *Müller-Volbehr*, Europa und das Arbeitsrecht der Kirchen, S. 34 ff.; *Streinz*, EssG 1997, S. 53, 79 ff.

[387] Vgl. *Wegener*, in: Calliess/Ruffert, Kommentar EUV/EGV, Art. 220 EG, Rdnr. 20 m. w. N.

[388] Der Begriff „Europäische Union" ist in diesem Zusammenhang weit zu verstehen und umfasst neben den Gemeinschaften alle Maßnahmen, die mit der Union in irgendeinem Zusammenhang stehen; vgl. *Jarass*, in: Jarass/Pieroth, GG, Art. 23, Rdnr. 4.

[389] Vgl. *Schwarze*, in: Schwarze, Die Entstehung einer europäischen Verfassungsordnung, S. 133

[390] *Jarass*, in: Jarass/Pieroth, GG, Art. 23, Rdnr. 7

[391] Dazu vgl. ausführlich *Kischel*, Der Staat 2000, S. 523, 524 ff.

übertragung setzt danach voraus, dass die „Gliederung des Bundes in Länder, die grundsätzliche Mitwirkung der Länder bei der Gesetzgebung oder die in den Art. 1 und 20 niedergelegten Grundsätze" des GG vom Übertragungsakt unangetastet bleiben. Bei einer Grenzüberschreitung ist aufgrund dessen ergangenes Gemeinschaftsrecht mangels eingeräumter Hoheitsmacht in Deutschland nicht anwendbar,[392] sodass sich die Frage der Vorrangigkeit sekundären Gemeinschaftsrechts und eines etwaigen Prüfungsvorbehalts des BVerfG in diesen Fällen von vornherein nicht stellt. Über die „Kompetenzkonformität" wacht das BVerfG, welches seinen Kontrollanspruch in diesem Bereich „in Kooperation" mit dem EuGH[393] auszuüben gedenkt und diesen Anspruch bisher – im Gegensatz zur Kontrolle der Grundrechtskonformität – auch noch nicht eingeschränkt hat.[394]

Im jetzigen Integrationsstand wurden (zuletzt insbesondere durch den Maastrichter Vertrag) seitens der Bundesrepublik Deutschland umfangreiche Hoheitsrechte auf die EG übertragen, welche die Gemeinschaft zu umfangreichen Maßnahmen ermächtigen, die in den bisherigen alleinigen Hoheitskreis der Mitgliedstaaten eingreifen,[395] z. B. auf den Gebieten des Arbeits- und Sozialrechts; der Gesundheitspolitik; des Wirtschaftsrechts. Die Etablierung des Art. 13 EG durch den Amsterdamer Vertrag beinhaltet allerdings keine „Übertragung" im von Art. 23 Abs. 1 GG geforderten Sinne, da hierdurch gerade nicht die neue Gemeinschaftskompetenz „Antidiskriminierung" geschaffen wurde, sondern lediglich eine Ermächtigungsgrundlage an den Rat, geeignete Maßnahmen zur Diskriminierungsbekämpfung in Bereichen zu erlassen, die der Gemeinschaft bereits übertragen wurden („Anwendungsbereich des Vertrags").[396]

Vorliegend stellt sich somit lediglich die Frage, ob etwa der hier besonders interessierende Bereich des Arbeits- und Sozialrechts, in dessen Rahmen auch Antidiskriminierungsmaßnahmen ergehen, Übertragungsbeschränkungen i. S. d. Art. 23 Abs. 1 Satz 3 i. V. m. 79 Abs. 3 GG unterliegt, die es mangels Hoheitsrechten der Gemeinschaft unmöglich machen, in das grundgesetzliche Staatskirchenrecht, insbesondere das

---

[392] BVerfGE 89, 155, 188 (Maastricht)
[393] BVerfGE 89, 155, 175 (Maastricht)
[394] Vgl. *Nicolaysen/Nowak*, NJW 2001, S. 1233 f., 1236 ff. mit kritischer Stellungnahme
[395] Unter dem Begriff der „Übertragung" ist zu verstehen, dass der ausschließliche Herrschaftsanspruch der Bundesrepublik Deutschland zurückgenommen und der unmittelbaren Geltung und Anwendbarkeit eines Rechtes aus einer anderen Quelle innerhalb des staatlichen Herrschaftsbereiches Raum gelassen wird; vgl. *Jarass*, in: Jarass/Pieroth, GG, Art. 23, Rdnr. 18 m.w.N.; *Scholz*, in: Maunz/Dürig, Grundgesetz, Art. 23, Rdnr. 51
[396] Dazu ausführlich Teil 1, B. I. 2. m.w.N.

kirchliche Arbeitsrecht und die kirchlichen Bildungseinrichtungen, einzugreifen. Hierzu müssten die letzteren Bereiche Teil der „in den Art. 1 *und* 20 niedergelegten Grundsätze" sein. Eine solche Annahme ist jedoch abwegig. Art. 79 Abs. 3 GG, der als Ausnahmevorschrift eng auszulegen ist,[397] erfasst gerade nicht den Grundrechtskatalog (und damit die korporative Religionsfreiheit) als solchen, sondern lediglich über Art. 1 GG den sog. Menschenwürdegehalt eines jeden Einzelgrundrechtes, welcher materiellrechtlich in jedem Grundrecht als *unantastbarer Wesenskern* wiederkehrt.[398] Die Selbstbestimmung im Allgemeinen und im Rahmen des kirchlichen Arbeitsrechts bzw. der kirchlichen Bildungseinrichtungen im Besonderen, welche erst durch die Verbindung von Art. 4 GG und Art. 140 GG i. V. m. 137 Abs. 3, 7 WRV ihren spezifischen grundgesetzlichen Schutz erfahren,[399] sind diesem unantastbaren Wesenskern der Religionsfreiheit in keiner Ausprägung zuzuordnen, sodass eine nähere Begriffsbestimmung hier unterbleiben kann.[400] Ferner scheidet eine Zuordung zu den Rechtsgütern des Art. 20 GG offensichtlich aus.

Damit bleibt zunächst festzuhalten, dass die durch den deutschen Gesetzgeber auf die Gemeinschaft übertragenen Hoheitsrechte, die zum Erlass von sekundärrechtlichen Maßnahmen gem. Art. 13 EG (im Anwendungsbereich des Vertrags) berechtigen, *uneingeschränkt* für die Gemeinschaft bestehen, wovon auch ohne Weiteres in das Selbstbestimmungsrecht der Religionsgemeinschaften eingreifende Regelungen umfasst sind. Eine generelle Nichtanwendung von die Religionsgemeinschaften beeinträchtigender Antidiskriminierungslegislation in Deutschland wegen mangelnder, diesbezüglicher Hoheitsmacht der EG kommt demzufolge nicht in Betracht.

bb) Prüfungsvorbehalte nach der Rspr. des BVerfG

Im Folgenden ist zu prüfen, inwieweit das BVerfG den seitens des EuGH beanspruchten Vorrang des Gemeinschaftsrechts für die deutsche Rechtsordnung durch Verzicht auf eine Letztkontrolle gemeinschaftlicher Maßnahmen anerkennt, wenn die EG wirksam übertragene Hoheitsrechte durch Erlass sekundärrechtlicher Bestimmungen ausübt.

---

[397] *Maunz/Dürig*, in: Maunz/Dürig, Grundgesetz, Art. 79, Rdnr. 31

[398] Vgl. *Maunz/Dürig*, in: Maunz/Dürig, Grundgesetz, Art. 79, Rdnr. 42 m. w. N.

[399] Vgl. BVerfGE 72, 279, 289; dazu oben Teil 2, A. I. 1.

[400] *Müller-Volbehr* nennt diesbezüglich den „engen kultischen Bereich"; vgl. *Müller-Volbehr*, Europa und das Arbeitsrecht der Kirchen, S. 41.

Im Grundsatz hatte auch das BVerfG frühzeitig die Notwendigkeit einer Vorrangstellung des Gemeinschaftsrechts vor dem nationalen Recht anerkannt[401] und Verfassungsbeschwerden gegenüber gemeinschaftsrechtlichem Sekundärrecht mangels Vorliegens eines Aktes der deutschen öffentlichen Gewalt (§ 90 BVerfGG) für unzulässig erklärt.[402] In der Folgezeit wurde die vollständige Rücknahme eigener Prüfungskompetenzen[403] allerdings eng mit dem Stand des gemeinschaftlichen Grundrechtsstandards verknüpft. In der Solange I – Entscheidung[404] aus dem Jahre 1974 erklärte es aufgrund des Fehlens eines formellen Grundrechtskatalogs innerhalb des Gemeinschaftsrechts konkrete Normenkontrollanträge gem. Art. 100 GG eines deutschen Gerichts (ggf. nach Durchführung des Vorabentscheidungsverfahrens gem. Art. 234 EG) für *zulässig* und *geboten*, wenn das Gericht die entscheidungserhebliche Vorschrift des Gemeinschaftsrechts in der vom EuGH vorgenommenen Auslegung im Rahmen der deutschen Rechtsordnung für unanwendbar hält, „*weil und soweit sie mit einem der Grundrechte des Grundgesetzes kollidiert.*"[405] Nachdem das Gericht in einer späteren Entscheidung die Fortgeltung dieser Grundsätze ausdrücklich offengelassen hatte,[406] erfolgte in der Solange II – Entscheidung[407] aus dem Jahre 1986 eine Umkehrung des bisherigen Vorzeichens. Angesichts der nach Ansicht des BVerfG mittlerweile intensivierten Rechtsprechung des EuGH im Grundrechtsbereich sowie der zahlreichen weiteren Grundrechtsverbürgungen der Gemeinschaft erklärte es Vorlagen nach Art. 100 GG hinsichtlich gemeinschaftlichen Sekundärrechts solange für *unzulässig*, als die Gemeinschaft einen wirksamen Schutz der Grundrechte „*generell gewährleistet, der dem vom Grundgesetz als unabdingbar gebotenen Grundrechtsschutz im wesentlichen gleichzuachten ist, zumal den Wesensgehalt der Grundrechte generell verbürgt.*"[408]

Schien damit die Vorrangproblematik unter der Prämisse der Beibehaltung des erreichten gemeinschaftsgrundrechtlichen Standards zu Gunsten des Europarechts geklärt,[409] sorgte die Maastricht-Entscheidung

[401] BVerfGE 22, 293, 296; 31, 145, 174

[402] Vgl. BVerfGE 22, 293 ff.

[403] An den deutschen Umsetzungs- und Vollzugsakten des sekundären Gemeinschaftsrechts.

[404] BVerfGE 37, 271 ff. (Solange I)

[405] BVerfGE 37, 271 (LS)

[406] BVerfGE 52, 187, 202 f. (Vielleicht)

[407] BVerfGE 73, 339 ff. (Solange II)

[408] BVerfGE 73, 339, 387

[409] Unklar war allerdings bereits BVerfG EuR 1989, 270, 273 (Tabakettiketierung I), wo das BVerfG formulierte: „*Soweit eine Richtlinie den Grundrechtsstandard des Gemeinschaftsrechts verletzen sollte, gewährt der Europäische Gerichtshof Rechtsschutz. Wenn auf diesem Wege der vom Grundgesetz als unabdingbar gebotene Grundrechtsstandard nicht verwirklicht werden sollte, kann das Bundesverfassungsgericht angerufen werden.*"

des BVerfG[410] aus dem Jahre 1993 für erneute Rechtsunsicherheit, die insbesondere bei den Befürwortern einer Unantastbarkeit des grundrechtlichen Schutzes des GG neuerliche Hoffnungen auf Einzelfallkontrolle durch das BVerfG und damit die letztliche Maßgeblichkeit des GG nährte.[411] Zwar nahm das Gericht auch hier zunächst Bezug auf die Grundsätze der Solange II – Entscheidung, betonte jedoch, dass es seine Gerichtsbarkeit über die Anwendbarkeit von abgeleitetem Gemeinschaftsrecht in Deutschland in einem *„Kooperationsverhältnis“* zum EuGH ausübe, in dem dieser den Grundrechtsschutz in jedem Einzelfall für das gesamte Gebiet der EG garantiert, das BVerfG sich deshalb *„auf eine generelle Gewährleistung der unabdingbaren Grundrechtsstandards beschränken kann.“*[412] Flankiert wurde die mißverständliche Diktion mit einer Erweiterung der gerichtlichen Beschwerdemöglichkeiten in Deutschland gegenüber Gemeinschaftsrecht, indem es bei Aufgabe seiner bisherigen Rechtsprechung[413] zu § 90 Abs. 1 BVerfGG erkannte, dass auch Akte einer supranationalen Organisation die Grundrechtsberechtigten in Deutschland betreffen können und damit *„die Gewährleistungen des Grundgesetzes und die Aufgaben des Bundesverfassungsgerichts, die den Grundrechtsschutz in Deutschland und insoweit nicht nur gegenüber deutschen Staatsorganen zum Gegenstand haben“*, berühren.[414] Aus dem Maastricht-Urteil haben in der Folgezeit einige Untergerichte eine Prüfungsobliegenheit zur Anwendbarkeit des Gemeinschaftsrechts in der Bundesrepublik entnommen.[415]

Folgeentscheidungen des BVerfG waren einerseits von Zurückhaltung bei der Ausübung postulierter eigener Prüfungskompetenzen geprägt, enthielten andererseits allerdings auch keine Klarstellungen hinsichtlich des etwaig intendierten Umfangs der Nichtanwendbarkeit von Gemeinschaftsrecht bei Grundrechtsverletzungen.[416] Insbesondere bleiben die Fragen nach der Intensität des geforderten „unabdingbaren Grundrechtsstandards“ sowie nach der Anzahl der für die Erfüllung des Generalitätsmerkmals erforderlichen Grundrechtsverletzungen durch die Gemeinschaft im Dunkeln. Hinsichtlich letzterer Frage konnte der Alcan-

---

410 BVerfGE 89, 155 ff. (Maastricht)

411 Dazu sogleich näher und m.w.N. im nächsten Gliederungspunkt.

412 BVerfGE 89, 155, 175

413 Vgl. BVerfGE 58, 1, 26 (Eurocontrol I)

414 BVerfGE 89, 155, 175 – Damit nimmt das BVerfG die Position ein, dass nicht nur die deutschen Umsetzungs- und Vollzugsakte des Gemeinschaftsrechts, sondern auch die Sekundärakte selbst potentieller Prüfungsgegenstand sind; vgl. hierzu die Nachweise bei *Kingreen*, in: Calliess/Ruffert, Kommentar EUV/EGV, Art. 6 EU, Rdnr. 91; Fn 207.

415 Dazu vgl. *Schwarze*, in: Schwarze, Die Entstehung einer europäischen Verfassungsordnung, S. 175 ff. m.w.N.

416 Vgl. BVerfGE 95, 173, 181 (Tabakettiketierung II); BVerfG, EuZW 2000, 445 ff. (Alcan)

Beschluss des BVerfG durchaus dergestalt aufgefasst werden, dass das Gericht eine Einzelfallprüfung der Grundrechtsauslegung des EuGH – wenn auch mit abschlägigem Ergebnis – vorgenommen habe.[417]
Sämtliche der vorstehenden Rechtsunsicherheiten wurden jedoch mit dem Bananenmarktbeschluss des BVerfG vom 7. 6. 2000[418] beseitigt, worin die lang erwartete Klarstellung des Maastricht-Urteils vorgenommen wurde, wobei ein deutliches, wenn auch verklausuliertes „Zurückrudern" des Gerichtes hinsichtlich allzu ergeiziger Prüfungsansprüche und -erwartungen gegenüber dem Gemeinschaftsrecht zu verzeichnen ist. Auf einen nach Durchführung des Verfahrens gem. Art. 234 EG vorgelegten konkreten Normenkontrollantrag des VG Frankfurt a. M. wegen möglicher Grundgesetzwidrigkeit im Zusammenhang mit den Einfuhrregelungen der Bananenmarktordnung hat es entschieden, dass „*Verfassungsbeschwerden und Vorlagen von Gerichten, die eine Verletzung in Grundrechten des Grundgesetzes durch sekundäres Gemeinschaftsrecht geltend machen, ... von vorn herein unzulässig* [sind], *wenn ihre Begründung nicht darlegt, dass die europäische Rechtsentwicklung einschließlich der Rechtsprechung des Europäischen Gerichtshofs nach Ergehen der Solange II – Entscheidung .... unter den erforderlichen Grundrechtsstandard abgesunken sei*" (LS 1). An den Inhalt der Begründung werden hohe Anforderungen gestellt, insbesondere müssen der Beschwerdeführer oder das vorlegende Gericht im *Einzelnen* darlegen, „*dass der jeweils als unabdingbar gebotene Grundrechtsschutz generell nicht gewährleistet*" sei, was eine „*Gegenüberstellung des Grundrechtsschutzes auf nationaler und auf Gemeinschaftsebene*" nach dem Solange II-Vorbild erfordere (LS 2). In der Beschlussbegründung wird ferner ausgeführt, dass es sich um ein Missverständnis des Maastricht-Urteils handelt, wenn ein Gericht meint, dass das BVerfG seine Prüfungsbefugnis – wenn auch in Kooperation mit dem EuGH – seit diesem Urteil und entgegen der Solange II-Entscheidung wieder ausübe.[419] Dahingehend stellte es klar, dass zwischen beiden Entscheidungen *Kontinuität* bestehe und die Annahme eines Widerspruchs hinsichtlich der Prüfungskompetenz des Gerichtes im Falle

[417] Vgl. BVerfG, EuZW 2000, 445, 446: „*Die Verfassungsbeschwerde ist unzulässig, soweit mit ihr die Verletzung von Grundrechten durch das angegriffene Urteil des BVerwG gerügt wird. Dieses ist in den für die Verfassungsbeschwerde maßgeblichen Teilen durch die Vorabentscheidung des EuGH umfassend vorgeprägt. Es ist nicht erkennbar, dass durch diese Vorabentscheidung der vom Grundgesetz als unabdingbar gebotene Grundrechtsschutz generell in Frage gestellt würde.*"; vgl. Anmerkung *Vögler*, S. 447; anders wohl *Nicolaysen/Nowak*, NJW 2001, S. 1233, 1235, die von ersten Ansätzen einer Klarstellung der Maastricht-Rechtsprechung ausgehen
[418] BVerfG, EuZW 2000, 702 ff. (Bananenmarktordnung)
[419] BVerfG, EuZW 2000, 702, 704

grundgesetzbeeinträchtigender gemeinschaftsrechtlicher Bestimmungen „ohne tragfähige Grundlage“ ist.[420]

Das BVerfG hat sich damit im Sinne der Solange II – Entscheidung weitestgehend aus der Prüfung gemeinschaftsrechtlichen Sekundärrechts zurückgezogen und den ausschließlichen Vorrang des Gemeinschaftsrechts auch vor den deutschen Grundrechten akzeptiert. Lediglich im Falle eines langfristigen, deutlichen Abfalls des Schutzniveaus der Gemeinschaftsgrundrechte behält es sich einen grundgesetzlichen Prüfungsvorbehalt als „Hintertür“ vor. Aufgrund der hieran gestellten hohen praktischen Anforderungen besteht damit heute *faktisch* Deckungsgleichheit zwischen der Rechtsprechung des EuGH und des BVerfG.

2. Konkretisierung für Beeinträchtigungen von Art. 4 Abs. 1, 2 und 140 GG i. V. m. 137 Abs. 3 und 7 WRV

Die umfangreichen Auseinandersetzungen im Schrifttum mit der Rechtsprechung des BVerfG und deren praktischen Konsequenzen sind an anderer Stelle bereits „bibliothekenfüllend“ erörtert worden, sodass vorliegend hierauf verwiesen werden kann.[421] Im Folgenden werden deshalb nur diejenigen Stellungnahmen herausgegriffen, die sich mit Beeinträchtigungen des Selbstbestimmungsrechts der Religionsgemeinschaften durch Gemeinschaftsmaßnahmen beschäftigen.

a) Sichtweise im Schrifttum

In der einschlägigen Literatur mit staatskirchenrechtlichem Bezug wird das Problem des grundgesetzlichen Prüfungsvorbehaltes des BVerfG zumeist in verallgemeinerter Form und insbesondere ohne konkrete Auseinandersetzung mit den Vorbehaltsvoraussetzungen behandelt. Dabei ist tendenziell eine eher europakritische Grundhaltung zu beobachten, die sich oftmals mit mehr oder minder verklausulierten Forderungen nach Erhalt des grundgesetzlichen status quo durch das BVerfG, insbesondere in wichtigen Bereichen der Selbstbestimmung, verbindet.[422] Eine eingehende Untersuchung des durch die Maastricht-Entscheidung erneut

---

[420] BVerfG, EuZW 2000, 702, 704

[421] Ausführlich statt vieler und m. w. N. *Chwolik-Lanfermann*, Grundrechtsschutz in der Europäischen Union, S. 103 ff.; *Oppermann*, Europarecht, Rdnr. 615 ff.; *Kingreen*, in: Calliess/Ruffert, Kommentar EUV/EGV, Art. 6 EU, Rdnr. 89 ff.; *Tomuschat*, EuGRZ 1993, S. 489 ff.

[422] Vgl. dazu etwa *Hollerbach*, ZevKR 1990, S. 250, 272 ff.; *Robbers*, EssG 1993, S. 81, 85; *Streinz*, EssG 1997, S. 53, 79 ff.

„ins Spiel“ gebrachten Prüfungsvorbehaltes gegenüber gemeinschaftlichem Sekundärrecht findet sich bei *Müller-Volbehr*, der letztlich einen umfangreichen Schutz des Selbstbestimmungsrechtes im Einzelfall am Maßstab des GG etablieren möchte.[423] Mit dem Hinweis auf die Gefahr einer ansonsten bestehenden erheblichen Grundrechtsverkürzung will er das Solange II - Kriterium der „generellen Grundrechtsgewährleistung durch den EuGH“ – im Anschluss an eine Ansicht von *Scholz*[424] zur Typizität singulärer Grundrechtsverstöße – extensiv auslegen und bereits dann verneinen, wenn eine Rechtsverletzung des einzelnen Klägers von „typischer Wirkung und Bedeutung“ für potentielle Fälle gleicher Qualität ist, was bei Verletzungen des kirchlichen Selbstbestimmungsrechts im Einzelfall, insbesondere durch Entscheidungen des EuGH, wegen Preisgabe maßgeblicher Bestandteile des Verhältnisses von Staat und Kirche und Betroffenheit einer Vielzahl gleichartiger Fälle gerade der Fall sei.[425] Daneben sieht er das Selbstbestimmungsrecht, zumindest soweit das kirchliche Arbeitsrecht betroffen ist, ohne Weiteres als vom „grundrechtlichen Wesensgehalt“ der Religionsfreiheit i. S. d. Solange II - Formel umfasst.[426] Das in der Maastricht-Entscheidung postulierte „Kooperationsverhältnis“ sei prozessual im Sinne einer arbeitsteiligen Rechtsprechung zwischen EuGH und BVerfG zu deuten, was für den Rechtsschutz der Kirchen die nachfolgende Bedeutung habe:[427] Zunächst sei bei beeinträchtigenden, auf Gemeinschaftsrecht gestützten Rechtsakten arbeitsrechtlichen Inhalts eine Klage zum EuGH mit dem Ziel durchzuführen, eine vollumfängliche Anerkennung des Selbstbestimmungsrechtes durch den Gerichtshof herbeizuführen. Erfolgt die Feststellung dieses Schutzniveaus nicht, sei im Anschluss daran eine Verfassungsbeschwerde der Kirchen gem. Art. 93 Abs. 1 Nr. 4a GG zulässig und das BVerfG müsste feststellen, dass der EuGH einen ausreichenden Grundrechtsschutz nicht gewährleistet und sein unter Ausübungsvorbehalt gestelltes Richteramt wieder aktivieren und grundgesetzliches Schutzniveau zu Gunsten der Religionsgemeinschaften herstellen.

---

[423] Vgl. *Müller-Volbehr*, Europa und das Arbeitsrecht der Kirchen, S. 42 ff.

[424] Vgl. *Scholz*, in: Friauf/Scholz, Europarecht und Grundgesetz, S. 84 f.: Danach wird im Ergebnis „*Generalität*“ mit „*Typizität*“ gleichgesetzt und die Rechtsverletzung eines Gemeinschaftsbürgers, die typische Bedeutung für auch nur potentielle Fälle gleicher Qualität besitzt, als Indiz einer „*definitiven Divergenz zwischen nationalem und supranationalem Grundrechtsstandard*“ gewertet. „*Wenn die individuelle Fallkonstellation gleichsam eine ganze Reihe entsprechender und auch tatsächlich gleich bedeutsamer Fallkonstellationen mit zu repräsentieren vermag, dann sind die Voraussetzungen solcher Typizität gegeben und dann müssen auch die vom BVerfG angekündigten Rechtsschutzfolgen aktuell werden.*“

[425] *Müller-Volbehr*, Europa und das Arbeitsrecht der Kirchen, S. 45 f.; 50

[426] *Müller-Volbehr*, Europa und das Arbeitsrecht der Kirchen, S. 48

[427] *Müller-Volbehr*, Europa und das Arbeitsrecht der Kirchen, S. 51

Auf die vorliegend interessierende Problematik übertragen wären somit nach dieser Ansicht Antidiskriminierungsmaßnahmen aufgrund Art. 13 EG, die in das Selbstbestimmungsrecht nach deutscher Lesart eingreifen, nach erfolgloser Durchführung des Klageverfahrens zum EuGH *auch* vor dem BVerfG angreifbar, welches wegen zu bejahender „genereller" Nichtgewährung des „grundrechtlichen Wesensgehalts" auf gemeinschaftlicher Ebene die „ursupierenden" Rechtsakte für die deutsche Rechtsordnung nicht anwendbar erklären müsste. Dies würde im Ergebnis eine umfangreiche Einzelfallkontrolle gemeinschaftlicher Maßnahmen durch das BVerfG bedeuten und eine unverrückbare Festschreibung des grundgesetzlich gewährleisteten Selbstbestimmungsrechts, zumindest in der Ausprägung des hier relevanten kirchlichen Arbeitsrechts, unabhängig vom differierenden Schutzniveau durch die Gemeinschaftsgrundrechte bewirken.

b) Stellungnahme

Fraglich ist, inwieweit die einzelfallbezogene, grundgesetzaktivierende Auslegung des Solange II/Maastricht – Vorbehalts im Schrifttum sowie die Hoffnungen insbesondere der Großkirchen auf einen „grundgesetzlichen Rettungsanker in stürmischen europäischen Gewässern" mit der zwischenzeitlich konkretisierten Rechtsprechung des BVerfG im Einklang stehen.

aa) Materiell-rechtliche Anforderungen

Das BVerfG hat im Bananenmarktbeschluss im Anschluss an seine Solange II – Rechtsprechung klargestellt, dass eine „Aktivierung" des grundgesetzlichen Prüfungsvorbehaltes gegenüber dem Gemeinschaftsrecht ausgeschlossen ist, solange auf Gemeinschaftsebene ein dem Schutzniveau des GG im *Wesentlichen* gleichzuachtender Grundrechtsschutz *generell* gewährleistet ist. Diese Rechtsprechung korrespondiert mit der kodifizierten inhaltsgleichen „Struktursicherungsklausel" des Art. 23 Abs. 1 Satz 1 GG.[428]

(1) *„generelle Grundrechtsgewährleistung"*

Das BVerfG hat damit zum einen das sog. „Generalitätsmerkmal" des Prüfungsvorbehaltes im Sinne einer deutlichen Absage an eine Einzelfallkontrolle von gemeinschaftlichen Rechtsakten konkreti-

[428] Diese umfasst nach Sinn und Zweck der Bestimmung auch das nicht wortwörtlich enthaltene „Generalitätsmerkmal"; vgl. *Kischel*, Der Staat 2000, S. 523, 537.

siert und anders lautende Analysen des Maastrichturteils nach einer Äußerung seiner damaligen Präsidentin Limbach „zur Makulatur werden lassen."[429]
Generelle Grundrechtsgewährleistung durch den EuGH beinhaltet danach zunächst ein „*Recht auf Irrtum*" des Gerichtshofes und den „*Ausschluss von Ausreißern*" in Einzelfällen, da diese gerade nicht den prinzipiell bestehenden Grundrechtsschutz innerhalb der Gemeinschaft in Frage stellen.[430] Letzterer kann vielmehr nur in dem (hypothetischen) Fall berührt sein, wenn sich der EuGH „*offensichtlich, schwerwiegend und anhaltend*"[431] mit der Gewährleistung des unabdingbar gebotenen Grundrechtsschutzes in Widerspruch setzt und den „Dammbruch" einer Wiederaufnahme grundgesetzlicher Kontrolle von Gemeinschaftsmaßnahmen ab diesem Zeitpunkt auslösen.[432] Zur Ausfüllung dieses Kriteriums sind demzufolge eine *Vielzahl „krasser Fälle"* notwendig, die erkennen lassen, dass die Gemeinschaftsorgane, insbesondere der Gerichtshof, *prinzipiell* nicht mehr gewillt oder in der Lage sind, den vom GG gebotenen grundrechtlichen Mindeststandard herzustellen.[433]
Der Ansicht von *Müller-Volbehr* und ähnlich gelagerter Meinungen, die zur Einzelfallkontrolle von gemeinschaftlichem Sekundärrecht auch im Rahmen des Art. 13 EG bei Beeinträchtigung des Selbstbestimmungsrechts führen würden, ist folglich eine klare Absage zu erteilen. Das bloße Vorliegen einer „typischen Grundrechtsverletzung" hat gerade nicht die geforderte Dimension einer generellen Grundrechtsnichtgewährleistung, nur weil möglicherweise verwandte Fälle betroffen sein könnten. Mit diesem Argument könnte nahezu jeder Grundrechtsverstoß die Nichterfüllung des Solange II-Vorbehalts begründen. Das BVerfG hat verdeutlicht, dass es den Vorrang des Gemeinschaftsrechts ohne Weiteres akzeptiert und jegliche Prüfungskompetenzen im Grundrechtsbereich nicht mehr ausübt, solange nicht der

---

429 *Limbach*, NJW 2001, S. 2913, 2917: „*Es ist müßig, noch weiter darüber nachsinnen zu wollen, ob und wie das Missverständnis ausgelöst worden ist, das BVerfG beabsichtige, eine als „Kooperation verbrämte Kontrolle" über den EuGH zu praktizieren. Denn jedenfalls was seine Rechtsprechung angeht, dürfte das BVerfG – in seiner jeweiligen Besetzung – das Recht der authentischen Interpretation und damit das letzte Wort haben.*" Vgl. ferner *Limbach*, NJW 2000, S. 417 ff.

430 *Kischel*, Der Staat 2000, S. 523, 528, 538

431 Vgl. *Limbach*, NJW 2001, S. 2913, 2917 mit Bezug auf *Schwarze*, in: Schwarze, Die Entstehung einer europäischen Verfassungsordnung, S. 174 (zu Art. 23 Abs. 1 Satz 3 i. V. m. 79 Abs. 3 GG).

432 Vgl. *Kischel*, Der Staat 2000, S. 523, 541

433 Vgl. *Kischel*, Der Staat 2000, S. 523, 541 f.

unwahrscheinliche Fall einer kompletten europäischen „Grundrechtserosion“ eintritt. Letzteres ist angesichts der neuerlichen Bemühungen von Union und Gemeinschaft um eine weitere Intensivierung des Grundrechtsschutzes – wie beispielsweise die Grundrechtscharta oder Art. 13 EG zeigen – nicht zu befürchten.[434] Der Intention im Schrifttum, das BVerfG als „watch dog“[435] des Selbstbestimmungsrechts der Religionsgemeinschaften in seiner grundgesetzlichen Ausprägung zu instrumentalisieren, ist das Gericht damit entgegengetreten. Andernfalls würde es sich tatsächlich die Stellung einer „Superrevisionsinstanz“ über nicht genehmes Gemeinschaftsrecht anmaßen und den EuGH im Grundrechtsbereich in eine „Alibifunktion“ pressen, da Letzterer angesichts abweichender Gemeinschaftserfordernisse zwangsläufig auch grundgesetzbeeinträchtigend urteilen muss. Zudem wäre die Einheitlichkeit der Gemeinschaftsrechtsordnung obsolet und damit „ein tragendes Strukturelement der Integration zur Disposition gestellt“, da auch 14 weitere Verfassungsgerichte entsprechende Nachprüfungsrechte beanspruchen und die Vereinbarkeit des Gemeinschaftsrechts mit nationalen Verfassungen überprüfen würden.[436] Mit dem Rückzug auf den grundrechtlichen „Super-Gau“ in der Gemeinschaft hat das BVerfG nunmehr nach langem Zögern den „Königsweg“ bestätigt, welcher die Integration voranträgt und bei deren Scheitern – nur dann würde wohl der geforderte nachhaltige Grundrechtsabfall vorliegen – den fortdauernden Schutz der Menschenrechte gewährleistet.

(2) *„im wesentlichen gleich zu achtender Grundrechtsschutz“*

Zum anderen erscheint es grundsätzlich als problematisch, ob und in welchem Umfang das möglicherweise durch Antidiskriminierungsmaßnahmen beeinträchtigte Selbstbestimmungsrecht gem. Art. 4 Abs. 1 und 2, 140 GG i. V. m. 137 Abs. 3, 7 GG zum vom Grundgesetz als „unabdingbar gebotenen“ und vom Gemeinschaftsrecht im „Wesentlichen gleichzuachtenden“ Grundrechtsschutz i. S. d. Solange II – Formel gehört.
Das BVerfG spricht im Zusammenhang mit dem „unabdingbar gebotenen Grundrechtsschutz“ das Stichwort des Wesengehaltes eines Grundrechtes direkt an.[437] Diesbezüglich wäre nach wohl

434 So auch *Nicolaysen/Nowak*, NJW 2001, S. 1233, 1236
435 *Limbach*, NJW 2000, S. 417, 420 mit Bezug auf die allgemeine Grundrechtsproblematik
436 Vgl. *Schwarze*, in: Schwarze, Die Entstehung einer europäischen Verfassungsordnung, S. 174 m.w.N.
437 BVerfGE 73, 339, 387

heute herrschender Ansicht entscheidend, inwieweit der Wesensgehalt des Art. 4 Abs. 1 und 2 GG einen Kern an Selbstbestimmung der Religionsgemeinschaften mit umfasst. Angesichts der vom BVerfG der Religionsfreiheit einerseits und dem Selbstbestimmungsrecht gem. Art. 140 GG, 137 Abs. 3 WRV andererseits beigemessenen eigenständigen, jeweils einander vervollständigenden Bedeutung,[438] dürfte eine nicht allzu weite Auslegung des hier maßgeblichen Grundrechts der Religionsfreiheit geboten sein.[439] Eine genaue Abgrenzung ist freilich schwierig und hier müßig, da jedenfalls seitens des BVerfG nur eine „wesentliche Vergleichbarkeit" des gemeinschaftlichen Grundrechtsstandards gefordert ist.[440] Mit *Kischel* ist hierunter eine Vergleichbarkeit der jeweiligen *Grundlinien* des Grundrechtsschutzes zu verstehen, wobei der für ein „freiheitlich-demokratisches Gemeinwesen notwendige Kern des Schutzgehaltes der Freiheits- und Gleichheitsrechte" zu wahren ist.[441] Daraus ergibt sich, dass zwar die vom GG geschützten Rechtsgüter grundsätzlich auch von den Gemeinschaftsgrundrechten zu schützen sind („ob"), jedoch in *Einzelfragen* ohne Weiteres voneinander abweichen können („wie").[442] Dabei ist es anerkannt, dass der Grundrechtsschutz auf europäischer Ebene hinter dem auf nationaler Ebene zurückbleiben darf.[443]

Betrachtet man anhand dieser Kriterien das vorliegend durch Maßnahmen gem. Art. 13 EG betroffene Selbstbestimmungsrecht der Religionsgemeinschaften, so wurde bereits oben dargestellt, dass dieses nach hier vertretener Ansicht vollumfänglich vom Schutzbereich der korporativen Religionsfreiheit umfasst ist.[444] Abweichungen ergeben sich durch eine andere, an die Belange der Gemeinschaft angepasste Schrankensystematik, insbesondere dem sog. Gemeinschaftsvorbehalt. Hierbei handelt es sich jedoch lediglich um eine Divergenz im Rahmen einer Einzelfrage, welche den grundsätzlich vorhandenen Schutz (auch) des

---

[438] Vgl. *Hesse*, in: Handbuch des Staatskirchenrechts, § 17, S. 525 f.

[439] Andernfalls würde die nicht zu den Grundrechten zählende Bestimmung des Art. 140 GG i. V. m. 137 Abs. 3, 7 WRV sinnentlehrt und die postulierte Wechselbeziehung zur Religionsfreiheit gegenstandslos.

[440] BVerfGE 73, 339, 387; BVerfG EuZW 2000, 702, 704; vgl. ferner Art. 23 Abs. 1 Satz 1 GG

[441] *Kischel*, Der Staat 2000, S. 523, 531 ff.; dem folgend *Limbach*, NJW 2001, S. 2913, 2917

[442] *Kischel*, Der Staat 2000, S. 523, 531

[443] Vgl. *Kingreen*, in: Calliess/Ruffert, Kommentar EUV/EGV, Art. 6 EU, Rdnr. 90 m.w.N.; *Schwarze*, in: Schwarze, Die Entstehung einer europäischen Verfassungsordnung, S. 182; *Lecheler*, JuS 2001, 120, 123

[444] Dazu vgl. oben Teil 2, C. I. 1. b).

Selbstbestimmungsrechts und damit die „wesentliche Vergleichbarkeit“ der Grundrechtsstandards unberührt lässt. Insbesondere finden eine Wesensgehaltsgarantie und der Verhältnismäßigkeitsgrundsatz als Schranken-Schranke Anwendung. Hiernach zulässige Beeinträchtigungen des Selbstbestimmungsrechts müssen innerhalb einer Rechtsordnung, die 15 diesbezüglich unterschiedliche Auffassungen zu koordinieren hat, hingenommen werden. Bestrebungen nach einer „Unverrückbarkeit“ des grundgesetzlichen staatskirchenrechtlichen Standards widersprechen diametral dem Integrationsgedanken der Staatszielbestimmung des Art. 23 Abs. 1 Satz 1 GG, welchem ein gegenseitiges „Zurückstecken“ der Mitgliedstaaten zwecks optimierter Kompromissfindung immanent ist, und finden auch keine Stütze im Wortlaut der Solange II – Formel.

bb) Prozessuale Anforderungen

Ungeachtet der vorstehenden materiell-rechtlichen Anforderungen hat das BVerfG an eine Verfassungsbeschwerde oder eine Vorlage nach Art. 100 GG (analog) konkrete Darlegungs- und Beweislastanforderungen gestellt, welche eine detaillierte Darstellung des „Herabsinkens“ des geforderten Grundrechtsstandards durch eine Gegenüberstellung der nationalen und gemeinschaftlichen Rechtslage am Maßstab der Solange II – Entscheidung umfasst.[445] Auch wenn das BVerfG diese Formel in praxi großzügig interpretieren sollte, ist bereits hierdurch eine beträchtliche „verfassungsprozessuale Hürde“[446] installiert, die Einzelfallprüfungsanträge von gemeinschaftlichem Sekundärrecht bereits mangels Substantiierung als unzulässig erscheinen lässt. Gerade angesichts der in den letzten Jahren intensivierten Bemühungen der Gemeinschaft um Grundrechtsschutz dürfte der geforderten Darlegungs- und Beweislast kaum genügt werden können. Insbesondere dürfte es nur schwerlich vermittelbar sein, warum etwa durch (das Selbstbestimmungsrecht der Religionsgemeinschaften beeinträchtigende) Maßnahmen der Antidiskriminierung, die gerade der besseren Durchsetzung des Gleichbehandlungsgrundsatzes dienen, der generelle Grundrechtsstandard auf Gemeinschaftsebene nicht mehr gewährleistet sein soll.

3. Auswirkungen der Vorrang-Doktrin auf Rechtsakte gem. Art. 13 EG

Abschließend ist noch zu den konkreten Auswirkungen der vom EuGH postulierten und vom BVerfG mit den dargestellten (theoretischen)

[445] Vgl. BVerfG EuZW 2000, S. 702 (LS 2), 704
[446] *Nicolaysen/Nowak*, NJW 2001, S. 1233, 1236

Einschränkungen anerkannten Vorrang-Doktrin im Falle von Art. 13 EG Stellung zu beziehen, wobei zwischen den *Sekundärakten* der Bestimmung einerseits und den *mitgliedstaatlichen Transformationsakten* bei Richtlinienerlass andererseits zu differenzieren ist.

a) Sekundärrecht aufgrund Art. 13 EG

Wie schon oben mehrfach angeführt, bewirkt das Vorrangprinzip zu Gunsten des Europarechts zunächst einen grundsätzlich uneingeschränkten *Anwendungs*vorrang der Antidiskiminierungsmaßnahmen des Rates gem. Art. 13 EG vor dem nationalen Recht, was insbesondere auch die Vorschriften des GG und dessen Regelungen zum Selbstbestimmungsrecht der Religionsgemeinschaften umfasst.[447] Auf eine Klage beispielsweise eines kirchlichen Arbeitnehmers wegen arbeitgeberseitiger Diskriminierung, die sich auf eine Verordnung gem. Art. 13 EG stützt, hätte demzufolge das erkennende deutsche Gericht von Amts wegen für die Anwendung und volle Wirksamkeit der gemeinschaftlichen Antidiskriminierungsbestimmung Sorge zu tragen und „*erforderlichenfalls jede ... entgegenstehende Bestimmung des nationalen Rechts aus eigener Entscheidungsbefugnis unangewendet* ... [zu lassen], *ohne dass es die vorherige Beseitigung dieser Bestimmung auf gesetzgeberischem Wege oder durch ein anderes verfassungsrechtliches Verfahren beantragen oder abwarten müsste.*“[448] Hätte das Gericht Zweifel an der Gültigkeit oder Auslegung der gemeinschaftlichen Bestimmung, wäre das Vorabentscheidungsverfahren gem. Art. 234 EG durchzuführen, in dem eine Prüfung dieses Rechtsaktes durch den EuGH am Maßstab der Gemeinschaftsgrundrechte zu erfolgen hätte. Eine Vorlage gem. Art. 100 GG analog zum BVerfG (etwa wegen der Besorgnis eines Verstoßes gegen das Selbstbestimmungsrecht) ist dabei – vorbehaltlich der theoretischen Eingriffsvoraussetzungen – ebenso unzulässig wie eine etwaige spätere Verfassungsbeschwerde des (in seinem Selbstbestimmungsrecht) durch die Gerichtsentscheidung beeinträchtigten kirchlichen Arbeitgebers.

---

[447] Vgl. statt aller *Oppermann*, Europarecht, Rdnr. 633 f.; *Wegener*, in: Calliess/Ruffert, Kommentar EUV/EGV, Art. 220 EG, Rdnr. 19

[448] EuGH Rs. 106/77 vom 9. 3. 1978, Slg. 1978, 629, 644, Rdnr. 24 (Staatliche Finanzverwaltung ./. Simmenthal)

b) Mitgliedstaatliche Transformationsakte bei Richtlinien[449]

Besteht die gemeinschaftliche Antidiskriminierungsmaßnahme in einer Richtlinie, stellt sich das Sonderproblem, ob und inwieweit die daraufhin auf der „zweiten Stufe" des Verfahrens ergangenen *mitgliedstaatlichen Umsetzungsakte* ihrerseits durch ein nationales Verfassungsgericht am Maßstab der nationalen Verfassungen überprüfbar sind oder ob auch diesbezüglich nur Gemeinschaftsgrundrechte zur Anwendung gelangen.

Zur Lösung dieser aus der grundsätzlich nur mittelbaren Geltung von Richtlinien resultierenden Problematik werden unterschiedliche Ansichten vertreten. Die Bannbreite reicht von Vorschlägen einer vollständigen Kontrolle des Transformationsgesetzes am Maßstab des GG, über solche, die eine differenzierte Anwendung des relevanten Prüfungsmaßstabs in Abhängigkeit von der Vordetermination der Regelung befürworten, bis hin zu Ansichten, die die Einschlägigkeit des GG vollständig verneinen.[450] Vernünftig erscheint die als wohl herrschend zu bezeichnende Meinung, welche eine grundgesetzliche Überprüfbarkeit des Umsetzungsaktes nur in den Fällen bejaht, in denen dieser *nicht* durch die Richtlinie zwingend vorbestimmt ist.[451] Damit korrespondiert auch die Rechtsprechung des BVerfG, wonach „*die Frage, ob* [der nationale Gesetzgeber] *bei der Umsetzung im Rahmen des ihm von der Richtlinie eingeräumten Gestaltungsspielraums Grundrechte oder grundrechtsgleiche Rechte verletzt, ... in vollem Umfang verfassungsgerichtlicher Überprüfung* [unterliegt].[452]

Diese Handhabung der Problematik hat für Antidiskriminierungsrichtlinien folgende Konsequenzen: Soweit die Richtlinie bereits materiell ganz oder teilweise detailliert verpflichtende Regelungen enthält, die das Transformationsgesetz genau *vorbestimmen*, sind die grundgesetzlichen Bestimmungen *nicht* anwendbar. Hier kann nichts anderes gelten, als bei

---

[449] Zur Problematik bei mitgliedstaatlichen Durchführungsgesetzen von gemeinschaftlichen Verordnungen, vgl. *Streinz*, Bundesverfassungsgerichtlicher Grundrechtsschutz und Europäisches Gemeinschaftsrecht, S. 184 ff.

[450] Vgl. *Chwolik-Lanfermann*, Grundrechtsschutz in der Europäischen Union, S. 182 ff. m. w. N.

[451] Vgl. dazu *Rengeling*, Grundrechtsschutz in der Europäischen Gemeinschaft, S. 189 f.; *Bleckmann*, Europarecht, Rdnr. 445; *Streinz*, Bundesverfassungsgerichtlicher Grundrechtsschutz und Europäisches Gemeinschaftsrecht, S. 186 f.; *ders.*, in: Isensee/Kirchhof, Handbuch des Staatsrechts, Bd. 7, § 182, Rdnr. 33; *Everling*, EuR 1990, S. 195, 213; *Nicolaysen*, EuR 1989, S. 215, 222; *Kingreen*, in: Calliess/Ruffert, Kommentar EUV/EGV, Art. 6 EU, Rdnr. 59; *Chwolik-Lanfermann*, Grundrechtsschutz in der Europäischen Union, S. 191

[452] BVerfG EuR 1989, 270, 273 (Tabakettikettierung I)

unmittelbar wirkenden Sekundärakten, da andernfalls und entgegen der Solange II – Formel am Gegenstand der den Unionsbürger direkt betreffenden Regelung eine „verkappte" Überprüfung der Richtlinie durch das BVerfG am Maßstab des GG erfolgen würde, welche mit dem Grundsatz der Einheit der Gemeinschaftsrechtsordnung gerade nicht zu vereinbaren ist. Der deutsche Gesetzgeber ist somit kraft des Vorrangs des Europarechts zur Umsetzung dieser Richtlinienbestimmungen verpflichtet, auch wenn diese dem GG widersprechen. Erfolgversprechender Rechtsschutz könnte hier nur durch einen direkten „Angriff" der Richtlinie vor dem EuGH gesucht werden, wobei die Nichtigerklärung der Richtlinie auch die innerstaatliche Aufhebung des regelungsidentischen Umsetzungsaktes ermöglichen würde.[453] Ist die Richtlinie hingegen – etwa wegen ihrer Vereinbarkeit mit den Gemeinschaftsgrundrechten – gültig, so ist dies auch der vorbestimmte Teil des nationalen Umsetzungsaktes, an den die nationalen Gerichte ohne grundgesetzliche Prüfungskompetenz gebunden sind.[454] Die alleinige Maßgeblichkeit des Gemeinschaftsrechts beansprucht auch Geltung für Richtlinienbestimmungen, die aufgrund ihrer nicht fristgerechten Umsetzung nach den Grundsätzen des EuGH ausnahmsweise direkte (vertikale) Drittwirkung[455] zu Gunsten des Bürgers entfalten.[456] [457]

Im Regelfall der sog. Rahmenrichtlinie ist dem nationalen Gesetzgeber hingegen auch stets ein materieller *Umsetzungsspielraum* eingeräumt, den er nach seinem Ermessen auszufüllen berechtigt ist. Damit wird der Zweck verfolgt, den mitgliedstaatlichen Besonderheiten Rechnung zu tragen, sodass die obige integrationsgefährdende Konfliktlage hier mangels gemeinschaftlicher Detailvorgaben gerade nicht vorhanden ist. Daneben sind die spezifischen formellen Voraussetzungen an das Transformationsgesetz nach der jeweiligen mitgliedstaatlichen Rechtsordnung zu beachten (Gesetzgebungsverfahren, Zuständigkeit etc.).[458]
In beiden Fällen ist es aufgrund des lediglich *einzelstaatliche Belange* berührenden Sachverhaltes gerechtfertigt, eine Überprüfung anhand des Grundgesetzes, insbesondere seines Grundrechtskatalogs, zu ermöglichen. Insofern besteht kein Unterschied zu anderen, nicht europarechtlich motivierten Legislativakten des deutschen Gesetzgebers, dessen Handeln

---

[453] *Nicolaysen*, EuR 1989, S. 215, 222
[454] *Kingreen*, in: Calliess/Ruffert, Kommentar EUV/EGV, Art. 6 EU, Rdnr. 59
[455] Dazu vgl. *Oppermann*, Europarecht, Rdnr. 556 ff. m.w.N.
[456] Vgl. *Kingreen*, in: Calliess/Ruffert, Kommentar EUV/EGV, Art. 6 EU, Rdnr. 58
[457] Zur horizontalen Drittwirkung von Richtlinien gegenüber dem kirchlichen Arbeitgeber vgl. *Reichold*, ZTR 2000, S. 57, 61; diese ablehnend *Hanau/Thüsing*, Europarecht und kirchliches Arbeitsrecht, S. 41 ff.
[458] Vgl. *Streinz*, Bundesverfassungsgerichtlicher Grundrechtsschutz und Europäisches Gemeinschaftsrecht, S. 186 f.

vollumfänglich an die Grundrechte des Grundgesetzes gebunden ist. Wird der Umsetzungsakt hiernach vom BVerfG für nichtig erklärt, ist der deutsche Gesetzgeber innerhalb der in der Richtlinie gesetzten Frist zur Neuverabschiedung eines verfassungsgemäßen Transformationsgesetzes verpflichtet. Unterlässt er dies, kommt neben einer unmittelbaren Anwendbarkeit einzelner Richtlinienenbestimmungen das Vertragsverletzungsverfahren gem. Art. 226 EG in Betracht.[459]
Insbesondere ergibt sich aus der insoweit gegebenen Anwendbarkeit des Grundgesetzes die Obliegenheit, den durch die Richtlinie eröffneten Gestaltungsspielraum von vornherein grundgesetzkonform auszugestalten und fakultative Ausnahme- und Sonderregelungen wahrzunehmen, wenn deren Etablierung zur Herstellung von Grundgesetzkonformität geboten ist. Dementsprechend ist vorliegend der deutsche Gesetzgeber zur Transformation von Art. 4 der Richtlinie 2000/78/EG („Kannbestimmung“) betreffend die Rechtfertigung von Ungleichbehandlungen kirchlicher Arbeitnehmer verpflichtet, um Beeinträchtigungen des Selbstbestimmungsrechts der Religionsgemeinschaften in ihrer Eingriffsintensität abzumildern. Die Transformation hat im nach der Bestimmung weitest zulässigen Umfang zu erfolgen.[460]

Die insofern durchzuführende grundgesetzkonforme Ausgestaltung des gemeinschaftsrechtlich nicht vorbestimmten Gestaltungsspielraums eines Transformationsgesetzes unterliegt jedoch weiterhin dem europarechtlichen Gebot der zieloptimierten Umsetzung und Durchführung des Gemeinschaftsrechts (Art. 10 EG). Im Falle von „Verwässerungen“ determinierter Richtlinienziele ist eine richtlinienkonforme Auslegung des Umsetzungsaktes vorzunehmen.

III. Ergebnis

Zusammenfassend ist zu erkennen, dass Maßnahmen gem. Art. 13 EG auch durch die Gemeinschaftsgrundrechte und im Falle einer Geltung zu Lasten der Religionsgemeinschaften insbesondere durch deren Grundrecht der korporativen Religionsfreiheit begrenzt werden. Letzteres beinhaltet einen mit der deutschen Verfassungsordnung deckungsgleichen Schutzbereich, weist jedoch aufgrund des umfangreichen Gemeinschaftsvorbehaltes und mangelnder europarechtlich manifestierter kirchlicher Privilegierungen die stärkere Einschränkbarkeit auf, wobei auch im Gemeinschaftsrecht der Wesensgehalt der Selbstbestimmung

---

[459] Vgl. *Streinz*, Bundesverfassungsgerichtlicher Grundrechtsschutz und Europäisches Gemeinschafts-recht, S. 187
[460] Zur (Maximal-)Auslegung von Art. 4 RL vgl. oben, Teil 2, B.

hinreichend geschützt ist und Eingriffsmaßnahmen dem Grundsatz der Verhältnismäßigkeit genügen müssen.

Eine Prüfung und Verwerfung von Antidiskriminierungsmaßnahmen gem. Art. 13 EG am Maßstab des Grundgesetzes scheidet – abseits des eingeräumten Umsetzungsspielraums bei Transformationsgesetzen von Richtlinien – nach der nunmehr durch das Bananenmarkturteil konkretisierten Solange II – Formel des BVerfG in jedem Falle aus. Gemeinschaftskonforme Beeinträchtigungen des Selbstbestimmungsrechtes gem. Art. 4 Abs. 1 und 2, 140 i. V. m. 137 Abs. 3 und 7 WRV sind somit ohne Weiteres zulässig, solange nicht ein genereller Grundrechtsabfall innerhalb der Gemeinschaft Platz greift. Solches ist jedoch angesichts der stetig intensivierten Bemühungen der Gemeinschaft um Ausbau des europäischen Grundrechtsschutzes nicht zu befürchten. Die kompromisslose Forderung zahlreicher deutscher Autoren nach Erhaltung grundgesetzlicher Standards im Bereich der kirchlichen Selbstbestimmung „ohne wenn und aber" und der Aufbau diesbezüglicher, grundgesetzaktivierender „Drohkulissen" bemühen somit doch eher ein Scheinproblem.[461]

[461] So zuletzt jedoch wieder *Hanau/Thüsing*, Europarecht und kirchliches Arbeitsrecht, S. 34

Zusammenfassende Schlussbetrachtung

Art. 13 EG, den *Zuleeg* auch als „schlafenden Riesen" bezeichnet hat[1], enthält trotz seiner lediglich mittelbaren Anwendbarkeit als Ermächtigungsgrundlage ein durchaus beachtliches Potential, welches bei durchdachter und auf Nachhaltigkeit angelegter Anwendung dem Zusammenwachsen von Menschen unterschiedlicher (kultureller) Abstammung in Europa erhebliche Impulse verleihen und die durch den EuGH entwickelten bzw. in einer künftigen europäischen Verfassung[2] enthaltenen Gleicheitsrechte wirkungsvoll ergänzen kann. Zur Erreichung seiner vom Aufgabenbereich der Gemeinschaft untermauerten integrationspolitischen Zielsetzung stellt Art. 13 EG einen breiten Anwendungsbereich zur Verfügung, der bereits dann erfüllt ist, wenn eine „gemeinschaftsrechtlich geregelte Situation" zu bejahen ist. Hierin kann er nur durch eine besondere, der spezifischen Antidiskriminierung dienenden Spezialvorschrift verdrängt werden, die aktuell lediglich in Art. 141 Abs. 3 EG besteht. Die Eingriffsschwelle für Gemeinschaftsmaßnahmen ist niedrig anzusetzen und nach dem Subsidiaritätsprinzip für den Regelfall aufgrund des transnationalen Bezugs von Antidiskriminierungsmaßnahmen als gegeben zu erachten, zumal wegen des für die Gemeinschaft bestehenden weiten Ermessenspielraums und des Einstimmigkeitserfordernisses gem. Art. 13 Abs. 1 EG eine Maßnahme realistischerweise kaum jemals unter dem Tenor einer Missachtung des Prinzips angegriffen werden könnte. Wegen des Verhältnismäßigkeitsprinzips gem. Art. 5 Abs. 3 EG wird sich regelmäßig die (Rahmen-) Richtlinie als das im Einzelfall angemessene Mittel darstellen.
Innerhalb dieses weitreichenden Anwendungsbereichs gestattet Art. 13 EG jedwede, rechtlich anerkannten Maßnahmen zur Diskriminierungsbekämpfung im Rahmen seiner inkludierten Diskriminierungskriterien, welche die gesamte Bandbreite von (echten) sekundärrechtlichen Diskriminierungsverboten über Akte positiver Diskriminierung bis hin zum sog. soft law erfassen. Berechtigte derartiger Maßnahmen sind vornehmlich die Unionsbürger, aber auch Drittstaatsangehörige und – mit gewissen Einschränkungen – juristische Personen, während die Organe der Gemeinschaft, die Mitgliedstaaten und ihre Untergliederungen sowie natürliche und juristische Privatpersonen die potentiellen Adressaten darstellen.

Sind diesbezüglich die Kirchen und Religionsgemeinschaften Verpflichtete von Antidiskriminierungsmaßnahmen, insbesondere aus den Gründen „Religion", Weltanschauung" oder „sexuelle Ausrichtung", ist vornehmlich in den

[1] Vgl. *Koukoulis-Spiliotopoulos*, in: Bekämpfung der Diskriminierungen, S. 108, 109
[2] Zur aktuellen Entwicklung vgl. *Schwarze*, NJW 2002, S. 993 ff.; *Stolleis*, NJW 2002, S. 1022 ff.

Bereichen des Dienst- und Arbeitsrechts und der Bildungseinrichtungen das Selbstbestimmungsrecht gem. Art. 4 Abs. 1 und 2, 140 GG i. V. m. 137 Abs. 3 und 7 WRV tangiert, welches auch europarechtlich nach Auswertung verschiedener Rechtserkenntnisquellen in den Schutzbereich der korporativen Religionsfreiheit einzubeziehen ist. Mangels kirchenspezifischer Privilegierungen im Europarecht, welches die unterschiedlichsten staatskirchenrechtlichen Systeme zu koordinieren hat, kann das Grundrecht jedoch durch den seitens des EuGH als relativ umfassend verstandenen Gemeinschaftsvorbehalt im Rahmen der Herstellung praktischer Konkordanz zu Gunsten der Antidsikriminierungslegislation eingeschränkt werden. Der verschiedentlich als Schranken-Schranke verstandene Art. 6 Abs. 3 EU taugt bei Lichte besehen nicht als „Bollwerk" zur unverrückbaren Gewährleistung der jeweiligen mitgliedstaatlichen, staatskirchenrechtlichen Systeme, sondern beinhaltet lediglich eine Wesensgehaltsgarantie zu Gunsten eines Kernbereichs des jeweiligen in Frage stehenden staatskirchenrechtlichen Systems. Auch die Kirchenerklärung des Vertrags von Amsterdam ist aufgrund ihrer lediglich unverbindlichen Ausgestaltung nicht geeignet, eine diesbezügliche Funktion zu übernehmen.
Daneben dürfte es seit der Bananenmarktentscheidung des BVerfG nicht mehr vertretbar sein, das in Deutschland verfassungsrechtlich garantierte Selbstbestimmungsrecht der Religionsgemeinschaften über eine Aktivierung des Solange II/Maastricht-Vorbehalts gegenüber beeinträchtigendem, anwendungsvorrangigen Gemeinschaftsrecht in Stellung bringen zu wollen. Letztlich ist damit das Selbstbestimmungsrecht in seiner durch das BVerfG als umfassend verstandenen Ausprägung in keinem Falle „europarechtsfest" und dementsprechend durch Maßnahmen gem. Art. 13 EG in den Grenzen der Wesengehaltsgarantie und des Verhältnismäßigkeitsgrundsatzes einschränkbar.
Eine gewisse Beeinträchtigung des Selbstbestimmungsrechts wurde bereits mit Erlass der Richtlinie 2000/78/EG realisiert, die zwar im dortigen Art. 4 einen den Kirchen und Religionsgemeinschaften entgegenkommenden Rechtfertigungsmaßstab enthält, jedoch im Bereich der sog. neutralen Tätigkeiten Ungleichbehandlungen betroffener Personenkreise verbietet. Dementsprechend bedarf die Handhabung des kirchlichen Kündigungs- bzw. arbeitsrechtlichen Maßregelungsrechts gegenüber den in diesem Bereich tätigen Personen einer spezifischen Neuorientierung.

Droht nun in den nächsten Jahren die als Schreckensszenario gemalte (schleichende) Auflösung jeglicher historisch gewachsener Strukturen des deutschen Staatskirchenrechts? Die Frage kann wohl mit gutem Gewissen verneint werden. Mittels der Kirchenerklärung des Amsterdamer Vertrags haben die Mitgliedstaaten zumindest ihren guten Willen signalisiert, die Kirchen als Partner im europäischen Einigungsprozess wahrzunehmen und ihre Eigenheiten grundsätzlich zu beachten. Die Kirchen sind nun ihrerseits gefordert, die Integration konstruktiv zu begleiten, die bisherige, eher europakritische Haltung zu überdenken und Europa als Zukunftschance zu begreifen, bei dessen Verwirklichung sie mit ihrer Vielzahl engagierter Mitglieder einen unschätzbaren Beitrag auf allen Ebenen leisten können. Falls im Zuge europäischer Harmonisierungsbestrebungen ein gewisses Aufbrechen etablierter staatskirchenrechtlicher Strukturen unvermeidlich ist, sollte dieses einzelfall-spezifisch möglichst schonend und mit „verständnisvollem Blick" auf das Selbstverständnis und die historisch gewachsenen regionalen Besonderheiten der Religions- und Weltanschauungsgemeinschaften erfolgen.

Quellen-, Material- und Literaturverzeichnis

A. Quellenwerke

Beseler, Dora von/Jacobs-Wüstefeld, Barbara: Law Dictionary, English-German, 4. Aufl., Berlin-New York, 1986

Brockhaus, Die Enzyklopädie, 24 Bd., 20. Aufl., Mannheim, 1997

Brockhaus/Wahrig, Gerhard [Hrsg.]: Deutsches Wörterbuch, 6 Bd., 1. Aufl., Wiesbaden/Stuttgart, 1980

Centre National de la Recherche Scientifique [Hrsg.], Trésor de la Langue Française, 16 Bd., Paris, 1971

Creifelds, Carl/Weber, Klaus [Hrsg.]: Rechtswörterbuch, 16. Aufl., München, 1991
[zit: *Creifelds*, Rechtswörterbuch]

Köbler, Gerhard/Pohl, Heidrun: Deutsch-Deutsches Rechtswörterbuch, 1. Aufl., München, 1991

Duden [Hrsg.]: Das große Wörterbuch der deutschen Sprache, 10 Bd., 3. Aufl., Mannheim-Leipzig-Wien-Zürich, 1999

Langenscheidts Großwörterbuch Lateinisch unter Berücksichtigung der Etymologie: Teil I: Lateinisch-Deutsch, 23. Aufl., Berlin-München-Wien-Zürich, 1988

Robert, Paul: Le Grand Robert de la Langue Française, 9 Bd., Deuxième Édition, Paris, 1986

Simpson, J. A./Weiner, E. S. C.: The Oxford English Dictionary, 20 Bd., Second Edition, Oxford, 1989

B. Materialien

I. Von der Europäischen Kommission herausgegebene Broschüren:

- Die europäischen Institutionen im Kampf gegen Rassismus: ausgewählte Texte, Beschäftigung & soziale Angelegenheiten, Sozialer Dialog und soziale Rechte, GD Beschäftigung, Arbeitsbeziehungen und soziale Angelegenheiten, Referat V/D/4, Luxemburg, 1997

- Öffentliche Gesundheit in Europa, Beschäftigung & soziale Angelegenheiten, Öffentliche Gesundheit, GD Beschäftigung, Arbeitsbeziehungen und soziale Angelegenheiten, Luxemburg, 1997

- Soziales Europa, Die Perspektiven der ergänzenden Altersversorgung angesichts des demographischen, wirtschaftlichen und sozialen Wandels, Beiheft 7/96, Beschäftigung und soziale Angelegenheiten, Sozialschutz und sozialpolitische Maßnahmen, GD Beschäftigung, Arbeitsbeziehungen und soziale Angelegenheiten, Referat V/E.2, Luxemburg, 1997
[zit: *Europäische Kommission*, Soziales Europa]

- 1997 Année européenne contre le racisme, Racisme et xénophobie en Europe, Sondage d'opinion Eurobaromètre 47.1, Emploi & affaires sociales, Luxem-bourg, 1998

- 1997 Europäisches Jahr gegen Rassismus, Bericht der Abschlusskonferenz, Beschäftigung & soziale Angelegenheiten, Grundrechte & Bekämpfung von Diskriminierungen, Luxemburg, 1998

- Bericht über die demographische Lage 1997, Beschäftigung & soziale Angelegenheiten, Sozialschutz und sozialpolitische Maßnahmen, GD Beschäftigung, Arbeitsbeziehungen und soziale Angelegenheiten, Referat V/E.1, Luxemburg, 1998

- Beschäftigung und Integration von Menschen mit Behinderungen, Beschäftigung & soziale Angelegenheiten, Soziale Sicherheit und soziale Integration, GD Beschäftigung, Arbeitsbeziehungen und soziale Angelegenheiten, Referat V/E/4, Luxemburg, 1999

- Forum spezial „Aktives Altern“, Beschäftigung und soziale Angelegenheiten, GD Beschäftigung und Soziales, Referat Information und Veröffentlichungen, Brüssel, 1999

- Sexual Harrasment at the Workplace in the European Union, Employment & social Affairs, Equality between women and men, Directorate-General for Employment, Industrial Relations and Social Affairs, Unit V/D.5, Luxembourg, 1999

- Handbuch Gleichbehandlung von Frauen und Männern in der EU, Zweite Ausgabe, Beschäftigung & soziale Angelegenheiten, Gleichbehandlung von Frauen und Männern, GD Beschäftigung, Arbeitsbeziehungen und soziale Angelegenheiten, Referat V/D.5, Luxemburg, 1999

- Die Grundrechte in der Europäischen Union verbürgen: Zeit zum Handeln, Bericht der Expertengruppe „Grundrechte", Beschäftigung und soziale Angelegenheiten, Grundrechte und Bekämpfung von Diskriminierungen, GD Beschäftigung, Arbeitsbeziehungen und soziale Angelegenheiten, Referat V/D.2, Luxemburg, 1999

- Forum spezial „Fünf Jahre Sozialpolitik", Beschäftigung und soziale Angelegenheiten, GD V/2 „Information und Veröffentlichungen", Brüssel, 1999

- Gleichstellung von Frauen und Männern in der Europäischen Union, Beispiele für vorbildliche Praktiken (1996- 2000), Beschäftigung und Soziales, Gleichstellung von Frauen und Männern, GD Beschäftigung und Soziales, Referat D.5, Luxemburg, 2000

- Überblik über die gesetzlichen Antidiskriminierungsbestimmungen in den Mitgliedstaaten, Beschäftigung & Soziales, Grundrechte und Bekämpfung von Diskriminierungen, GD Beschäftigung und Soziales, Referat D.2, Luxemburg, 2000

II. Andere institutionelle Herausgeber:

Auswärtiges Amt der Bundesrepublik Deutschland [Hrsg.]: Standardformulierungen für deutsche Vertragstexte, 3. Aufl., Berlin-New York, 1992

European Foundation for the Improvement of Living and Working Conditions [Hrsg.]: The Employment of People with Disabilities in Small & Medium-Sized Enterprices, Luxembourg, 1998

dies.[Hrsg.]: European Conference on Preventing Racism at the Workplace, Proceedings, Luxembourg, 1996

The Christian Institute [Hrsg.]: European Threat to Religous Freedom, A response to the European Union's proposed Employment Directive, Newcastle upon Tyne, 2000
[zit: *The Christian Institute*, European Threat to Religous Freedom]

C. Literatur

Alber, Siegbert/Widmaier, Ulrich: Die EU-Charta der Grundrechte und ihre Auswirkungen auf die Rechtsprechung, EuGRZ 2000, S. 497 ff.

Allen, Robin: Art. 13 und die Suche nach Gleichheit in Europa: ein Überblick, in: *Europaforum Wien [Hrsg.]*, Bekämpfung der Diskriminierungen: Orientierungen für die Zukunft, Wien, 1999, S. 77 ff.
[zit: *Allen*, in: Bekämpfung der Diskriminierungen]

Badura, Peter: Staatsrecht, 2. Aufl., München, 1996

Baer, Susanne: Grundrechtscharta ante portas, ZRP 2000, S. 361 ff.

Baldus, Manfred: Kirchliche Hochschulen, in: *Listl, Joseph/Pirson, Dietrich*, Handbuch des Staatskirchenrechts der Bundesrepublik Deutschland, Zweiter Bd., 2. Aufl., Berlin, 1995, S. 601 ff.
[zit: *Baldus*, in: Handbuch des Staatskirchenrechts]

Bardenhewer, Angelika: Einführung, in: Vertrag von Amsterdam, Text und konsolidierte Fassungen des EU- und EG-Vertrags, 1. Aufl., Baden-Baden, 1997

Bauer, Jobst-Hubertus: Europäische Antidiskriminierungsrichtlinien und ihr Einfluss auf das deutsche Arbeitsrecht, NJW 2001, S. 2672 ff.

Bell, Mark: The New Article 13 EC Treaty: A Sound Basis for European Anti-Diskrimination Law?, MJ 1999, S. 5 ff.

Bergmann, Jan/Lenz, Christoph [Hrsg.]: Der Amsterdamer Vertrag, 1. Aufl., Köln, 1998
[zit: *Bearb.*, in: Bergmann/Lenz, Der Amsterdamer Vertrag]

Besselink, Leonard F. W.: The Member States, the National Constitutions and the Scope of the Carter, MJ 2001, S. 68 ff.

Beutler, Bengt/Bieber, Roland/Pipkorn, Jörn/Streil, Jochen: Die europäische Union, 4. Aufl., Baden-Baden, 1993

Bijsterveld, Sophie van: Die Kirchenerklärung von Amsterdam – Genese und Bedeutung, öarr 1999, S. 46 ff.

Bleckmann, Albert: Europarecht, 6. Aufl., Köln-Berlin-Bonn-München, 1997

ders.: Die Wahrung der nationalen Identität im Unionsvertrag, JZ 1997, S. 265 ff.

ders.: Von der individuellen Religionsfreiheit des Art. 9 EMRK zum Selbstbestimmungsrecht der Kirchen, 1. Aufl., Köln, 1995

ders.: Probleme der Auslegung von EWG-Richtlinien, RIW 1987, S. 929 ff.

ders.: Zur Entwicklung europäischer Grundrechte, DVBl. 1978, S. 457 ff.

Blum, Nikolaus: Die Gedanken-, Gewissens- und Religionsfreiheit nach Art. 9 EMRK, 1. Aufl., Berlin, 1990

Bogdandy, Armin von: The European Union as a Human Rights Organization? Human Rights and the Core of the European Union, CMLRev 2000, S. 1307 ff.

Brittan, Diana: Bericht über Workshop 4, Rolle und Position nichtstaatlicher Akteure bei der Umsetzung von Art. 13 EG, in: *Europaforum Wien [Hrsg.]*, Bekämpfung der Diskriminierungen: Orientierungen für die Zukunft, Wien, 1999, S. 120 ff.
[zit: *Brittan*, in: Bekämpfung der Diskriminierungen]

Calliess, Christian: Subsidiaritäts- und Solidaritätsprinzip in der Europäischen Union, 1. Aufl., Baden-Baden, 1996

ders./Ruffert, Matthias [Hrsg.]: Kommentar des Vertrages über die Europäische Union und des Vertrages zur Gründung der Europäischen Gemeinschaft – EUV/EGV – 1. Aufl., Neuwied-Kriftel, 1999
[zit: *Bearb.*, in: Calliess/Ruffert, Kommentar EUV/EGV]

Campbell, Agnus/Lardy, Heather: Discrimination against Transsexuals in Employment, ELRev 1996, S. 412 ff.

Campenhausen, Axel Freiherr von: Staatskirchenrecht, 3. Aufl., München, 1996

Canor, Iris: Equality for Lesbians and Gay Men in the European Community Legal Order – 'they shall be male and female'?, MJ 2000, S. 273 ff.

Chopin, Isabelle/Niessen, Jan: Proposals for Legislative Measures to Combat Racism and to Promote Equal Rights in the European Union, 1. Aufl., London, 1998

Chwolik-Lanfermann, Ellen: Grundrechtsschutz in der Europäischen Union, 1. Aufl., Frankfurt a. M.-Berlin-Bern-New York-Paris-Wien, 1994

Cirkel, Johannes: Gleichheitsrechte im Gemeinschaftsrecht, NJW 1998, S. 3332 ff.

Coen, Martin: Neue EU-Antidiskriminierungs-Richtlinien, AuR 1/2000, S. 11 ff.

Conring, Hans Tjabert: Korporative Religionsfreiheit in Europa, 1. Aufl., Frankfurt a. M., 1998

Curtin, Deirdre/van Ooik, Ronald: The Sting is Always in the Tail. The Personal Scope of Application of the EU Charter of Fundamental Rights, MJ 2001, S. 102 ff.

Czermak, Gerhard: Das Religionsverfassungsrecht im Spiegel der Tatsachen, ZRP 2001, S. 565 ff.

ders.: Arbeitsrecht in kirchlichen Einrichtungen unter besonderer Berücksichtigung und kritischer Würdigung des Kündigungsschutzrechts, PersR 1995, S. 455 ff.

Dashwood, Alan: The constitution of the European Union after Nice: law-making procedures, ELRev 2001, S. 215 ff.

Degenhart, Christoph: Staatsrecht I, Staatsorganisationsrecht, 15. Aufl., Heidelberg, 1999
[zit: *Degenhart*, Staatsrecht I]

De Búrca, Gráinne: The drafting of the European Union Charter of fundamental rights, ELRev 2001, S. 126 ff.

Dethloff, Nina: Die Eingetragene Lebenspartnerschaft – Ein neues familienrechtliches Institut, NJW 2001, S. 2598 ff.

De Wall, Heinrich: Europäisches Staatskirchenrecht, ZevKR 2000, S. 157 ff.

De Witte, Bruno: The Legal Status of the Charter: Vital Question or Non-Issue? MJ 2001, S. 81 ff.

Di Fabio, Udo: Eine europäische Charta, JZ 2000, S. 737 ff.

Dijk, P. van/Hoof, G. J. H. van: Theory and Practice of the European Convention on Human Rights, Third Edition, The Hague-London-Boston, 1998

Dolzer, Rudolf/Vogel, Klaus [Hrsg.]: Bonner Kommentar zum Grundgesetz, Losebl., Stand 98. Lieferung, Heidelberg, 2001
[zit: *Bearb.*, in: Bonner Kommentar]

Dütz, Wilhelm: Neue Grundlagen im Arbeitsrecht der katholischen Kirche, NJW 1994, S. 1369 ff.

ders.: Kirchliche Festlegung arbeitsvertraglicher Kündigungsgründe, NJW 1990, S. 2025 ff.

ders.: Das Bundesverfassungsgericht zur Kündigung kirchlicher Arbeitsverhältnisse, NZA 1986 (Beilage 1/86 zu Heft 3/86), S. 11 ff.

ders.: Aktuelle kollektivrechtliche Fragen des kirchlichen Dienstes, EssG 1984, S. 67 ff.

Duvigneau, Johan Ludwig: From Advisory Opinion 2/94 to the Amsterdam Treaty: Human Rights Protection in the EU, Legal issues of European Integration 1998, S. 61 ff.

Ehlermann, Claus Dieter: Engere Zusammenarbeit nach dem Amsterdamer Vertrag: Ein neues Verfassungsprinzip?, EuR 1997, S. 362 ff.

Ehlers, Dirk: Die Lage des Staatskirchenrechts in der Bundesrepublik Deutschland, ZevKR 2000, S. 201 ff.

ders.: Das Wirtschaftsverwaltungsrecht im europäischen Binnenmarkt, NVwZ 1990, S. 810 ff.

Ehnes, Herbert: Zum Verhältnis der Kirchen zur Europäischen Union, KuR 1997, S. 219 ff.

Ellis, Evelyn: The recent Jurisprudence of the Court of Justice in the Field of Sex Equality, CMLRev 2000, S. 1403 ff.

dies.: Recent Developements in European Community Sex Equality Law, CMLRev 1998, S. 379 ff.

Emmerich-Fritzsche, Angelika: Der Grundsatz der Verhältnismäßigkeit als Direktive und Schranke der EG-Rechtsetzung, 1. Aufl., Berlin, 2000

Emmert, Frank: Europarecht, 1. Aufl., München, 1996

Epiney, Astrid: Umgekehrte Diskriminierungen, 1. Aufl., Köln-Berlin-Bonn-München, 1995

Everling, Ulrich: Brauchen wir „Solange III"?, EuR 1990, S. 195 ff.

Faßbender, Bardo: Die Verfassungswidrigkeit eines allgemeinen Ausschlusses einer Personengruppe vom Schutz vor Diskriminierung, EuGRZ 1997, S. 608 ff.

Feige, Konrad: Der Gleichheitssatz im Recht der EWG, 1. Aufl., Tübingen, 1973

Fischer, Klemens H.: Der Vertrag von Nizza, Text und Kommentar, 1. Aufl., Baden-Baden, 2001

Fischer, Lorenz/Wiswede, Günter: Grundlagen der Sozialpsychologie, 1. Aufl., München u. a., 1997

Flynn, Leo: The Implications of Article 13 EC – After Amsterdam, will some forms of Discrimination be more equal than others?, CMLRev 1999, S. 1127 ff.

ders.: Case C-13/94, P. v. S. and Cornwall County Council, Judgement of the Full Court of 30 April 1996, CMLRev 1997, S. 376 ff.

Flynn, Padraig: Wien – ein Neubeginn im Kampf gegen Diskriminierungen, in: *Europaforum Wien [Hrsg.]*, Bekämpfung der Diskriminierungen: Orientierungen für die Zukunft, Wien, 1999, S. 126 ff.
[zit: *Flynn*, in: Bekämpfung der Diskriminierungen]

Friauf, Karl Heinrich/Scholz, Rupert: Europarecht und Grundgesetz, 1. Aufl., Berlin, 1990
[zit: *Bearb.*, in: Friauf/Scholz, Europarecht und Grundgesetz]

Frowein, Jochen Abr.: Die Bedeutung des die Gedanken-, Gewissens- und Religionsfreiheit garantierenden Artikels 9 der Europäischen Menschenrechtskonvention, EssG 1993, S. 46 ff.

ders./Peukert, Wolfgang: Europäische Menschenrechtskonvention, EMRK-Kommentar, 2. Aufl., Kehl-Straßburg-Arlington, 1996
[zit: *Bearb.*, in: Frowein/Peukert, EMRK]

Geiger, Rudolf: EUV/EGV, Vertrag über die Europäische Union und Vertrag zur Gründung der Europäischen Gemeinschaft, Kommentar, 3. Aufl., München, 2000
[zit: *Geiger*, EUV/EGV]

Gijzen, Marianne: The Charter: A Milestone for Social Protection in Europe?, MJ 2001, S. 33 ff.

Goldsmith, Lord: A Charter of Rights, Freedoms an Principles, CMLRev 2001, S. 1201 ff.

Goppel, Thomas: Die Bedeutung des Subsidiaritätsprinzips, EuZW 1993, S. 367 ff.

Grabenwarter, Christoph: Die Charta der Grundrechte für die Europäische Union, DVBl 2001, S. 1 ff.

Grabitz, Eberhard/Hilf, Meinhard [Hrsg.]: Das Recht der Europäischen Union, Losebl., München, Stand 1994/2001
[zit: *Bearb.*, in: Grabitz/Hilf, Das Recht der Europäischen Union]

Groeben, Hans von der/Thiesing, Jochen/Ehlermann, Claus-Dieter [Hrsg.]: Hand-buch des Europäischen Rechts, Systematische Sammlung mit Erläuterungen, 25 Bd., Losebl., Baden-Baden, Stand 1995/2000
[zit: *Bearb.*, in: G/T/E, Handbuch des Europäischen Rechts]

ders.: Kommentar zum EU- und EG-Vertrag, 5 Bd., 5. Aufl., Baden-Baden, 1997
[zit: *Bearb.*, in: G/T/E, Kommentar zum EU- und EG-Vertrag]

Gutmann, Rolf: Europäisches Aufenthaltsrecht für Drittstaatsangehörige, AnwBl 8+9/2000, S. 482 ff.

Hanau, Peter/Thüsing, Gregor: Europarecht und kirchliches Arbeitsrecht, 1. Aufl., Baden-Baden, 2001

Hartley, T. C.: The Foundations of European Community Law, Third Edition, Oxford, 1994

Heckel, Martin: Religionsunterricht für Muslime, JZ 1999, S. 741 ff.

Heinig, Hans Michael: Art. 13 EGV und die korporative Religionsfreiheit nach dem Grundgesetz, in: *Haratsch, Andreas/Janz, Norbert/Rademacher, Sonja/ Schmahl, Stefanie/Weiß, Norman [Hrsg.]*, Religion und Weltanschauung im säkularen Staat, 1. Aufl., Stuttgart-München-Hannover-Berlin-Weimar-Dresden, 2001, S. 215 ff.
[zit: *Heinig*, in: Haratsch u. a., Religion und Weltanschauung im säkularen Staat]

Heitmann, Steffen: Aufbruch in einen europäischen Rechtsraum, NJW 2001, S. 124 ff.

Heringa, A. W./Verhey, Luc: The EU Charter: Text and Structure, MJ 2001, S. 11 ff.

Hervey, Tamara K./o'Keefe, David: Sex Equality Law in the European Union, First Edition, Chichester-New York-Brisbane-Toronto-Singapore, 1996

Heselhaus, Sebastian/Schmidt de Caluwe, Reimund: Ernstfall für die Gleichberechtigung – europa- und verfassungsrechtliche Aspekte der Novellierung des Soldatenrechts, NJW 2001, S. 263 ff.

Hesse, Konrad: Das Selbstbestimmungsrecht der Kirchen und Religionsgemeinschaften, in: *Listl, Joseph/Pirson, Dietrich*, Handbuch des Staatskirchenrechts der Bundesrepublik Deutschland, Erster Bd., 2. Aufl., Berlin 1994, S. 521 ff.
[zit: *Hesse*, in: Handbuch des Staatskirchenrechts]

Heymann-Doat, Arlette: Gründe der Diskriminierung, diskriminierende Praktiken und Mittel zur Bekämpfung, in: *Europaforum Wien [Hrsg.]*, Bekämpfung der Diskriminierungen: Orientierungen für die Zukunft, Wien, 1999, S. 88 ff.
[zit: *Heymann-Doat*, in: Bekämpfung der Diskriminierungen]

Hilf, Meinhard: Amsterdam – Ein Vertrag für die Bürger?, EuR 1997, S. 347 ff.

ders./Pache, Eckhard: Der Vertrag von Amsterdam, NJW 1998, S. 705 ff.

Hoffmeister, Frank: Europäisches Verfassungsrecht nach Amsterdam, EuR 1999, S. 280 ff.

Hollerbach, Alexander: Europa und das Staatskirchenrecht, ZevKR 1990, S. 250 ff.

ders.: Theologische Fakultäten und staatliche Pädagogische Hochschulen, in: *Listl, Joseph/Pirson, Dietrich*, Handbuch des Staatskirchenrechts der Bundesrepublik Deutschland, Zweiter Bd., 2. Aufl., Berlin, 1995, S. 549 ff.
[zit: *Hollerbach*, in: Handbuch des Staatskirchenrechts]

Hornung-Draus, Renate: Diskriminierungsverbot, Ein EU-Vorschlag birgt Zündstoff, Der Arbeitgeber, 1/52-2000, S. 14 ff.

Hostasch, Lore: Art. 13 und der moderne Sozialstaat, in: *Europaforum Wien [Hrsg.]*, Bekämpfung der Diskriminierungen: Orientierungen für die Zukunft, Wien, 1999, S. 130 ff.
[zit: *Hostasch*, in: Bekämpfung der Diskriminierungen]

Huber, Peter M.: Recht der Europäischen Integration, 1. Aufl., München, 1996

Iglesias, Rodriguez, C. G.: Zur „Verfassung" der Europäischen Gemeinschaft, EuGRZ 1996, S. 125 ff.

Ipsen, Hans Peter: Europäisches Gemeinschaftsrecht, 1. Aufl., Tübingen, 1972

Ipsen, Knut: Völkerrecht, 4. Aufl., München, 1999

Israël, Jona: Conflicts of Law and the EC after Amsterdam, A Change for the Worse?, MJ 2000, S. 81 ff.

Jarass, Hans D./Pieroth, Bodo: Grundgesetz für die Bundesrepublik Deutschland, Kommentar, 5. Aufl., München, 2000
[zit: *Bearb.*, in: Jarass/Pieroth, GG]

Jochum, Georg: Der neue Art. 13 EGV oder „political correctness" auf europäisch?, ZRP 1999, S. 279 ff.

Jurina, Josef: Die Religionsgemeinschaften mit privatrechtlichem Rechtsstatus, in: *Listl, Joseph/Pirson, Dietrich*, Handbuch des Staatskirchenrechts der Bundesrepublik Deutschland, Erster Bd., 2. Aufl., Berlin, 1994, S. 689 ff. [zit: *Jurina*, in: Handbuch des Staatskirchenrechts]

Kenntner, Markus: Das Subsidiaritätsprotokoll des Amsterdamer Vertrags, NJW 1998, S. 2871 ff.

ders.: Die Schrankenbestimmungen der EU-Grundrechtecharta – Grundrechte ohne Schutzwirkung?, ZRP 2000, S. 423 ff.

Kewenig, Wilhelm A.: Niederlassungsfreiheit, Freiheit des Dienstleistungsverkehrs und Inländerdiskriminierung, JZ 1990, S. 20 ff.

Kingreen, Torsten/Störmer, Rainer: Die subjektiv-öffentlichen Rechte des primären Gemeinschaftsrechts, EuR 1998, S. 265 ff.

Kirchhof, Paul: Die Kirchen und Religionsgemeinschaften als Körperschaften des öffentlichen Rechts, in: *Listl, Joseph/Pirson, Dietrich*, Handbuch des Staatskirchenrechts der Bundesrepublik Deutschland, Erster Bd., 2. Aufl., Berlin, 1994, S. 651 ff.
[zit: *Kirchhof*, in: Handbuch des Staatskirchenrechts]

ders.: Der allgemeine Gleichheitssatz, in: *Isensee, Josef/Kirchhof, Paul [Hrsg.]*: Handbuch des Staatsrechts der Bundesrepublik Deutschland, Band V, Heidelberg, 1992, S. 837 ff.
[zit: *Kirchhof*, in: Isensee/Kirchhof, Handbuch des Staatsrechts]

Kischel, Uwe: Der unabdingbare grundrechtliche Mindeststandart in der Europäischen Union, Der Staat 2000, S. 523 ff.

ders.: Zur Dogmatik des Gleichheitssatzes in der Europäischen Union, EuGRZ 1997, S. 1 ff.

Klar, Walter: Grundrechtlicher Schutz des gekündigten kirchlichen Arbeitnehmers, NZA 1995, S. 1184 ff.

Klos, Christian: Deutschlands Verhältnis zur GFK und EMRK, AnwBl 8+9/2000, S. 496 ff.

Koenig, Christian/Haratsch, Andreas: Einführung in das Europarecht, 1. Aufl., Tübingen, 1996 *ders./Pechstein, Matthias*: Die europäische Union, 1. Aufl., Tübingen, 1995

Köll, Ralf: Die Charta der Grundrechte der Europäischen Union, NVwZ 2001, S. 392 ff.

Kokott, Juliane: Der Grundrechtsschutz im europäischen Gemeinschaftsrecht, AöR 1996, S. 599 ff.

Koukoulis-Spiliotopoulos, Sophia: Bericht über Workshop 1, Materieller Geltungsbereich von Art. 13, in: *Europaforum Wien [Hrsg.]*, Bekämpfung der Diskriminierungen: Orientierungen für die Zukunft, Wien, 1999, S. 108 ff.
[zit: *Koukoulis-Spiliotopoulous*, in: Bekämpfung der Diskriminierungen]

Kraußer, Hans-Peter: Das Prinzip begrenzter Ermächtigung im Gemeinschaftsrecht als Strukturprinzip des EWG-Vertrages, 1. Aufl., Berlin, 1991

Kühling, Jürgen: Grundrechtskontrolle durch den EuGH: Kommunikationsfreiheit und Pluralismussicherung im Gemeinschaftsrecht, EuGRZ 1997, S. 296 ff.

Langrish, Sally: The Treaty of Amsterdam: Selected Highlights, ELRev 1998, S. 3 ff.

Lecheler, Helmut: Zum Bananenmarkt-Beschluss des BVerfG, JuS 2001, S. 120 ff.

ders.: Die Fortentwicklung des Rechts der Europäischen Union durch den Amsterdamer Vertrag, JuS 1998, S. 392 ff.

Lemmens, Paul: The Relation betweeen the Charter of Fundamentes Rights of the European Union and the European Convention on Human Rights – Substantive Aspects, MJ 2001, S. 49 ff.

Lenaerts, Koen/de Smijter, Eddy: The Charter and the Role of the European Courts, MJ 2001, S. 90 ff.

Lenz, Otto [Hrsg.]: EG-Vertrag Kommentar, 2. Aufl., Basel-Genf-München, 1999
[zit: *Bearb.*, in: Lenz, EG-Vertrag Kommentar]

ders.: Ein Grundrechtskatalog für die Europäische Gemeinschaft?, NJW 1997, S. 3289 ff.

ders.: EG-Handbuch, Recht im Binnenmarkt, 2. Aufl., Herne/Berlin, 1994 [zit: *Bearb.*, in: Lenz, EG-Handbuch Recht im Binnenmarkt]

Liisberg, Jonas Bering: Does the EU Charter of Fundamental Rights threaten the Supremacy of Community Law?, CMLRev 2001, S. 1171 ff.

Limbach, Jutta: Das Bundesverfassungsgericht und der Grundrechtsschutz in Europa, NJW 2001, S. 2913 ff.

ders.: Die Kooperation der Gerichte in der zukünftigen europäischen Grundrechtsarchitektur, EuGRZ 2000, S. 417 ff.

Link, Christoph: Staat und Kirche im Rahmen des europäischen Einigungsprozesses, ZevKR 1997, S. 130 ff.

ders.: Staat und Kirche in der neueren deutschen Geschichte, 1. Aufl., Frankfurt a. M., 2000

Listl-Knopik, Irmgart: Aspekte zur Gleichbehandlung von Mann und Frau als Teil europäischer Sozialpolitik, ZRP 1992, S. 181 ff.

Losch, Bernhard: Erwachsenenbildung und Akademien, in: *Listl, Joseph/Pirson, Dietrich*, Handbuch des Staatskirchenrechts der Bundesrepublik Deutschland, Zweiter Bd., 2. Aufl., Berlin, 1995, S. 639 ff.
[zit: *Losch* in: Handbuch des Staatskirchenrechts]

Loschelder, Wolfgang: Kirchen als Schulträger, in: *Listl, Joseph/Pirson, Dietrich*, Handbuch des Staatskirchenrechts der Bundesrepublik Deutschland, Zweiter Bd., 2. Aufl., Berlin, 1995, S. 511 ff.
[zit: *Loschelder*, in: Handbuch des Staatskirchenrechts]

Lurger, Brigitta: Das Europarecht aus der Perspektive des Unionsbürgers, ZfRV 2000, S. 71 ff.

Mancini, G. F./o'Leary, S. O.: The new frontiers of sex equality law in the European Union, ELRev 1999, S. 331

Mangold, Hermann von/Klein, Friedrich/Starck, Christian [Hrsg.]: Das Bonner GG, 4. Aufl., München, 2001
[zit: *Bearb.*, in: v. Mangold/Klein/Stark, Das Bonner GG]

Matutes, Abel: Europa muss die öffentliche Meinung überzeugen, in: The Philip Morris Institute for public policy Research [Hrsg.], Wie stark stützt die Öffentlichkeit die EU?, April 1997, S. 47 ff.
[zit: *Matutes*, in: The Philip Morris Institute for public policy Research, Wie stark stützt die Öffentlichkeit die EU?]

Maunz, Theodor/Dürig, Günter/Herzog, Roman/Scholz, Ruppert: Grundgesetz, Kommentar, 4 Bd., Losebl., München, Stand: 1998
[zit: *Bearb.*, in: Maunz/Dürig, Grundgesetz]

Mayer-Maly, Theo: Das staatliche Arbeitsrecht und die Kirchen, EssG 1976, S. 127 ff.

Merten, Detlef: Subsidiarität als Verfassungsprinzip, in: Merten, Detlef [Hrsg.], Die Subsidiarität Europas, 2. Aufl., Berlin, 1994, S. 77 ff.
[zit: *Merten*, in: Merten, Die Subsidiarität Europas]

Mohn, Astrid Sybille: Der Gleichheitssatz im Gemeinschaftsrecht, Differenzierungen im europäischen Gemeinschaftsrecht und ihre Vereinbarkeit mit dem Gleichheitssatz, 1. Aufl., Kehl a. R., Strassburg, Arlington, 1990
[zit: *Mohn*, Der Gleichheitssatz im Gemeinschaftsrecht]

Morgan, Marilynne A.: A Review of the Case Law of the Court of Justice on Migrant Workers and social Security, 1985-1986, CMLRev 1987, S. 483 ff.; July 1986 to June 1987, CMLRev 1988, S. 391 ff.

Mückl, Stefan: Die Religions- und Weltanschauungsfreiheit im Europäischen Unions- und Gemeinschaftsrecht, in: *Haratsch, Andreas/Janz, Norbert/Rademacher, Sonja/ Schmahl, Stefanie/Weiß, Norman [Hrsg.]*, Religion und Weltanschauung im säkularen Staat, 1. Aufl., Stuttgart-München-Hannover-Berlin-Weimar-Dresden, 2001, S. 181 ff.
[zit: *Mückl*, in: Haratsch u. a., Religion und Weltanschauung im säkularen Staat]

Müller-Volbehr, Gerd: Europa und das Arbeitsrecht der Kirchen, 1. Aufl., Heidelberg, 1998

Münch, Ingo von/Kunig Philip [Hrsg.]: Grundgesetz-Kommentar, 3 Bd., 3. Aufl., München, 1995
[zit: *Bearb.*, in: v. Münch/Kunig, Grundgesetz-Kommentar]

Nickel, Rainer: Handlungsaufträge zur Bekämpfung von ethnischen Diskriminierungen in der neuen Gleichbehandlungsrichtlinie 2000/43/EG, NJW 2001, S. 2668 ff.

Nicolaysen, Gert: Tabakrauch, Gemeinschaftsrecht und Grundgesetz, EuR 1989, S. 215 ff.

ders./Nowak, Carsten: Teilrückzug des BVerfG aus der Kontrolle der Rechtmäßgkeit gemeinschaftlicher Rechtsakte: Neuere Entwicklungen und Perspektiven, NJW 2001, S. 1233 ff.

Niven, Bob: Bekämpfung der Diskriminierungen – Wie soll die Gemeinschaft vorgehen?, in: *Europaforum Wien [Hrsg.]*, Bekämpfung der Diskriminierungen: Orientierungen für die Zukunft, Wien, 1999, S. 91 ff.
[zit: *Niven*, in: Bekämpfung der Diskriminierungen]

O'Hare, Ursula: Enhancing European Equality Rights: A New Regional Framework, MJ 2001, S. 133 ff.

Okresek, Wolf: Artikel 13 und sein rechtliches Umfeld – Ein Baustein im Kampf gegen Diskriminierungen, in: *Europaforum Wien [Hrsg.]*, Bekämpfung der Diskriminierungen: Orientierungen für die Zukunft, Wien, 1999, S. 96 ff.
[zit: *Okresek*, in: Bekämpfung der Diskriminierungen]

Oppermann, Thomas: Europarecht, 2. Aufl., München, 1999

Palandt, Otto: Bürgerliches Gesetzbuch, 60. Aufl., München, 2001
[zit: *Bearb.*, in: Palandt, Bürgerliches Gesetzbuch]

Pelinka, Anton: Bericht über Workshop 2, Gründe der Diskriminierung und diskriminatorische Praktiken. Horizontale und vertikale Themen im Geltungsbereich des Art. 13, in: *Europaforum Wien [Hrsg.]*, Bekämpfung der Diskriminierungen: Orientierungen für die Zukunft, Wien, 1999, S. 114 ff.
[zit: *Pelinka*, in: Bekämpfung der Diskriminierungen]

Pernice, Ingolf: Grundrechtsgehalte im europäischen Gemeinschaftsrecht, 1. Aufl., Baden-Baden, 1979

Pieper, Stefan Ulrich: Subsidiarität, 1. Aufl., Köln-Berlin-Bonn-München, 1994

Pieroth, Bodo/Schlink, Bernhard: Grundrechte Staatsrecht II, 15. Aufl., Heidelberg, 1999
[zit: Pieroth/Schlink, Staatsrecht II]

Prechal, Sacha: Does Direct Effect still matter?, CMLRev 2000, S. 1047 ff.

ders.: Directives in European Community Law, First Edition, Oxford, 1995

Puza, Richard: Katholisches Kirchenrecht, 2. Aufl., Heidelberg, 1993

Quintin, Odile: Bekämpfung der Diskriminierungen: Orientierungen für die Zukunft, in: *Europaforum Wien [Hrsg.]*, Bekämpfung der Diskriminierungen: Orientierungen für die Zukunft, Wien, 1999, S. 73 ff.
[zit: *Quintin*, in: Bekämpfung der Diskriminierungen]

Reich, Norbert: Bürgerrechte in der Europäischen Union, 1. Aufl., Baden-Baden, 1999

ders.: Binnenmarkt als Rechtsbegriff, EuZW 1991, S. 203 ff.

Reichold, Hermann: Europäisches Rahmenrecht für die kirchliche Mitbestimmung?, ZTR 2000, S. 57 ff.

Reitmaier, Marion-Angela: Inländerdiskriminierungen nach dem EWG-Vertrag, 1. Aufl., Kehl/Strassburg, 1984

Rengeling, Hans-Werner: Grundrechtsschutz in der Europäischen Gemeinschaft, 1. Aufl., München, 1993

Richardi, Reinhard: Arbeitsrecht in der Kirche, 3. Aufl., München, 2000

ders.: Tarifvertragssystem und institutionelle Mitbestimmung, in: Münchner Handbuch Arbeitsrecht, Band 3, München, 1993, S. 17 ff.
[zit: *Richardi*, in: Münchner Handbuch Arbeitsrecht]

ders.: Das kollektive kirchliche Dienst- und Arbeitsrecht, in: *Listl, Joseph/Pirson, Dietrich*, Handbuch des Staatskirchenrechts der Bundesrepublik Deutschland, Zweiter Bd., 2. Aufl., Berlin 1995, S. 927 ff.
[zit: *Richardi*, in: Handbuch des Staatskirchenrechts]

ders.: Die Grundordnung der katholischen Kirche für den kirchlichen Dienst im Rahmen kirchlicher Arbeitsverhältnisse, NZA 1994, S. 19 ff.

ders.: Das Selbstbestimmungsrecht der Kirchen im Arbeitsrecht, NZA 1986 (Beilage 1/86 zu Heft 3/86), S. 3 ff.

Ringler, Jochen C. K.: Die Europäische Sozialunion, 1. Aufl., Berlin, 1997

Ritgen, Klaus: Grundrechtsschutz in der Europäischen Union, ZRP 2000, S. 371 ff.

Robbers, Gerhard: Das Verbot religiöser und weltanschaulicher Diskriminierung im Recht der Europäischen Union, KuR 1999, S. 87 ff.

ders.: Europa und die Kirchen, Die Kirchenerklärung von Amsterdam, Stimmen der Zeit 1998, S. 147 ff.

ders.: Das Verhältnis von Staat und Kirche in Europa, ZevKR 1997, S. 122 ff.

ders.: Europarecht und Kirchen, in: *Listl, Joseph/Pirson, Dietrich*, Handbuch des Staatskirchenrechts der Bundesrepublik Deutschland, Erster Bd., 2. Aufl., Berlin 1994, S. 315 ff.
[zit: *Robbers*, in: Handbuch des Staatskirchenrechts]

ders.: Die Fortentwicklung des Europarechts und seine Auswirkungen auf die Beziehungen zwischen Staat und Kirche in der Bundesrepublik Deutschland, EssG 1993, S. 81 ff.

Röhl, Klaus F.: Allgemeine Rechtslehre, 1. Aufl., Köln-Berlin-Bonn-München, 1995

Ruffert, Matthias: Die Mitgliedstaaten der europäischen Gemeinschaft als Verpflichtete der Gemeinschaftsgrundrechte, EuGRZ 1995, S. 518 ff.

Rüfner, Wolfgang: Das kirchlich rezipierte und adaptierte Dienst- und Arbeitsrecht der übrigen kirchlichen Bediensteten, in: *Listl, Joseph/Pirson, Dietrich*, Handbuch des Staatskirchenrechts der Bundesrepublik Deutschland, Zweiter Bd., 2. Aufl., Berlin, 1995, S. 877 ff.
[zit: *Rüfner*, in: Handbuch des Staatskirchenrechts]

ders.: Individualrechtliche Aspekte des kirchlichen Dienst- und Arbeitsrechts, in: *Listl, Joseph/Pirson, Dietrich*, Handbuch des Staatskirchenrechts der Bundesrepublik Deutschland, Zweiter Bd., 2. Aufl., Berlin, 1995, S. 901
[zit: *Rüfner*, in: Handbuch des Staatskirchenrechts]

Sachs, Michael [Hrsg.]: Grundgesetz Kommentar, 2. Aufl., München, 1999
[zit: *Bearb.*, in: Sachs, Grundgesetz-Kommentar]

Schäfer, Detmar: Das kirchliche Arbeitsrecht in der europäischen Integration, 1. Aufl., Essen, 1997

Schaub, Günter: Arbeitsrechtshandbuch, 9. Aufl., München, 2000

Schmalz, Dieter: Methodenlehre für das juristische Studium, 3. Aufl., Baden-Baden, 1992

Schmidhuber, Peter M.: Das Subsidiaritätsprinzip im Vertrag von Maastricht, DVBl. 1993, S. 417 ff.

Schmidt am Busch, Birgit: Die neuen Bestimmungen zur Gleichstellung von Frauen und Männern im EG-Vertrag, BayVBl 2000, S. 737 ff.

Schwarze, Jürgen: Europäische Verfassungsperspektiven nach Nizza, NJW 2002, S. 993 ff.

ders. [Hrsg.]: EU-Kommentar, 3. Aufl., Baden-Baden, 2000
[zit: *Bearb.*, in: Schwarze, EU-Kommentar]

ders.: Deutscher Landesbericht, in: Schwarze, Jürgen [Hrsg.], Die Entstehung einer europäischen Verfassungsordnung, 1. Aufl., Baden-Baden, 2000, S. 109 ff.
[zit: *Schwarze*, in: Schwarze: Die Entstehung einer europäischen Verfassungsordnung]

ders.: Europäisches Verwaltungsrecht, Band II, 1. Aufl., Baden-Baden, 1988

ders.: Auf dem Wege zu einer europäischen Verfassung – Wechselwirkungen zwischen europäischem und nationalem Verfassungsrecht, DVBl. 1999, S. 1677 ff.

Seifert, Karl Heinz/Hömig, Dieter [Hrsg.]: Grundgesetz für die Bundesrepublik Deutschland, Kommentar, 6. Aufl., Baden-Baden, 1999
[zit: *Seifert/Hömig*, Grundgesetz]

Shaw, Graham: Das Gleichgewicht zwischen Rechtsnormen und freiwilliger Aktion: Erfahrungen aus dem Geschäftssektor, in: *Europaforum Wien [Hrsg.]*, Bekämpfung der Diskriminierungen: Orientierungen für die Zukunft, Wien, 1999; S. 98 ff.
[zit: *Shaw*, in: Bekämpfung der Diskriminierungen]

Soergel, Th.: Bürgerliches Gesetzbuch, Kommentar, Bd. 4/1, 12. Aufl., Stuttgart-Berlin-Köln, 1997
[zit: *Bearb.*, in: Soergel, Bürgerliches Gesetzbuch]

Smit, Hans/Herzog, Peter E.: The Law of the European Community, Commentary, Losebl., New York, Stand 2001
[zit: *Bearb.*, in: Smit/Herzog, The Law of the European Community]

Stern, Klaus: Das Staatsrecht der Bundesrepublik Deutschland, Band 1, 2. Aufl., München, 1984

Stolleis, Michael: Europa nach Nizza. Die historische Dimension, NJW 2002, S. 1022 ff.

Stotz, Rüdiger: Die Bedeutung der Erklärung zum Status der Kirchen im Amsterdamer Vertrag, öarr 1999, S. 64 ff.

Streinz, Rudolf: Europarecht, 4. Aufl., Heidelberg, 1999

ders.: Auswirkungen des Europarechts auf das deutsche Staatskirchenrecht, EssG 1997, S. 53 ff.

ders.: Der Vollzug des Europäischen Gemeinschaftsrechts durch deutsche Staatsorgane, in: *Isensee, Josef/Kirchhof, Paul [Hrsg.]*: Handbuch des Staatsrechts der Bundesrepublik Deutschland, Band VII, Heidelberg, 1992, S. 817 ff.
[zit: *Streinz*, in: Isensee/Kirchhof, Handbuch des Staatsrechts]

ders.: Bundesverfassungsgerichtlicher Grundrechtsschutz und Europäisches Gemeinschaftsrecht, 1. Aufl., Baden-Baden, 1989

Szczekalla, Peter: Anmerkung zu EuGH Rs. 249/96 vom 17. 2. 1998, Slg. I-621 ff. (Grant ./. South West Trains), EuZW 1998, S. 215 f.

ders.: Grundrechte für Europa – Die Europäische Union nach Nizza, DVBl 2001, S. 345 ff.

Thun-Hohenstein, Christoph: Der Vertrag von Amsterdam, 1. Aufl., Wien, 1997

Tomuschat, Christian: Die Europäische Union unter der Aufsicht des Bundesverfassungsgerichts, EuGRZ 1993, S. 489 ff.

Torfs, Rik: Die rechtliche Sonderstellung von Kirchen und religiösen Gemeinschaften im europäischen Kontext, öarr 1999, S. 14 ff.

Toth, A. G.: The legal Status of the Declarations annexed to the Single European Act, CMLRev 1986, S. 803 ff.

Turowski, Leopold: Staatskirchenrecht der Europäischen Union?, KuR 1/1995, S. 13 ff. und 3/1995, S. 13 ff.

Ukrow, Jörg: Die Fortentwicklung des Rechts der Europäischen Union durch den Vertrag von Amsterdam, ZEuS 1998, S. 141 ff.

Urlesberger, Franz: Von Gleichen und Gleicheren, Zum „Diskriminierungspaket“ der Gemeinschaft, ZAS 2001, S. 72 ff.

Waddington, Lisa: Throwing Some Light on Article 13 EC Traty, MJ 1999, S. 1 ff.

dies./Bell, Mark: More equal than others: Distinguishing European Union Equality Directives, CMLRev 2001, S. 587 ff.

Wassermann, Rudolf [Hrsg.]: Kommentar zum Grundgesetz für die Bundesrepublik Deutschland, Luchterhand Reihe Alternativkommentare, Band 2, 2. Aufl., Neuwied, 1989
[zit: *Bearb.*, in: Alternativkommentar GG]

Weber, Albrecht: Die Europäische Grundrechtscharta – auf dem Weg zu einer europäischen Verfassung, NJW 2000, S. 537 ff.

Weber, Hermann: Die Religionsfreiheit im nationalen und internationalen Verständnis, ZevKR 2000, S. 109 ff.

Whittle, Richard: European Communities and EEA, Disability Discrimination and the Amsterdam Treaty, ELRev 1998, S. 50 ff.

Winter, Jörg: Staatskirchenrecht der Bundesrepublik Deutschland, 1. Aufl., Neuwied-Kriftel, 2001

Wöhlermann, Katharina: Die richtlinienkonforme Auslegung im Europäischen Recht, 1. Aufl., Stuttgart-München-Hannover-Berlin-Weimar-Dresden, 1998

Zacker, Christian: Kompendium Europarecht, 1. Aufl., Berlin-Heidelberg-New York, 1997

Zilles, Hans: Loyalität in Stufen – ein Verzicht auf verfassungsrechtlich zulässige Höchstforderungen, KuR 1999, S. 103 ff.

Zippelius, Reinhold: Juristische Methodenlehre, 5. Aufl., München, 1990

Zuleeg, Manfred: Der Inhalt des Art. 13 EGV in der Fassung des Vertrags von Amsterdam, in: *Europaforum Wien [Hrsg.]*, Bekämpfung der Diskriminierungen: Orientierungen für die Zukunft, Wien, 1999, S. 104 ff. [zit: *Zuleeg*, in: Bekämpfung der Diskriminierungen]

ders.: Der Schutz der Menschenrechte im Gemeinschaftsrecht, DÖV 1992, S. 937 ff.

ders.: Zum Verhältnis nationaler und europäischer Grundrechte, EuGRZ 2000, S. 511 ff.

Schriften zum Staatskirchenrecht

Herausgegeben von Axel Frhr. von Campenhausen und Christoph Link

Band 1 Christoph Link: Staat und Kirche in der neueren deutschen Geschichte. Fünf Abhandlungen. 2000.

Band 2 Andreas Franitza: Der Allgemeine Hannoversche Klosterfonds und die Klosterkammer Hannover. Untersuchung zur rechtsgeschichtlichen Entwicklung. 2000.

Band 3 Reinald Willenberg: Rundfunk unter kirchlicher Trägerschaft. 2001.

Band 4 Martin Fischer: Kirchliche Beiträge im Fernsehen. Darstellung eines abgestuften Mitgestaltungsmodells kirchlicher Beteiligung im Fernsehen. 2001.

Band 5 Bernd Albrecht von Garmissen: Landwirtschaftliches Grundvermögen in kirchlicher Hand. Dargestellt am Beispiel der Evangelischen Kirche in Deutschland und unter besonderer Berücksichtigung der Evangelisch-lutherischen Landeskirche Hannovers. 2001.

Band 6 Berend Lindner: Entstehung und Untergang von Körperschaften des öffentlichen Rechts. Unter besonderer Berücksichtigung der Religions- und Weltanschauungsgemeinschaften. 2002.

Band 7 Gesa Dirksen: Das deutsche Staatskirchenrecht - Freiheitsordnung oder Fehlentwicklung? 2003.

Band 8 Im Dienste der Sache. Liber amicorum für Joachim Gaertner. Herausgegeben von Ricarda Dill, Stephan Reimers, Christoph Thiele. 2003.

Band 9 Arnd Diringer: Scientology. Verbotsmöglichkeit einer verfassungsfeindlichen Bekenntnisgemeinschaft. 2003.

Band 10 Konstantin v. Notz: Lebensführungspflichten im evangelischen Kirchenrecht. 2003.

Band 11 Matthias Schwara: Die Heiliggeistkirche in Heidelberg im Wandel der Zeiten. Ein Beitrag zur Rechtsgeschichte Südwestdeutschlands. 2003.

Band 12 Axel Frhr. von Campenhausen (Hrsg.): Deutsches Staatskirchenrecht zwischen Grundgesetz und EU-Gemeinschaftsrecht. Symposion im Kirchenamt der Evangelischen Kirche in Deutschland am 25. und 26. April 2002 in Hannover. 2003.

Band 13 Thomas Bauer: Die GmbH als Rechtsform karitativer Einrichtungen der Kirche. 2003.

Band 14 Anne-Ruth Glawatz: Die Zuordnung privatrechtlich organisierter Diakonie zur evangelischen Kirche. Unter besonderer Berücksichtigung von unternehmerischen Umstrukturierungen in der Diakonie. 2003.

Band 15 Detlef Kehlen: Europäische Antidiskriminierung und kirchliches Selbstbestimmungsrecht. Zur Auslegung von Art. 13 EG und Art. 4 der Richtlinie 2000/78/EG. 2003.

Peter Lang · Europäischer Verlag der Wissenschaften

Pierre M. Kummer

Umsetzungsanforderungen der neuen arbeitsrechtlichen Antidiskriminierungsrichtlinie (RL 2000/78/EG)

Frankfurt am Main, Berlin, Bern, Bruxelles, New York, Oxford, Wien, 2003.
XLIV, 215 S.
Europäische Hochschulschriften: Reihe 2, Rechtswissenschaft. Bd. 3716
ISBN 3-631-51316-X · br. € 45.50*

Die Richtlinie 2000/78/EG verpönt Diskriminierungen wegen des Alters, der Religion und Weltanschauung, einer Behinderung und der sexuellen Ausrichtung in Beschäftigung und Beruf. Der deutsche Gesetzgeber ist grundsätzlich verpflichtet, die Richtlinie bis zum 02.12.2003 in deutsches Recht umgesetzt zu haben. Die Arbeit klärt einzelne Begrifflichkeiten und Zusammenhänge. Insbesondere wird erläutert, in welchem Umfang Ausnahmen von der Umsetzung im einzel-staatlichen Recht gemacht werden können. Der Verfasser setzt sich am Schluss zudem mit Kompetenzproblemen und methodischen Schwierigkeiten im Zusammenhang mit dem europäischen Diskriminierungsschutz auseinander.

Aus dem Inhalt: Diskriminierungsformen der Richtlinie · Geltungsbereich der Richtlinie 2000/78/EG · Verpönte Merkmale der Richtlinie 2000/78/EG · Umsetzung des Sanktionserfordernisses · Kompetenz der Gemeinschaft

www.ingramcontent.com/pod-product-compliance
Ingram Content Group UK Ltd.
Pitfield, Milton Keynes, MK11 3LW, UK
UKHW021913290926
8980IPUK00015B/1240

9 783631 515952